Mittel des Insolvenzverwalters zur Ermittlung und Substantiierung von Anfechtungssachverhalten

Schriften zum Zivilverfahrensrecht und Insolvenzrecht

Herausgegeben von Martin Ahrens

Band 10

PETER LANG

Maximilian Christoph Hacker

Mittel des Insolvenzverwalters zur Ermittlung und Substantiierung von Anfechtungssachverhalten

PETER LANG

Bibliografische Information der Deutschen Nationalbibliothek
Die Deutsche Nationalbibliothek verzeichnet diese Publikation in der Deutschen Nationalbibliografie; detaillierte bibliografische Daten sind im Internet über http://dnb.d-nb.de abrufbar.

Zugl.: Düsseldorf, Univ., Diss., 2017

D 61
ISSN 2192-4953
ISBN 978-3-631-74641-7 (Print)
E-ISBN 978-3-631-75783-3 (E-PDF)
E-ISBN 978-3-631-75784-0 (EPUB)
E-ISBN 978-3-631-75785-7 (MOBI)
DOI 10.3726/b14218

Peter Lang – Berlin · Bern · Bruxelles · New York · Oxford · Warszawa · Wien

Diese Publikation wurde begutachtet.

www.peterlang.com

Inhaltsverzeichnis

Vorwort

Diese Arbeit wurde im Wintersemester 2016/2017 von der Juristischen Fakultät der Heinrich-Heine-Universität Düsseldorf als Dissertation angenommen. Die mündliche Prüfung fand am 21. September 2017 statt.

Rechtsprechung und Literatur sind bis Januar 2017 berücksichtigt. Vor der Veröffentlichung wurden das am 5. April 2017 in Kraft getretene „Gesetz zur Verbesserung der Rechtssicherheit bei Anfechtungen nach der Insolvenzordnung und nach dem Anfechtungsgesetz“ nebst diesbezüglicher Literatur eingearbeitet und alle Kommentarfundstellen (Stand: Oktober 2017) aktualisiert.

Herzlich danken möchte ich zunächst Frau Prof. Dr. Nicola Preuß für die hervorragende fachliche Betreuung der Arbeit und die schnelle Erstellung des Erstgutachtens. Mein Dank gilt ferner Herrn Prof. Dr. Ulrich Noack für die zügige Erstellung des Zweitgutachtens.

Von ganzem Herzen danke ich schließlich meiner Freundin Amelie für ihre unendliche Geduld und Unterstützung während der letzten Jahre. Ohne sie hätte ich nicht durchgehalten.

Düsseldorf, Mai 2018

Abkürzungsverzeichnis

a.A.	andere Ansicht
a.F.	alte Fassung
Abs.	Absatz
AEAO	Anwendungserlass zur Abgabenordnung
AG	Amtsgericht
AGG	Allgemeines Gleichbehandlungsgesetz
AIG Brandenburg	Akteneinsichts- und Informationszugangsgesetz für das Land Brandenburg
AnfG	Anfechtungsgesetz
Anm.	Anmerkung
AnwBl	Anwaltsblatt
AO	Abgabenordnung
AO-StB	Der AO-Steuerberater (Zeitschrift)
Art.	Artikel
Az.	Aktenzeichen
BAG	Bundesarbeitsgericht
BAGE	Entscheidungen des Bundesarbeitsgerichts
BB	Betriebs-Berater (Zeitschrift)
BDSG	Bundesdatenschutzgesetz
BeckRS	beck-online Rechtsprechung (Elektronische Entscheidungsdatenbank in beck-online)
Begr.	Begründung
BFH	Bundesfinanzhof
BFH/NV	Sammlung der nicht veröffentlichten Entscheidungen des Bundesfinanzhofs
BFHE	Sammlung der Entscheidungen des Bundesfinanzhofs
BGB	Bürgerliches Gesetzbuch
BGH	Bundesgerichtshof
BGHZ	Sammlung der Entscheidungen des Bundesgerichtshofs in Zivilsachen
BKR	Zeitschrift für Bank- und Kapitalmarktrecht
BMF	Bundesministerium der Finanzen
BR-Drs.	Bundesratdrucksache
BremIFG	Gesetz über die Freiheit des Zugangs zu Informationen für das Land Bremen

BSG	Bundessozialgericht
Bsp.	Beispiele
Bspr.	Besprechung
BStBl.	Bundessteuerblatt
BT-Drs.	Bundestagdrucksache
BVerfGE	Sammlung der Entscheidungen des Bundesverfassungsgerichts
BVerwGE	Sammlung Entscheidungen des Bundesverwaltungsgerichts
bzw.	beziehungsweise
CR	Computer und Recht (Zeitschrift)
DB	Der Betrieb (Zeitschrift)
ders.	derselbe
dies.	dieselbe
DGVZ	Deutsche Gerichtsvollzieher Zeitung
DÖV	Die öffentliche Verwaltung (Zeitschrift)
DStR	Deutsches Steuerrecht (Zeitschrift)
DStRE	DStR-Entscheidungsdienst (Zeitschrift)
DStZ	Deutsche Steuer-Zeitung
DVBl	Deutsches Verwaltungsblatt
DZWiR	Deutsche Zeitschrift für Wirtschafts- und Insolvenzrecht
EFG	Entscheidungen der Finanzgerichte
EG	Europäische Gemeinschaft
Einl.	Einleitung
ESUG	Gesetz zur weiteren Erleichterung der Sanierung von Unternehmen
EWiR	Entscheidungen zum Wirtschaftsrecht
f.	folgende
ff.	fortfolgende
FG	Finanzgericht
FGO	Finanzgerichtsordnung
Fn.	Fußnote
FlUUG	Gesetz über die Untersuchung von Unfällen und Störungen bei dem Betrieb ziviler Luftfahrzeuge (Flugunfall-Untersuchungs-Gesetz)
FK-InsO	Frankfurter Kommentar zur Insolvenzordnung
FR	Finanz-Rundschau (Zeitschrift)

Frankfurt a.M.	Frankfurt am Main
GEMA	Gesellschaft für musikalische Aufführungs- und mechanische Vervielfältigungsrechte
GenG	Gesetz betreffend die Erwerbs- und Wirtschaftsgenossenschaften (Genossenschaftsgesetz)
GenTG	Gesetz zur Regelung der Gentechnik
GesO	Gesamtvollstreckungsordnung
GG	Grundgesetz für die Bundesrepublik Deutschland
GmbHG	Gesetz betreffend die Gesellschaften mit beschränkter Haftung
GmbHR	GmbH-Rundschau (Zeitschrift)
GmS-OGB	Gemeinsamer Senat der obersten Gerichtshöfe des Bundes
GPSG	Gesetz über technische Arbeitsmittel und Verbraucherprodukte (Geräte- und Produktsicherheitsgesetz)
GRUR	Gewerblicher Rechtsschutz und Urheberrecht (Zeitschrift)
GSZ	Großer Senat in Zivilsachen des Bundesgerichtshofs
GVO	Gerichtsvollzieherordnung
GWR	Gesellschafts- und Wirtschaftsrecht (Zeitschrift)
HFR	Höchstrichterliche Finanzrechtsprechung des Bundesfinanzhofs, Bundesverfassungsgerichts, anderer oberster Gerichtshöfe des Bundes, des Gerichtshofs der Europäischen Union
HGB	Handelsgesetzbuch
HmbTG	Hamburgisches Transparenzgesetz
Hs.	Halbsatz
i.V.m.	in Verbindung mit
IFG	Informationsfreiheitsgesetz des Bundes
IFG Berlin	Gesetz zur Förderung der Informationsfreiheit im Land Berlin
IFG MV	Gesetz zur Regelung des Zugangs zu Informationen für das Land Mecklenburg-Vorpommern
IFG NRW	Gesetz über die Freiheit des Zugangs zu Informationen für das Land Nordrhein-Westfalen
INDat-Report	Fachmagazin Restrukturierung, Sanierung und Insolvenz

InsbürO	Zeitschrift für Insolvenzsachbearbeitung Entschuldungsverfahren
InsO	Insolvenzordnung
InsO-RegE	Regierungsentwurf zur Insolvenzordnung
InsVZ	Zeitschrift für Insolvenzverwaltung und Sanierungsberatung
IZG LSA	Informationszugangsgesetz Sachsen-Anhalt
IZG SH	Informationszugangsgesetz für das Land Schleswig-Holstein
Jura	Juristische Ausbildung (Zeitschrift)
juris PK	juris Praxis Kommentar
JuS	Juristische Schulung (Zeitschrift)
JZ	Juristenzeitung (Zeitschrift)
Kap.	Kapitel
KO	Konkursordnung
KÖSDI	Kölner Steuerdialog (Zeitschrift)
KTS	Zeitschrift für Insolvenzrecht
l.	linke
LIFG BW	Gesetz zur Regelung des Zugangs zu Informationen in Baden-Württemberg
Lit.	Literatur
LKV	Landes- und Kommunalverwaltung (Zeitschrift)
LMK	Kommentierte BGH-Rechtsprechung (Zeitschrift)
LSG	Landessozialgericht
LTranspG RP	Landestransparenzgesetz Rheinland-Pfalz
m.w.N.	mit weiteren Nachweisen
n.v.	nicht veröffentlicht
NJOZ	Neue juristische Online-Zeitschrift
NJW	Neue juristische Wochenschrift (Zeitschrift)
NJW-RR	NJW-Rechtsprechungs-Report Zivilrecht
NordÖR	Zeitschrift für öffentliches Recht in Norddeutschland
Nr.	Nummer
NVwZ	Neue Zeitschrift für Verwaltungsrecht
NVwZ-RR	NVwZ-Rechtsprechungs-Report Verwaltungsrecht (Zeitschrift)
NWVBl	Nordrhein-Westfälische Verwaltungsblätter (Zeitschrift)
NZG	Neue Zeitschrift für Gesellschaftsrecht

NZI	Neue Zeitschrift für Insolvenz- und Sanierungsrecht
NZS	Neue Zeitschrift für Sozialrecht
OLG	Oberlandesgericht
PStG	Personenstandsgesetz
r.	rechte
RDV	Recht der Datenverarbeitung (Zeitschrift)
RGZ	Die Entscheidungssammlung der Entscheidungen des Reichsgerichts in Zivilsachen
RhPfLIFG	Informationsfreiheitsgesetz des Landes Rheinland-Pfalz
RL 2006/123/EG	RICHTLINIE 2006/123/EG DES EUROPÄISCHEN PARLAMENTS UND DES RATES vom 12. Dezember 2006 über Dienstleistungen im Binnenmarkt
Rn.	Randnummer
Rspr.	Rechtsprechung
S.	Seite
SGB IV	Sozialgesetzbuch Viertes Buch
SGB V	Sozialgesetzbuch Fünftes Buch
SGB X	Sozialgesetzbuch Zehntes Buch
SGB I	Sozialgesetzbuch Erstes Buch
SIFG	Saarländisches Informationsfreiheitsgesetz
sog.	sogenannt(e)
Sp.	Spalte
StPO	Strafprozessordnung
ThürIFG	Thüringer Informationsfreiheitsgesetz
Tz.	Teilziffer
u.	und
UIG	Umweltinformationsgesetz
v.	von
VBlBW	Verwaltungsblätter für Baden-Württemberg
VermG	Gesetz zur Regelung offener Vermögensfragen
VersR	Zeitschrift für Versicherungsrecht, Haftungs- und Schadensrecht
VerwArch	Verwaltungsarchiv (Zeitschrift)
VG	Verwaltungsgericht
VGH	Verwaltungsgerichtshof
Vorbem.	Vorbemerkung
VwGO	Verwaltungsgerichtsordnung

VwVfG	Verwaltungsverfahrensgesetz
VwVG	Verwaltungs-Vollstreckungsgesetz
WM	Wertpapiermitteilungen (Zeitschrift)
WUB	Entscheidungsanmerkungen zum Wirtschafts- und Bankrecht
ZHR	Zeitschrift für das gesamte Handelsrecht und Wirtschaftsrecht
ZInsO	Zeitschrift für das gesamte Insolvenzrecht
ZIP	Zeitschrift für Wirtschaftsrecht
zit.	zitiert
ZPO	Zivilprozessordnung
z.T.	zum Teil
ZVI	Zeitschrift für Verbraucher- und Privat-Insolvenzrecht
ZZP	Zeitschrift für Zivilprozess

Einleitung

I. Problembeschreibung

Ein Insolvenzverfahren dient dazu, die Gläubiger des Schuldners gemeinschaftlich zu befriedigen, indem das Vermögen des Schuldners verwertet und der Erlös verteilt wird. Dieser erste Halbsatz in § 1 der Insolvenzordnung bringt das Hauptziel eines Insolvenzverfahrens zum Ausdruck: Die gemeinschaftliche Befriedigung der Gläubiger.

Das Insolvenzverfahren ist damit kein Einzel-, sondern ein Gesamtvollstreckungsverfahren. Die Einzelvollstreckung ist geprägt durch den Prioritäts-, die Gesamtvollstreckung durch den Gleichbehandlungsgrundsatz. Gleichbehandlung in diesem Sinne bedeutet ebenso wie bei Art. 3 GG, dass wesentlich Gleiches gleich und wesentlich Ungleiches ungleich zu behandeln ist. Dieses Verständnis der Gläubigergleichbehandlung führt dazu, dass es innerhalb eines Insolvenzverfahrens unterschiedliche Gläubigerstellungen gibt. Beispielsweise ist der gesicherte Gläubiger trotz der Eröffnung eines Insolvenzverfahrens grundsätzlich berechtigt, sich aus der Sicherheit zu befriedigen. Die Insolvenzfestigkeit bestimmter Rechtspositionen führt oftmals dazu, dass der zu verteilende Erlös aus dem verwerteten Schuldnervermögen nur gering ist. So liegt die Befriedigungsquote der ungesicherten Gläubiger oft im einstelligen Bereich[1]. Deswegen besteht eine wichtige Aufgabe des Insolvenzverwalters darin, das Vermögen des Schuldners, das er bei Verfahrenseröffnung vorfindet (sog. Ist-Masse), im Sinne der Gläubigergesamtheit zu vermehren (sog. Soll-Masse). Ein Mittel zur Vermögensmehrung ist die Insolvenzanfechtung. Mit dieser rechtlichen Waffe kann der Insolvenzverwalter Vermögensverschiebungen, wozu auch Sicherheitenbestellungen zählen, die noch vor der Eröffnung des Insolvenzverfahrens vorgenommen wurden, unter bestimmten Voraussetzungen angreifen und rückabwickeln. Eine tatbestandliche Voraussetzung und gleichzeitige Rechtfertigung für diese Rückabwicklung ist vielfach, dass die Vermögensverschiebung zu einem Zeitpunkt erfolgte, zu dem der Schuldner bereits materiell insolvent war und die Gesamtvollstreckung hätte eingeleitet werden müssen.

Da die rechtzeitige Einleitung eines Insolvenzverfahrens oftmals unterbleibt, hat die Ermittlung und Durchsetzung von Insolvenzanfechtungsansprüchen in

1 Statistisches Bundesamt, Pressemitteilung vom 17. Mai 2017 – 162/17, abrufbar unter: https://www.destatis.de.

mehrfacher Hinsicht entscheidende Bedeutung für die Erreichung der Ziele eines Insolvenzverfahrens. Die Rückabwicklung anfechtbarer Vermögensverschiebungen führt nicht nur zu einer höheren Befriedigungsquote aller ungesicherten Gläubiger, sondern auch zu einer rückwirkenden Verwirklichung der Gläubigergleichbehandlung. Denn der zunächst privilegierte Anfechtungsgegner nimmt mit seinem wieder auflebenden Anspruch als einfacher Insolvenzgläubiger an dem Gesamtvollstreckungsverfahren teil.

Die Durchschlagskraft der Insolvenzanfechtung hängt entscheidend von der „Munition" ab, mit der der Insolvenzverwalter diese „abfeuern" kann. Oftmals findet der Insolvenzverwalter aber nur unvollständige Unterlagen und einen unkooperativen Schuldner vor, sodass Anfechtungssachverhalte oft lückenhaft aufgeklärt werden oder gar unentdeckt bleiben.

II. Ziel der Untersuchung

Vor diesem Hintergrund stellt die vorliegende Arbeit in einem ersten Schritt die Mittel dar, die dem Insolvenzverwalter zur Ermittlung anfechtungsrelevanter Sachverhalte zur Verfügung stehen und analysiert diese in Bezug auf ihre Funktionsweise und Tauglichkeit. Dabei werden nicht nur die Auskunftspflichten des Anfechtungsgegners und die gegen ihn gerichteten Auskunftsansprüche in den Blick genommen, sondern auch insolvenzspezifische Informations- und Auskunftsquellen des Insolvenzverwalters sowie zu seinen Gunsten bestehende gesetzliche und richterrechtliche Beweiserleichterungen.

Anhand der gewonnenen Ergebnisse beantwortet die Arbeit in einem zweiten Schritt die Frage, ob diese Mittel im Hinblick auf die verfahrensrechtliche Bedeutung der Insolvenzanfechtung genügen, um anfechtungsrelevante Sachverhalte in einem hinreichenden Maße aufzudecken oder ob es weitergehender, normativer Mittel bedarf.

III. Gang der Untersuchung

Das erste Kapitel untersucht zum einen, ob den potentiellen Anfechtungsgegner eine allgemeine zivilprozessuale oder eine besondere insolvenzverfahrensrechtliche Auskunftspflicht trifft, zum anderen ob das Insolvenzgericht auf der Grundlage seiner verfahrensrechtlichen Kompetenzen eine solche anordnen kann.

Daran anknüpfend stellt das zweite Kapitel die gegenüber dem potentiellen Anfechtungsgegner bestehenden, materiellen Auskunftsansprüche des Insolvenzverwalters dar. Zu differenzieren ist hier zwischen privat- und öffentlichrechtlichen Auskunftsansprüchen.

Das dritte Kapitel beschäftigt sich mit den insolvenzverfahrensspezifischen und von der Person des Anfechtungsgegners grundsätzlich unabhängigen Informations- und Auskunftsquellen des Insolvenzverwalters. Dabei handelt es sich im Wesentlichen um die aus dem näheren Umfeld des Schuldners stammenden Aufklärungsmittel, namentlich seine Post und seine Geschäftsbücher sowie seine Organe und Angestellten. Aber auch fernliegendere Informations- und Auskunftsquellen wie die Vollstreckungsakten des Gerichtsvollziehers oder die Möglichkeit einer Zeugenvernehmung durch das Insolvenzgericht werden beleuchtet.

Das vierte Kapitel untersucht sogenannte Beweiserleichterungen. Diese dienen nicht der Informationsgewinnung oder der Auskunftserteilung, sondern ermöglichen dem Insolvenzverwalter trotz bestehender Informationslücken einen substantiierten Vortrag im Insolvenzanfechtungsprozess. Zu unterscheiden ist dabei zwischen gesetzlichen und richterrechtlichen Beweiserleichterungen. Zu Beginn des vierten Kapitels werden einleitend die Grundlagen der Beweis- und Behauptungslast dargestellt, um darauf aufbauend eine beweisrechtliche Einordnung der einzelnen Beweiserleichterungen vornehmen zu können.

Das fünfte und letzte Kapitel fasst schließlich die aus den vorangegangenen Kapiteln gewonnenen Erkenntnisse bezüglich der Tauglichkeit der dargestellten Mittel zusammen und entwickelt aufbauend auf dem Ergebnis einen speziellen Auskunftsanspruch allein gegen Insolvenzanfechtungsgegner. Die Tatbestandsvoraussetzungen dieser Norm orientieren sich insbesondere an der Reichweite des Gläubigergleichbehandlungsgrundsatzes.

1. Kapitel: Verfahrensrechtliche Auskunftspflicht potentieller Anfechtungsgegner

Das wohl effizienteste Mittel zur Ermittlung anfechtungsrelevanter Sachverhalte wäre eine bereits im Verfahrensrecht begründete, voraussetzungslose Auskunftspflicht des Anfechtungsgegners selbst.

Eine solche verfahrensrechtliche Auskunftspflicht könnte sich aus allgemeinen prozessualen oder spezifisch insolvenzverfahrensrechtlichen Grundsätzen ergeben. Darüber hinaus kommt die Anordnung einer Auskunftspflicht durch das Insolvenzgericht in Betracht.

I. Allgemeine zivilprozessuale Auskunftspflicht

Ob eine allgemeine zivilprozessuale Auskunftspflicht der nicht beweisbelasteten Partei besteht, ist seit jeher umstritten.

Ein Teil der Literatur[2] vertritt die so genannte „Lehre von der allgemeinen prozessualen Auskunftspflicht". Diese soll vor allem in Fällen, in denen die darlegungs- und beweisbelastete Partei keinen Zugriff zum Prozess- und Beweismaterial hat, der Wahrheitsfindung und Rechtsdurchsetzung dienen[3].

Am umfassendsten hat sich *Stürner* in seiner Habilitationsschrift „Die Aufklärungspflicht der Parteien des Zivilprozesses" mit dieser Problematik auseinandergesetzt[4]. Nach seiner Auffassung liegt die primäre Zielsetzung des Zivilprozesses in der Findung der materiellen als der gleichsam „wirklichen" Wahrheit[5]. Dieses Ziel sei nur mittels einer allgemeinen Aufklärungspflicht auch der nicht beweisbelasteten Partei zu erreichen[6]. Dogmatisch gründet *Stürner*

2 Ausgehend von: *Stürner*, S. 85 ff.; *ders.*, ZZP 98 (1985), 237 ff. u. ZZP 104 (1991), 208 ff. (Anm. zu BGH, Urteil vom 11.06.1990 – Az. II ZR 159/89; NJW 1990, 3151 ff. = ZZP 104 (1991), 203 ff.); dem folgend: *Greger*, JZ 1997, 1077, 1080; *Katzenmeier*, JZ 2002, 533 ff.; *Stadler*, in: Musielak/Voit, § 138 ZPO Rn. 11.; *Waterstraat*, ZZP 118 (2005), 459, 477 ff.

3 *Katzenmeier*, JZ 2002, 533.

4 *Stürner*, S. 85 ff.; *ders.*, ZZP 98 (1985), 237 ff. u. ZZP 104 (1991), 203 ff.

5 *Stürner*, S. 49 f.

6 *Stürner*, S. 56 ff.

diese Pflicht auf die §§ 138 Abs. 1 und Abs. 2, 423, 445 ff., 372a, 654 ff. ZPO a.F.[7]. Diese Vorschriften seien nicht bloß verstreute Einzelregelungen mit Ausnahmecharakter, sondern Ausprägung eines allgemeinen, auf Aufklärung gerichteten, zivilprozessualen Aufklärungsgedankens[8].

Dieser Gedanke führt aber auch nach *Stürner* nicht zu einer voraussetzungslosen Auskunftspflicht. „Allgemein" sei an dieser Stelle keineswegs mit „voraussetzungslos" gleichzusetzen[9]. Voraussetzung sei vielmehr eine plausible Rechtsbehauptung der darlegungs- und beweisbelasteten Partei, wobei sich die Plausibilität entweder aus einem schlüssigen und substantiierten Vortrag oder im Falle typischer Sachverhaltsunkenntnis, wie bei Vorgängen aus dem Geschäftsleben des Gegners oder im fremden Persönlichkeitsbereich, aus Anhaltspunkten ergebe, welche die Rechtsbehauptung als möglich erscheinen lassen[10]. Verletze die nicht darlegungs- und beweisbelastete Partei daraufhin vorwerfbar ihre nach diesen Grundsätzen bestehende Aufklärungspflicht, führe dies regelmäßig dazu, dass die streitige Tatsache widerlegbar vermutet und kraft Fiktion das der darlegungs- und beweisbelasteten Partei günstige Aufklärungsergebnis unterstellt werde[11].

Damit ähnelt der Ansatz von *Stürner* sowohl hinsichtlich der Tatbestandsvoraussetzungen als auch der Rechtsfolgen der vom Bundesgerichtshof entwickelten Rechtsfigur der sekundären Beweislast[12].

Der Bundesgerichtshof lehnt hingegen eine allgemeine prozessuale Auskunftspflicht in ständiger Rechtsprechung ab[13]. Er stellt in einer viel zitierten Entscheidung fest, dass die Zivilprozessordnung eine allgemeine Aufklärungspflicht der nicht darlegungs- und beweisbelasteten Partei, die über die anerkannten Fälle der aus dem Grundsatz von Treu und Glauben folgenden Pflicht zum substantiierten Bestreiten hinausgehe, nicht kenne[14]. Dass die Wahrheitspflicht im Zivilprozess

---

7 *Stürner*, S. 92 ff.

8 *Stürner*, S. 92.

9 *Stürner*, ZZP 104 (1991), 203, 213.

10 *Stürner*, S. 119 ff./132 f./378; *ders.*, ZZP 104 (1991), 203, 210.

11 *Stürner*, S. 242 ff./249 ff.

12 Beide Ansätze fordern das Vorliegen (gewisser) Anhaltspunkte (als plausible Vermutungsbasis) für die dann zulässige allgemeine Rechtsbehauptung der behauptungsbelasteten Partei, *Waterstraat*, ZZP 118 (2005), 459, 472 (Fn. 86).

13 BGH, WM 1958, 961, 962; BGH, WM 1963, 864, 865; BGH, NJW 1990, 3151; BGHZ 116, 47, 56; BGH, NJW 1997, 128, 129; BAG, NJW 2004, 2848, 2851; BGH, NJW 2007, 155, 166.

14 BGH, NJW 1990, 3151, 3153 f.

eine wesentliche Bedeutung habe, erlaube nicht den Schluss, die Parteien seien generell zu einem Verhalten verpflichtet, das der Wahrheitsfindung am besten dient[15]. Die Aufgabe der Wahrheitsfindung könne den Gesetzgeber nicht daran hindern, den Zivilprozess dem Beibringungsgrundsatz zu unterstellen und es in erster Linie den Parteien zu überlassen, die notwendigen Tatsachenbehauptungen aufzustellen und die Beweismittel zu benennen[16]. Auf diesem Grundsatz beruhe auch die Verteilung der Behauptungs- und Beweislast im Zivilprozess[17]. Ob eine Partei gegen die andere Auskunftsansprüche habe, beurteile sich ausschließlich nach dem materiellen Recht[18]. Dieses wiederum kenne keinen allgemeinen, voraussetzungslosen Auskunftsanspruch[19]. Im Ergebnis bleibe es deswegen bei dem Grundsatz, dass keine Partei gehalten ist, dem Gegner für seinen Prozesssieg das Material zu verschaffen, über das er nicht schon von sich aus verfügt[20].

Die herrschende Meinung in der Literatur teilt diese Ansicht[21].

Der Vorrang der materiellen Auskunftspflicht bestätige sich durch das Institut der Stufenklage in § 254 ZPO, das bei einer allgemeinen prozessualen Auskunftspflicht obsolet wäre[22].

Hinzu komme, dass die Vorschrift des § 422 ZPO hinsichtlich der Pflicht zur Urkundenvorlage durch den Prozessgegner vollständig auf das materielle Recht verweist und damit gleichzeitig den Standort der Aufklärungspflichten bestimmte[23].

Auch die mit der Zivilprozessreform vom 27. Juli 2001 in den Vorschriften der §§ 142, 144 ZPO neu geregelten Befugnisse des Gerichts, von den Parteien die

---

15 BGH, NJW 1990, 3151.

16 BGH, NJW 1990, 3151.

17 BGH, NJW 1990, 3151.

18 BGH, NJW 1990, 3151.

19 BGH, NJW 1990, 3151.

20 BGH, NJW 1990, 3151; so auch schon: BGH, NJW 1958, 1491, 1492; gegen die allgemeine Geltung dieses Grundsatzes: *Beckhaus*, S. 253 ff.; *Osterloh-Konrad*, S. 105 ff.

21 *Arens*, ZZP 96 (1983), 1, 16 ff.; *Gottwald*, ZZP 92 (1979), 364, 365 ff.; *Leipold*, in: Stein/Jonas, 22. Auflage, § 138 ZPO Rn. 25 ff. (**a.A.** *Kern*, in: Stein/Jonas, 23. Auflage, § 138 Rn. 47 ff.); *Lorenz*, JuS 1995, 569, 574 f.; *Lüke*, JuS 1986, 2, 3; *Prütting*, S. 137 ff.; *ders.*, in: Münchener Kommentar-ZPO, § 286 ZPO Rn. 130; *Seiler*, in: Thomas/Putzo, § 138 ZPO Rn. 12; *Rosenberg/Schwab/Gottwald*, § 109 Rn. 8; *Selle*, in: Beck'scher Online Kommentar-ZPO, § 138 ZPO Rn. 4.

22 *Katzenmeier*, JZ 2002, 533, 534; *Prütting*, in: Münchener Kommentar-ZPO, § 286 ZPO Rn. 130.

23 *Katzenmeier*, JZ 2002, 533, 534; *Leipold*, in: Stein/Jonas, § 138 ZPO Rn. 27; *Prütting*, in: Münchener Kommentar-ZPO, § 286 ZPO Rn. 130.

Vorlage von Urkunden oder Augenscheinsobjekten verlangen zu können, hätten hieran nichts geändert[24]. Vielmehr seien diese Vorschriften in Anlehnung an die §§ 422, 423 ZPO so auszulegen, dass die Vorlage gegenüber der nicht beweisbelasteten Partei auch nur dann von Amts wegen angeordnet werden darf, wenn diese nach materiellem Recht zur Vorlage verpflichtet ist oder sich selbst auf die Urkunde oder den Augenscheinsbeweis bezogen hat[25]. Schließlich sei durch die Einführung der §§ 142, 144 ZPO bestätigt worden, dass es an einer planwidrigen Regelungslücke im Hinblick auf eine prozessuale Auskunftspflicht fehlt[26]. Andernfalls hätte der Gesetzgeber dem Gericht im Rahmen der Reform weiterreichende Aufklärungsmittel an die Hand gegeben. Der Rechtsausschuss stellte zudem während des Gesetzgebungsverfahrens in seinem Bericht zu dem Gesetzesentwurf der Bundesregierung klar, dass die §§ 142, 144 ZPO keine Ausforschung der von der Anordnung betroffenen Partei oder des Dritten bezwecken[27].

Es bleibt festzuhalten, dass sowohl die herrschende Meinung in der Literatur als auch die höchstrichterliche Rechtsprechung eine allgemeine zivilprozessuale Aufklärungspflicht ablehnt und selbst *Stürner* als Begründer der „Lehre von der allgemeinen prozessualen Auskunftspflicht“ keinen voraussetzungslosen Auskunftsanspruch gegen die nicht darlegungs- und beweisbelastete Partei gewähren will. Vor diesem Hintergrund ist folgerichtig auch der grundsätzlich darlegungs- und beweisbelastete Insolvenzverwalter nicht berechtigt, den Anfechtungsgegner ohne materiellen Anknüpfungspunkt zur Vorbereitung des Anfechtungsprozesses nach den genauen Umständen einer anfechtbaren Rechtshandlung zu fragen. Dem Anfechtungsgegner obliegt keine allgemeine zivilprozessuale Aufklärungspflicht.

II. Insolvenzverfahrensrechtliche Auskunftspflicht analog §§ 97, 101 InsO

Allerdings könnte den Anfechtungsgegner eine insolvenzverfahrensrechtliche Auskunftspflicht treffen. Zwar lehnt der Bundesgerichtshof eine Auskunftspflicht des Anfechtungsgegners aus der Insolvenzordnung ab[28]. Er geht in seinen

---

24 *Leipold*, in: Stein/Jonas, 22. Auflage, § 138 ZPO Rn. 28; *Vollkommer*, in: Zöller, Einleitung Rn. 55.

25 *Leipold*, in: Stein/Jonas, 22. Auflage, § 138 ZPO Rn. 28; dem folgend: *Fritsche*, in: Münchener Kommentar-ZPO, § 144 Rn. 11; **a.A.**: BGH, WM 2010, 1448 Rn. 25.

26 *Prütting*, in: Münchener Kommentar-ZPO, § 286 ZPO Rn. 130.

27 Beschlussempfehlung und Bericht des Rechtsausschusses (6. Ausschuss), BT-Drs. 14/6036, S. 120 f.

28 BGH, NZI 2008, 240 Rn. 9; BGH, NZI 2009, 722 Rn. 5.

Entscheidungen allerdings nicht näher auf die diesbezüglich in Betracht kommenden Normen ein.

Als Anknüpfungspunkt könnte zunächst § 5 Abs. 1 Satz 1 InsO dienen. Danach hat der Gesetzgeber das Insolvenzverfahren – anders als den Zivilprozess – dem Amtsermittlungsgrundsatz unterstellt[29]. Die Amtsermittlungspflicht bezieht sich allerdings nur auf die Tätigkeit des Insolvenzgerichts. Eine Auskunftspflicht Dritter gegenüber dem Insolvenzverwalter lässt sich aus § 5 Abs. 1 Satz 1 InsO nicht ableiten. Zudem ist zu berücksichtigen, dass sich die Durchsetzung des Anfechtungsanspruchs nicht nach dem Insolvenzverfahrens-, sondern dem allgemeinen Zivilprozessrecht richtet.

Darüber hinaus könnte eine insolvenzverfahrensrechtliche Auskunftspflicht des Anfechtungsgegners an die §§ 97, 101 InsO geknüpft werden. Diese Normen regeln ihrem Wortlaut nach zwar nur die Auskunftspflichten des Schuldners selbst sowie seiner Organe und Angestellten. Im Hinblick auf Anfechtungsgegner, die nicht von diesem Personenkreis umfasst sind, kommt allerdings eine analoge Anwendung der Vorschrift in Betracht.

1. Voraussetzungen einer Analogiebildung

Unter einer Analogiebildung versteht man die Anwendung einer Regelung mit anderen Tatbestandsvoraussetzungen auf einen ähnlichen, ungeregelten Sachverhalt[30]. Da die Bildung einer Analogie die Grenze der Auslegung überschreitet, es sich mithin um eine grundsätzlich dem Gesetzgeber obliegende Rechtsfortbildung handelt, ist sie nur unter bestimmten Voraussetzungen zulässig[31].

Die Analogie setzt zunächst eine planwidrige Lücke im Gesetz voraus[32]. Eine Gesetzeslücke besteht, wenn es keine Norm gibt, die den betrachteten Sachverhalt regelt[33].

---

29 *Rüther*, in: Hamburger Kommentar-InsO, § 5 Rn. 2.

30 *Rüthers/Fischer/Birk*, Rn. 889.

31 Dazu: *Bitter/Rauhut*, JuS 2009, 289, 297; *Bork*, Rn. 143.

32 BGHZ 65, 300, 302; BGH, NJW 1981, 1726, 1727; BGHZ 149, 165, 174; BGH, NJW 2003, 1932, 1933; BGH, NJW 2007, 992 Rn. 15; BGH, NJW 2007, 3124 Rn. 11; BGH, NJW 2008, 1446 Rn. 14; *Canaris*, Die Feststellung von Lücken im Gesetz, S. 31 ff.; *Larenz*, S. 373; *Looschelders*, in: Heidel/Hüßtege/Mansel/Noack, Anh. zu § 133 BGB Rn. 39; *Looschelders./Roth*, S. 280 ff. (die Autoren verwenden den Begriff der normativen Regelungslücke); *Rüthers/Fischer/Birk*, Rn. 886 (die Autoren verwenden den Begriff der teleologischen Lücke); *Schmalz*, Rn. 324.

33 *Bydlinski*, S. 81; *Bork*, Rn. 144.

Planwidrig ist diese Lücke, wenn das Gesetz, gemessen an seinem Regelungszweck, unvollständig erscheint und der Gesetzgeber die Lückenschließung bewusst der Rechtsprechung überlassen wollte oder die Lücke unbeabsichtigt besteht[34]. Letzteres ist der Fall, wenn der Gesetzgeber den ungeregelten Sachverhalt bei der Gesetzgebung übersehen hat[35] oder dieser erst aus der Fortentwicklung der Verhältnisse entstanden ist[36].

Ergibt eine historische und teleologische Auslegung des Regelungsplans[37] hingegen, dass sich der Gesetzgeber bewusst und planvoll gegen eine Normierung des betrachteten Sachverhalts entschieden hat, so ist dieser gesetzgeberische Wille bindend und eine Analogiebildung damit mangels Planwidrigkeit unzulässig[38].

Liegt eine planwidrige Regelungslücke vor, so ist in einem zweiten Schritt zu prüfen, ob eine vergleichbare Interessenlage zwischen dem normierten und dem ungeregelten Sachverhalt besteht[39]. Letzterer muss mit der Regelung in rechtlicher Hinsicht soweit vergleichbar sein, dass angenommen werden kann, der Gesetzgeber wäre bei einer Interessenabwägung, bei der er sich von den gleichen Grundsätzen hätte leiten lassen wie bei dem Erlass der herangezogenen Norm, zu dem gleichen Abwägungsergebnis gekommen[40].

2. Planwidrige Regelungslücke in der Insolvenzordnung

Ein Auskunftsanspruch des Insolvenzverwalters gegenüber potentiellen Anfechtungsgegnern ist weder von dem Anwendungsbereich der §§ 97, 101 InsO noch von einer anderen Vorschrift erfasst.

Für die Planwidrigkeit dieser Regelungslücke sprechen die einleitend angedeuteten Probleme des Insolvenzverwalters bei der Schließung von Sachverhaltslücken gegenüber Anfechtungsgegnern. Vor dem Hintergrund, dass die Ermittlung und Durchsetzung bestehender Insolvenzanfechtungsansprüche für

---

34 *Looschelders*, in: Heidel/Hüßtege/Mansel/Noack, Anh. zu § 133 BGB Rn. 40; *Grüneberg* in: Palandt, Einl. Rn. 55.

35 *Rüthers/Fischer/Birk*, Rn. 886.

36 BVerfGE 82, 6, 12; *Looschelders/Roth*, S. 239 f.

37 BGHZ 149, 165, 174; BGH, NJW 2007, 992 Rn. 15; *Larenz*, S. 373.

38 *Bork*, Rn. 144.

39 BGH, NJW 2008, 1446 Rn. 15; *Bork*, Rn. 145; *Schmalz*, Rn. 327.

40 BGHZ 65, 300, 302; BGH, NJW 1981, 1726, 1727; BGHZ 105, 140, 143; BGHZ 120, 239, 252; BGH, NJW 2003, 1932, 1933; BGH, NJW 2007, 992 Rn. 15; BGH, NJW 2007, 3124 Rn. 11.

die Verwirklichung der Gläubigergleichbehandlung eine große Bedeutung hat, erscheint die Insolvenzordnung insoweit unvollständig.

In den Gesetzesmaterialien zur Insolvenzordnung[41] finden sich allerdings keine Anhaltspunkte dafür, dass der Gesetzgeber die Frage nach einem unmittelbaren Auskunftsanspruch gegen potentielle Anfechtungsgegner bewusst offen gelassen hat, um sie der Entscheidung durch Rechtsprechung und Lehre zu überlassen. Dies ist auch wenig überraschend, da der Schuldner und seine Organe auf der einen Seite nicht zwingend Anfechtungsgegner sind und die Anfechtungsgegner auf der anderen Seite nicht automatisch im Lager des Schuldners stehen.

Das Vorliegen einer unbewussten Regelungslücke ist allerdings ebenfalls nicht erkennbar. Die Frage, ob und unter welchen Voraussetzungen der Insolvenzverwalter potentielle Anfechtungsgegner auf Auskunft in Anspruch nehmen kann, stellt sich bereits seit Jahrzehnten und ist damit kein Ergebnis jüngerer Entwicklungen.

Vielmehr sprechen die Entstehungsgeschichte der Insolvenzordnung, die Regelungssystematik der §§ 97 ff. InsO sowie die gesetzgeberischen Mittel zur Effektivierung der Insolvenzanfechtung dafür, dass der Gesetzgeber bewusst auf die Normierung von Auskunftspflichten potentieller Anfechtungsgegner oder sonstiger Dritter verzichtet hat:

Weder die Konkurs- und die Vergleichsordnung noch die Gesamtvollstreckungsordnung gewährten dem Insolvenzverwalter einen Auskunftsanspruch gegenüber Dritten[42]. Obwohl bereits unter Geltung dieser Gesetze diskutiert wurde, ob dem Insolvenzverwalter nicht zumindest dann gegenüber den Angehörigen des Schuldners ein Auskunftsanspruch aus Treu und Glauben zuzubilligen ist, wenn dieser als Auskunftsperson faktisch nicht zur Verfügung steht[43], hat der Gesetzgeber diese Diskussionen nicht zum Anlass genommen, eine solche Auskunftspflicht in die Insolvenzordnung mit aufzunehmen. Noch kurz vor dem Inkrafttreten der Insolvenzordnung bestätigte der Bundesgerichtshof

---

41 Begründung des Regierungsentwurfs, BT-Drs. 12/2443, S. 142 ff. zu den Auskunfts- und Mitwirkungspflichten des Schuldners sowie seiner organschaftlichen Vertreter und Angestellten.

42 *Stephan*, in: Münchener Kommentar-InsO, § 97 Rn. 29a.

43 Dafür: *Gernhuber*, S. 580; *Kuhn/Uhlenbruck*, § 100 KO Rn. 3; unter Berufung auf letztere Fundstelle ebenso: *Passauer*, in: Münchener-Kommentar-InsO, Band 2, 1. Auflage, § 97 Rn. 29 (wobei diese Auffassung in der 2. Auflage aufgegeben wurde); *Stürner*, S. 320 f.; *Wittkowski*, in: Nerlich/Römermann, § 97 Rn. 9 (bis zur 23. Ergänzungslieferung); dagegen: *Hess/Kropshofer*, § 100 KO Rn. 5; noch offen gelassen von: BGH, NJW 1978, 1002, 1003; ablehnend anschließend: BGH, NJW 1979, 1832, 1833.

im Jahr 1998[44] in einer Entscheidung zum Anfechtungsgesetz seine langjährige Rechtsprechung, dass ein Auskunftsanspruch aus § 242 BGB einen dem Grunde nach bestehenden Anfechtungsanspruch voraussetze und lediglich dann bestehe, wenn es um Art und Umfang des Anspruchs gehe.

Der Gesetzgeber nutzte die Reform, um die mit § 100 KO nur unvollkommen oder überhaupt nicht geregelten Auskunfts- und Mitwirkungspflichten des Schuldners in den §§ 97, 98 InsO umfassend zu normieren[45]. Auch § 101 InsO beabsichtigt, wesentliche Regelungslücken des früheren Rechts zu schließen[46]. In § 101 Abs. 1 InsO hat der Gesetzgeber erstmalig auch umfassende Auskunftspflichten der Organe des Schuldners geregelt[47]. Schließlich erstreckt § 101 Abs. 2 InsO die Auskunftspflicht aus § 97 Abs. 1 Satz 1 InsO auch auf die Angestellten des Schuldners[48]. Diese Pflicht ist allerdings nachrangig, da den schuldnerischen Angestellten im Insolvenzverfahren nur eine untergeordnete Stellung zukommt. Sie haben im Insolvenzverfahren nicht die Stellung einer Partei, sondern lediglich eines verfahrensunbeteiligten[49] Zeugen[50].

Wenngleich sich der Gesetzgeber also bei dem Übergang von der Konkurs- zur Insolvenzordnung umfassend mit der Normierung von Auskunftspflichten gegenüber dem Insolvenzverwalter beschäftigt und dabei auch bestimmte, am Insolvenzverfahren grundsätzlich unbeteiligte Personen in den Kreis der zur Auskunft Verpflichteten mit aufgenommen hat, sind die potentiellen Anfechtungsgegner hier unberücksichtigt geblieben.

Dass sich der Gesetzgeber bewusst gegen die Normierung einer Auskunftspflicht potentieller Anfechtungsgegner entschieden hat, ergibt sich mittelbar auch aus der Gesetzgebungshistorie zu den Tatbeständen der Insolvenzanfechtung. Erklärtes Ziel des Gesetzgebers war es, das Instrument der Insolvenzanfechtung im Sinne der Gläubigergleichbehandlung und Massemehrung zu effektivieren. Die Effektivierung sollte unter anderem über die Schaffung von Beweiserleichterungen erreicht werden. Statt hier mit einem direkten Auskunftsanspruch gegen potentielle Anfechtungsgegner zu arbeiten, hat der Gesetzgeber

---

44 BGH, Urteil vom 18.06.1998 – IX ZR 311/95; NZI 1998, 120, 121 (zum AnfG).

45 *Stephan*, in: Münchener Kommentar-InsO, § 97 Rn. 4.

46 *Uhlenbruck*, KTS 1997, 371, 378; *Vallender*, ZIP 1996, 529, 534; Zipperer, in: Uhlenbruck, § 101 Rn. 1.

47 Siehe hierzu auch die Ausführungen im 3. Kapitel unter II.2.a.

48 Siehe hierzu auch die Ausführung im 2. Kapitel unter II.2.b.

49 *Stephan*, in: Münchener Kommentar-InsO, § 101 Rn. 29.

50 Begründung des Regierungsentwurfs, BT-Drs. 12/2443, S. 144 l. Sp.

zahlreiche Vermutungstatbestände zugunsten des Insolvenzverwalters geschaffen, die diesem den Nachweis subjektiver Tatbestandsmerkmale erleichtern[51].

Obwohl also bereits unter Geltung der Vorläufergesetze zur Insolvenzordnung sowohl in der Rechtsprechung als auch in der Literatur die Auskunftspflichten potentieller Anfechtungsgegner gegenüber dem Insolvenzverwalter diskutiert worden sind und sich der Gesetzgeber der Insolvenzordnung bewusst mit der Reformierung und Verbesserung sowohl der Informations- als auch Anfechtungsmöglichkeiten des Insolvenzverwalters beschäftigt hat, ist weder in die §§ 97 ff. InsO noch in die §§ 129 ff. InsO eine Auskunftspflicht potentieller Anfechtungsgegner aufgenommen worden. Er hat sich vielmehr dafür entschieden, die Mittel des Insolvenzverwalters indirekt auszugestalten und ihm gegenüber den Anfechtungsgegnern zahlreiche Beweiserleichterungen einzuräumen.

Eine analoge Anwendung der §§ 97, 101 InsO scheitert also im Ergebnis an der insoweit erforderlichen Planwidrigkeit der Regelungslücke[52].

3. Zwischenergebnis

Im Ergebnis lässt sich der Insolvenzordnung keine insolvenzverfahrensrechtliche Auskunftspflicht potentieller Anfechtungsgegner gegenüber dem Insolvenzverwalter entnehmen. Zwar gilt im Insolvenzverfahren im Unterschied zum Zivilprozess der Amtsermittlungsgrundsatz. Dieser betrifft aber nur die Tätigkeit des Insolvenzgerichts und begründet für sich allein genommen keine Auskunftspflichten. Eine Auskunftspflicht könnte lediglich an §§ 97, 101 InsO geknüpft werden. Die entsprechende Anwendung dieser Norm auf Anfechtungsgegner scheitert allerdings an der Planwidrigkeit der Regelungslücke in der Insolvenzordnung.

III. Insolvenzgerichtliche Anordnung einer Auskunftspflicht potentieller Anfechtungsgegner

Auch wenn sich aus den Verfahrensordnungen keine Auskunftspflichten herleiten lassen, so könnte doch das Insolvenzgericht aufgrund seiner Amtsermittlungspflicht befugt sein, eine solche als Sicherungsmaßnahme anzuordnen.

1. Gerichtliche Anordnung einer Auskunftspflicht im Eröffnungsverfahren gemäß § 21 Abs. 1 Satz 1 InsO

Als Ermächtigungsgrundlage käme § 21 Abs. 1 Satz 1 InsO in Betracht.

---

51 Siehe hierzu die Ausführungen im 4. Kapitel unter II.

52 So im Ergebnis auch: AG Köln, ZIP 2015, 1602, 1603.

a. Reichweite der Ermächtigungsgrundlage

Fraglich ist, ob die Anordnung einer Auskunftspflicht potentieller Anfechtungsgegner von der Reichweite dieser Vorschrift gedeckt wäre. Der Wortlaut verdeutlicht, dass die von dem Insolvenzgericht anzuordnenden Maßnahmen im vorläufigen Insolvenzverfahren dem Schutz des schuldnerischen Vermögens zu dienen bestimmt sind. Die Schutzpflicht umfasst dasjenige Vermögen, das zu dem Zeitpunkt der Antragstellung noch vorhanden ist[53]. Zugriffe des Schuldners und einzelner Gläubiger auf diesen Ist-Zustand sind bis zur endgültigen Entscheidung über den Insolvenzantrag im Sinne der Gesamtheit der Gläubiger zu verhindern[54]. Die Ermittlung von Anfechtungssachverhalten im Eröffnungsverfahren dient grundsätzlich nicht der Sicherung der Ist-Masse. Die potentiellen Rückgewähransprüche aus § 143 Abs. 1 InsO sind ein Bestandteil der nach der Verfahrenseröffnung zu ermittelnden Soll-Masse[55]. Die Anordnung einer Auskunftspflicht würde bereits einen Schritt in Richtung einer Massebereinigung bedeuten. Zudem entsteht das Anfechtungsrecht erst mit der Eröffnung des Insolvenzverfahrens[56]. Daher ist der vorläufige Insolvenzverwalter auch nicht zur Anfechtung berechtigt[57]. Allerdings ist er dazu verpflichtet, die Anfechtungsansprüche zumindest zu ermitteln, um feststellen zu können, ob eine die Verfahrenskosten deckende Masse vorhanden ist[58]. Die Anordnung einer Auskunftspflicht würde ihn bei dieser Aufgabe unterstützen.

b. Ungerechtfertigter Eingriff in das Recht auf informationelle Selbstbestimmung

Unabhängig davon, ob die Anordnung einer Auskunftspflicht tatsächlich von der Reichweite des § 21 Abs. 1 Satz 1 InsO gedeckt wäre, könnte in dieser Maßnahme allerdings ein nicht gerechtfertigter Eingriff in das durch Art. 2 Abs. 1 GG

---

53 *Gerhardt*, in: Jaeger, § 21 Rn. 4; *Vallender*, in: Uhlenbruck, § 21 Rn. 1.

54 Begründung des Regierungsentwurfs, BT-Drs. 12/2443, S. 116 l. Sp.; *Vallender*, in: Uhlenbruck, § 21 Rn. 1.

55 *Gehrlein*, in: Ahrens/Gehrlein/Ringstmeier, § 143 Rn. 3; *Kayser*, in: Münchener Kommentar-InsO, § 129 Rn. 191; *Rogge/Leptien*, in: Hamburger Kommentar-InsO, § 143 Rn. 4.

56 BGHZ 130, 38, 40; BGHZ 171, 38 Rn. 20.

57 *Ede/Hirte*, in: Uhlenbruck, § 143 Rn. 11; *Kayser*, in: Münchener Kommentar-InsO, § 129 Rn. 193.

58 BGH, NZI 2006, 167, 169.

in Verbindung mit Art. 1 Abs. 1 GG geschützte Recht des potentiellen Anfechtungsgegners auf informationelle Selbstbestimmung liegen.

aa. Eingriff in den Schutzbereich

Das Recht auf informationelle Selbstbestimmung gewährt dem Einzelnen die Befugnis, grundsätzlich selbst über die Preisgabe und Verwendung seiner persönlichen Daten zu bestimmen[59].

Um dem Schutzbereich des Rechts auf informationelle Selbstbestimmung zu unterfallen, müssten die von der gerichtlichen Anordnung umfassten, anfechtungsrelevanten Sachverhalte also persönliche Daten enthalten. Der Begriff der persönlichen Daten im Sinne des Rechts auf informationelle Selbstbestimmung deckt sich mit der Legaldefinition in § 3 Abs. 1 BDSG[60] und erfasst damit alle Einzelangaben über persönliche oder sachliche Verhältnisse einer bestimmten oder bestimmbaren Person. Zu den persönlichen und sachlichen Verhältnissen einer Person gemäß § 3 Abs. 1 BDSG zählen nicht nur körperliche und geistige Eigenschaften und Merkmale, die der Person als solche zukommen, sondern auch ihre sozialen, wirtschaftlichen und sonstigen Beziehungen zur Umwelt[61].

Anfechtungsrelevante Sachverhalte enthalten Informationen zu der wirtschaftlichen Beziehung des Anfechtungsgegners zu dem Schuldner. Denn es geht zumeist um die Frage, ob, wann, unter welchen Umständen und auf welcher Grundlage der Anfechtungsgegner etwas aus dem Vermögen des Schuldners erlangt hat. Deswegen ist davon auszugehen, dass ein anfechtungsrelevanter Sachverhalt, über den der Anfechtungsgegner Auskunft geben soll, stets auch Einzelangaben über seine persönlichen oder sachlichen Verhältnisse – also persönliche Daten – im Sinne des § 3 Abs. 1 BDSG enthält und damit dem Schutzbereich des Rechts auf informationelle Selbstbestimmung unterfällt[62].

Das Recht auf informationelle Selbstbestimmung schützt die persönlichen Daten vor jeder Form der staatlichen Erhebung[63]. Die gerichtliche Anordnung einer Auskunftspflicht wäre ein solcher staatlicher Erhebungsakt.

Deswegen griffe das Insolvenzgericht im Ergebnis in Art. 2 Abs. 1 GG in Verbindung mit Art. 1 Abs. 1 GG ein, wenn es einen potentiellen Anfechtungsgegner

59 BVerfGE 65, 1, 43; BVerfGE 78, 77, 84.

60 *Di Fabio*, in: Maunz/Dürig, Art. 2 Rn. 175.

61 *Dammann*, in: Simitis, § 3 Rn. 11.

62 So im Ergebnis auch: *Leipold*, in: Stein/Jonas, 22. Auflage, § 138 ZPO Rn. 30.

63 *Di Fabio*, in: Maunz/Dürig, Art. 2 Rn. 176.

auf der Grundlage des § 21 Abs. 1 Satz 1 InsO zur Auskunft gegenüber dem vorläufigen Insolvenzverwalter verpflichtete.

bb. Unverhältnismäßigkeit des Eingriffs

Das Recht auf informationelle Selbstbestimmung wird allerdings nicht schrankenlos gewährleistet[64]. Vielmehr muss der Einzelne Einschränkungen desselben im überwiegenden Allgemeininteresse hinnehmen[65]. Dem Interesse des Anfechtungsgegners, die ihn selbst belastenden Anfechtungstatsachen geheim zu halten, steht das Interesse der Gesamtheit der Gläubiger an einer gleichmäßigen Befriedigung aus dem Restvermögen des Schuldners gegenüber. Der Grundsatz der Gläubigergleichbehandlung ist ebenfalls verfassungsrechtlich durch Art. 3 Abs. 1 GG und Art. 14 Abs. 1 GG garantiert[66] und wird für die Zeit vor der Eröffnung des Insolvenzverfahrens rückwirkend durchgesetzt.

Fraglich ist aber, ob der Eingriff in das allgemeine Persönlichkeitsrecht des potentiellen Anfechtungsgegners zum Schutz der Gläubigergleichbehandlung verhältnismäßig wäre. Die Verhältnismäßigkeit im engeren Sinne[67] setzt voraus, dass der Nutzen der Maßnahme nicht außer Verhältnis zu den dadurch herbeigeführten Beeinträchtigungen steht[68].

Der Nutzen einer Auskunftspflicht potentieller Anfechtungsgegner im Eröffnungsverfahren läge in einer Verfahrenssicherung im Sinne der gleichmäßigen Befriedigung aller Gläubiger. Oftmals ist das Bestehen werthaltiger Anfechtungsansprüche für die Verfahrenskostendeckung und damit die Eröffnung des Verfahrens entscheidend. Die Gesetzesbegründung stellt klar, dass das Insolvenzverfahren auch dann eröffnet wird, wenn das vorhandene Vermögen des Schuldners die Kosten nicht deckt, der fehlende Betrag aber auf dem Wege der Insolvenzanfechtung hinzugewonnen werden kann[69]. Das Eröffnungsverfahren soll die Verfahrenseröffnung sicherstellen, um dem erklärten Ziel der Insolvenzordnung, die Eröffnungsquoten zu erhöhen, Rechnung zu tragen[70].

Die Ermittlung anfechtungsrelevanter Sachverhalte ist also dazu geeignet, der Gläubigergesamtheit den Zugriff auf das schuldnerische Restvermögen im Wege der Gesamtvollstreckung im Einzelfall zu sichern. Die gleichmäßige

64 BVerfGE 65, 1, 43.
65 BVerfGE 65, 1, 44.
66 Siehe hierzu ausführlich die Ausführungen im 5. Kapitel unter II.1.
67 BVerfGE 67, 157, 165; *Schulze-Fielitz*, in: Dreier, Art. 20 (Rechtsstaat) Rn. 184.
68 Grzeszick, in: Maunz/Dürig, Art. 20 GG VII. Rn. 117.
69 Begründung des Regierungsentwurfs, BT-Drs. 12/2443, S. 117 l. Sp.
70 *Mönning*, in: Nerlich/Römermann, Vorbem. §§ 11 bis 34 Rn. 2.

Gläubigerbefriedigung realisiert sich überhaupt nur dann, wenn das Insolvenzverfahren auch tatsächlich eröffnet wird. Eine Abweisung mangels Masse führt hingegen zu einer unkontrollierten Verteilung nach dem Prioritätsprinzip. Eine geordnete Liquidation dürfte in Fällen der Massearmut kaum stattfinden.

Allerdings entfaltet der Grundsatz der Gläubigergleichbehandlung im Eröffnungsverfahren lediglich eine Vorwirkung für das spätere Insolvenzverfahren[71]. Es ist durchaus auch möglich, dass dieses nicht eröffnet wird, weil das Insolvenzgericht den Eröffnungsantrag mangels Vorliegen eines Eröffnungsgrundes zurückweist oder der Antragsteller den Eröffnungsantrag zurücknimmt[72].

Vor diesem Hintergrund wäre der Eingriff in das allgemeine Persönlichkeitsrecht des potentiellen Anfechtungsgegners unverhältnismäßig.

Die gerichtlich angeordnete Auskunftspflicht potentieller Anfechtungsgegner im Eröffnungsverfahren würde in deren Recht auf informationelle Selbstbestimmung eingreifen, ohne dass bereits feststünde, ob sich der Eingriff tatsächlich durch eine spätere Verfahrenseröffnung und das dann geltende Verfahrensziel der Gläubigergleichbehandlung rechtfertigen ließe. Kommt es nicht zu der Eröffnung des Insolvenzverfahrens, so hat die gerichtlich angeordnete Auskunftspflicht keinen Nutzen und steht damit offensichtlich außer Verhältnis zu der gleichzeitig hervorgerufenen Grundrechtsbeeinträchtigungen.

cc. Zwischenergebnis

Selbst wenn also eine gerichtlich angeordnete Auskunftspflicht im Eröffnungsverfahren von der Reichweite des § 21 Abs. 1 Satz 1 InsO erfasst wäre, so stellte die Maßnahme im Ergebnis einen unverhältnismäßigen und damit nicht zu rechtfertigenden Eingriff in das Recht des potentiellen Anfechtungsgegners auf informationelle Selbstbestimmung dar.

2. Gerichtliche Anordnung einer Auskunftspflicht im eröffneten Verfahren analog § 21 Abs. 1 Satz 1 InsO

Anknüpfend an die vorstehende Untersuchung schließt sich die Frage an, ob die gerichtliche Anordnung einer Auskunftspflicht potentieller Anfechtungsgegner mit der Eröffnung des Insolvenzverfahrens möglich wird. Im eröffneten Verfahren sind die Unwägbarkeiten des Eröffnungsverfahrens erledigt und die Verfahrensziele aus § 1 InsO entfalten ihre volle Wirkung. Allerdings gilt die Generalermächtigung aus § 21 Abs. 1 Satz 1 InsO dort nicht mehr. Deswegen käme

---

71 *Kirchhof*, in: Münchener Kommentar-InsO, Vorbem. §§ 129 bis 147 Rn. 1.
72 *Marotzke*, ZInsO 2004, 178.

nur eine entsprechende Anwendung dieser Norm in Betracht. Als Vorschrift des Eröffnungsverfahrens könnte § 21 Abs. 1 Satz 1 InsO für eine entsprechende Anwendung nach Verfahrenseröffnung allerdings untauglich sein.

Für die Untauglichkeit spricht der unterschiedliche Zweck der beiden Verfahrensstadien. Im Gegensatz zum eröffneten Insolvenzverfahren hat das Eröffnungsverfahren vorläufigen Charakter und dient vorrangig der Entscheidung über die Begründetheit des Insolvenzantrags[73]. Die vorläufige Sicherung des schuldnerischen Vermögens während dieses Zeitraums ist deswegen auch die zentrale Zweckbestimmung der dort möglichen Maßnahmen[74]. Wird das Insolvenzverfahren eröffnet, so gehen die meisten Sicherungsmaßnahmen in der Wirkung des Insolvenzbeschlags auf[75]. Damit einhergehend unterliegt auch das Insolvenzgericht zwischen den einzelnen Verfahrensstadien einem grundlegenden Funktionswandel. Während es im Eröffnungsverfahren die Sicherungsmaßnahmen anordnet und die Entscheidung über die Eröffnung des Verfahrens trifft, führt es im eröffneten Verfahren im Wesentlichen nur noch die Aufsicht. Eine analoge Anwendung des § 21 Abs. 1 Satz 1 InsO im eröffneten Insolvenzverfahren widerspräche somit nicht nur dem Normzweck, sondern verliehe dem Insolvenzgericht auch Kompetenzen, die ihm in diesem Verfahrensstadium nicht mehr zustehen.

Damit wäre eine entsprechende Anwendung des § 21 Abs. 1 Satz 1 InsO auf das eröffnete Insolvenzverfahren systemwidrig. Im Ergebnis ist eine gerichtliche Anordnung einer Auskunftspflicht potentieller Anfechtungsgegner auch nach der Eröffnung des Insolvenzverfahrens nicht möglich.

IV. Ergebnis

Das wohl effizienteste Aufklärungsmittel steht dem Insolvenzverwalter nicht ohne materiellen Anknüpfungspunkt zur Verfügung, um bestehende Sachverhaltslücken schließen zu können. Den potentiellen Anfechtungsgegner trifft weder eine allgemeine prozessuale noch eine insolvenzverfahrensrechtliche Auskunftspflicht analog §§ 97, 101 InsO.

Auch das Insolvenzgericht kann keine Auskunftspflicht anordnen, obwohl es zur Amtsermittlungspflicht verpflichtet ist. Denn die Anordnung einer Auskunftspflicht würde in das grundrechtlich geschützte Recht des Anfechtungsgegners auf

---

73 *Gerhardt*, in: Kölner Schrift, 2. Auflage, S. 194 Rn. 2; *Haarmeyer/Wutzke/Förster*, § 1 Rn. 16.

74 *Haarmeyer*, in: Münchener Kommentar-InsO, § 21 Rn. 1.

75 *Gerhardt*, in: Jaeger, § 25 Rn. 1; *Häsemeyer*, Rn. 7.34.

informationelle Selbstbestimmung eingreifen. Dieser Eingriff wäre unverhältnismäßig und damit ungerechtfertigt, da der ebenfalls durch Art. 3 Abs. 1 GG und Art. 14 Abs. 1 GG mit Verfassungsrang ausgestattete Grundsatz der Gläubigergleichbehandlung im Eröffnungsverfahren nur eine Vorwirkung entfaltet. Eine analoge Anwendung des § 21 Abs. 1 Satz 1 InsO im eröffneten Verfahren scheidet ebenfalls aus. Die Vorschrift ist untrennbar mit dem vorläufigen Charakter des Eröffnungsverfahrens verknüpft und deswegen nicht auf andere Verfahrensstadien übertragbar.

2. Kapitel: Materielle Auskunftsansprüche gegen potentielle Anfechtungsgegner

Da verfahrensrechtliche Auskunftspflichten des Anfechtungsgegners weder bestehen noch gerichtlich angeordnet werden können, sind die materiellen Auskunftsansprüche gegen potentielle Anfechtungsgegner ein wichtiges Mittel zur Aufklärung von Anfechtungssachverhalten.

Die nachfolgende Untersuchung unterscheidet auf der ersten Ebene zwischen privat- und öffentlich-rechtlichen Auskunftsansprüchen.

I. Privatrechtliche Auskunftsansprüche

Im Rahmen der privatrechtlichen Auskunftsansprüche ist wiederum zwischen den vom Schuldner abgeleiteten und den eigenständigen Ansprüchen zu differenzieren.

1. Vom Schuldner abgeleitete Auskunftsansprüche

Ein Weg zur Auskunft führt den Insolvenzverwalter über die ursprünglichen Schuldverhältnisse zwischen dem Schuldner und dem Auskunftsgegner. Mit der Eröffnung des Insolvenzverfahrens geht die Verwaltungs- und Verfügungsbefugnis über das Vermögen des Schuldners auf den Insolvenzverwalter über. Damit ist er befugt, die Rechte des Schuldners gegenüber Dritten wahrzunehmen und geltend zu machen[76]. Zu diesen Rechten gehören auch materielle Auskunftsansprüche[77]. Gleiches gilt für den vorläufigen „starken" Insolvenzverwalter, da diesem von dem Insolvenzgericht ebenfalls die Verwaltungs- und Verfügungsbefugnis über das Vermögen des Schuldners übertragen wird[78].

Ein Auskunftsanspruch des Schuldners kann sich zunächst aus einem ausdrücklich oder stillschweigend geschlossenen Vertrag ergeben[79], beispielsweise einem selbstständigen Auskunftsvertrag gemäß § 675 Abs. 2 BGB oder als

---

76 *Leithaus*, in: Andres/Leithaus, § 80 Rn. 5.

77 OLG Dresden, NZI 2012, 458; *Ott/Vuia*, in: Münchener Kommentar-InsO, § 80 Rn. 43.

78 So für den Auskunftsanspruch gegenüber der Bank: *Krepold*, in: Schimansky/Bunte/Lwowski, § 39 Rn. 75.

79 *Krüger*, in: Münchener Kommentar-BGB, § 260 BGB Rn. 11; *Grüneberg*, in: Palandt, § 260 BGB Rn. 3; *Toussaint*, in: jurisPK-BGB, § 259 BGB Rn. 5; *Lorenz*, in: Beck'scher Online-Kommentar-BGB, § 260 BGB Rn. 7.

Nebenpflicht zu einem sonstigen Vertrag. Darüber hinaus sehen zahlreiche vertragliche und gesetzliche Schuldverhältnisse aufgrund einer ausdrücklichen gesetzlichen Regelung[80] eine Auskunftspflicht vor.

a. *Vertragliche Schuldverhältnisse mit Fremdgeschäftsführungscharakter*

Das Gesetz verpflichtet insbesondere denjenigen zur Auskunft, der aufgrund eines Vertrags fremde Interessen wahrzunehmen hat, sofern der Träger der fremden Interessen diesem ohne Informationsrechte ausgeliefert wäre[81]. Auskunftspflichten dieser Art finden sich sowohl im Gesellschafts-[82] als auch im Vereins-[83] und Auftragsrecht.

§ 666 BGB, dem aufgrund zahlreicher Verweise[84] der Charakter einer „Mustervorschrift"[85] zugeschrieben wird, normiert einen umfassenden Informationsanspruch[86].

aa. Girovertrag

Besondere Bedeutung für die Insolvenzverwaltung erlangt in diesem Zusammenhang der Girovertrag zwischen Bank und Schuldner, auf dessen Grundlage die Bank das schuldnerische Konto führt und den Zahlungsverkehr des Schuldners abwickelt. Denn den Kontoauszügen und -abschlüssen lassen sich oft anfechtbare Kontobewegungen entnehmen. Zum Anfechtungsgegner kann dabei auch die Bank selbst werden, beispielsweise dann, wenn sie Guthaben des Schuldners mit eigenen Forderungen aus der Geschäftsverbindung verrechnet.

(i) Anspruchsberechtigung des Insolvenzverwalters

Etwaige Auskunftsansprüche aus einem Girovertrag stehen grundsätzlich dem Schuldner zu. Fraglich ist, ob sich aus diesem Vertragsverhältnis auch für den Insolvenzverwalter ein Informationsanspruch gegenüber der Bank des Schuldners ergibt. Grundsätzlich ist der Insolvenzverwalter befugt, von letzterer in

80 Vgl. §§ 402, 666, 675, 681, 687 Abs. 2, 713, 1361 Abs. 4, 1379, 1580, 1605, 1799, 1839, 1908i, 2027, 2057, 2127 u. 2314 BGB.

81 *Lorenz*, JuS 1995, 569, 570.

82 Vgl. §§ 713, 740 Abs. 2 BGB; §§ 105 Abs. 2, 340 Abs. 3 HGB.

83 Vgl. § 27 Abs. 3 BGB.

84 Vgl. §§ 27 Abs. 3, 675, 681, 713, 2210 BGB.

85 *Stürner*, S. 287; *Lorenz*, JuS 1995, 569, 570; *Lüke*, JuS 1986, 2, 4.

86 BGHZ 107, 104, 108; BGHZ 109, 260, 264 ff.

demselben Umfang Auskunft zu verlangen wie der Schuldner selbst[87]. Dies folgt aus dem Übergang der Verwaltungs- und Verfügungsbefugnis gemäß § 80 Abs. 1 InsO[88].

(ii) Inhalt des Auskunftsanspruchs

Bis zur Umsetzung der Ersten[89] Zahlungsdiensterichtlinie[90] im Jahr 2009 wurde der Girovertrag als Geschäftsbesorgungsvertrag mit Dienstleistungscharakter verstanden[91]. Als solcher beinhaltete er gemäß §§ 666, 675 BGB einen selbständigen Anspruch auf Erteilung von Kontoauszügen und Rechnungsabschlüssen[92]. Heute wird der Girovertrag von dem Anwendungsbereich des § 675 f Abs. 2 BGB erfasst[93]. Er ist somit ein Zahlungsdiensterahmenvertrag.

Aus der Gesetzesüberschrift und der Gesetzesbegründung[94] zu § 675f BGB ergibt sich, dass der Zahlungsdiensterahmenvertrag eine Ausprägung des Zahlungsdienstevertrages darstellt. Der Zahlungsdienstevertrag ist wiederum

---

87 *Bode*, S. 106; *Krepold*, in: Schimansky/Bunte/Lwowski, § 39 Rn. 73; *Obermüller/Kuder*, in: Gottwald, § 98 Rn. 33.

88 *Mock*, in: Uhlenbruck, § 80 Rn. 127.

89 Der Europäische Gesetzgeber hat Ende 2015 eine neue Richtlinie zu Zahlungsdiensten vorgelegt (Richtlinie (EU) 2015/2366 des Europäischen Parlaments und des Rates vom 25.11.2015 über Zahlungsdienste im Binnenmarkt, zur Änderung der Richtlinien 2002/65/EG, 2009/110/EG und 2013/36/EU und der Verordnung (EU) Nr. 1093/2010 sowie zur Aufhebung der Richtlinie 2007/64/EG (ABl. L 337 vom 23.12.2015, S. 35; L 169 vom 28.06.2016, S. 18; Zweite Zahlungsdiensterichtlinie), die am 12.01.2016 in Kraft getreten ist und welche die nationalen Gesetzgeber bis zum 13.01.2018 umsetzen müssen. Die Bundesregierung hat bereits den Entwurf eines Gesetzes zur Umsetzung der Zweiten Zahlungsdiensterichtlinie (BT-Drs. 18/11495 vorgelegt. Der Regelungsansatz der Zweiten Zahlungsdiensterichtlinie unterscheidet sich nicht entscheidend von der Ersten. Die Zweite Zahlungsdiensterichtlinie verfolgt auch weiterhin den Ansatz der Vollharmonisierung; siehe *Casper*, in: Münchener Kommentar-BGB, Vorbem. §§ 675c–676c Rn. 8 ff.

90 Richtlinie 2007/64/EG des Europäischen Parlaments und des Rates vom 13.11.2007 über Zahlungsdienste im Binnenmarkt; Erste Zahlungsdiensterichtlinie.

91 BGH, NJW 1979, 1164; BGH, NJW 1985, 2699; BGHZ 131, 60, 63; BGHZ 133, 10; BGHZ 180, 191; *Casper*, in: Münchener Kommentar-BGB, § 675f Rn. 36; *Heermann*, in: Münchener Kommentar-BGB, § 675 Rn. 87; *Schmieder*, in: Schimansky/Bunte/Lwowski, § 47 Rn. 1; *Sprau*, in: Palandt, § 675f BGB Rn. 11.

92 BGH, NJW 2006, 217.

93 *Heermann*, in: Münchener Kommentar-BGB, § 675 Rn. 87; *Hopt/Roth*, Schimansky/Bunte/Lwowski, § 1 Rn. 15; *Omlor*, in: Staudinger, § 675f Rn. 3.

94 Begründung des Regierungsentwurfs, BT-Drs. 16/11643, S. 102 l. Sp.

eine Sonderform eines Geschäftsbesorgungsvertrages im Sinne von § 675c Abs. 1 BGB[95]. Folglich handelt es sich auch bei dem Zahlungsdiensterahmenvertrag um einen Geschäftsbesorgungsvertrag gemäß § 675c Abs. 1 BGB[96].

§ 675d BGB regelt in Verbindung mit Art. 248 §§ 1 ff. EGBGB ausdrücklich die im Rahmen von Zahlungsdiensteverträgen bestehenden vertraglichen und vorvertraglichen Informationspflichten der Parteien, sodass es eines Rückgriffs auf § 666 BGB – der über § 675c Abs. 1 BGB ebenfalls zur Anwendung gelangt – nicht mehr bedarf. Die Informationen über einzelne Zahlungsvorgänge sind gemäß Art. 248 § 7 EGBGB nach der Belastung des Kontos von dem Kreditinstitut unverzüglich mitzuteilen. Aufgrund des Aufwandes, den die unverzügliche Mitteilung zur Folge hätte, erlaubt das Gesetz in Art. 248 § 10 EGBGB abweichende Vereinbarungen, solange diese mindestens eine monatliche Unterrichtung vorsehen. Die Regel ist auch hier die Benachrichtigung durch Kontoauszug[97].

(iii) Grenzen des Auskunftsanspruchs

Dieser Auskunftsanspruch könnte bestimmten Grenzen unterliegen.

(1) Bankgeheimnis

Das Bankgeheimnis steht dem Auskunftsersuchen des Insolvenzverwalters nicht entgegen. Denn der Insolvenzverwalter nimmt gegenüber der Bank des Schuldners die alleinige Position des Geheimnisherrn ein[98]. Etwas anderes gilt nur dann, wenn insolvenzunabhängige Interessen des Schuldners – beispielsweise aus seiner Persönlichkeitssphäre – betroffen sind[99].

Darüber hinaus sind die Auskunftsrechte des Insolvenzverwalters eingeschränkt, wenn es darum geht, von der Bank Auskünfte über Angelegenheiten zu erhalten, die zumindest auch Dritte – mit Ausnahme der Zahlungsempfänger des Schuldners – betreffen[100]. Dies können insbesondere Auskünfte über

---

95 Begründung des Regierungsentwurfs, BT-Drs. 16/11643, S. 99/102 l. Sp; *Sprau*, in: Palandt, § 675f BGB Rn. 1; so ebenfalls, aber ohne Verweis auf § 675c Abs. 1 BGB: *Casper*, in: Münchener Kommentar-BGB, § 675f BGB Rn. 7; *Rösler/Werner*, BKR 2009, 1, 7; *v. Westphalen*, in: Erman, § 675f BGB Rn. 2.

96 BGHZ 195, 298 Rn. 37.

97 *Schmieder*, in: Schimansky/Bunte/Lwowski, § 47 Rn. 24b.

98 *Huber*, ZInsO 2001, 289, 296.

99 *Krepold*, in: Schimansky/Bunte/Lwowski, § 39 Rn. 73.

100 *Obermüller/Kuder*, in: Gottwald, § 98 Rn. 32/34.

Gemeinschaftskonten und -depots mit gemeinschaftlicher Verfügungsbefugnis sowie Auskünfte über Drittsicherheiten sein[101].

(2) Potentielle Selbstbelastung der Bank

Im Zusammenhang mit dem Untersuchungsgegenstand ist zudem von entscheidender Bedeutung, ob die Bank die Auskunft verweigern darf, wenn sie mit der Auskunft nicht nur die Ermittlung oder Substantiierung von Anfechtungssachverhalten gegen Dritte ermöglicht oder erleichtert, sondern sich durch die Auskunftserteilung selbst belastete. Denn sofern sich aus den Kontoauszügen oder -abschlüssen des Schuldners auch Sachverhalte ergeben, die eine Anfechtung gegenüber der Bank ermöglichen, könnte sich diese mit dem Argument verteidigen, dass sie nicht zur Selbstbelastung verpflichtet ist.

Gegen die Stichhaltigkeit dieses Arguments spricht, dass der Insolvenzverwalter keinen eigenen, sondern nur einen von der Person des Schuldners abgeleiteten vertraglichen Auskunftsanspruch geltend macht. Im Unterschied zu dem allgemeinen Auskunftsanspruch aus Treu und Glauben[102] sind nicht die Rechtsverhältnisse zwischen dem Insolvenzverwalter und der Bank, sondern die vertraglichen Beziehungen zwischen dieser und dem Schuldner maßgebend. Sofern die geforderte Information Gegenstand einer vertraglichen Auskunftspflicht des Kreditinstituts ist, kann die Auskunftserteilung nicht mit dem Einwand der Selbstbelastung verweigert werden[103]. Die Bank hat die vertraglichen Pflichten zu dem Schuldner in freier Willensausübung begründet, sodass eine Auskunftsverweigerung unzulässig wäre[104].

(3) Bereits erteilte Auskünfte

Allerdings wenden die Kreditinstitute oft zusätzlich ein, die Auskunft sei bereits in Form von Kontoauszügen oder Rechnungsabschlüssen erteilt worden und der Anspruch damit verbraucht[105].

Diesem Einwand ist der Bundesgerichtshof in mehreren Entscheidungen entgegengetreten und hat einen Anspruch des Bankkunden gegenüber seiner Bank auf erneute Erteilung von bereits erhaltenen Informationen bejaht[106].

---

101 *Bode*, S. 107.

102 Siehe hierzu die Ausführungen in diesem Kapitel unter I.2.a.

103 *Heye*, in: Nerlich/Kreplin, § 39 Rn. 49; *Hönn*, in: jurisPK-BGB, § 666 Rn. 9.

104 *Bode*, S. 100.

105 *Münzel/Goraj*, InsVZ 2010, 209, 210.

106 BGH, NJW 1985, 2699; BGH, NJW-RR 1988, 1072, 1073; *Kuder*, in: Obermüller, Rn. 2.360 (m.w.N.).

Diese Entscheidungen sind zwar noch vor der Umsetzung der Ersten Zahlungsdiensterichtlinie zu § 666 BGB ergangen. Die jeweiligen Entscheidungsgründe sind aufgrund der identischen Interessenlage aber auf die in § 675d BGB neu geregelten Informationspflichten im Zusammenhang mit Zahlungsdiensterahmenverträgen übertragbar[107]. Im Kern geht es darum, ob und unter welchen Umständen das Kreditinstitut zu einer erneuten Auskunft gegenüber dem Kunden verpflichtet ist.

Dagegen spricht auch nicht, dass der von § 675d BGB normierte Pflichtenkatalog mit Rücksicht auf den vollharmonisierenden Charakter der Ersten Zahlungsdiensterichtlinie nicht um neue Pflichten ergänzt werden darf[108]. Zum einen ist die Pflicht zur erneuten Erteilung einer Auskunft bezüglich des Inhalts der Auskunft nicht neu. Zum anderen ist es gerade das erklärte Ziel der Ersten Zahlungsdiensterichtlinie, eine möglichst transparente und umfangreiche Information des Zahlungsdienstenutzers sicherzustellen[109]. Diese Zielsetzung verfolgt auch die Rechtsprechung, wenn sie dem Kontoinhaber Ansprüche gewährt, welche die primären Auskunftspflichten aus § 666 BGB ergänzen.

Die vor der Umsetzung der Ersten Zahlungsdiensterichtlinie entwickelten Rechtsprechungsgrundsätze gelten im Ergebnis also auch im Anwendungsbereich des Zahlungsdiensterahmenvertrages fort[110].

Allerdings vertritt *Bode* die Ansicht, der Bundesgerichtshof übergehe in den oben zitierten Entscheidungen nicht nur den zivilprozessualen Beibringungsgrundsatz und das in diesem Zusammenhang bestehende Verbot der Ausforschung, sondern auch die in ständiger Rechtsprechung eigens entwickelten Voraussetzungen des allgemeinen Auskunftsanspruchs aus Treu und Glauben[111]. Es fehle an einer Begründung, warum das diesbezüglich stets geforderte Bestehen eines Leistungsanspruchs dem Grunde nach hier nicht von Bedeutung sein soll[112]. Eine Ausweitung des allgemeinen zivilrechtlichen Auskunftsanspruchs könne deswegen nur in Betracht kommen, wenn die begehrte Auskunftserteilung für die Bank des Schuldners nicht nachteilhaft sei. Der Bank dürften also

---

107 *Schmieder*, in: Schimansky/Bunte/Lwowski, § 47 Rn. 1.

108 Begründung des Regierungsentwurfs, BT-Drs. 16/11643, S. 134 r. Sp.; *Schmieder*, in: Schimansky/Bunte/Lwowski, § 47 Rn. 24c.

109 Begründung des Regierungsentwurfs, BT-Drs. 16/11643, S. 99 r. Sp. f.; *Schmieder*, in: Schimansky/Bunte/Lwowski, § 47 Rn. 24c.

110 *Schmieder*, in: Schimansky/Bunte/Lwowski, § 47 Rn. 1; so wohl auch aufgrund der Verweise: *Omlor*, in: Staudinger, § 675f BGB Rn. 17.

111 *Bode*, S. 101 f.

112 *Bode*, S. 102.

aus der Verwendung der weitergegebenen Informationen keine negativen Folgen entstehen und ihr müsste der durch die Auskunftserteilung entstehende Aufwand ausgeglichen werden[113]. Nur dann könne eine Billigkeitsabwägung, wie sie in den zitierten Entscheidungen des Bundesgerichtshofs vorgenommen werde, eine Pflicht der schuldnerischen Bank zur wiederholten Erteilung von Auskünften rechtfertigen. Bestünden hingegen Unsicherheiten bezüglich der negativen Auswirkungen für das Kreditinstitut, so sei eine Auskunftspflicht bereits zu verneinen[114].

Richtig ist, dass sich die von *Bode* kritisierten Entscheidungen nicht an den Voraussetzungen des allgemeinen Auskunftsanspruchs aus Treu und Glauben orientieren.

Der Bundesgerichtshof stützt den Anspruch auf erneute Auskunftserteilung allerdings nicht unmittelbar auf § 242 BGB. Insoweit heißt es in der Urteilsbegründung der Ausgangsentscheidung aus dem Jahr 1985[115]: „Die Erfüllung dieser Verpflichtungen schließt jedoch weitere Ansprüche des Kunden aus § 666 BGB nicht aus. Wenn der Kunde mit der Begründung, ihm lägen einzelne Tageskontoauszüge oder Saldenmitteilungen nicht vor, die Hilfe des Kreditinstituts bei der Ergänzung seiner Kontounterlagen erstrebt, kann sich das Kreditinstitut nach Treu und Glauben diesem Verlangen grundsätzlich selbst dann nicht widersetzen, wenn die betreffenden Schriftstücke [...] als zugegangen gelten und der Kunde nur glaubhaft macht, [...] sie seien ihm später verlorengegangen. Jedenfalls soweit dem Kreditinstitut die Übermittlung eines weiteren Exemplars solcher Schriftstücke noch möglich ist, ist es hierzu nach § 242 BGB verpflichtet, es sei denn, es lägen im Einzelfall besondere Umstände vor, die das Verlangen des Kunden missbräuchlich erscheinen ließen, oder die Erfüllung erfordere von dem Kreditinstitut einen besonderen Kostenaufwand und der Kunde lehne angemessenen Ersatz dafür ab."

Nach dem Wortlaut der Entscheidung bildet also nicht § 242 BGB, sondern § 666 BGB die Anspruchsgrundlage auch für den Anspruch auf erneute Erteilung der Auskunft[116]. Die erstmalige Übersendung der Kontoauszüge und

---

113 *Bode*, S. 102.

114 *Bode*, S. 103.

115 BGH, Urteil vom 04.07.1985 – III ZR 144/84; NJW 1985, 2699; diese Entscheidung wird zit. von BGH, NJW-RR 1988, 1072, 1073; *Münzel/Goraj*, InsVZ 2010, 209, 210; *Obermüller/Kuder*, in: Gottwald, § 98 Rn. 33.

116 So auch ausdrücklich: BGH, NJW 2001, 1486; OLG Hamm, WUB I B 4. Bankauskunft 2.92, S. 1127; OLG Celle, BKR 2009, 255, 258 f.; *Schwab*, in: Dauner-Lieb/Langen, § 666 BGB Rn. 6.

Saldenmitteilungen führt nicht dazu, dass der Auskunftsanspruch vollständig erlischt[117].

Die Grundsätze von Treu und Glauben zieht der Bundesgerichtshof lediglich heran, um den Inhalt und die Reichweite der erneuten Auskunft gemäß § 666 BGB zu bestimmen. Ausfluss aus § 242 BGB sind allein die Zumutbarkeit und die Missbräuchlichkeit der erneuten Auskunft[118]. Auf die weiteren Voraussetzungen des allgemeinen Auskunftsanspruchs aus Treu und Glauben, insbesondere das Bestehen eines Leistungsanspruchs dem Grunde nach, kommt es damit entgegen der Ansicht von *Bode* in diesem Zusammenhang nicht an.

Für diese Sichtweise des Bundesgerichtshofs spricht zum einen, dass die Bank als beauftragter Zahlungsdienstleister bei der Ausführung eines Zahlungsvorgangs oder eines Zahlungsauftrags nicht die eigenen, sondern die Vermögensinteressen des Bankkunden als Zahlungsdienstnutzer wahrnimmt. Da die Wahrnehmungsbefugnis für die Durchführung dieser Geschäfte bei dem Bankkunden liegt, hat sich auch der Umfang der Auskunfts- und Rechenschaftspflichten verstärkt an dessen Interessen auszurichten. Das Interesse des Bankkunden als Zahlungsdienstnutzer ist auf eine umfassende und lückenlose Information über die erbrachten Zahlungsdienste gerichtet. Geht die bereits erteilte Information verloren, so ist der Bankkunde tatsächlich nicht mehr über die eigenen Geschäfte unterrichtet. Macht der Bankkunde den Verlust glaubhaft und ist die erneute Unterrichtung unter zumutbarem Aufwand möglich, so hat die Bank diese im von ihr zu beachtenden Informationsinteresse des Kunden vorzunehmen. Dabei ist zu berücksichtigen, dass es weniger um eine erneute Erfüllung der umfassenden primären Informationspflichten hinsichtlich des gesamten Umfangs der erbrachten Zahlungsdienste, sondern vielmehr um eine Hilfestellung bei der Schließung von Informationslücken geht. Aufgrund dessen kann der Bankkunde auch keine umfassende Rechnungslegung im Sinne einer erneuten erschöpfenden Darstellung sämtlicher Kontobewegungen verlangen[119].

Zum anderen spricht § 675d Abs. 3 Satz 1 Nr. 1 BGB dafür, dass die erstmalige Auskunft nicht zwingend zu einem vollständigen Erlöschen des Informationsanspruchs führt. Danach darf der Zahlungsdienstleister mit dem Zahlungsdienstnutzer dann ein Entgelt für die Unterrichtung vereinbaren, wenn die Information auf Verlangen des Zahlungsdienstnutzers erbracht wird und der

---

117 BGH, NJW 2001, 1486; so auch: *Schmieder*, in: Schimansky/Bunte/Lwowski, § 47 Rn. 24d.

118 BGH, NJW 1985, 2699; BGH, NJW 1989, 1601, 1602.

119 BGH, NJW 1985, 2699, 2700; BGH, NJW 2001, 1486; OLG Celle, NJW-RR 2008, 1584, 1586; dem folgend: *Berger*, in: Erman, § 666 BGB Rn. 10.

Zahlungsdienstleister diese Information häufiger erbringt als beispielsweise von Art. 248 § 7 EGBGB vorgesehen. In § 675d Abs. 3 Satz 1 Nr. 1 BGB spiegelt sich die Rechtsprechung des Bundesgerichtshofs[120] wieder, dass der Bankkunde die erneute Auskunft nur dann verlangen kann, wenn er die damit verbundenen Aufwendungen trägt. Die Vorschrift erlangt nur dann eine Bedeutung, wenn im Einzelfall nicht nur eine freiwillige Auskunft erteilt wird, sondern eine Pflicht zur erneuten Information besteht.

Im Ergebnis ist dem Bundesgerichtshof darin zuzustimmen, dass der Auskunftsanspruch des Bankkunden mit der erstmaligen Erteilung der Kontoauskünfte nicht vollständig erlischt. Entscheidend ist vielmehr die Frage nach der Zumutbarkeit und Missbräuchlichkeit des erneuten Auskunftsverlangens. Die Antwort ist im Rahmen einer Billigkeitsabwägung zwischen den widerstreitenden Interessen der Bank und des Kunden zu suchen[121].

Allein die Tatsache, dass dem Kreditinstitut durch die Auskunft rechtliche Nachteile drohen, vermag kein schutzwürdiges Interesse zu begründen[122]. Andernfalls hinge die Aufdeckung anfechtungsrelevanter Sachverhalte von der ordnungsgemäßen Buchführung des Schuldners und damit oftmals vom Zufall ab.

Zudem ist die Bank – wie oben gezeigt – bereits nicht dazu berechtigt, die erstmalige Auskunft mit dem Einwand der Selbstbelastung zu verweigern. Ein sachlicher Grund, warum dies im Rahmen der zweiten, ebenfalls aus dem ursprünglichen Vertrag folgenden, Auskunftspflicht anders sein sollte, besteht nicht. Auch wird das Auskunftsersuchen des Insolvenzverwalters in den seltensten Fällen missbräuchlich sein, da zumeist eine nicht ordnungsgemäße Buchführung und unzureichende Mitwirkung des Schuldners die erneute Auskunft erst erforderlich machen.

Damit kommt es lediglich darauf an, dass der Insolvenzverwalter den entstehenden Kostenaufwand trägt und keine umfassende Rechnungslegung fordert.

Auch das von *Bode* angeführte Argument, der Bundesgerichtshof übergehe in seinen Entscheidungen den zivilprozessualen Beibringungsgrundsatz und das in diesem Zusammenhang bestehende Ausforschungsverbot, vermag nicht zu überzeugen.

Der Beibringungsgrundsatz besagt unter anderem, dass allein die Parteien den streitgegenständlichen Sachverhalt in den Prozess einbringen, über seine Feststellungsbedürftigkeit entscheiden und seine Aufklärung betreiben, sodass

---

120 BGH, NJW-RR 1988, 1072, 1073; BGH, NJW 2001, 1486, 1488.

121 BGH, NJW-RR 1992, 1072, 1074.

122 BGH, NJW-RR 1992, 1072, 1074.

das Gericht nicht vorgetragene Tatsachen außer Acht lassen muss und ihm regelmäßig eine Beweisermittlung von Amts wegen untersagt ist[123]. Das Ausforschungsverbot wird zumeist im Zusammenhang mit der Beurteilung der Zulässigkeit von bestimmten Beweisanträgen verwendet[124].

Unabhängig von der Reichweite dieser Grundsätze[125] geht es vorliegend nicht um die Frage der Amtsermittlung oder der Zulässigkeit von bestimmten Beweisanträgen. Vielmehr ist das Kreditinstitut materiell-rechtlich zur erneuten Auskunft verpflichtet.

Damit ist der Insolvenzverwalter im Ergebnis berechtigt, von der Bank des Schuldners – ebenso wie vor ihm der Schuldner selbst – teilweise die erneute Erstellung von Kontoauszügen zu verlangen, sofern der damit verbundene Aufwand zumutbar ist, die Masse die dadurch entstehenden Kosten trägt und das Ersuchen nicht rechtsmissbräuchlich erscheint.

bb. Treuhandverträge

Einen weiteren, für die Ermittlungstätigkeit in der Insolvenzpraxis bedeutsamen Bereich der Fremdgeschäftsführung bilden die Schuldverhältnisse zwischen dem Schuldner und einem etwaigen Treuhänder.

Treuhandverträge sind gesetzlich nicht geregelt[126] und vielgestaltig[127]. Das Treuhandverhältnis zeichnet sich grundsätzlich dadurch aus, dass dem Treuhänder nach außen hin mehr Rechte übertragen werden, als er nach der gleichzeitig mit dem Treugeber im Innenverhältnis getroffenen Abrede ausüben darf[128]. Aus dem Blickwinkel des Treuhänders betrachtet, regeln Treuhandverträge entweder eine uneigennützige[129] oder eine eigennützige[130] Treuhand.

---

123 *Leipold*, JZ 1981, 441; Rosenberg/Schwab/Gottwald, § 77 Rn. 7; *Weyers*, in: Dogmatik und Methode, S. 193, 194.

124 *Reichold*, in: Thomas/Putzo, § 284 ZPO Rn. 3.

125 Siehe hierzu näher die Ausführungen im 5. Kapitel unter III.1. und III.2.

126 *Adolphsen*, in: Gottwald, § 40 Rn. 31; *Bäuerle*, in: Braun, § 35 Rn. 36; *Windel*, ZIP 2009, 101, 103.

127 *Bäuerle*, in: Braun, § 35 Rn. 36; *Ganter*, in: Münchener Kommentar-InsO, § 47 Rn. 354.

128 BGHZ 157, 178, 182; *Dörner*, in: Schulze, Vorbem. §§ 164–181 Rn. 10; *Ellenberger*, in: Palandt, Überblick vor § 104 BGB Rn. 25.

129 *Andres*, in: Nerlich/Römermann, § 47 Rn. 37; *Herrler*, in: Palandt, § 903 BGB Rn. 35; *Ganter*, in: Münchener Kommentar-InsO, § 47 Rn. 354.

130 *Andres*, in: Nerlich/Römermann, § 47 Rn. 40; *Bassenge*, in: Palandt, § 903 BGB Rn. 35; *Ganter*, in: Münchener Kommentar-InsO, § 47 Rn. 354.

Eine uneigennützige oder auch Verwaltungstreuhand dient nicht dem Interesse des Treuhänders, sondern allein dem des Treugebers oder eines Dritten, ist also fremdnützig ausgestaltet[131]. Dem Anwendungsbereich der Verwaltungstreuhand unterfällt beispielsweise die Inkassozession[132]. Da das Treugut der Haftungsmasse des Treugebers zugeordnet wird, kann dieser in der Insolvenz des Treuhänders das Treugut grundsätzlich aussondern[133]. In dem Insolvenzverfahren über das Vermögen des Treugebers kann der Insolvenzverwalter das Treugut zur Masse ziehen, weil der Treuhandauftrag gemäß §§ 115, 116 InsO mit der Eröffnung des Insolvenzverfahrens erlischt[134].

Die eigennützige Treuhand oder auch Sicherungstreuhand dient hingegen dem Interesse des Treuhänders[135]. Ihr unterfallen insbesondere die Sicherungsübereignung und die Sicherungszession[136]. Obwohl der Sicherungstreuhänder formell Eigentümer oder Gläubiger ist, hat er in der Insolvenz des Treugebers gemäß § 51 Nr. 1 InsO lediglich ein Recht zur abgesonderten Befriedigung. Dem Treugeber steht in der Insolvenz des Treuhänders hingegen ein Aussonderungsrecht zu, sofern der Sicherungszweck weggefallen ist[137].

Im Hinblick auf die Ermittlung anfechtungsrelevanter Sachverhalte entsteht ein Informationsbedürfnis des Insolvenzverwalters vordringlich gegenüber den Sicherungstreuhändern, also beispielsweise den Kreditgebern und Warenlieferanten des Schuldners. Da den Sicherungstreuhändern ein Recht zur abgesonderten Befriedigung zusteht, ist vonseiten des Insolvenzverwalters zu prüfen, ob die Gewährung der Sicherheit oder das der Sicherung zugrunde liegende Rechtsgeschäft nach den Vorschriften der §§ 129 ff. InsO anfechtbar ist.

Ob der jeweilige Sicherungstreuhänder dem Insolvenzverwalter gegenüber zur Auskunft über den Bestand und die Verwertung der von dem Schuldner bestellten Sicherheiten verpflichtet ist, richtet sich nach der Rechtsnatur der

---

131 *Andres*, in: Nerlich/Römermann, § 47 Rn. 37; *Brinkmann*, in: Uhlenbruck, § 47 Rn. 78; *Maier-Reimer*, in: Erman, Vorbem. §§ 164–181 BGB Rn. 17.

132 Mit weiteren Beispielen: *Ganter*, in: Münchener Kommentar-InsO, § 47 Rn. 361 ff.

133 BGH, ZIP 1993, 213, 214; BGHZ 156, 356, 360; BGHZ 188, 317 Rn. 13/16; *Brinkmann*, in: Uhlenbruck, § 47 Rn. 79; *Prütting*, in: Kübler/Prütting/Bork, § 47 Rn. 26.

134 BGH, NJW 1962, 1200, 1201; *Ganter*, in: Münchener Kommentar-InsO, § 47 Rn. 371; *Häsemeyer*, Rn. 11.15.

135 *Andres*, in: Nerlich/Römermann, § 47 Rn. 40; *Maier-Reimer*, in: Erman, Vorbem. §§ 164–181 BGB Rn. 17.

136 *Herrler*, in: Palandt, § 903 BGB Rn. 35.

137 BGHZ 11, 37, 40; *Ganter*, in: Münchener Kommentar-InsO, § 47 Rn. 375; *Thole*, in: K. Schmidt, § 47 Rn. 86.

Treuhandverträge: Bei Entgeltlichkeit des Treuhandvertrages handelt es sich in der Regel um eine Geschäftsbesorgung gemäß § 675 BGB, bei Unentgeltlichkeit um einen Auftrag nach § 662 BGB[138]. Ein Auftragsverhältnis wird dabei auch nicht dadurch ausgeschlossen, dass der Beauftragte mit der Besorgung des Geschäfts eigene Interessen verfolgt[139]. Deswegen begründet auch eine eigennützig ausgestaltete Sicherungstreuhand ein Auftragsverhältnis zwischen Sicherungsgeber und Sicherungsnehmer[140].

Sowohl bei dem Auftrag als auch der Geschäftsbesorgung ergibt sich eine Auskunfts- und Rechenschaftspflicht des Treuhänders aus § 666 BGB beziehungsweise § 675 Abs. 1 BGB in Verbindung mit § 666 BGB. Der Umfang der jeweiligen Pflicht erstreckt sich auf den Bestand und die Verwertung der bestellten Sicherheiten[141].

Damit steht sowohl dem Schuldner als auch dem späteren Insolvenzverwalter regelmäßig ein Auskunfts- und Rechnungslegungsanspruch gegen den Sicherungstreuhänder hinsichtlich des Bestands und der Verwertung der zur Sicherheit bestellten Vermögensgegenstände zu[142].

cc. Sonstige Geschäftsbesorgungs- und Auftragsverhältnisse

Entsprechende Auskunftsansprüche folgen für den Insolvenzverwalter aus allen Verträgen, die den Vertragspartner des Schuldners verpflichten, das Vermögen des Schuldners in dessen originärem Interesse zu betreuen. Darunter fallen alle übrigen Geschäftsbesorgungs- und Auftragsverhältnisse sowie Verträge, die solche Elemente enthalten[143].

Da der Schuldner die Einhaltung dieser Vermögensbetreuungspflichten überwachen können muss, sind entsprechende Auskünfte erforderlich[144]. Diese Auskunftsansprüche stehen in der Insolvenz des Schuldners wiederum dem Insolvenzverwalter zu.

---

138 BGH, NJW 2002, 2459; 2460; *Berger*, in: Erman, § 675 Rn. 90; *Heermann*, in: Münchener Kommentar-BGB, § 675 BGB Rn. 108; *Hönn*, in: jurisPK-BGB, § 675 Rn. 75; *Sprau*, in: Palandt, § 675 BGB Rn. 27.

139 RGZ 56, 130, 134; RGZ 59, 190, 191; RGZ 76, 345, 347; BGHZ 19, 282, 292; BGHZ 32, 67, 70; BGHZ 56, 204, 207.

140 RGZ 127, 341, 345; BGHZ 32, 67, 70; BGH, WM 1969, 935; *Fischer*, in: Beck'scher Online-Kommentar-BGB, § 662 BGB Rn. 8.

141 BGH, NJW 1980, 2463, 2464.

142 So im Ergebnis auch für die Sicherungszession: *Münzel/Goraj*, InsVZ 2010, 209, 211.

143 *Münzel/Goraj*, InsVZ 2010, 209, 210.

144 *Bittner*, in: Staudinger, § 259 BGB Rn. 3.

b. *Vertragliche Schuldverhältnisse mit Eigengeschäftsführungscharakter*

Beinhaltet das Schuldverhältnis hingegen ein gewöhnliches Austauschgeschäft, bei dem die Vertragsparteien lediglich im eigenen Interesse handeln, so besteht grundsätzlich keine Auskunftspflicht über den Stand der gegenseitigen Leistungserbringung. Allein der Umstand, dass eine Person Kenntnis über Tatsachen hat, die für eine andere von Bedeutung sein können, zwingt diese nicht zur Auskunftserteilung[145]. Jede der Vertragsparteien muss die für den eigenen Geschäftsbereich erforderlichen Informationen den eigenen Quellen entnehmen.

So steht auch dem Insolvenzverwalter kein entsprechender Auskunftsanspruch aus dem Schuldverhältnis mit Eigengeschäftsführungscharakter zu[146].

2. Selbstständige Auskunftsansprüche des Insolvenzverwalters

Neben den von dem Schuldner abgeleiteten Auskunftsansprüchen kommen selbstständige Auskunftsansprüche des Insolvenzverwalters gegenüber den schuldnerischen Vertrags- und Geschäftspartnern in Betracht.

Besondere Bedeutung erlangen diese Ansprüche im Rahmen der zuvor beschriebenen Austauschgeschäfte. Fehlen diesbezügliche Vertragsunterlagen, ist der Insolvenzverwalter beispielsweise nicht in der Lage, zu überprüfen, ob eine Leistung des Schuldners an seinen Vertragspartner zu einer kongruenten oder inkongruenten Deckung geführt hat. Allein die Kenntnis, dass der Vertragspartner eine Leistung von dem Schuldner erhalten hat, hilft in diesen Fällen nicht weiter. Für auf die Vorsatzanfechtung gestützte Rückgewähransprüche kommt es zudem entscheidend darauf an, Indizien für die Kenntnis von dem Gläubigerbenachteiligungsvorsatz – wie wiederholte Mahnschreiben oder gar eine Drohung des Gläubigers mit einem Insolvenzantrag – zu sammeln.

Aber nicht nur die Abwicklung von Austauschverträgen mit Geschäftspartnern des Schuldners, sondern auch unentgeltliche Vermögensverschiebungen könnte der Insolvenzverwalter mithilfe eines selbstständigen Auskunftsanspruchs aufdecken.

a. *Selbstständiger Auskunftsanspruch aus Treu und Glauben*

Mangels einer eigenständigen Regelung in der Insolvenzordnung kommt als materieller Anknüpfungspunkt für die Beantwortung der Frage nach einem

145 BGH, NJW 1957, 669.

146 *Münzel/Goraj*, InsVZ 2010, 209, 211.

selbstständigen Auskunftsanspruch des Insolvenzverwalters nur der allgemeine, aus Treu und Glauben abgeleitete, Auskunftsanspruch in Betracht.

Zwar stellt § 242 BGB grundsätzlich keine eigenständige Anspruchsgrundlage dar[147]. Nach ständiger Rechtsprechung des Bundesgerichtshofs besteht eine Auskunftspflicht aus § 242 BGB aber ausnahmsweise dann, wenn die zwischen den Parteien bestehenden Rechtsbeziehungen es mit sich bringen, dass der Berechtigte in entschuldbarer Weise über das Bestehen und den Umfang seines Rechts im Ungewissen ist, er sich die zur Vorbereitung und Durchsetzung seines Anspruchs notwendigen Auskünfte nicht auf zumutbare Weise selbst beschaffen kann und der Verpflichtete sie unschwer, das heißt ohne unbillig belastet zu sein, zu geben vermag[148]. Diese ungeschriebenen Voraussetzungen haben sich im Laufe der Zeit zu einer richterrechtlichen Anspruchsgrundlage verdichtet[149].

In diesem Zusammenhang verneinen der Bundesgerichtshof[150] und der überwiegende Teil der Literatur[151] einen Auskunftsanspruch des Insolvenzverwalters gegenüber potentiellen Anfechtungsgegnern, solange das Anfechtungsrechtsverhältnis nicht dem Grunde nach feststeht. Dies gelte selbst bei Vorliegen eines Verdachts, der sich auf bereits festgestellte Anfechtungssachverhalte stützt, da jede anfechtbare Rechtshandlung einen selbstständigen Rückgewähranspruch begründe und damit isoliert zu betrachten sei[152]. Mit der Auskunftspflicht des Schuldners bestehe zudem eine andere Möglichkeit der Informationsbeschaffung, die einen allgemeinen Auskunftsanspruch gegen den Anfechtungsgegner

---

147 BGHZ 88, 344, 351; BGH, NJW 1981, 1779; *Grüneberg*, in: Palandt, § 242 BGB Rn. 2; *Krebs*, in: Dauner-Lieb/Langen, § 242 BGB Rn. 17; *Mansel*, in: Jauernig, § 242 BGB Rn. 2.

148 BGH, NJW 1964, 1414; BGH, NJW 1978, 1002; BGH, NJW 2003, 3624; BGH, NJW 2007, 1806 Rn. 13; diese Rechtsprechung basiert auf einer Entscheidung des Reichsgerichts aus dem Jahr 1923, abgedruckt in RGZ 108, 1 ff., und wurde durch den BGH fortgeführt und stetig präzisiert.

149 *Lorenz*, JuS 1995, 569, 572 f.

150 BGH, NJW 1978, 1002, 1003; BGH, NJW 1979, 1832; BGH, NJW 1987, 1812, 1813; BGH, NZI 1999, 111, 112; zuletzt bestätigt durch: BGH, NZI 2009, 722 Rn. 7; zum AnfG: BGH, NZI 1998, 120, 121.

151 *Büteröwe*, in: K. Schmidt, § 143 Rn. 36; *Dauernheim*, in: FK-InsO, § 143 Rn. 46; *Haas*, in: Berliner Kommentar-InsO, § 143 Rn. 23; *Henckel*, in: Jaeger, § 143 Rn. 165; *Hess*, § 143 Rn. 150; *Ede/Hirte*, in: Uhlenbruck, § 143 Rn. 121 f.; *Huber*, in: Gottwald, § 51 Rn. 26; *Nerlich*, in: Nerlich/Römermann, § 143 Rn. 53; *Rogge/Leptien*, in: Hamburger Kommentar-InsO, § 143 Rn. 88.

152 BGH, NJW 1987, 1812; BGH, NZI 2009, 722 Rn. 7.

ausschließe[153]. Diese enge Sicht der Dinge erstaunt aufgrund der vielerorts als sehr weit empfundenen[154] Rechtsprechung des Bundesgerichtshofs zum materiellen Anfechtungsrecht. Dabei erscheint es auf den ersten Blick widersprüchlich, wenn der Bundesgerichtshof die Ausweitung der Anfechtungstatbestände mit den insolvenzrechtlichen Grundsätzen der Gläubigergleichbehandlung und dem Erhalt der Haftungsmasse in der Krise begründet[155], hiervon im Bereich der Auskunftspflichten potentieller Anfechtungsgegner aber nichts mehr wissen möchte[156].

Die Argumentation dieser ablehnenden Rechtsprechung wird im Folgenden einer kritischen Würdigung unterzogen. Die Kritik orientiert sich an den richterrechtlichen Tatbestandsvoraussetzungen des allgemeinen Auskunftsanspruchs aus Treu und Glauben.

aa. Taugliche Sonderverbindung

Die Rechtsprechung zum allgemeinen Auskunftsanspruch verlangt zuvorderst nach einer Sonderverbindung zwischen dem Auskunftsberechtigten und dem Auskunftsverpflichteten[157]. Der normative Anknüpfungspunkt ist § 242 BGB. Dessen Stellung im Recht der Schuldverhältnisse spricht dafür, dass der Anwendungsbereich des allgemeinen Auskunftsanspruchs grundsätzlich nur innerhalb einer bestehenden Sonderverbindung eröffnet sein kann. Als solche tauglich ist jedwede rechtliche Beziehung zwischen den Beteiligten, sei es, dass sie auf Vertrag, Gesetz oder lediglich einem qualifizierten sozialen Kontakt beruht[158].

(i) Bestehen eines Leistungsanspruchs grundsätzlich erforderlich

Besteht eine Sonderverbindung, schließt sich die Frage an, wie eng diese mit dem Auskunftsgegenstand verknüpft sein muss.

In der Regel dient der allgemeine Auskunftsanspruch dazu, einen Leistungsanspruch des Auskunftsberechtigten gegen den Auskunftsverpflichteten

153 BGH, NJW 1979, 1832.

154 Zu § 131 InsO: *Foerste*, Rn. 309; *Marotzke*, ZInsO 2006, 7, 8 f.; *Paulus/Allgayer*, ZInsO 2001, 241 ff.; zu § 133 InsO: *Foerste*, NZI 2006, 6 ff.; *Lütcke*, ZInsO 2013, 1984 ff.

155 BGH, NZI 2002, 378, 379; BGH, NZI 2003, 320.

156 *Münzel/Goraj*, InsVZ 2010, 209, 211.

157 BGH, NJW 1978, 1002.

158 *Haeffs*, S. 128; *Grüneberg*, in: Palandt, § 242 BGB Rn. 5; *Schubert*, in: Münchener Kommentar-BGB, § 242 BGB Rn. 93 ff.; *Schulze*, in: Schulze, § 242 BGB Rn. 3; *Weber*, JuS 1992, 631, 635; *Böttcher*, in: Erman, § 242 BGB Rn. 15; **a.A. (enger)**: *Looschelders/Olzen*, in: Staudinger, § 242 BGB Rn. 128.

durchzusetzen. Die Auskunftspflicht stellt also eine Nebenpflicht zu dem Leistungsanspruch dar[159]. Aufgrund dieser Verknüpfung setzt die zur Auskunft verpflichtende Sonderverbindung grundsätzlich voraus, dass der Leistungsanspruch bereits dem Grunde nach feststeht[160]. Lediglich der Anspruchsinhalt darf offen sein[161]. Der allgemeine Auskunftsanspruch soll nur dazu dienen, den genauen Inhalt des Anspruchs festzustellen[162].

(ii) Überwiegende Wahrscheinlichkeit des Bestehens eines Leistungsanspruchs innerhalb vertraglicher Rechtsbeziehungen generell ausreichend

Eine generelle Ausnahme von dem zuvor beschriebenen Grundsatz macht die Rechtsprechung innerhalb bestehender vertraglicher Beziehungen.

Hier verlangt die Voraussetzung „Sonderverbindung" gerade nicht, dass der Leistungsanspruch bereits dem Grunde nach feststeht[163]. Der allgemeine Auskunftsanspruch greift hier vielmehr schon dann, wenn für das Bestehen des Hauptanspruchs eine überwiegende Wahrscheinlichkeit besteht[164]. In diesem Fall dient der allgemeine Auskunftsanspruch dem Auskunftsberechtigten auch dazu, Informationen über den anspruchsbegründenden Tatbestand und damit das Bestehen des Leistungsanspruchs selbst zu erhalten[165].

Eine Begründung für die Ausnahme liefert aber weder die Rechtsprechung noch die Literatur. Aufgrund dessen wird an dieser pauschalen Aussage auch Kritik geübt. Nach der Ansicht von *Krüger* müsse man auch innerhalb vertraglicher Beziehungen differenzieren und die Auskunftspflicht im Einzelfall prüfen[166]. Bei reinen Austauschverhältnissen sei grundsätzlich Zurückhaltung geboten, bei Dauerschuldverhältnissen ein Auskunftsanspruch eher zu bejahen[167].

---

159 BGH, NJW-RR 1989, 450; *Lorenz*, NJW 1994, 173, 174.
160 BGH, NJW 1978, 1002; BGH, NJW 1979, 1832; BGH, NJW-RR 1989, 450.
161 *Krüger*, in: Münchener Kommentar-BGB, § 260 BGB Rn. 15.
162 *Lorenz*, JuS 1995, 569, 573.
163 *Krüger*, in: Münchener Kommentar-BGB, § 260 BGB Rn. 16.
164 BAG, DB 1972, 1831, 1832 (m.w.N. zur ständigen Rspr. des BAG); BGH, NJW 2002, 3771; BGH, NJW 2014, 155 Rn 20; BGH, NJW 2014, 381 Rn. 14; OLG Stuttgart, ZIP 2007, 275, 276; *Grüneberg*, in: Palandt, § 260 BGB Rn. 6; *Haeffs*, S. 131; *Koller*, VersR 1990, 553, 555; *Krüger*, in: Münchener Kommentar-BGB, § 260 BGB Rn. 16; *Lorenz*, in: Beck'scher Online-Kommentar-BGB, § 260 BGB Rn. 12; *Forster*, in: Soergel, § 260 BGB Rn. 25/28.
165 *Lorenz*, JuS 1995, 569, 573.
166 *Krüger*, in: Münchener Kommentar-BGB, § 260 BGB Rn. 16.
167 *Krüger*, in: Münchener Kommentar-BGB, § 260 BGB Rn. 16.

Für diese differenzierte Sichtweise spricht, dass Vertragsverhältnisse bezüglich ihres wechselseitigen Pflichtenkreises völlig unterschiedlich ausgestaltet sein können. Der pauschalen Aussage, dass innerhalb vertraglicher Beziehungen die überwiegende Wahrscheinlichkeit für das Bestehen eines Leistungsanspruchs genügen soll, um einen diesbezüglichen Auskunftsanspruch begründen zu können, kann deswegen im Ergebnis nicht gefolgt werden.

(iii) Keine vertragliche Rechtsbeziehung zwischen Insolvenzverwalter und potentiellem Anfechtungsgegner

Losgelöst von der Person des Schuldners folgen Sonderverbindungen zwischen dem Insolvenzverwalter und potentiellen Anfechtungsgegnern meist allein aus der Insolvenzordnung, also dem Gesetz, sodass sich die vorstehend behandelte Frage nicht stellt.

Treten die Rechtsfolgen des § 143 InsO ein, so besteht ein gesetzliches Rückgewährschuldverhältnis[168] und damit eine zur Auskunft über Art und Umfang des Anspruchs verpflichtende gesetzliche Sonderverbindung. Der Auskunftsanspruch des Insolvenzverwalters über Art und Umfang seines Rückgewähranspruchs aus § 143 InsO ergibt sich dann aus § 242 BGB in Verbindung mit dem insolvenzrechtlichen Rückgewährschuldverhältnis[169].

Allerdings dürfte diese Auskunft überwiegend entbehrlich sein. Ist der Insolvenzverwalter in der Lage, die anfechtbare Rechtshandlung und deren Umstände zu belegen, ist ihm meist auch dasjenige bekannt, was die Masse eingebüßt hat. Mit anderen Worten: Der allgemeine Auskunftsanspruch ist für den Insolvenzverwalter aufgrund der restriktiven Rechtsprechung des Bundesgerichtshofes weitgehend nutzlos, da zwischen ihm und den potentiellen Anfechtungsgegnern in der Regel keine vertraglichen Sonderbeziehungen bestehen, die bereits bei dem begründeten Verdacht einer anfechtbaren Vermögensverschiebung zur Auskunft verpflichten.

---

168 BGH, NJW-RR 1986, 991, 993 (zur KO); BGHZ 101, 286, 288 (zur KO); BGH, NZI 2007, 42 Rn. 10; BGH, NZI 2007, 452 Rn. 10; *Bork*, ZIP 2006, 589, 590; *Häsemeyer*, Rn. 21.13; *Ede/Hirte*, in: Uhlenbruck, § 143 Rn. 2; *Kirchhof*, in: Münchener-Kommentar-InsO, § 143 Rn. 3; *Riggert*, in: Braun, § 143 Rn. 2.

169 BGH, NJW 1978, 1002, 1003; BGH, NJW 1979, 1832; BGH, NJW 1987, 1812, 1813; BGH, NZI 1999, 111, 112; *Dauernheim*, in: FK-InsO, § 143 Rn. 46; *Henckel*, in: Jaeger, § 143 Rn. 165; *Ede/Hirte*, in: Uhlenbruck, § 143 Rn. 122; *Nerlich*, in: Nerlich/Römermann, § 143 Rn. 53; *Rogge/Leptien*, in: Hamburger Kommentar-InsO, § 143 Rn. 88.

(iv) Begründeter Verdacht eines Leistungsanspruchs innerhalb gesetzlicher Rechtsbeziehungen im Einzelfall ausreichend

Allerdings gewährt der Bundesgerichtshof auch im Rahmen bestimmter gesetzlicher Sonderverbindungen einen Auskunftsanspruch, ohne dass der Leistungsanspruch bereits dem Grunde nach feststeht.

Das Ziel der nachfolgenden Analyse ist es, die Gemeinsamkeiten dieser vielfältigen Rechtsprechung herauszuarbeiten und die Übertragbarkeit auf die rechtlichen Beziehungen zwischen Insolvenzverwalter und potentiellem Anfechtungsgegner zu untersuchen.

Zunächst wird der Inhalt der zu den verschiedenen Rechtsbereichen ergangenen Entscheidungen kurz dargestellt, um in einem zweiten Schritt untersuchen zu können, ob den Urteilen ein gemeinsamer Begründungsansatz zugrunde liegt.

(1) Erbrechtliche Entscheidungen

Ein erbrechtlicher Rechtsstreit aus dem Jahr 1972[170] betraf etwaige Schenkungen eines Vorerben an einen Dritten, über die der Nacherbe nach dem Eintritt der Nacherbschaft, also dem Tod des Vorerben, Auskunft verlangte.

Zur Begründung eines Auskunftsanspruchs des Nacherben gegenüber dem Beschenkten forderte der Bundesgerichtshof lediglich, dass für eine unentgeltliche Verfügung, also den bereicherungsrechtlichen Leistungsanspruch des Nacherben gegen den Beschenkten, „gewisse Anhaltspunkte" vorgetragen werden und das Auskunftsverlangen nicht auf eine reine Ausforschung hinausläuft. Nach Ansicht des Senats können sich diese Anhaltspunkte bereits aus der Person des Beschenkten selbst ergeben. Es genüge der Nachweis einer Beziehung zwischen diesem und dem Vorerben, welche die Vermutung nahelegt, dass der Vorerbe dem Auskunftsverpflichteten aus dem der Nacherbfolge unterliegenden Nachlass unentgeltliche Zuwendungen gemacht hat. Die Gewährung des Auskunftsanspruchs sei gerechtfertigt, da der Nacherbe meist keine Informationsmöglichkeiten über etwaige, in den letzten zehn Jahren getätigte, Schenkungen des Vorerben habe. Insbesondere könne die erforderliche Auskunft nicht von dem Vorerben selbst beansprucht werden, weil der Nacherbfall gerade nicht zu Lebzeiten des Vorerben, sondern erst mit dessen Tod eintritt.

Darüber hinaus gewährt der Bundesgerichtshof seit 1973[171] in ständiger Rechtsprechung auch dem pflichtteilsberechtigten (Mit-)Erben zur Vorbereitung

170 BGH, Urteil vom 15.03.1972 – Az. IV ZR 131/70; BGHZ 58, 237 ff.

171 BGH, Urteil vom 27.06.1973 – Az. IV ZR 50/72; BGHZ 61, 180 ff.; BGH, NJW 1986, 127, 128; BGH, NJW 1990, 180.

eines Anspruchs aus § 2329 BGB gegen den vom Erblasser Beschenkten einen Auskunftsanspruch aus Treu und Glauben über Umfang und Wert der in den letzten zehn Jahren vor dem Tod des Erblassers von diesem vorgenommenen Schenkungen.

Der (Mit-)Erbe sei entschuldbar über das Bestehen und den Umfang seines Rechts im Unklaren und deshalb auf die Auskunft angewiesen, welche der Verpflichtete unschwer und ohne unbillige Belastung geben könne. Den Einwand, der Erbe befinde sich nicht in Informationsnot, da er in die Stellung des Erblassers eingerückt ist und dessen Unterlagen einsehen kann, entkräftet der Bundesgerichtshof mit dem Argument, gerade über Schenkungen des Erblassers fehlten oft jegliche Unterlagen, und zwar nicht selten deshalb, weil der Pflichtteilsberechtigte von ihnen bewusst keine Kenntnis erlangen sollte[172]. Der Bundesgerichtshof knüpft den Auskunftsanspruch des pflichtteilsberechtigten (Mit-) Erben aber ebenfalls an die Bedingung, dass dieser „gewisse Anhaltspunkte" für die von ihm behaupteten unentgeltlichen Verfügungen des Erblassers darlegt und beweist, damit sein Auskunftsverlangen nicht auf eine reine Ausforschung hinausläuft[173].

Schließlich stellt der Bundesgerichtshof in einem Urteil aus dem Jahr 1986[174] fest, dass grundsätzlich auch dem Vertragserben zur Durchsetzung eines Anspruchs aus § 2287 Abs. 1 BGB ein Auskunftsanspruch aus Treu und Glauben gegen den vom Erblasser Beschenkten zusteht.

Denn nach dem Grundgedanken des Auskunftsanspruchs aus Treu und Glauben sei derjenige zu schützen, dessen Berechtigung aufgrund unverschuldeter Informationsnot leer zu laufen droht. Um eine unzulässige Ausforschung zu vermeiden, müsse der Vertragserbe allerdings Tatsachen vortragen und beweisen, aus denen sich „greifbare Anhaltspunkte" für eine sein Recht beeinträchtigende Schenkung und damit für einen Leistungsanspruch aus § 2287 Abs. 1 BGB ergeben[175]. Nach der Ansicht des Bundesgerichtshofs ist der Vertragserbe, ebenso wie der Vorerbe und der pflichtteilsberechtige (Mit-)Erbe, in entschuldbarer Weise über die tatsächlichen Voraussetzungen seines Anspruchs in Unkenntnis, während der Beschenkte über die erforderlichen Kenntnisse verfüge und diese unschwer mitteilen könne[176].

172 BGHZ 61, 180, 184 f.

173 BGHZ 61, 180, 185.

174 BGH, Urteil vom 26.02.1986 – Az. IVa ZR 87/84; NJW 1986, 1755 ff.

175 BGH, NJW 1986, 1755, 1756.

176 BGH, NJW 1986, 1755, 1755.

(2) Deliktsrechtliche Entscheidungen

Auch im Bereich deliktischer Schadensersatzansprüche aufgrund ehrverletzender oder kreditschädigender Äußerungen gegenüber Dritten haben zunächst das Reichsgericht und später auch der Bundesgerichtshof Ausnahmen von dem Grundsatz zugelassen, dass der Auskunftsanspruch aus Treu und Glauben einen dem Grunde nach feststehenden Leistungsanspruch voraussetzt[177].

Zunächst hatte das Reichsgericht[178] darüber zu entscheiden, unter welchen Voraussetzungen ein Rechtsanwalt, der gegenüber Dritten ehrrührige Behauptungen über einen Kollegen verbreitet hat, diesem zur Auskunft über den Kreis der Dritten verpflichtet ist.

In einer weiteren Entscheidung des Reichsgerichts[179] standen die Parteien im geschäftlichen Wettbewerb. Hier war fraglich, wann eine Person, die gegenüber Dritten geschäftsschädigende Äußerungen über einen Konkurrenten getätigt hat, selbigem zur Vorbereitung eines Anspruchs auf Widerruf auskunftsverpflichtet ist.

Schließlich urteilte der Bundesgerichtshof[180] über einen vergleichbaren Fall, in dem ein Geschäftsmann, der gegenüber Dritten unwahre kreditschädigende Tatsachen über seinen Konkurrenten behauptet hatte, von diesem auf Auskunft über den Kreis der Empfänger der Behauptungen in Anspruch genommen wurde.

In all diesen Fällen hat die Rechtsprechung jeweils einen Auskunftsanspruch des Klägers aus § 242 BGB bejaht.

Es genüge, wenn der Kläger eine anspruchsbegründende Rechtsverletzung nachweist und „Grund zu der Annahme" besteht, dass der Beklagte die unwahre Behauptung nicht nur gegenüber der dem Betroffenen bereits bekannten Person, sondern auch gegenüber weiteren Personen aufgestellt hat[181]. Ohne die genaue Kenntnis dieser Personen könne der Kläger Inhalt und Umfang seiner Folgeansprüche nicht überblicken, sodass diese im Ergebnis leer liefen[182].

(3) Urheberrechtliche Entscheidungen

Zu ähnlichen Ergebnissen gelangt ein Urteil des Bundesgerichtshofs aus dem Jahr 1985[183] aus dem Bereich des Urheberrechts.

177 *Haeffs*, S. 136; *Krüger*, in: Münchener Kommentar-BGB, § 260 BGB Rn. 17.

178 RGZ 140, 403 f.

179 RGZ 158, 377 ff.

180 BGH, NJW 1962, 731 f.

181 RGZ 158, 377 ff.; BGH, NJW 1962, 731 f.

182 RGZ 140, 403, 404.

183 BGH, Urteil vom 05.06.1985 – Az. I ZR 53/83; BGHZ 95, 274 ff. („GEMA-Vermutung I").

In dem zugrunde liegenden Fall nahm die GEMA einen Videohersteller und -vertreiber im Wege der Stufenklage auf Auskunft in Anspruch, um einen Vergütungsanspruch wegen der Vervielfältigung und Verbreitung von Filmmusik vorbereiten zu können. Die Parteien stritten darüber, inwieweit sich die GEMA – trotz der überwiegend ausländischen Produktpalette der Beklagten – hinsichtlich ihrer Befugnis zur Rechtswahrnehmung auf die so genannte GEMA-Vermutung berufen könne. Diese besagt, dass zugunsten der GEMA angesichts ihres umfassenden In- und Auslandsrepertoires eine tatsächliche Vermutung ihrer Wahrnehmungsbefugnis für die Aufführungsrechte und für die sogenannten mechanischen Rechte bezüglich in- und ausländischer Tanz- und Unterhaltungsmusik besteht[184]. Diese Vermutung umfasst auch die Filmmusik[185].

Der Bundesgerichtshof sah in der Entscheidung aus dem Jahr 1985 zwar die Voraussetzungen der tatsächlichen Vermutung für die Wahrnehmungsbefugnis als nicht gegeben an, half der GEMA aber mit einem allgemeinen Auskunftsanspruch aus Treu und Glauben.

Dabei ließ er es genügen, dass die Rechtsinhaberschaft der GEMA bezüglich einiger Produktionen unstreitig war und damit einige Rechtsverletzungen beziehungsweise Leistungsansprüche dem Grunde nach bereits feststanden[186]. Darüber hinaus habe die Beklagte auch kein anerkennenswertes Interesse daran, das weitere Ausmaß der Videoauswertung zu verheimlichen. Die gebotene Interessenabwägung müsse zugunsten der Klägerin ausfallen, da diese die Belange der ihr angeschlossenen Urheber sonst nicht wirksam wahren könne[187]. Allerdings müsse die Beklagte zunächst keine detaillierte Auskunft erteilen. Der Umstand, dass diese nur teilweise in Rechte der Klägerin eingreift und weitere Eingriffe wahrscheinlich seien, rechtfertige lediglich eine Verurteilung zur Mitteilung solcher Informationen, die zur Prüfung der Frage erforderlich seien, ob weitere Verletzungen in Betracht kommen[188].

Im konkreten Fall schuldete die Beklagte daher lediglich eine Grundauskunft zur eindeutigen Identifizierung der betreffenden Filme.

Der Bundesgerichtshof hat diese Rechtsprechung in einer Entscheidung aus dem Jahr 1988[189] bestätigt.

---

184 BGHZ 17, 376, 378, BGH, GRUR 1961, 97, 98; BGH, GRUR 1964, 91, 92; BGH, GRUR 1974, 35, 39; BGHZ 95, 274, 276 f.

185 BGH, GRUR 1977, 42, 43.

186 BGHZ 95, 274, 279.

187 BGHZ 95, 274, 280.

188 BGHZ 95, 274, 280.

189 BGH, Urteil vom 21.04.1988 – Az. I ZR 210/86; GRUR 1988, 604 ff.

Der GEMA stehe auch gegen den Betreiber eines Kopierwerks ein Anspruch auf Grundauskunft zu, ohne dass sie ihre Wahrnehmungsbefugnis im Hinblick auf jede einzelne Kopiertätigkeit nachweisen müsse. Für die Annahme eines Rechtsverhältnisses, aus dem sich eine Verpflichtung zur Erteilung der Auskunft ergibt, reiche es aus, wenn die Wahrnehmungsbefugnis hinsichtlich eines Kopiervorgangs unstreitig ist[190].

(4) Gemeinsamer Begründungsansatz der Entscheidungen

Im Kern geht es dem Bundesgerichtshof in den dargestellten Entscheidungen um die Vermeidung eines Rechtsverlusts. Ohne die Auskunft könne der Erbe nicht gegen den vom Erblasser Beschenkten vorgehen, der von den ehrverletzenden beziehungsweise kreditschädigenden Behauptungen Betroffene weder Inhalt noch Umfang seiner Folgeansprüche überblicken und die GEMA die Belange der bei ihr angeschlossenen Urheber nicht wirksam wahren.

Deswegen hat der Bundesgerichtshof einen Auskunftsanspruch in diesen Fällen stets bejaht, obwohl jeweils nur ein begründeter Verdacht für das Bestehen eines Leistungsanspruchs vorlag.

In den Urteilen aus dem Bereich des Delikts- und Urheberrechts genügt bereits die Feststellung einer Rechtsverletzung, um einen Auskunftsanspruch über weitere potentielle Rechtsverletzungen zu begründen. Der Inhalt der bereits festgestellten Rechtsverletzung legt den begründeten Verdacht nahe, dass der Anspruchsverpflichtete weitere Rechtsverletzungen vorgenommen hat. Die urheberrechtlichen Entscheidungen kennzeichnet zudem der Umstand, dass die GEMA nicht eigene, sondern fremde Rechte wahrnimmt.

Die Entscheidungen aus dem Bereich des Erbrechts stützen sich auf das Vorliegen „gewisser" oder „greifbarer Anhaltspunkte" für das Bestehen eines Leistungsanspruchs, um von dem Auskunftsverpflichteten nähere Auskunft über den Anspruchsgrund verlangen zu können. Nach der Ansicht des Bundesgerichtshofs befindet sich der jeweilige Erbe – sei er Nacherbe, pflichtteilsberechtigter (Mit-)Erbe oder Vertragserbe – in einer absoluten Informationsnot, da der Erblasser naturgemäß nicht mehr als vorrangige und weithin einzige Auskunftsperson zur Verfügung steht. Zudem fehlten bezüglich der Schenkungen des Erblassers oft jegliche Unterlagen, und zwar nicht selten deshalb, weil der Erbe von diesen keine Kenntnis erlangen sollte.

190 BGH, GRUR 1988, 604, 605.

(5) Übertragbarkeit des Begründungsansatzes auf den Bereich der Insolvenzanfechtung

Es stellt sich die Frage, ob die Begründungsansätze aus den Entscheidungen zum Delikts-, Urheber- und Erbrecht auf den Bereich der Insolvenzanfechtung übertragbar sind. Voraussetzung dafür ist, dass dem Auskunftsersuchen des Insolvenzverwalters eine mit den entschiedenen Fällen vergleichbare Interessenlage zugrunde liegt.

Dagegen spricht nach Auffassung des Bundesgerichtshofs zunächst der Aspekt der Informationsnot. Dieser unterscheide das Verhältnis des Erben zu dem potentiell Beschenkten von dem Verhältnis des Insolvenzverwalters zu dem potentiellen Anfechtungsgegner. Dem Insolvenzverwalter diene vorrangig der Schuldner als Auskunftsperson[191]. Zudem könne das Insolvenzgericht die Vernehmung von Zeugen anordnen[192]. Gewährte man dem Insolvenzverwalter zusätzlich einen Auskunftsanspruch gegenüber Personen, die möglicherweise etwas in anfechtbarer Weise erlangt haben, sei dies gleichbedeutend mit der Auferlegung einer dem Zivilprozess fremden, allgemeinen Auskunftspflicht[193]. Zudem führe ein allgemeiner Auskunftsanspruch aus Treu und Glauben gegen den, der möglicherweise von dem Schuldner etwas in anfechtbarer Weise erhalten hat, dazu, dass der Insolvenzverwalter nicht mehr das Risiko des Anfechtungsprozesses trägt[194]. Diese Verlagerung des Prozessrisikos laufe im Ergebnis auf eine unzulässige Ausforschung hinaus[195]. Deswegen genüge es für die Begründung eines Auskunftsanspruchs gegenüber potentiellen Anfechtungsgegnern aus Treu und Glauben gerade nicht, dass der begründete Verdacht einer anfechtbaren Vermögensverschiebung besteht, den der Insolvenzverwalter trotz Inanspruchnahme und Ausschöpfung der rechtlichen Möglichkeiten nicht zu einer belegbaren Tatsache hat verdichten können[196].

Der Bundesgerichthof lässt also eine faktische Informationsnot des Insolvenzverwalters nicht ausreichen, um auch hier die Anforderungen an die Darlegung der geforderten Sonderverbindung zu reduzieren. Vielmehr soll allein die objektiv-rechtliche Möglichkeit, von dem Schuldner oder mithilfe des Insolvenzgerichts die erforderlichen Auskünfte zu erlangen, die Informationsnot ausschließen.

---

191 BGH, NJW 1978, 1002, 1003; BGHZ 74, 379, 381 f.; BGH, NZI 2009, 722 Rn. 7.
192 BGHZ 74, 379, 382.
193 BGHZ 74, 379, 382.
194 BGHZ 74, 379, 382.
195 BGHZ 74, 379, 383.
196 BGHZ 74, 379, 381.

Zunächst ist festzustellen, dass der Bundesgerichtshof mit dieser Sichtweise die von ihm selbst aufgestellten Tatbestandsvoraussetzungen des allgemeinen Auskunftsanspruchs aus Treu und Glauben miteinander vermengt. Die Anforderungen an die Darlegung der geforderten Sonderverbindung werden mit der – im weiteren Verlauf noch näher zu untersuchenden[197] – Tatbestandsvoraussetzung der Subsidiarität des allgemeinen Auskunftsanspruchs verknüpft. Die Argumentation des Bundesgerichthofs, dem Insolvenzverwalter stünden umfassende gesetzliche Möglichkeiten offen, sich die benötigten Informationen anderweitig zu verschaffen, steht in keinem Zusammenhang mit der Forderung nach dem Bestehen eines Rechtsverhältnisses, sondern ist vielmehr Ausdruck des Grundsatzes, dass der allgemeine Auskunftsanspruch nur als „ultima ratio"[198] – also subsidiär zu allen anderen Auskunftsmitteln – zugestanden werden kann.

Unabhängig davon kann sich auch der Insolvenzverwalter in Situationen absoluter Informationsnot befinden. Sind die qua Gesetz zur Auskunft verpflichteten Personen trotz Anwendung der in § 98 Abs. 2 InsO vorgesehenen Zwangsmittel nicht greifbar, so steht auch dem Insolvenzverwalter, ebenso wie dem beeinträchtigten Erben, faktisch keine Auskunftsperson zur Verfügung. Man könnte an dieser Stelle zwar einwenden, dass der Insolvenzverwalter unbeschränkten Zugriff auf die Geschäftsunterlagen des Schuldners hat[199]. Die entscheidenden Unterlagen, insbesondere hinsichtlich solcher Geschäfte, die einzelnen Gläubigern Sondervorteile verschaffen und damit anfechtbar sind, fehlen allerdings oft. Belege werden hier vielfach unterdrückt, um sie bewusst der Kenntnis eines künftigen Insolvenzverwalters zu entziehen. Eben diese Argumentation dient der Rechtsprechung auch als Grundlage, um dem durch Schenkungen des Erblassers in seiner Rechtsposition beeinträchtigten Erben mit einem Auskunftsanspruch aus § 242 BGB helfen und den naheliegenden Einwand[200] ausräumen zu können, dieser befinde sich nicht in Informationsnot, da er in die Stellung des Erblassers eingerückt ist und dessen Unterlagen einsehen kann. Denn gerade bezüglich der Schenkungen des Erblassers fehlten oft jegliche Unterlagen, und zwar nicht selten deshalb, weil der Pflichtteilsberechtigte von ihnen keine Kenntnis erlangen sollte[201]. Die Interessenlage im Erbrecht unterscheidet sich in diesem Punkt nicht von derjenigen in anderen Rechtsgebieten – wie dem der Insolvenzanfechtung –, in denen vorbereitende Auskunftsansprüche notwendig

197 Siehe hierzu die Ausführungen in diesem Kapitel unter I.2.a.bb.
198 *Osterloh-Konrad*, S. 223.
199 Siehe hierzu die Ausführung im 3. Kapitel unter I.2.a.
200 So noch vertreten von: BGHZ 18, 67, 70 f.
201 BGHZ 61, 180, 184 f.

werden, weil andere Informationsquellen unter Umständen nicht verfügbar sind[202]. Die Informationsnot kann in allen Fällen gleich groß sein.

Auch die vom Bundesgerichtshof ins Feld geführte Vernehmung von Zeugen durch das Insolvenzgericht[203] ist nur bedingt tauglich, um Insolvenzanfechtungssachverhalte zu ermitteln. Zum einen ist bereits streitig, ob der Insolvenzverwalter das Insolvenzgericht im Rahmen der ihm obliegenden Ermittlungstätigkeit um Hilfe ersuchen darf[204]. Zum anderen kann ein Zeuge auch bei einer Vernehmung durch das Insolvenzgericht von den in der Zivilprozessordnung geregelten Zeugnisverweigerungsrechten Gebrauch machen und die Aussage hinsichtlich solcher Tatsachen verweigern, die gegen ihn selbst gerichtete Anfechtungssachverhalte aufdecken würden[205].

Neben der fehlenden Informationsnot argumentiert der Bundesgerichtshof mit dem Verbot der Ausforschung. Die Forderung nach einem bereits bestehenden Rechtsverhältnis verhindere, dass das Rechtsinstitut des allgemeinen Auskunftsanspruchs in eine allgemeine Auskunftspflicht mündet[206].

Unabhängig von der Stichhaltigkeit des Arguments der Ausforschung[207] führt die Herabsetzung der Anforderungen an das bestehende Rechtsverhältnis zwischen Insolvenzverwalter und potentiellem Anfechtungsgegner schon nicht zu einer allgemeinen Auskunftspflicht des Anfechtungsgegners. Zum einen hat der Auskunftsanspruch aus § 242 BGB neben dem Tatbestandsmerkmal „bestehender Leistungsanspruch" weitere Voraussetzungen. So muss der Anspruchsberechtigte nachweisen, dass er sich die zur Vorbereitung und Durchsetzung seines Anspruchs notwendigen Auskünfte nicht auf zumutbare Weise selbst beschaffen kann. Zudem darf die Erteilung der gewünschten Auskunft den Anspruchsverpflichteten nicht unbillig belasten. Zum anderen bedeutet die Herabsetzung der Anforderungen an das Bestehen eines Leistungsanspruchs nicht zugleich dessen vollständige Aufgabe[208]. Die dargestellten Entscheidungen aus dem Bereich des Erbrechts zeigen vielmehr, dass bereits das Vorliegen gewisser Anhaltspunkte, die im Einzelfall für das Bestehen des Leistungsanspruchs sprechen, genügen kann, um eine allgemeine Auskunftspflicht des jeweils Auskunftsverpflichteten

---

202 *Osterloh-Konrad*, S. 215.

203 BGHZ 74, 379, 382.

204 Siehe hierzu die Ausführung im 3. Kapitel unter II.3.a. u. b.

205 Siehe hierzu die Ausführung im 3. Kapitel unter II.3.b.bb.(i).

206 BGHZ 74, 379, 382.

207 Siehe hierzu die Ausführungen im 5. Kapitel unter III.1.

208 Für eine vollständige Aufgabe sind: *Gernhuber*, S. 579 f. (begründete Behauptung genügt); *Lüderitz*, S. 35.

zu verhindern. Der Bundesgerichtshof stellt in diesen Entscheidungen ausdrücklich fest, dass der Nachweis „gewisser" oder „greifbarer Anhaltspunkte" ausreicht, um die Grenze zur Ausforschung angemessen zu wahren[209]. Wenn aber im Bereich des Erbrechts bereits der begründete Verdacht eines Leistungsanspruchs genügt, um den Einwand der unzulässigen Ausforschung zu entkräften, so ist kein Grund ersichtlich, im Insolvenzanfechtungsrecht einen anderen Maßstab anzulegen[210]. Das Argument der anderweitigen Möglichkeit zur Informationsbeschaffung kann an dieser Stelle nicht fruchtbar gemacht werden.

Auch das Argument der Verlagerung von Prozessrisiken vermag nicht zu überzeugen[211]. Sind der Schuldner und seine Organe faktisch nicht erreichbar oder weigern sie sich, ihren gesetzlichen Auskunfts- und Mitwirkungspflichten nachzukommen, so besteht für den Insolvenzverwalter die Gefahr, möglicherweise berechtigte Ansprüche nicht durchsetzen zu können. In diesem Fall ist der Anfechtungsprozess nicht nur risikoreich, er ist schlicht aussichtslos. Dieser Umstand wiegt besonders schwer, wenn bereits der begründete Verdacht einer anfechtbaren Vermögensverschiebung besteht. In diesem Fall opfert man einen wahrscheinlich zugunsten der Gläubigergesamtheit bestehenden, materiellen Anspruch um prozessrechtlicher Grundsätze Willen[212].

Hingegen sieht sich der Auskunftsverpflichtete lediglich zwei Risiken ausgesetzt: Entweder wird er mittels der Auskunft zur Erfüllung einer berechtigten Forderung gezwungen oder trotz des Nichtbestehens der Forderung mit dem Aufwand einer Auskunft belastet[213]. Das erste Risiko ist unerheblich, das zweite unbedeutend, da die Erteilung der Auskunft im Bereich der Insolvenzanfechtung kaum Mühe macht[214]. Zumeist verlangt der Insolvenzverwalter lediglich Auskunft darüber, ob, wann und wie der Anfechtungsgegner von dem Schuldner Zahlungen erhalten hat.

---

209 BGHZ 58, 237, 239 f.; BGHZ 61, 180, 185; *Osterloh-Konrad*, S. 225, fordert neben plausiblen Anhaltspunkten für das Bestehen des Leistungsanspruchs, dass der Auskunftsberechtigte darüber hinaus sämtliche Merkmale seines Leistungsanspruchs, die von dem Ergebnis der Auskunft unabhängig sind, nachweist.

210 So im Ergebnis auch: *Gernhuber*, S. 580; *Stürner*, S. 320 f. (zur Vorbereitung einer Absichts- oder Schenkungsanfechtung des Konkursverwalters oder Vollstreckungsgläubigers gegen den Ehegatten des Schuldners).

211 So im Ergebnis auch: *Osterloh-Konrad*, S. 209.

212 *Gernhuber*, S. 580.

213 *Osterloh-Konrad*, S. 210.

214 *Osterloh-Konrad*, S. 210.

Für eine Übertragbarkeit der obigen Begründungsansätze auf den Bereich der Insolvenzanfechtung spricht schließlich, dass dem Insolvenzverwalter ohne die Gewährung eines Auskunftsanspruchs aus Treu und Glauben ebenfalls ein Rechtsverlust droht. Ohne die Auskunft ist er unter Umständen nicht in der Lage, Inhalt und Umfang der potentiellen Anfechtungsansprüche zu überblicken, sodass das eigentlich bestehende Anfechtungsrecht im Ergebnis nicht durchgesetzt werden kann. Ohne die Auskunft ist der Insolvenzverwalter nicht in der Lage, die Rechte der Gesamtheit der Gläubiger wirksam zu wahren. Dieser Aspekt zeigt auch, dass sich der Insolvenzverwalter in einer mit der GEMA vergleichbaren Interessenlage befindet. Beide Parteien verfolgen ein fremdes Auskunftsinteresse. Die GEMA das der ihr angeschlossenen Urheber, der Insolvenzverwalter das der Gläubigergesamtheit. Das Anfechtungsrecht dient – sofern der Schuldner zum Zeitpunkt der angefochtenen Rechtshandlung materiell insolvent war – dem Verfahrensziel der Gläubigergleichbehandlung[215]. Zwar trägt die Rechtsprechung dem durch eine weite Auslegung der Anfechtungstatbestände Rechnung, versäumt es auf der anderen Seite aber, die vorbereitenden Auskunftsrechte des Insolvenzverwalters, die erst die Ermittlung der tatbestandsausfüllenden Anfechtungssachverhalte ermöglichen, entsprechend zu erweitern. Um hier einen Gleichlauf zwischen der Ermittlung und Durchsetzung von Anfechtungssachverhalten zu erreichen, ist das im Bereich der Anfechtungstatbestände von der Rechtsprechung vertretene Postulat der weiten Auslegung auf den allgemeinen Auskunftsanspruch zu übertragen.

Im Ergebnis sprechen gute Argumente dafür, die Grundsätze, welche den beschriebenen Entscheidungen zugrunde liegen und dort eine Abkehr von der Forderung nach einem bereits bestehenden Leistungsanspruch begründen, auf den Bereich des Insolvenzanfechtungsrechts zu übertragen. Die von dem Bundesgerichtshof dagegen vorgebrachten Einwände überzeugen nicht. Eine taugliche Sonderverbindung zwischen dem Insolvenzverwalter und einem potentiellen Anfechtungsgegner besteht also bereits dann, wenn der Insolvenzverwalter den begründeten Verdacht einer anfechtbaren Vermögensverschiebung zur Überzeugung des Gerichts nachweist.

(6) Dichte der Verdachtsmomente

Die Anhaltspunkte, auf die sich der begründete Verdacht des Insolvenzverwalters stützt, sind von dem Prozessgericht gemäß § 286 ZPO in einer Gesamtschau zu würdigen und zu bewerten. Starre Anforderungen an die Dichte der Verdachtsmomente gibt es aufgrund der Einzelfallbetrachtung grundsätzlich nicht.

---

215 Siehe hierzu die Ausführungen im 5. Kapitel unter II.1.

Ein Anhaltspunkt für anfechtbare Rechtshandlungen kann sich aus einem bereits feststehenden, anfechtungsrechtlichen Rückgewährschuldverhältnis ergeben[216]. Zwar hat der Bundesgerichtshof auch hierzu entschieden, dass allein die Feststellung einer oder mehrerer anfechtbarer Rechtshandlungen nicht ausreicht, um einen Auskunftsanspruch aus § 242 BGB über weitere anfechtbare Vermögensverschiebungen zu begründen[217]. Denn jede anfechtbare Rechtshandlung habe einen eigenständigen Rückgewähranspruch zur Folge und nur innerhalb dieses Rückgewährschuldverhältnisses bestehe ein Auskunftsanspruch des Insolvenzverwalters[218].

Da nach den oben beschriebenen Grundsätzen der begründete Verdacht eines Leistungsanspruchs aber auch im Bereich des Insolvenzanfechtungsrechts genügt, um einen Auskunftsanspruch aus Treu und Glauben zu begründen, kann der begründete Verdacht folglich – ebenso wie in den erörterten Entscheidungen zum Delikts- und Urheberrecht – auch aus einem oder mehreren bestehenden Leistungsansprüchen resultieren.

Ergibt sich insbesondere aus mehreren bereits festgestellten, anfechtbaren Rechtshandlungen eine Grundstruktur, die weitere anfechtbare Rechtshandlungen mit großer Wahrscheinlichkeit vermuten lassen[219], so liegt der begründete Verdacht weiterer Rückgewähransprüche aus § 143 Abs. 1 Satz 1 InsO nahe.

Eine derartige Grundstruktur kann sich beispielsweise im Rahmen von Dauerschuldverhältnissen zwischen dem Schuldner und potentiellen Anfechtungsgegnern ergeben. Insbesondere die mit dem Schuldner in dauerhafter Rechtsbeziehung stehenden Gläubiger, wie Warenlieferanten und Dienstleister sowie Fiskus und Sozialversicherungsträger, erlangen vor der Antragsstellung oft mehrfach Teilzahlungen auf offene Forderungen, da der Schuldner meist bis zuletzt versucht, den Geschäftsbetrieb aufrechtzuerhalten. Aus einer bereits

---

216 So im Ergebnis auch: OLG Stuttgart, ZIP 1986, 386, 387 f. (wobei dieses Urteil durch die Entscheidung des BGH, NJW 1987, 1812, aufgehoben wurde); *Kirchhof*, in: Münchener Kommentar-InsO, § 143 Rn. 14; in die gleiche Richtung gehen: *Gundlach/Flöther*, NZI 2009, 719, 720; *Gundlach/Frenzel/Schmidt*, DStR 2002, 1910, 1911.

217 BGH, NJW 1987, 1812, 1813; BGH, NZI 2009, 722 Rn. 7; dem folgend: *Dauernheim*, in: FK-InsO, § 143 Rn. 46; *Haas*, in: Berliner Kommentar-InsO, § 143 Rn. 23; *Heckel*, in: Jaeger, § 143 Rn. 165; *Hess*, § 143 Rn. 151; *Rogge/Leptien*, in: Hamburger Kommentar-InsO, § 143 Rn. 88.

218 BGH, NJW 1987, 1812, 1813.

219 *Gundlach/Flöther*, NZI 2009, 719, 720; *Gundlach/Frenzel/Schmidt*, DStR 2002, 1910, 1911; grundsätzlich in dieselbe Richtung gehend, aber ablehnend für anfechtbare Rechtshandlungen: *Forster*, in: Soergel, § 260 BGB Rn. 26.

festgestellten, anfechtbaren Teilzahlung kann sich hier der begründete Verdacht weiterer Teilzahlungen ergeben.

(v) „Gläubigerstellung in der Krise" als taugliche Sonderverbindung

Münzel/Goraj sprechen in diesem Zusammenhang von der „insolvenzrechtlichen Sonderverbindung der Gläubigerstellung in der Krise"[220]. Nach der Ansicht der Autoren begründet bereits die rechtliche Stellung des Gläubigers in der Krise des Schuldners eine nach den Grundsätzen von Treu und Glauben zur Auskunft verpflichtende Sonderverbindung zu dem Insolvenzverwalter. Nach dem Willen des Gesetzes hätte der Anfechtungsgegner hinsichtlich des anfechtbar erlangten Vermögenswerts Insolvenzgläubiger und damit Teil derjenigen Gläubigergesamtheit sein sollen, für die nun der Insolvenzverwalter als Gesamtvollstrecker tätig ist[221]. Zu dieser durch das Insolvenzverfahren verbundenen Gläubigergesamtheit gehörten alle Personen, die seit Beginn der Krise etwas vom Schuldner zu fordern hatten[222].

Wie die vorangegangenen Untersuchungen gezeigt haben, ist die Frage nach der Dichte der anspruchsbegründenden Verdachtsmomente jedoch eine Frage des Einzelfalls, die nicht allgemein beantwortet werden kann. Deswegen kann auch nicht generell von der „Gläubigerstellung in der Krise" auf das Bestehen einer tauglichen Sonderverbindung im Sinne des § 242 BGB geschlossen werden.

bb. Subsidiarität

Neben einer tauglichen Sonderverbindung verlangt die Rechtsprechung für einen allgemeinen Auskunftsanspruch aus Treu und Glauben, dass der Auskunftsberechtigte sich die zur Vorbereitung und Durchsetzung seines Anspruchs notwendigen Auskünfte nicht auf zumutbare Weise selbst beschaffen kann, er also keine andere Möglichkeit der Informationsbeschaffung hat[223]. Der allgemeine Auskunftsanspruch aus Treu und Glauben ist insoweit subsidiär. Dies ist grundsätzlich gerechtfertigt, da die allgemeine Auskunftspflicht für den in Anspruch Genommenen stets einen Eingriff in seine Rechte darstellt[224].

---

220 *Münzel/Goraj*, InsVZ 2010, 209, 212.

221 *Münzel/Goraj*, InsVZ 2010, 209, 212.

222 *Münzel/Goraj*, InsVZ 2010, 209, 212.

223 BGHZ 95, 274, 278; BGH, NJW-RR 1987, 1296; BGH, GRUR 1999, 1025, 1029; so auch: *Krüger*, in: Münchener Kommentar-BGB, § 260 BGB Rn. 18; *Stürner*, S. 336, *Winkler von Mohrenfels*, S. 57.

224 *Lorenz*, JuS 1995, 575, 574; *Osterloh-Konrad*, S. 205.

Daran anknüpfend stellt sich aber die Frage, ob die Subsidiarität des allgemeinen Auskunftsanspruchs absolut wirkt, also allein die objektive Möglichkeit einer anderweitigen Informationsquelle eine Auskunftspflicht aus Treu und Glauben bereits ausschließt oder ob der Auskunftsanspruch zumindest dann existiert, wenn die anderweitige Informationsquelle dem Auskunftsberechtigten faktisch nicht zur Verfügung steht oder unergiebig ist.

Wie bereits angedeutet, bejaht der Bundesgerichtshof eine absolute Wirkung der Subsidiarität und verneint deswegen einen Auskunftsanspruch gegenüber Personen, die lediglich im Verdacht stehen, etwas durch anfechtbare Rechtshandlung erlangt zu haben[225]. Der Insolvenzverwalter müsse sich wegen seiner benötigten Auskünfte an den Schuldner halten. Zudem könne das Insolvenzgericht zur weiteren Aufklärung die Vernehmung von Zeugen anordnen[226]. Damit habe der Gesetzgeber dem Insolvenzverwalter umfassende Möglichkeiten eingeräumt, sich die von ihm benötigten Auskünfte über anfechtungsrelevante Tatsachen selbst zu verschaffen[227].

Nach geltendem Recht – die hier grundlegende Entscheidung des Bundesgerichtshofs aus dem Jahr 1979 erging unter der Konkursordnung – bestehe kein Anlass dazu, dem Verwalter über die gesetzlichen Möglichkeiten hinaus Informationsquellen gegen potentielle Anfechtungsgegner zu erschließen[228]. Der Gesetzgeber der Konkursordnung habe beispielsweise bewusst von der Normierung einer Auskunftspflicht des schuldnerischen Ehegatten Abstand genommen. Dies komme dadurch zum Ausdruck, dass der frühere Manifestationseid des Ehegatten des Gemeinschuldners aus § 158 der preußischen Konkursordnung nicht übernommen wurde[229].

Es ist zweifelhaft, ob dieses unter Geltung der Konkursordnung vertretene Argument heute noch Gültigkeit beanspruchen kann.

Der entscheidende Anlass für eine Erweiterung der Informationsquellen des Insolvenzverwalters findet sich in den Motiven des Gesetzgebers zur Insolvenzordnung. Ein wesentlicher Schwerpunkt der Insolvenzrechtsreform lag in der Verschärfung des Anfechtungsrechts[230]. Nach allgemeiner Auffassung wurde die

---

225 BGH, NJW 1978, 1002; BGH, NJW 1979, 1832; BGH, NJW 1987, 1812; BGH, NJW 1999, 1033, 1034; zum Anfechtungsgesetz vgl. BGH, NJW 1998, 2969.

226 BGH, Urteil vom 06.06.1979 – Az. VIII ZR 255/78; BGHZ 74, 379, 382.

227 BGH 74, 379, 382.

228 BGHZ 74, 379, 382.

229 BGH, NJW 1978, 1002 f.

230 Begründung des Regierungsentwurfs, BT-Drs. 12/2443, S. 156 r. Sp.

Konkursanfechtung zuletzt als wenig wirksam empfunden[231]. Tatsächlich führte die Ineffektivität der Konkursanfechtung dazu, dass Schuldner im Vorfeld einer herannahenden Insolvenz oftmals erhebliche Vermögenswerte auf Dritte übertrugen und so gezielt die Massearmut herbeiführten[232]. Deswegen sollte die Ausgestaltung der Anfechtungstatbestände die Durchsetzbarkeit der Anfechtungsansprüche wesentlich verbessern, um die Insolvenzmassen anzureichern und die Verfahrenseröffnung zu erleichtern[233]. Um dieses Ziel umzusetzen, bediente sich der Gesetzgeber der Verschärfung von Einzelregelungen, der Verlängerung der Anfechtungsfristen, der Einschränkung subjektiver Voraussetzungen sowie der Einführung von Beweiserleichterungen[234].

Auch der Bundesgerichtshof hat – wie bereits betont – das materielle Anfechtungsrecht im Sinne der gesetzgeberischen Zielsetzung in den letzten Jahren verschärft, indem er dem Insolvenzverwalter Beweiserleichterungen gewährt, die den Nachweis wesentlicher anspruchsbegründender Tatbestandsmerkmale erleichtern. Erwähnt sei hier[235] nur die großzügige Rechtsprechung des Bundesgerichtshofs zur Feststellung der subjektiven Tatbestandselemente des § 133 InsO[236], die zu einer regelrechten Renaissance der Norm geführt hat[237].

Der Auskunftsanspruch aus Treu und Glauben ist in seiner Wirkung nichts anderes als eine von der Rechtsprechung entwickelte Beweiserleichterung[238]. Diese grundsätzlich zu versagen bedeutet gleichzeitig, das gesetzgeberische Ziel der Effektivierung der Insolvenzanfechtung nicht konsequent umzusetzen. Es genügt nicht, die einzelnen Tatbestände der Insolvenzanfechtung zu verschärfen,

---

231 *Gerhardt*, ZIP 1985, 582; *Henckel*, ZIP 1982, 391 f; *Hirte/Ede*, in: Uhlenbruck, Vorbem. § 129 Rn. 4; *Kirchhof*, in: Münchener Kommentar-InsO, Vorbem. §§ 129 bis 147 Rn. 8.

232 Begründung des Regierungsentwurfs, BT-Drs. 12/2443, S. 82 r. Sp.

233 Begründung des Regierungsentwurfs, BT-Drs. 12/2443, S. 82 r. Sp.

234 *Kirchhof*, in: Münchener Kommentar-InsO, Vorbem. §§ 129 bis 147 Rn. 8.

235 Siehe hierzu die Ausführungen im 4. Kapitel unter III.1.b.

236 BGH, NZI 2006, 469, Rn. 14, BGH, NZI 2011, 589 Rn. 8; BGH, NZI 2015, 369 Rn. 12. (alle zur Vermutung des Gläubigerbenachteiligungsvorsatzes des Schuldners bei Kenntnis der drohenden Zahlungsunfähigkeit); BGH, NZI 2013, 133 Rn. 14; BGH, NZI 2014, 259 Rn. 9; BGH, NZI 2015, 717 Rn. 11 (alle zur Vermutung des Gläubigerbenachteiligungsvorsatzes des Schuldners bei Kenntnis der Zahlungsunfähigkeit); BGH, ZInsO 2016, 1357 Rn. 27 (jüngst zu den Indizien für eine Zahlungseinstellung).

237 *Bork*, ZIP 2004, 1684.

238 *Prütting*, in: Handbuch der Beweislast, § 8 Rn. 25.

ohne gleichzeitig dafür Sorge zu tragen, dass der die Tatbestandsmerkmale ausfüllende Sachverhalt umfassend aufgedeckt werden kann.

Darüber hinaus spricht selbst die Rechtsprechungsformel zu den Voraussetzungen des allgemeinen Auskunftsanspruchs davon, dass sich der Auskunftsberechtigte die notwendigen Auskünfte nicht auf zumutbare Weise selbst beschaffen kann. Zumutbar ist es dem Insolvenzverwalter regelmäßig, bei dem Insolvenzgericht die Anwendung der Instrumente des § 98 InsO zu beantragen[239] oder die Vernehmung von Zeugen zu Anfechtungssachverhalten anzuregen. Nicht zumutbar ist es hingegen, nach vergeblicher Ausschöpfung aller Informationsquellen auf die abstrakte Möglichkeit der anderweitigen Auskunftserlangung verwiesen zu werden.

Im Ergebnis besteht damit – entgegen der Auffassung des Bundesgerichtshofs – keine Subsidiarität im absoluten Sinne. Es kommt also nicht darauf an, ob ein Auskunftsverpflichteter abstrakt vorhanden ist, sondern nur, ob dieser faktisch zur Verfügung steht und die gewünschte Auskunft tatsächlich geben kann. Weist der Insolvenzverwalter nach, dass er die gesetzlichen Informationsquellen vergeblich ausgeschöpft hat, so greift der Einwand der Subsidiarität nicht.

cc. Fehlendes Verschulden

Darüber hinaus verlangt die Rechtsprechung, dass der Berechtigte in entschuldbarer Weise über das Bestehen und den Umfang seines Rechts im Ungewissen ist. Der allgemeine Auskunftsanspruch aus Treu und Glauben wird nicht gewährt, wenn der Auskunftsberechtigte die Informationsnot verschuldet hat[240]. Ein solches Verschulden ist gegeben, wenn der Berechtigte eine anderweitige, sich ihm aufdrängende Informationsmöglichkeit nicht genutzt hat[241].

Bevor sich der Insolvenzverwalter also an den potentiellen Anfechtungsgegner wendet, muss er nicht nur die gesetzlichen – im dritten Kapitel der Arbeit umfassend beschriebenen –, sondern auch sich aufdrängende und näherliegende[242] Informationsquellen ausschöpfen.

---

239 *Gundlach/Frenzel/Schmidt*, DStR 2002, 1910, 1911; *Kirchhof*, in: Münchener Kommentar-InsO, § 143 Rn. 14.

240 *Haeffs*, S. 142.

241 BGH, NJW 1990, 1358; OLG Düsseldorf, ZIP 1988, 964, 965; *Köhler*, NJW 1992, 1477, 1481; *Lorenz*, JuS 1995, 569, 574; *Stürner*, JZ 1976, 320, 321 (Anm. zu BGH, Urteil vom 04.07.1975 – Az. I ZR 115/73; JZ 1976, 318 ff.).

242 BGH, NJW 1978, 1002.

dd. *Zumutbarkeit*

Als letzte Voraussetzung muss dem Verpflichteten die Erfüllung des allgemeinen Auskunftsanspruchs unschwer möglich sein und ihn nicht unbillig belasten[243]. Das Erfordernis der „unschweren Auskunftserteilung" betrifft den damit verbundenen tatsächlichen Arbeits- und Zeitaufwand[244]. Darüber hinaus sind aber auch generelle Gesichtspunkte der Zumutbarkeit relevant[245]. Eine unbillige Belastung wäre dem Auskunftsverpflichteten nicht zumutbar. Die Zumutbarkeit der Informationserteilung ist einzelfallbezogen im Wege einer Interessenabwägung zu prüfen[246]. Dabei sind alle schutzwürdigen Belange des Auskunftsverpflichteten zu berücksichtigen, die geeignet sind, den Anspruch des Auskunftsberechtigten auszuschließen oder zu beschränken, obwohl dieser ein berechtigtes Informationsinteresse hat[247]. In Betracht kommen hier beispielsweise eigene oder fremde Geheimhaltungsinteressen[248].

Es dürfte aber nur in wenigen Fällen gerechtfertigt sein, den Auskunftsanspruch wegen Unzumutbarkeit gänzlich zu verneinen. Oft sind verschiedene Formen der Anspruchserfüllung denkbar, die den Anspruchsgegner unterschiedlich stark belasten[249]. Das Kriterium der Zumutbarkeit betrifft also mehr die Frage nach dem Anspruchsumfang als die Frage nach der Anspruchsentstehung.

Die Auskunft, die der Insolvenzverwalter von dem potentiellen Anfechtungsgegner fordert, verursacht meist nur geringen Arbeits- und Zeitaufwand. In der überwiegenden Zahl der Fälle wird es darum gehen, auf welcher Grundlage der Anfechtungsgegner was, wann und in welcher Art und Weise vom Schuldner erhalten hat. Die Gefahr, dass hierbei fremde Geheimhaltungsinteressen berührt sind, ist gering.

ee. *Anspruchsinhalt und -umfang*

Sind die Voraussetzungen des allgemeinen Auskunftsanspruchs erfüllt, so steht dem Auskunftsberechtigten ein Auskunftsanspruch aus § 242 BGB zu. Mangels gesetzlicher Regelung orientieren sich auch Inhalt und Umfang der von dem Anspruchsverpflichteten geschuldeten Auskunft an den Maßstäben von Treu

---

243 BGH, NJW 1995, 386, 387; BGH, NJW 2000, 3777, 3779; BGH, NJW 2007, 1806, 1807; *Grüneberg*, in: Palandt, § 260 BGB Rn. 8.

244 BGH, NJW 1981, 2000; BGH, NJW 2000, 3777, 3779.

245 *Lorenz*, JuS 1995, 569, 574.

246 *Köhler*, NJW 1992, 1477, 1481.

247 *Osterloh-Konrad*, S. 227.

248 Siehe hierzu auch die Ausführungen bei *Haeffs*, S. 144 ff.

249 *Osterloh-Konrad*, S. 227.

und Glauben[250]. Es ist entscheidend, was nach der Sachlage im Einzelfall zur Befriedigung des Informationsinteresses des Berechtigten erforderlich und dem Verpflichteten zumutbar ist[251].

Der Auskunftsanspruch beschränkt sich auf die Informationen, die für die Vorbereitung und Durchsetzung des mit der Auskunft verfolgten Leistungsanspruchs unentbehrlich sind[252]. Der Anspruch findet seine Grenze deshalb dort, wo die Auskunft nicht mehr der Nachprüfung, sondern einer Ausforschung des Gegners dient. Die Auskunft darf nicht dazu missbraucht werden, die Tatsachen zur Begründung des Hauptanspruchs erst in Erfahrung zu bringen[253]. Der Auskunftsberechtigte muss grundsätzlich sämtliche Merkmale seines Leistungsanspruchs nachweisen, die von dem Ergebnis der Auskunftserteilung abhängig sind[254].

Die Frage nach dem Umfang der Auskunftspflicht des potentiellen Anfechtungsgegners lässt sich nur solange zweifellos beantworten, wie es dem Insolvenzverwalter allein darum geht, in Erfahrung zu bringen, ob dieser neben den bereits nachgewiesenen Deckungen oder sonstigen Leistungen des Schuldners etwas aus dem Vermögen des Schuldners erlangt hat. In diesem Fall ist der Anfechtungsgegner verpflichtet, dem Insolvenzverwalter über alle Vermögensverschiebungen nach dem Eintritt der materiellen Insolvenz des Schuldners Auskunft zu erteilen.

Weitaus schwieriger ist die Frage zu beantworten, ob und inwieweit der Anfechtungsgegner darüber hinaus auch verpflichtet ist, beispielsweise die Umstände aufzudecken, unter denen er eine Deckung oder sonstige Leistung erlangt hat. Diese Umstände sind insbesondere dann von Bedeutung, wenn es darum geht, zu beurteilen, ob der Anfechtungsgegner Kenntnis von Umständen hatte, die zwingend auf eine (drohende) Zahlungsunfähigkeit des Schuldners beziehungsweise seinen Gläubigerbenachteiligungsvorsatz schließen ließen. Insbesondere der Nachweis dieser Umstände entscheidet oftmals über den Erfolg oder Misserfolg einer auf die Vorsatzanfechtung gestützten Anfechtungsklage.

Geht man davon aus, dass der Auskunftsberechtigte grundsätzlich sämtliche Merkmale seines Leistungsanspruchs nachweisen muss, die von dem Ergebnis der Auskunftserteilung abhängig sind, so ist der Anfechtungsgegner grundsätzlich nur verpflichtet, mitzuteilen, ob er etwas erlangt hat, nicht aber unter welchen Umständen. Bezüglich der Umstände, unter denen ein Anfechtungsgegner etwas aus dem

---

250 BGH, WM 1964, 795, 796; BGH, JZ 1976, 318, 319; *Lüke*, JuS 1986, 2, 6.

251 *Haeffs*, S. 151.

252 *Haeffs*, S. 151; *Köhler*, NJW 1992, 1447, 1481.

253 *Haeffs*, S. 151.

254 *Osterloh-Konrad*, S. 225.

Vermögen des Schuldners erlangt hat, ist die Grenze zur Ausforschung nur dann nicht überschritten, wenn der Insolvenzverwalter die Vermögensverschiebung selbst und darüber hinaus Indizien darlegt und beweist, die in ihrer Gesamtschau bereits dafür sprechen, dass der Anfechtungsgegner auch Kenntnis von einer (drohenden) Zahlungsunfähigkeit oder Überschuldung des Schuldners hatte und es nur noch um die Auskunft über weitere, die Kenntnis bestätigende Indizien geht.

ff. Zwischenergebnis

Die Analyse der Rechtsprechung des Bundesgerichtshofs hat gezeigt, dass der Insolvenzverwalter gegenüber einem potentiellen Anfechtungsgegner nicht nur dann einen allgemeinen vorbereitenden Auskunftsanspruch aus Treu und Glauben hat, wenn das Anfechtungsrechtsverhältnis bereits dem Grunde nach feststeht. Für das Entstehen einer zur Auskunft verpflichtenden gesetzlichen Sonderverbindung genügt es vielmehr, wenn im Einzelfall hinreichende Verdachtsmomente vorliegen, die den Schluss auf eine anfechtbare Rechtshandlung zum Zeitpunkt der Insolvenz des Schuldners nahe legen. Ob die vorliegenden Indizien ausreichen, ist eine Frage der richterlichen Beweiswürdigung im Einzelfall. Ein Verdachtsmoment kann sich bereits aus einem feststehenden Anfechtungstatbestand ergeben, der den Schluss auf weitere, anfechtbare Vermögensverschiebungen zulässt. Allein die Gläubigerstellung in der Krise genügt hier nicht.

Dass dem Insolvenzverwalter der Schuldner und etwaige Zeugen als vorrangige Auskunftspersonen zur Verfügung stehen, schließt den Auskunftsanspruch nicht generell aus. Zwar ist der allgemeine Auskunftsanspruch grundsätzlich subsidiär. Entgegen der Rechtsprechung des Bundesgerichtshofs wirkt diese Subsidiarität aber nicht absolut. Es genügt, wenn der Insolvenzverwalter nachweist, dass die genannten Auskunftsquellen faktisch nicht zur Verfügung stehen oder unergiebig sind. Die Gewährung der verlangten Auskunft ist dem potentiellen Anfechtungsgegner auch überwiegend zumutbar, da sie nur geringen Arbeits- und Zeitaufwand verursacht. Zumeist verlangt der Insolvenzverwalter lediglich Auskunft darüber, ob, wann und wie der Anfechtungsgegner von dem Schuldner Zahlungen erhalten hat. Diese Auskunft ist dem Insolvenzverwalter grundsätzlich schriftlich zu erteilen, im Einzelfall sogar zu belegen.

b. Selbstständiger Auskunftsanspruch aus § 430 BGB analog

Nach der Ansicht von *Münzel/Goraj* ist daneben an einen selbständigen Auskunftsanspruch des Insolvenzverwalters aus § 430 BGB analog zu denken[255]. Aus

255 *Münzel/Goraj*, InsVZ 2010, 209, 212.

der „Gläubigerstellung in der Krise“ ergebe sich nicht nur eine gegenüber dem Insolvenzverwalter zur Auskunft verpflichtende Sonderverbindung im Sinne des allgemeinen Auskunftsanspruchs aus Treu und Glauben gemäß § 242 BGB. Vielmehr könne man die Auskunftspflicht eines Gläubigers in der Krise auch mit der ähnlichen Interessenlage bei Gesamtgläubigern im Sinne des § 428 BGB begründen, die gemäß § 430 BGB verpflichtet seien, einander über Leistungen des Schuldners Auskunft zu erteilen[256]. Die auf Gleichbehandlung gerichtete Innenbeziehung zwischen den Insolvenzgläubigern begründe eine vergleichbare Interessenlage[257]. Die Auskunftspflicht bestehe nicht nur zwischen den Gläubigern untereinander, sondern auch gegenüber dem Insolvenzverwalter, der quasi das Gruppeninteresse der Gleichbehandlung verwalte[258].

Mit den Voraussetzungen einer Analogiebildung beschäftigen sich die Autoren in ihrem Beitrag nicht. Wie bereits im ersten Kapitel ausführlich dargestellt, setzt eine zulässige Analogie voraus, dass eine planwidrige Regelungslücke im Gesetz zu erkennen ist und eine vergleichbare Interessenlage zwischen dem geregelten und dem ungeregelten Sachverhalt besteht[259].

Hier könnte es bereits an der vergleichbaren Interessenlage zwischen der Auskunftspflicht der Gesamtgläubiger untereinander und der Auskunftspflicht bestimmter Insolvenzgläubiger gegenüber dem Insolvenzverwalter fehlen.

Richtig ist, dass der einzelne Gesamtgläubiger aus § 430 BGB gegenüber den weiteren Gesamtgläubigern Auskunft über die Leistungserbringung durch den Schuldner erteilen muss[260].

Zum einen geht es hier aber nicht um die Innenbeziehung zwischen den Insolvenzgläubigern, sondern um das Außenverhältnis zwischen dem Insolvenzverwalter und dem einzelnen Insolvenzgläubiger. Zwar wird der Insolvenzverwalter im Interesse aller Insolvenzgläubiger tätig und hat gegenüber diesen insolvenzspezifische Pflichten zu erfüllen. Damit ist allerdings noch keine Aussage über die Rechte getroffen, die der Insolvenzverwalter gegenüber jedem einzelnen Insolvenzgläubiger hat. Zum anderen lässt sich der Gedanke, der dem unter den Gesamtgläubigern bestehenden Auskunftsanspruch zugrunde liegt, nicht auf die Gesamtheit der Insolvenzgläubiger übertragen. Der Auskunftsanspruch aus § 430 BGB ist notwendig, weil der Schuldner durch die volle Leistung an einen der Gesamtgläubiger von seiner Schuld befreit wird und die anderen

256 Münzel/Goraj, InsVZ 2010, 209, 212.
257 *Münzel/Goraj*, InsVZ 2010, 209, 212.
258 *Münzel/Goraj*, InsVZ 2010, 209, 212.
259 Siehe hierzu die Ausführung im 1. Kapitel unter II.1.
260 *Looschelders*, in: Staudinger, § 430 BGB Rn. 42.

Gesamtgläubiger nur im Innenverhältnis Ausgleich verlangen können. Diese Situation besteht im Verhältnis zwischen den Insolvenzgläubigern nicht. Diese sind zwar auch nur gleichmäßig zu befriedigen, aber jeder für sich.

Im Ergebnis besteht also keine vergleichbare Interessenlage zwischen den Gesamtgläubigern und den Insolvenzgläubigern, sodass eine analoge Anwendung des § 430 BGB auf den Auskunftsanspruch des Insolvenzverwalters gegenüber potentiellen Anfechtungsgegnern ebenfalls ausscheidet.

c. Ergebnis

Der Insolvenzverwalter ist berechtigt, die Auskunftsansprüche geltend zu machen, die auch dem Schuldner aus den mit Dritten bestehenden Schuldverhältnissen zugestanden hätten. Denn mit dem Übergang der Verwaltungs- und Verfügungsbefugnis gemäß § 80 Abs. 1 InsO rückt der Insolvenzverwalter insoweit in die Stellung des Schuldners ein. Gleiches gilt für den vorläufigen Insolvenzverwalter, sofern das Insolvenzgericht dem Schuldner gemäß § 21 Abs. 2 Satz 1 Alt. 1 InsO ein allgemeines Verfügungsverbot auferlegt. In diesem Fall geht die Verwaltungs- und Verfügungsbefugnis gemäß § 22 Abs. 1 Satz 1 InsO bereits auf den vorläufigen Insolvenzverwalter über.

Insbesondere der Giro- beziehungsweise Zahlungsdiensterahmenvertrag zwischen dem Schuldner und seiner Bank ist von Bedeutung, um Informationslücken zu schließen oder sogar Anfechtungssachverhalte erst aufzudecken. Denn Auskünfte über Kontobewegungen dienen nicht nur der Ergänzung einer mangelhaften Buchführung des Schuldners, sondern gewähren darüber hinaus nicht selten Rückschlüsse auf anfechtbare Vermögensverschiebungen an Dritte oder die Bank selbst. Der hier oft erhobene Einwand der Bank, die Auskünfte könnten zu einer Selbstbelastung führen, greift nicht durch. Die vertragliche Verpflichtung zur Auskunft aus dem Giro- beziehungsweise Zahlungsdiensterahmenvertrag besteht unabhängig davon, ob damit eventuell ein rechtlicher Nachteil für die Bank selbst verbunden ist.

Außerhalb ausdrücklich geregelter Auskunftspflichten bleiben die vertraglichen Schuldverhältnisse mit Fremd- und Eigengeschäftsführungscharakter. Insbesondere innerhalb von Sicherungstreuhandverhältnissen ist ein besonderes Augenmerk auf die Prüfung anfechtungsrelevanter Sachverhalte zu legen. Zum einen kann die Gewährung der Sicherheit selbst, zum andern das der Sicherung zugrunde liegende Rechtsgeschäft anfechtbar sein.

Innerhalb vertraglicher Schuldverhältnisse mit Eigengeschäftsführungscharakter besteht hingegen kein Auskunftsanspruch über den Stand der gegenseitigen Leistungserbringung. Es handelt sich zumeist um reine Austauschverhältnisse ohne Nebenpflichten zur Auskunft. Gerade innerhalb der hierunter zu fassenden Liefer- und Dauerschuldschuldverhältnisse des Schuldners bestehen aber oftmals Anfechtungssachverhalte, die unentdeckt bleiben, weil Informationen über die Vermögensverschiebung an sich oder die diesbezüglichen Umstände fehlen.

An dieser Stelle fehlt dem Insolvenzverwalter ein eigener materieller Auskunftsanspruch, um die Sachverhaltslücken gegenüber den Lieferanten des Schuldners schließen zu können. Da die Insolvenzordnung keinen Auskunftsanspruch gegenüber potentiellen Anfechtungsgegnern normiert und eine analoge Anwendung des § 430 BGB mangels vergleichbarer Interessenlage zwischen den Gesamtgläubigern und den Insolvenzgläubigern ausscheidet, bleibt am Ende nur der Weg über den allgemeinen zivilrechtlichen Auskunftsanspruch aus Treu und Glauben.

Entgegen der ständigen Rechtsprechung des Bundesgerichthofs besteht bereits dann eine Auskunftspflicht potentieller Anfechtungsgegner, wenn es dem Insolvenzverwalter gelingt, hinreichende Anhaltspunkte darzulegen, die den Verdacht einer anfechtbaren Vermögensverschiebung begründen. Ob die dargelegten Indizien hinreichend sind, hat das Prozessgericht in einer einzelfallbezogenen Gesamtwürdigung zu entscheiden.

Dass der Schuldner dem Insolvenzverwalter grundsätzlich qua Gesetz als vorrangige Auskunftsperson dient, steht dem selbständigen Anspruch aus § 242 BGB nicht entgegen. Ungeachtet der Rechtsprechung des Bundesgerichtshofs wirkt diese Subsidiarität nicht absolut. Es genügt, wenn der Insolvenzverwalter nachweist, dass der Schuldner als Auskunftsquelle faktisch nicht zur Verfügung steht oder unergiebig ist.

Im Ergebnis sind die privatrechtlichen Auskunftsansprüche also nur ein eingeschränkt taugliches Mittel für den Insolvenzverwalter, um bestehende Sachverhaltslücken gegenüber potentiellen Anfechtungsgegnern zu schließen. Insbesondere nähere Informationen zu der Abwicklung von reinen Austauschverhältnissen vermag der Insolvenzverwalter über das materielle Recht kaum zu erlangen. Der Bundesgerichtshof versagt dem Insolvenzverwalter in ständiger Rechtsprechung einen selbstständigen Auskunftsanspruch aus Treu und Glauben. Selbst wenn man einen solchen bejaht, greift dieser nur sehr eingeschränkt durch. Denn zum einen müssen Umstände vorliegen, die den Schluss auf weitere Anfechtungssachverhalte erlauben. Zum anderen deckt der Umfang des Auskunftsanspruchs nicht generell alle Umstände ab, die mit der anfechtbaren Vermögensverschiebung im Zusammenhang stehen und für den Insolvenzverwalter von Interesse sind.

II. Öffentlich-rechtliche Auskunftsansprüche

Anfechtungsansprüche ergeben sich nicht nur gegenüber privat-, sondern auch gegenüber öffentlich-rechtlichen Gläubigern des Schuldners. Ist der Schuldner als Kaufmann oder selbstständig tätig, so haben vor allem auch der Fiskus und die Sozialversicherungsträger laufende Zahlungsansprüche gegen diesen. Die Erfüllung dieser Ansprüche in der Krise des schuldnerischen Unternehmens ist für den Insolvenzverwalter von besonderem Interesse. Die öffentlich-rechtlichen Gläubiger sind berechtigt, sich die ihrer Forderung zugrunde liegenden Zahlungstitel selbst zu schaffen und mittels eigener Organe zu vollstrecken[261].

Da nach der ständigen Rechtsprechung des Bundesgerichtshofs[262] eine im Wege der Zwangsvollstreckung erlangte Deckung in dem Dreimonatszeitraum vor der Stellung eines Insolvenzantrags inkongruent ist, sind die Voraussetzungen des § 131 InsO oft erfüllt und ein Rückgewähranspruch gemäß § 143 Abs. 1 Satz 1 InsO besteht. Diese Rechtsprechung hat in der Vergangenheit mehrfach zu dem gesetzgeberischen Versuch geführt, den Anwendungsbereich der Vorschrift einzuschränken[263].

Ob und unter welchen Umständen der Fiskus oder die Sozialversicherungsträger vor der Stellung des Insolvenzantrags Zahlungen erhalten haben, lässt sich aber auch hier oft weder mittels der Unterlagen des Schuldners noch seiner selbst feststellen[264]. Deswegen ist der Insolvenzverwalter gegenüber diesen Anfechtungsgegnern ebenfalls auf Auskünfte zur weiteren Prüfung und Feststellung der Anfechtungstatbestände angewiesen.

Die potentiellen Anspruchsgrundlagen finden sich sowohl auf Bundes- als auch auf Landesebene und betreffen Auskunftsansprüche in Gestalt von Akteneinsichts- oder allgemeinen Informationsrechten sowohl außerhalb als auch innerhalb eines Verwaltungsverfahrens.

---

261 Vgl. §§ 249, 328, 336 AO, § 66 SGB X, §§ 1 ff. VwVG, §§ 1 ff. VwVG NRW; siehe hierzu auch: *Marotzke*, ZInsO 2006, 7, 8.

262 BGH, NZI 2003, 320 (m.w.N. zur Konkursanfechtung); BGH, NZI 2004, 206; BGH, NZI 2005. 690, 691.

263 Regierungsentwurf eines Gesetzes zum Pfändungsschutz der Altersvorsorge und zur Anpassung des Rechts der Insolvenzanfechtung, BT-Drs. 16/886; Regierungsentwurf eines Gesetzes zur Verbesserung der Rechtssicherheit bei Anfechtungen nach der Insolvenzordnung und nach dem Anfechtungsgesetz, BT-Drs. 18/7054.

264 *Blank*, ZInsO 2013, 663, *Eisolt*, DStR 2012, 930; *Schmittmann*, NZI 2012, 633; *ders./Böing*, InsbürO 2010, 15.

1. Abgabenordnung

Geht es um die Ermittlung anfechtungsrelevanter Sachverhalte aus dem Steuerschuldverhältnis zwischen dem Schuldner und der Finanzverwaltung, so rückt zunächst die Abgabenordnung in den Fokus.

Zunächst ist der Schuldner als Anspruchsberechtigter in den Blick zu nehmen. Im Anschluss sind die an die Rechte des Schuldners anknüpfenden Auskunftsansprüche des Insolvenzverwalters Gegenstand der Untersuchung.

a. Anspruch des Schuldners auf ermessensfehlerfreie Entscheidung über einen Antrag auf Akteneinsicht

Auffällig ist, dass die Abgabenordnung – im Gegensatz zu anderen Verfahrensgesetzen[265] – dem steuerpflichtigen Schuldner während des Besteuerungsverfahrens kein Recht auf Akteneinsicht und damit keinen Auskunftsanspruch gegenüber der Finanzverwaltung gewährt. Nach ständiger Rechtsprechung des Bundesfinanzhofs lässt sich ein solches weder aus § 91 Abs. 1 AO noch aus § 364 AO ableiten[266]. Der Gesetzgeber habe ausdrücklich und bewusst darauf verzichtet, den am Besteuerungsverfahren Beteiligten ein Recht auf Akteneinsicht zu gewähren[267]. Nach der Gesetzesbegründung des Finanzausschusses zur AO 1977 sei ein Akteneinsichtsrecht nicht praktikabel, insbesondere im Hinblick auf das Ermittlungsinteresse der Finanzverwaltung und den Verwaltungsaufwand, vor jeder Akteneinsicht prüfen zu müssen, ob ein Geheimhaltungsinteresse Dritter beeinträchtigt ist[268].

aa. Ansicht des Bundesfinanzhofs und der herrschenden Lehre

Trotz einer fehlenden gesetzlichen Grundlage in der Abgabenordnung und der vermeintlichen Nichtregelungsabsicht des Gesetzgebers vertreten sowohl

265 Wie beispielsweise die §§ 29 VwVfG, 25 SGB X oder § 147 StPO.

266 BFHE 202, 231, 233; BFHE 228, 139 Rn. 11; BFH, ZInsO 2017, 780 Rn. 3; FG Rheinland-Pfalz, ZIP 2010, 892, 893; FG Berlin-Brandenburg, DStRE 2011, 1280, 1283.

267 BFHE 202, 231, 235; FG Saarland, EFG 2010, 616; FG Rheinland-Pfalz, ZIP 2010, 892, 893; FG Berlin-Brandenburg, DStRE 2011, 1280, 1283.

268 BT-Drs. 7/4292, S. 24 r. Sp./25 l. Sp.

die Rechtsprechung[269] als auch dem folgend die herrschende Lehre[270], dass ein Akteneinsichtsrecht des Steuerpflichtigen im Besteuerungsverfahren nicht generell ausgeschlossen ist, sondern im pflichtgemäßen Ermessen der Finanzbehörde steht.

Nach einer Entscheidung des Bundesfinanzhofs aus dem Jahr 2003[271] ergibt sich der Anspruch auf ermessensfehlerfreie Entscheidung wegen der grundsätzlich zu beachtenden Nichtregelungsabsicht des Gesetzgebers ausnahmsweise aus Gründen der Gewährung rechtlichen Gehörs in Anwendung des § 91 AO oder des § 364 AO[272].

Der Anspruch auf rechtliches Gehör ist verfassungsrechtlich in Art. 103 Abs. 1 GG verankert. In diesem Verfahrensgrundrecht hat der Grundgesetzgeber den aus dem Rechtsstaatsprinzip resultierenden Grundsatz des fairen Verfahrens für das gerichtliche Verfahren umgesetzt[273]. Das Rechtsstaatsprinzip aus Art. 20 Abs. 3 GG gilt aber nicht nur innerhalb des gerichtlichen, sondern auch innerhalb des Verwaltungsverfahrens, sodass dort ebenfalls rechtliches Gehör zu gewähren ist[274].

---

269 BFHE 143, 503, 505; BFHE 174, 197, 200; BFHE 202, 231, 233; BFHE 228, 139, Rn. 11; BFH/NV 2011, 992 Rn. 7; dem folgend: FG Hessen, EFG 1990, 503, 504; FG Niedersachsen, EFG 1993, 531, 532; FG Mecklenburg-Vorpommern, EFG 1995, 50; FG Münster, EFG 2003, 499, 500 f.; FG Düsseldorf, EFG 2007, 1053, 1054; FG Sachsen, EFG 2008, 1931; **a.A.**: FG Saarland, EFG 1995, 156, 157.

270 *Birkenfeld/Daumke*, S. 121; *Dißars*, NJW 1997, 481, 482 f.; *ders.*, DStR 2005, 137 ff. (jeweils für das Festsetzungs- und das Rechtsbehelfsverfahren); *Heißenberg*, KÖSDI 2000, 12310, 12313; *Rätke*, in: Klein, § 91 AO Rn. 26; *Rößler*, DStZ 1995, 349, 350; *Roth*, DStR 2008, 434, 436; *Söhn*, in: Hübschmann/Hepp/Spitaler, § 91 AO Rn. 128; *Wünsch*, in: Koenig, § 91 AO Rn. 23; **a.A.**: *Grundmann*, S. 23 ff.; *Korn*, DÖV 2012, 232, 234 ff.; *Schaake*, S. 31 ff.; *Schmidt-Liebig*, DStZ 1995, 558, 559.

271 BFH, Beschluss vom 04.06.2003 – Az. VII B 138/01; BFHE 202, 231 ff.

272 BFHE 202, 231, 235; so auch: *Roth*, DStR 2008, 434, 436 (m.w.N.).

273 *Grundmann*, S. 88; *Loschelder*, AO-StB 2003, 126.

274 Für das Besteuerungsverfahren: BFHE, 126, 384, 390; *Niewerth*, in: Lippross/Seibel, § 91 AO Rn. 1; *Roser*, in: Beermann/Gosch, § 91 AO Rn. 1; *Seer*, in: Tipke/Kruse, § 91 AO Rn. 1; *ders.*, in: Tipke/Lang, § 21 Rn. 9; *Söhn*, in: Hübschmann/Hepp/Spitaler, § 91 AO Rn. 14; *Stöcker*, AO-StB 2002, 161, 162; *Wünsch*, in: Koenig, § 91 AO Rn. 2; zum allgemeinen Verwaltungsverfahren (z.T. i.V.m. der Menschenwürde aus Art. 1 Abs. 1 GG): *Degenhart*, in: Sachs, Art. 103 GG Rn. 8; *Fellner*, VerwArch 48 (1957), 95, 103; *Laubinger*, VerwArch 73 (1982), 60, 83; *Knemeyer*, in: Handbuch des Staatsrechts, § 155 Rn. 62 ff.; *Ramsauer*, in: Kopp/Ramsauer, § 28 VwVfG Rn. 3; *Schoch*, NVwZ 1983, 249, 251.

Im Steuerverwaltungsverfahren ergibt sich das Gehörsrecht unter anderem aus § 91 AO. Der Anspruchsumfang dieser Vorschrift ist für sich genommen allerdings nicht ausreichend, um rechtsstaatlichen Anforderungen zu genügen[275].

Zum einen ist die Norm lediglich als Sollvorschrift ausgestaltet. Zwar ist der behördliche Ermessensspielraum bei einer Sollvorschrift auf eine Regelanwendung eingeengt[276]. In atypischen Situationen ist die Behörde aber berechtigt, von der vorgegebenen Regelung abzuweichen[277]. Damit ist ein Gehörsrecht innerhalb des Steuerverwaltungsverfahrens nicht garantiert.

Zum anderen gewährt § 91 AO dem Steuerpflichtigen kein Informationsrecht auf eigene Initiative. Ein solches ist bei informationsbezogenen Maßnahmen des Staates aber oftmals verfassungsrechtlich geboten[278].

Vor diesem Hintergrund hat der Bundesfinanzhof den Anspruch auf ermessensfehlerfreie Entscheidung entwickelt. In der oben erwähnten Entscheidung stellt er fest, dass die Arbeitsgruppe, die dem Gesetzgeber im Jahr 1989 Reformvorschläge zur Regelung des außergerichtlichen Rechtsbehelfsverfahrens unterbreitete, die Einfügung eines Akteneinsichtsrechts in die Abgabenordnung erwogen, aber letztendlich verworfen hatte[279]. Die Arbeitsgruppe habe die im Anwendungserlass Nr. 4 zu § 91 AO und zu § 364 AO 1977 niedergelegten Anweisungen an die Finanzverwaltung zur Wahrung rechtsstaatlicher Grundsätze, insbesondere des Anspruchs auf rechtliches Gehör, für ausreichend erachtet[280].

Folglich bildet vorrangig das verfassungsrechtlich garantierte Recht auf Gehör die Anspruchsgrundlage für den Anspruch auf ermessensfehlerfreie Entscheidung über einen Antrag des Steuerpflichtigen auf Akteneinsicht im Steuerverwaltungsverfahren. Als einfachgesetzliche Ausprägung dieses Gehörsrechts[281] dienen die §§ 91, 364 AO dem Bundesfinanzhof lediglich als Anknüpfungspunkt.

---

275 *Eckhoff*, S. 255 f.

276 BFHE 229, 39 Rn. 10; *Drüen*, in: Tipke/Kruse, § 5 AO Rn. 11; *Wernsmann*, in: Hübschmann/Hepp/Spitaler, § 5 AO Rn. 56; *Sachs*, in: Stelkens/Bonk/Sachs, § 40 VwVfG Rn. 26.

277 BVerwGE 80, 220, 232 f.; BVerwGE 90, 88, 93; BVerwGE 119, 17, 20 (m.w.N.); *Aschke*, in: Beck'scher Online-Kommentar-VwVfG, § 40 VwVfG Rn. 39; *Englisch*, in: Tipke/Lang, § 5 Rn. 146; *Maurer/Waldhoff*, § 7 Rn. 11; *Sachs*, in: Stelkens/Bonk/Sachs, § 40 VwVfG Rn. 26; *Schoch*, Jura 2004, 462, 463.

278 BVerfGE 120, 351 ff.

279 BFHE 202, 231, 235.

280 BFHE 202, 231, 235.

281 BFHE 159, 405, 408; *Loschelder*, AO-StB 2003, 126; **für § 91 AO**: *Wünsch*, in: Koenig, § 91 AO Rn. 1 f.; *Rätke*, in: Klein, § 91 AO Rn. 1; **für § 364 AO**: *Rätke*, in: Klein, § 364 AO Rn. 1; *Cöster*, Koenig, § 364 AO Rn. 1; *Seer*, in: Tipke/Kruse, § 364 AO Rn. 1.

Aus der absichtsvollen Nichtregelung des Akteneinsichtsrechts folgert der Bundesfinanzhof schließlich nur den Ausnahmecharakter des Einsichtsrechts. Der Antragsteller kann also nicht in jedem Fall Akteneinsicht verlangen, sondern muss im Einzelfall ein gewichtiges Auskunftsinteresse geltend machen.

Dem Anspruch auf ermessensfehlerfreie Entscheidung sei dann genüge getan, wenn das Finanzamt die Belange der um Akteneinsicht ersuchenden Person gegen die Belange der Behörde abgewogen hat[282]. In die Abwägung seien das berechtigte Interesse des Antragstellers auf der einen und die Belange des Staates, der Behörde und der Allgemeinheit auf der anderen Seite einzustellen[283]. Der Begriff des berechtigten Interesses wird von der Rechtsprechung in diesem Zusammenhang so ausgelegt, dass das Begehren nach Akteneinsicht steuerliche Gründe haben muss[284].

bb. Verwaltungsanweisung des Bundesministeriums der Finanzen

In seinem Anwendungserlass zur Abgabenordnung vom 02.01.2008 bejaht auch das Bundesministerium der Finanzen ein Akteneinsichtsrecht während des Besteuerungsverfahrens nach pflichtgemäßem Ermessen der Behörde[285].

Mit Verwaltungsanweisung vom 02.01.2009[286] hat das Ministerium den Anwendungserlass Nr. 4 zu § 91 AO geändert und verweist „Zur Erteilung von Auskünften über zu einer Person gespeicherte Daten einschließlich der Akteneinsicht im Steuerfestsetzungsverfahren" nun auf sein Schreiben vom 17.12.2008[287]. Auf dieses Schreiben verweist auch der – bezüglich § 91 AO – aktuellste Anwendungserlass zur Abgabenordnung vom 31.01.2014[288].

Das Bundesministerium der Finanzen reagiert damit[289] auf eine Entscheidung des Bundesverfassungsgerichts aus dem Jahr 2008[290], die sich mit einer Auskunftsklage gegenüber einer von dem Bundeszentralamt für Steuern geführten

282 BFH/NV 1996, 64, 65.
283 BFH, NJW 1965, 519, 520.
284 BFH/NV 1994, 729. 730; Hessisches FG, EFG 1990, 503, 504; FG Düsseldorf, EFG 1998, 11, 12; FG Münster, ZIP 2009, 2400, 2401.
285 Anwendungserlass zur Abgabenordnung (AEAO) vom 02.01.2008, BStBl. 2008 I, 26, 82 (Nr. 4 zu § 91 AO).
286 BMF, Schreiben vom 02.01.2009 – IV A 3-S 0062/08/10007, BStBl. 2009 I, 8, 9.
287 BMF, Schreiben vom 17.12.2008 – IV A 3 – S 0030/08/10001, BStBl. 2009 I, 6.
288 Anwendungserlass zur Abgabenordnung (AEAO) vom 31.01.2014, BStBl. 2014 I, 290 (Nr. 4 zu § 91 AO).
289 *Seer*, in: Tipke/Kruse, § 91 AO Rn. 27.
290 BVerfG, Beschluss vom 10.03.2008 – Az. 1 BvR 2388/03; BVerfGE 120, 351 ff.

Informationszentrale für steuerliche Auslandsbeziehungen beschäftigt. Das Bundesverfassungsgericht stellt fest, dass das Interesse des Beschwerdeführers, von den ihn betreffenden, informationsbezogenen Maßnahmen der Informationszentrale Kenntnis zu erlangen, durch Art. 2 Abs. 1 GG in Verbindung mit Art. 1 Abs. 1 GG in der Ausprägung als Grundrecht auf informationelle Selbstbestimmung und durch den Anspruch auf effektiven Rechtsschutz aus Art. 19 Abs. 4 GG geschützt wird[291]. Darüber hinaus sei dem Beschwerdeführer ein gebundener gesetzlicher Auskunftsanspruch hinsichtlich der informationsbezogenen Maßnahmen zu gewähren, da diese ohne seine Mitwirkung und Benachrichtigung durchgeführt worden seien[292].

Unter Berücksichtigung dieser Grundsätze bestimmt das Bundesministerium der Finanzen in seinem Schreiben vom 17.12.2008, dass den Beteiligten eines Besteuerungsverfahrens auf Antrag „Auskunft" über die zu ihrer Person gespeicherten Daten „zu erteilen ist", wenn sie ein berechtigtes Interesse darlegen und keine Gründe für eine Auskunftsverweigerung vorliegen[293]. Ein berechtigtes Interesse sei beispielsweise bei einem Beraterwechsel oder einem Erbfall gegeben, wenn der Antragsteller durch die Auskunft in die Lage versetzt werden will, zutreffende und vollständige Steuererklärungen abzugeben[294]. Ein berechtigtes Interesse sei hingegen zu verneinen, soweit der Beteiligte bereits in anderer Weise über zu seiner Person gespeicherte Daten informiert worden ist und wenn die Auskunft dazu dienen kann, zivilrechtliche Ansprüche gegen den Bund oder ein Land durchzusetzen und Bund oder Land zivilrechtlich nicht verpflichtet sind, Auskunft zu erteilen (zum Beispiel bei Amtshaftungssachen oder der Insolvenzanfechtung)[295].

Damit bejaht das Bundesministerium der Finanzen ein berechtigtes Interesse an der Akteneinsicht ebenfalls nur dann, wenn der Antragsteller steuerliche Gründe geltend macht.

cc. Zwischenergebnis

Im Ergebnis bleibt festzuhalten, dass der steuerpflichtige Schuldner zumindest einen Anspruch auf ermessensfehlerfreie Entscheidung über seinen Antrag auf Einsicht in die Steuerakten hat. Der Zweck dieses Anspruchs liegt darin, dem

291 BVerfGE 120, 351, 359 f.

292 BVerfGE 120, 351, 364.

293 BMF, Schreiben vom 17.12.2008 – V A 2 – S 0030/08/10001, BStBl. 2009 I, 6 (Tz. 1).

294 BMF, Schreiben vom 17.12.2008 – V A 2 – S 0030/08/10001, BStBl. 2009 I, 6 (Tz. 2).

295 BMF, Schreiben vom 17.12.2008 – V A 2 – IV A 3 – S 0030/08/10001, BStBl. 2009 I, 6 (Tz. 3).

Steuerpflichtigen die Erfüllung seiner steuerlichen Pflichten zu ermöglichen. Soll die Auskunft hingegen nur dazu dienen, zivilrechtliche Ansprüche gegenüber der Finanzverwaltung geltend zu machen, so besteht der Anspruch nicht.

b. Anspruch des Insolvenzverwalters auf ermessensfehlerfreie Entscheidung über einen Antrag auf Akteneinsicht

Im Hinblick auf den Untersuchungsgegenstand der Arbeit stellt sich daran anschließend die Frage, ob und wenn ja in welchem Umfang auch der Insolvenzverwalter diesen Anspruch auf ermessensfehlerfreie Entscheidung des Schuldners geltend machen kann.

aa. Akteneinsicht zur Erfüllung steuerlicher Pflichten des Schuldners

Mit der Eröffnung des Insolvenzverfahrens und dem Übergang der Verwaltungs- und Verfügungsbefugnis gemäß § 80 Abs. 1 InsO wird der Insolvenzverwalter zum Vermögensverwalter im Sinne des § 34 Abs. 3 AO[296]. Gleiches gilt auch an dieser Stelle für den vorläufigen „starken" Insolvenzverwalter, der ebenfalls verwaltungs- und verfügungsbefugt ist[297].

In der Funktion als Vermögensverwalter tritt der Insolvenzverwalter der Finanzverwaltung in einem eigenen öffentlich-rechtlichen Steuerrechtsverhältnis gegenüber[298] und hat alle steuerlichen Pflichten des Schuldners zu erfüllen, die diesem obliegen würden, wenn das Insolvenzverfahren nicht eröffnet worden wäre[299]. Korrespondierend mit diesen steuerlichen Pflichten steht grundsätzlich auch dem Insolvenzverwalter ein eigener Anspruch auf ermessensfehlerfreie Entscheidung über die Gewährung von Akteneinsicht gegenüber der Finanzverwaltung zu[300].

---

296 *Boeker*, in: Hübschmann/Hepp/Spitaler, § 34 AO Rn. 71; *Jatzke*, in: Beermann/Gosch, § 34 AO Rn. 28; *Koenig*, in: Koenig, § 34 AO Rn. 26; *Loose*, in: Tipke/Kruse, § 34 AO Rn. 13; *Rüsken*, in: Klein, § 34 AO Rn. 22.

297 *Rüsken*, in: Klein, § 34 AO Rn. 23.

298 FG Münster, ZIP 2009, 2400, 2401; *Schmittmann*, ZInsO 2010, 1469, 1471.

299 Für den Konkursverwalter: BFH, HFR 1961, 277; BFHE 169, 490, 491; BFHE 175, 309, 311; BFHE 200, 482, 484; für den Insolvenzverwalter: BGH, NZI 2007, 455 Rn. 9; BFH/NV 2011, 2 Rn. 6; FG Rheinland-Pfalz, DStRE 2010, 1074, 1076; *Haffa/Leichtle*, in: Braun, § 155 Rn. 15; *Jatzke*, in: Beermann/Gosch, § 34 AO Rn. 22; *Loose*, in: Tipke/Kruse, § 34 AO Rn. 25; *Rüsken*, in: Klein, § 34 AO Rn. 22; *Uhländer*, AO-StB 2003, 279; *Weiss*, FR 1992, 255, 256.

300 *Nöcker*, AO-StB 2010, 44, 46.

In Anlehnung an eine Entscheidung des Bundesfinanzhofs aus dem Jahr 2006[301] zur Vorbereitung einer Konkurrentenklage stützt die Rechtsprechung diesen Anspruch auf das Rechtsstaatsprinzip in Verbindung mit dem Grundrecht der Berufsfreiheit des Art. 12 Abs. 1 GG sowie dem Prozessgrundrecht des Art. 19 Abs. 4 GG[302]. Danach sei das Finanzamt dazu verpflichtet, einem Steuerpflichtigen – vorbehaltlich des Steuergeheimnisses – eine Auskunft zu erteilen, wenn diese für ihn unerlässlich ist, will er seine steuerlichen Rechte unter zumutbaren Bedingungen effektiv wahrnehmen[303].

Dem ist im Ergebnis zuzustimmen. Denn oftmals kann der Insolvenzverwalter die steuerlichen Rechte und Pflichten für den Schuldner aufgrund dessen mangelhafter Buchführung und fehlender Mitwirkung[304] überhaupt nur dann wahrnehmen und erfüllen, wenn er Einsicht in die beim Finanzamt geführten Steuerakten nimmt. Stünde ihm in dieser Situation kein Akteneinsichtsrecht zu, so wäre er nicht in der Lage, die ihm qua Gesetz obliegenden Aufgaben zu erledigen.

Allerdings ergibt sich auch der Anspruch des Insolvenzverwalters auf ermessensfehlerfreie Entscheidung weniger aus dem Grundrecht der Berufsfreiheit als aus dem oben beschriebenen, rechtsstaatlich garantierten Recht auf Gehör und ergänzend aus Art. 19 Abs. 4 GG. Denn der Entscheidung des Bundesfinanzhofs aus dem Jahr 2006[305] lag die besondere Situation einer vorbereitenden Konkurrentenklage zugrunde, weshalb ein Eingriff in Art. 12 Abs. 1 GG nicht auszuschließen war. Diese Fallkonstellation trifft auf das Verhältnis zwischen dem um Akteneinsicht nachsuchenden Insolvenzverwalter und der Finanzverwaltung nicht zu. Der Fall des an die Stelle des Insolvenzschuldners tretenden Insolvenzverwalters ist vielmehr vergleichbar mit dem vom Bundesministerium der Finanzen in seinem Schreiben vom 17.12.2008 geregelten Fall des Beraterwechsels, in dem ebenfalls ein Akteneinsichtsrecht bejaht wird[306].

---

301 BFH, Urteil vom 05.10.2006 – Az. VII R 24/03; BFHE, 215, 32 ff.

302 Jeweils für die Erteilung eines Klartextkontoauszuges aus dem Erhebungskonto des Schuldners: FG Düsseldorf, ZIP 2009, 732; FG Münster ZIP 2009, 2400, 2401; dem folgend: *Eisolt*, DStR 2012, 930, 931; *Loose*, EFG 2009, 638, 639; *Nöcker*, AO-StB 2010, 44, 46; *Schmittmann*, NZI 2011, 915, 919; *ders.*, NZI 2012, 633, 635; offen gelassen von: BGH, NZI 2009, 722 Rn. 9; BFH/NV 2011, 1296 Rn. 15.

303 BFHE 215, 32, 33; FG Düsseldorf, ZIP 2009, 732.

304 *Schmittmann/Kupka*, InsbürO, 2009, 83, 84.

305 BFH, Urteil vom 05.10.2006 – Az. VII R 24/03; BFHE 215, 32 ff.

306 So auch FG Münster, ZIP 2009, 2400, 2401.

Damit steht dem Insolvenzverwalter im Ergebnis zumindest dann ein Anspruch auf ermessensfehlerfreie Entscheidung über seinen Antrag auf Akteneinsicht aus dem rechtsstaatlich garantierten Gehörsrecht und ergänzend aus Art. 19 Abs. 4 GG zu, wenn diese der Erfüllung der steuerlichen Pflichten des Schuldners dienen soll.

bb. Akteneinsicht zur Ermittlung anfechtungsrelevanter Sachverhalte

Damit ist allerdings noch keine Aussage dahin gehend getroffen, ob dieses Auskunftsinteresse auch dann besteht, wenn der Insolvenzverwalter mit der Einsicht in die Akten die Ermittlung anfechtungsrelevanter Sachverhalte gegenüber der Finanzverwaltung bezweckt.

(i) Ansicht des Bundesfinanzhofs

Der Bundesfinanzhof ist der Ansicht, dass das Akteneinsichtsrecht des Insolvenzverwalters aus dem zwischen ihm und der Finanzverwaltung bestehenden Steuerrechtsverhältnis nicht weiter reichen könne als das zunächst dem Schuldner zustehende Akteneinsichtsrecht[307]. Der selbstständige Anspruch auf ermessensfehlerfreie Entscheidung sei also allein dann gerechtfertigt, wenn die Auskunft steuerrechtlich motiviert ist[308]. Soweit der Insolvenzverwalter die Akteneinsicht allein dazu begehre, um das Bestehen eigener Ansprüche für die Insolvenzmasse zu ermitteln, stünden ihm hingegen keine weitergehenden Rechte zu als gegenüber den übrigen Gläubigern des Insolvenzschuldners[309]. Maßgebend sei dann nicht das zwischen dem Insolvenzverwalter und der Finanzverwaltung bestehende steuerliche, sondern allein das zwischen diesen bestehende zivilrechtliche Rechtsverhältnis[310]. Innerhalb dessen sei die Finanzverwaltung – wie jeder zivilrechtliche Gläubiger – nur dann zur Auskunft nach Treu und Glauben gemäß § 242 BGB verpflichtet, sofern der Anfechtungsanspruch bereits dem Grunde nach feststeht und es nur noch um die nähere Bestimmung von Art und Umfang

---

307 BFH/NV 2011, 2 Rn. 6; BFHE 240, 497 Rn. 14.

308 BFHE 228, 139 Rn. 12; BFH/NV 2011, 1296 Rn. 14; nach Ansicht des FG Münster, ZIP 2009, 2400, 2401, könne die Finanzverwaltung dem Auskunftsinteresse des Insolvenzverwalters allerdings nicht entgegensetzen, dass mit der Akteneinsicht zur Erfüllung steuerlicher Pflichten des Schuldners gleichzeitig anfechtungsrelevante Sachverhalte offenbart würden.

309 FG Düsseldorf, ZIP 2009, 732.

310 FG Düsseldorf, ZIP 2009, 732; dem folgend: BGH, NZI 2009, 722 Rn. 9; BFH/NV 2011, 1296 Rn. 13 ff.

des Anspruchs geht[311]. Darüber hinaus treffe die Finanzverwaltung trotz ihrer Bindung an Recht und Gesetz nach Art. 20 Abs. 3 GG auch keine Verpflichtung, das Vorliegen der Anfechtungsvoraussetzungen im Sinne der Gläubigergleichbehandlung von Amts wegen zu prüfen und gegebenenfalls gegenüber dem Insolvenzverwalter aufzudecken[312]. Eine solche Verpflichtung könne sich ebenfalls nur nach den Grundsätzen des allgemeinen Auskunftsanspruchs aus Treu und Glauben richten, bestehe also ebenfalls nur dann, wenn der Anfechtungsanspruch bereits dem Grunde nach feststeht[313].

(ii) Verwaltungsanweisung des Bundesministeriums der Finanzen

Zu dem gleichen Ergebnis kommt das Bundesfinanzministerium in seinem Schreiben vom 17.12.2008. Danach fehle das berechtigte Interesse an der Auskunft, wenn diese dazu dienen könne, zivilrechtliche Ansprüche gegen den Bund oder ein Land durchzusetzen und Bund oder Land zivilrechtlich nicht verpflichtet sind, Auskunft zu erteilen (zum Beispiel bei Amtshaftungssachen oder der Insolvenzanfechtung)[314]. Im Hinblick auf die Ermittlung von Insolvenzanfechtungsansprüchen hat das Bundesministerium der Finanzen seine Auffassung in dem Anwendungserlass zur Abgabenordnung vom 31.01.2014 unter Bezugnahme auf die Rechtsprechung des Bundesfinanzhofs noch weiter konkretisiert. Dort heißt es: „Ein Auskunftsanspruch des Insolvenzverwalters allein wegen des Verdachts anfechtbarer Zahlungen auf Steuerschulden gegenüber dem Finanzamt besteht nicht“[315].

(iii) Kritische Würdigung der vorstehenden Ansichten

Es stellt sich die Frage, ob die von der Rechtsprechung und dem Bundesministerium der Finanzen postulierte Einschränkung gerechtfertigt ist und die

---

311 BGH, NZI 2009, 722 Rn. 7, BFH/NV 2010, 1637 Rn. 7.

312 BFH/NV 2010, 1637 Rn. 8; BFH/NV 2011, 1296 Rn. 15 f.

313 BFH/NV 2011, 1296 Rn. 11.

314 BMF, Schreiben vom 17.12.2008 – V A 2 – IV A 3 – S 0030/08/10001, BStBl. 2009 I, 6 (Tz. 3).

315 Anwendungserlass zur Abgabenordnung (AEAO) vom 31.01.2014, BStBl. 2014 I, 290 (Nr. 4.5 zu § 251 AO); hinsichtlich des Informationsfreiheitsgesetzes des Bundes stellt das Bundesministerium der Finanzen aber immerhin fest: „Außersteuerliche Auskunftsrechte des Insolvenzverwalters zur Vorbereitung der Geltendmachung von Anfechtungsansprüchen nach §§ 129 ff. InsO können sich jedoch nach den jeweils einschlägigen Regelungen eines IFG ergeben, wenn der Schuldner zustimmt (§ 30 Abs. 4 Nr. 3 AO).“

Finanzverwaltung ermessensfehlerfrei entscheidet, wenn sie ein Akteneinsichtsgesuch mit der Begründung ablehnt, die Einsicht in die Akten diene lediglich der Verfolgung zivilrechtlicher Ansprüche gegen die Verwaltung.

Ermessensentscheidungen der Finanzverwaltung sind – sofern sie auf einer gesetzlichen Grundlage basieren – gemäß § 5 AO immer dann ermessensfehlerfrei, wenn die Verwaltung ihr Ermessen entsprechend dem Zweck der Ermächtigung ausübt und die gesetzlichen Grenzen des Ermessens einhält. Bei dem Anspruch auf ermessensfehlerfreie Entscheidung über ein Akteneinsichtsgesuch handelt es sich zwar nicht um einen Fall des gesetzlich eingeräumten Ermessens, sondern einen von der Rechtsprechung gewährten Ermessensanspruch[316]. Zu fragen ist aber auch in diesem Fall, ob die im Rahmen des Richterrechts entwickelten Anspruchsvoraussetzungen erfüllt und die gesetzlichen Grenzen der Ermessensausübung eingehalten sind, wenn dem ermittelnden Insolvenzverwalter die Akteneinsicht verwehrt wird. Die für die Finanzverwaltung geltenden Ermessensgrenzen ergeben sich aus allen anderen Normen. Denn die Verwaltung unterliegt dem aus Art. 20 Abs. 3 GG folgenden Grundsatz der Gesetzmäßigkeit der Verwaltung. Für die Bestimmung der Ermessensgrenzen kann es keinen Unterschied machen, ob es sich um einen gesetzlich geregelten oder richterrechtlich entwickelten Ermessensanspruch handelt.

Bezüglich der Akteneinsicht haben der Bundesfinanzhof und ihm folgend das Bundesministerium der Finanzen die Voraussetzungen des Anspruchs auf ermessensfehlerfreie Entscheidung so aufgestellt, dass die beantragte Akteneinsicht zumindest auch der Erfüllung steuerlicher Rechte und Pflichten dienen muss. Allein die Ermittlung anfechtungsrelevanter Sachverhalte liegt außerhalb dieses Anwendungsbereichs, sodass bereits dieser Umstand für eine Ermessenssperre spricht.

Selbst wenn man unterstellt, dass die Ermittlung anfechtungsrelevanter Sachverhalte ein berechtigtes Interesse an der Akteneinsicht begründet, so ist fraglich, ob die Finanzverwaltung im zweiten Schritt dazu verpflichtet wäre, ihr Ermessen im Sinne des Insolvenzverwalters auszuüben und eine Akteneinsicht zu gewähren.

Dagegen spricht, dass das Interesse der Behörde, sich nicht selbst belasten zu müssen, grundsätzlich anzuerkennen ist. Im Hinblick auf die Geltendmachung insolvenzanfechtungsrechtlich begründeter Ansprüche besteht zwischen dem Insolvenzverwalter und der Finanzverwaltung ein zivilrechtlich geprägtes

---

316 Näher zu der Frage, ob die Rechtsprechung in eigener Zuständigkeit ohne gesetzliche Grundlage Ermessensansprüche kreieren darf: *Grundmann*, S. 22 ff.

Rechtsverhältnis, dessen Klärung und Durchsetzung sich nach zivilprozessualen Regeln und Grundsätzen richtet. Wie bereits im ersten Kapitel der Arbeit dargestellt[317], gilt im Rahmen des Zivilprozessrechts nach der herrschenden Meinung in der Rechtsprechung und der Literatur der Grundsatz, dass keine Prozesspartei verpflichtet ist, dem Gegner das Material, über das dieser nicht bereits von sich aus verfügt, für seinen Prozesssieg zu beschaffen[318].

Die Berechtigung, sich auf diesen Grundsatz zu berufen, wäre der Behörde nur dann zu versagen, wenn sie gleichzeitig gegen Ermessensgrenzen verstoßen würde. Wie bereits oben erwähnt, ergeben sich diese aus allen bestehenden Normen. Dem Vorrang des Gesetzes folgend muss die Verwaltung die bestehenden Normen anwenden und darf nicht gegen sie verstoßen. Der Vorrang des Gesetzes enthält sowohl ein Anwendungsgebot als auch ein Abweichungsverbot[319].

Mit der Ablehnung der Akteneinsicht könnte die Finanzverwaltung zunächst gegen den hinter dem Ermittlungsinteresse des Insolvenzverwalters stehenden, verfassungsrechtlich begründeten[320] Grundsatz der Gläubigergleichbehandlung und damit gegen das Abweichungsverbot verstoßen. Sowohl Art. 3 Abs. 1 GG als auch Art. 14 Abs. 1 GG verlangen im Falle der materiellen Insolvenz des Schuldners nach einer Möglichkeit, von dem einzelzwangsvollstreckungsrechtlichen Prioritätsprinzip zu der gesamtvollstreckungsrechtlichen Gläubigergleichbehandlung übergehen zu können. Nur so kann ein angemessener Ausgleich zwischen den Grundrechten des Einzelgläubigers auf der einen und den Grundrechten der Gläubigergesamtheit auf der anderen Seite erreicht werden. Dagegen spricht, dass der Verstoß gegen den Gläubigergleichbehandlungsgrundsatz nicht durch die Ablehnung der Akteneinsicht, sondern bereits dann begründet wird, wenn die Rechtswirkungen der angefochtenen Rechtshandlung eintreten. In diesem Moment gilt der Grundsatz der Gläubigergleichbehandlung allerdings noch nicht. Dieser entfaltet vielmehr erst mit der Eröffnung des Insolvenzverfahrens über das Vermögen des Schuldners seine Wirkung[321]. Das Instrument der Insolvenzanfechtung versucht, diesem Grundsatz rückwirkend Geltung zu verschaffen[322]. Deswegen führt die Ausübung des Anfechtungsrechts nach der Rechtsprechung und der herrschenden Meinung in der Literatur auch nicht zur rückwirkenden

317 Siehe hierzu die Ausführungen im 1. Kapitel unter I.
318 RGZ 63, 408, 410.
319 *Gusy*, JuS 1983, 191.
320 Siehe hierzu die Ausführungen im 5. Kapitel unter II.1.
321 *Kirchhof*, in: Münchener Kommentar-InsO, vor § 129 Rn. 1.
322 BGH, WM 1963, 748, 749; BGH, NJW 1972, 2084; *Ede/Hirte*, in: Uhlenbruck, § 129 InsO Rn. 1; *Kirchhof*, in: Münchener Kommentar-InsO, vor § 129 Rn. 2.

Unwirksamkeit und zur automatischen Rückübertragung des anfechtbar Erlangten in die Insolvenzmasse, sondern zu einem schuldrechtlichen Rückgewähranspruch aus § 143 InsO[323]. Dies gilt selbst dann, wenn der Anspruch auf eine Vorsatzanfechtung gestützt wird. Denn § 133 Abs. 1 Satz InsO verlangt nicht nach einer absichtlichen Gläubigerbenachteiligung. Vielmehr genügt bedingter Vorsatz[324], sodass das angefochtene Rechtsgeschäft nicht zwangsläufig sittenwidrig und damit nichtig im Sinne des § 138 BGB sein muss[325]. Dies gilt insbesondere dann, wenn der Schuldner die gläubigerbenachteiligende Wirkung seiner Rechtshandlung zwar billigend in Kauf nimmt, er gleichzeitig aber – beispielsweise durch eine Sanierung seines Unternehmens – versucht, deren Eintritt zu verhindern.

Das bedeutet im Ergebnis aber auch, dass die Finanzverwaltung zu dem Zeitpunkt der anfechtbaren Rechtshandlung nicht rechtswidrig handelt und damit auch nicht gegen den Grundsatz der Gesetzmäßigkeit der Verwaltung verstößt[326].

Daran anschließend stellt sich die Frage, ob die Finanzverwaltung nicht wegen des Anwendungsgebots verpflichtet ist, die Akteneinsicht zu gewähren und damit die Durchsetzung des Grundsatzes der Gläubigergleichbehandlung zu fördern. Das Anwendungsgebot verpflichtet die Exekutive, bindende Gesetzesaufträge tatsächlich auszuführen[327] und Gesetze nicht zu unterlaufen[328]. Der in § 1 InsO zum Ausdruck kommende Wille des Gesetzgebers, mit dem Instrument des Insolvenzverfahrens für eine gleichmäßige Gläubigerbefriedigung zu sorgen, ist zwar verfassungsrechtlich begründet[329]. Die Norm enthält aber keinen bindenden Vollzugsauftrag an die Exekutive. Die Verwirklichung des Verfahrensziels obliegt vielmehr dem Insolvenzverwalter und dem Insolvenzgericht. Darüber hinaus ist zu berücksichtigen, dass die in § 1 InsO geregelten Verfahrensziele grundsätzlich nicht justitiabel sind[330]. Eine Ausnahme gilt lediglich dann, wenn der Insolvenzverwalter Rechtshandlungen vornimmt, die dem Zweck der gleichmäßigen

---

323 BGH, NZI 2007, 42 Rn. 12 ff.; *K. Schmidt*, in: K. Schmidt, § 129 Rn. 6.

324 BGHZ 155, 75, 84; BGHZ 162, 143, 153.

325 BGH, NZI 2007, 462 Rn. 11; *Hirte/Ede*, in: Uhlenbruck, § 129 Rn. 40; *Kirchhof*, in: Münchener Kommentar-InsO, Vorbem. §§ 129 bis 147 Rn. 51.

326 *Cranshaw*, jurisPR-InsR 17/2009, Anm. 4, unter C.6. (Bespr. zu VG Hamburg, Urteil vom 23.04.2009 – Az. 19 K 4199/07; ZIP 2009, 2014 ff.); *Schaake*, S. 81 f.; **a.A.**: *Winterfeld*, NVwZ 2013, 815.

327 BVerfGE 25, 216, 228; BVerfGE 30, 292, 332.

328 BVerfGE 56, 216, 241; *Grzeszick*, in: Maunz/Dürig, Art. 20 GG VI. Rn. 145; *Jarass*, in: Jarass/Pieroth, Art. 20 GG Rn. 41.

329 Siehe hierzu die Ausführungen im 5. Kapitel unter II.1.

330 *Pape*, in: Uhlenbruck, § 1 Rn. 4; *Prütting*, in: Kübler/Prütting/Bork, § 1 Rn. 3/49; *A. Schmidt*, in: Hamburger Kommentar-InsO, § 1 Rn. 55.

Gläubigerbefriedigung offensichtlich und erkennbar zuwiderlaufen. Denn solche Rechtshandlungen sind unwirksam[331].

Ein Argument für eine Auskunftspflicht der Finanzverwaltung könnte sich schließlich aus dem mit § 54 Abs. 4 InsO eingeführten Fiskusprivileg ergeben, das die Finanzverwaltung gegenüber anderen Gläubigern bevorrechtigt. Denn wenn der Finanzverwaltung auf der einen Seite ein Vorrecht gegenüber den anderen Insolvenzgläubigern eingeräumt wird, das den Grundsatz der Gläubigergleichbehandlung einschränkt, so könnte dies auf der anderen Seite dazu führen, dass die Finanzverwaltung – sozusagen als Ausgleich – dazu verpflichtet ist, die Akteneinsicht zur Ermittlung von Anfechtungssachverhalten zu gewähren.

Allerdings bezieht sich dieses Fiskusprivileg nicht auf das Insolvenzanfechtungsrecht, sondern eine gesetzliche Einordnung bestimmter Insolvenzforderungen als Masseverbindlichkeiten. Seit dem Inkrafttreten des Haushaltsbegleitgesetzes 2011 zum 01.01.2011 bestimmt § 55 Abs. 4 InsO, dass Verbindlichkeiten des Schuldners aus dem Steuerschuldverhältnis, die von einem vorläufigen Insolvenzverwalter oder von dem Schuldner mit Zustimmung des vorläufigen Insolvenzverwalters begründet worden sind, Masseverbindlichkeiten sind.

Mit der Einführung des § 28e Abs. 1 Satz 2 SGB IV im Jahr 2008 scheiterte der Versuch, eine insolvenzanfechtungsrechtliche Privilegierung zugunsten eines öffentlich-rechtlichen Gläubigers einzuführen. Die Vorschrift sieht vor, dass der vom Beschäftigten zu tragende Anteil am Gesamtsozialversicherungsbeitrag als aus dem Vermögen des Beschäftigten erbracht gilt. Mittels dieser Fiktion sollten die von dem Arbeitgeber auf den Arbeitnehmeranteil am Gesamtsozialversicherungsbeitrag erbrachten Zahlungen in einem Insolvenzverfahren über dessen Vermögen der Insolvenzanfechtung entzogen werden[332]. Dieser Zielsetzung hat der Bundesgerichtshof in zwei Entscheidungen eine Absage erteilt und festgestellt, dass es sich bei diesen Zahlungen auch weiterhin um mittelbare Zuwendungen des Arbeitgebers an die Einzugstellen der Sozialversicherungsträger handelt, die anfechtbar sind[333].

Der von der Bundesregierung am 29.09.2015 beschlossene Gesetzesentwurf zur Verbesserung der Rechtssicherheit bei Anfechtungen nach der Insolvenzordnung und nach dem Anfechtungsgesetz[334] sah eine Privilegierung von im

---

331 BGHZ 150, 353, 360 f; BGH, NZI 2008, 365 Rn. 4.

332 *Weiland*, DZWiR 2011, 224, 227.

333 BGHZ 183, 86 Rn. 13; BGH, DZWIR 2011, 74 Rn. 4.

334 Regierungsentwurf eines Gesetzes zur Verbesserung der Rechtssicherheit bei Anfechtungen nach der Insolvenzordnung und nach dem Anfechtungsgesetz, BT-Drs. 18/7054, S. 7.

Wege der Zwangsvollstreckung erlangter Deckungen vor. Nach dem Wortlaut von § 131 Abs. 2 Satz 1 InsO des Gesetzesentwurfs sollte diese Regelung für alle Gläubiger gelten. Die öffentlich-rechtlichen Gläubiger wären aber mittelbar bevorteilt worden, da sie sich im Gegensatz zu den privaten Gläubigern ihre Titel selbst schaffen und durch eigene Organe vollstrecken. Das am 05.04.2017 in Kraft getretene „Gesetz zur Verbesserung der Rechtssicherheit bei Anfechtungen nach der Insolvenzordnung und nach dem Anfechtungsgesetz“[335] enthält diese Änderung nicht mehr, sodass Erlöse aus Zwangsvollstreckungsmaßnahmen inkongruent bleiben und damit auch weiterhin im Dreimonatszeitraum vor Insolvenzantragstellung besonders anfechtungsgefährdet sind.

Im Ergebnis bleibt deswegen festzuhalten, dass die Finanzverwaltung im Hinblick auf das Insolvenzanfechtungsrecht nicht privilegiert wird, sodass auch der Aspekt der Privilegierung nicht für eine Verpflichtung zur Gewährung der Akteneinsicht spricht.

cc. Ergebnis

Im Ergebnis bedeutet dies, dass der (vorläufige „starke“) Insolvenzverwalter gegenüber der Finanzverwaltung – ebenso wie vor ihm der Schuldner – einen Anspruch auf ermessensfehlerfreie Entscheidung über sein Akteneinsichtsgesuch hat. Allerdings ist die Behörde berechtigt, dieses Gesuch abzulehnen, wenn die Akteneinsicht allein dazu dienen soll, anfechtungsrelevante Sachverhalte aufzudecken. Denn der Ermessensanspruch setzt ein berechtigtes Interesse voraus, das nur dann erfüllt ist, wenn zumindest auch steuerliche Belange betroffen sind. Daran ändert auch die Tatsache nichts, dass die Finanzverwaltung als öffentlich-rechtlicher Gläubiger grundsätzlich an Recht und Gesetz gebunden ist. Denn der hinter dem Ermittlungsinteresse des Insolvenzverwalters stehende Grundsatz der Gläubigergleichbehandlung ist zwar verfassungsrechtlich legitimiert, aber nicht an die Finanzverwaltung adressiert.

2. Sozialgesetzbuch

Im Bereich des Sozialrechts richtet sich das Ermittlungsinteresse des Insolvenzverwalters primär gegen die Einzugstellen des Gesamtsozialversicherungsbeitrags. Die gesetzlichen Krankenkassen ziehen diesen qua Gesetz[336] ein und leiten die gezahlten Beiträge gemäß § 28k Abs. 1 Satz 1 Hs. 1 SGB IV an den zuständigen

335 Bundesgesetzblatt Teil I 2017 Nr. 16 04.04.2017, S. 654.

336 Siehe § 28 Abs. 1 Satz 1 SGB IV.

Träger der Pflegeversicherung, der Rentenversicherung und die Bundesagentur für Arbeit arbeitstäglich weiter.

Nicht rechtzeitig erfüllte Beitragsansprüche machen die Einzugstellen gemäß § 28h Abs. 1 Satz 3 SGB IV geltend. Das bedeutet, dass die gesetzlichen Krankenkassen die rückständigen Beiträge durch Verwaltungsakt gegenüber dem Arbeitgeber feststellen, diesen zur Zahlung auffordern und gegebenenfalls Vollstreckungsmaßnahmen einleiten[337].

Im Wege der Vollstreckung erlangte Beiträge sind als inkongruente Deckungen[338] unter erleichterten Voraussetzungen anfechtbar und damit für den ermittelnden Insolvenzverwalter besonders interessant, sofern sie in den zeitlichen Anwendungsbereich des § 131 InsO fallen. In der Krise erfolgen Zahlungen an Vollstreckungsbeamte aber häufig in bar und finden dann nur im Kassenbuch des Schuldners ihren Niederschlag[339]. Dies führt zu Problemen, wenn der Schuldner kein Kassenbuch geführt oder ab einem bestimmten Zeitpunkt dessen Führung eingestellt hat, da der Insolvenzverwalter die Zahlungen dann ohne Hilfe der vollstreckenden Behörden kaum ermitteln kann. Im Zeitalter elektronischer Datenspeicherung könnten die Einzugstellen Zahlungseingänge leicht und ohne Kostenaufwand nachvollziehen und Zahlungsströme problemlos offenlegen[340]. Ein diesbezügliches Auskunftsbegehren des Insolvenzverwalters lehnen diese aber in aller Regel ab[341].

Abhilfe könnte auch hier eine Einsicht in die (Vollstreckungs-)Akten der Einzugstellen schaffen. Im Gegensatz zur Abgabenordnung normiert das Sozialrecht in § 25 Abs. 1 Satz 1 SGB X ein Akteneinsichtsrecht. Danach hat die Behörde jedem der Beteiligten Einsicht in die das Verfahren betreffenden Akten zu gestatten, soweit deren Kenntnis zur Geltendmachung oder Verteidigung ihrer rechtlichen Interessen erforderlich ist. Die Forderung nach einem rechtlichen Interesse könnte dem Einsichtsbegehren des Insolvenzverwalters aber entgegenstehen. Das rechtliche Interesse ist enger als das berechtigte und nur dann gegeben, wenn die Akteneinsicht darauf gerichtet ist, tatsächliche Unsicherheiten über ein Rechtsverhältnis zu klären, ein rechtlich relevantes Verhalten nach dem Ergebnis der Einsichtnahme zu regeln oder eine gesicherte Grundlage für die

---

337 *Kreikebohm*, in: Kreikebohm, § 28h SGB IV Rn. 2.

338 BGHZ 128, 196, 199; BGH, NJW 2002, 2568; *Leithaus*, in: Andres/Leithaus, § 131 Rn. 7; *Rogge/Leptien*, in: Hamburger Kommentar-InsO, § 131 Rn. 11.

339 *Schmittmann/Kupka*, InsbürO 2009, 83.

340 *Beck*, ZIP 2006, 2009, 2011 (für den Parallelfall der Finanzämter).

341 *Dauernheim/Behler/Heutz*, ZIP 2008, 2296; *Schmittmann/Kupka*, NZI 2009, 367.

Verfolgung eines Anspruchs zu erhalten[342]. Das rechtliche Interesse muss sich auf ein bereits vorhandenes Recht stützen[343].

Das Ermittlungsinteresse des Insolvenzverwalters ist in aller Regel darauf gerichtet, zu erforschen, ob die gesetzlichen Krankenkassen überhaupt Zahlungen in anfechtbarer Weise erhalten haben. Zu dem Zeitpunkt der Akteneinsicht besteht damit noch kein Rechtsverhältnis, da das Anfechtungsrecht noch nicht festgestellt ist.

Das Recht auf Akteneinsicht ist zudem auf die Dauer des Verwaltungsverfahrens beschränkt[344]. Für das Ende des Verwaltungsverfahrens ist dabei der Erlass des Verwaltungsakts maßgebend[345].

Die Ermittlungen des Insolvenzverwalters beginnen aber erst nach Bekanntgabe und Vollstreckung[346] des Verwaltungsakts, und damit nach Abschluss des Verwaltungsverfahrens.

Deswegen wird das Akteneinsichtsrecht aus § 25 Abs. 1 SGB X dem Insolvenzverwalter bei der Ermittlung anfechtungsrelevanter Sachverhalte im Ergebnis kaum behilflich sein.

3. Informationsfreiheitsgesetze

Neben der Regelung im zehnten Sozialgesetzbuch und der Nichtregelung in der Abgabenordnung gibt es verfahrensunabhängige Gesetze, die einem weiten Adressatenkreis Informationsansprüche gewähren: Die Informationsfreiheitsgesetze des Bundes und der Länder.

a. Informationsfreiheitsgesetz des Bundes

Das zum 01.01.2006 in Kraft getretene Informationsfreiheitsgesetz[347] markiert die Abkehr von dem Grundsatz der beschränkten Aktenöffentlichkeit[348]. An die Stelle des an Voraussetzungen gebundenen Akteneinsichtsrechts ist ein

---

342 BSG, NJW 1995, 1447, 1448; *Mutschler*, in: Kasseler Kommentar-SGB X, § 25 SGB X Rn. 10; BT-Drs. 7/910, S. 53 l. Sp.

343 OLG Frankfurt a.M., NJW-RR 2004, 1194, 1195.

344 BSG, NVwZ 1992, 406, 407; *Rombach*, in: Hauck/Noftz, § 25 SGB X Rn 9a; *Siefert*, in: v. Wulffen/Schütze, § 25 SGB X Rn. 26 f.

345 *Neumann*, in: Hauck/Noftz, § 8 SGB X Rn. 34.

346 Bei dem Vollstreckungsverfahren handelt es sich nach *Neumann*, in: Hauck/Noftz, § 8 SGB X Rn. 15, sogar um ein neues Verwaltungsverfahren.

347 Gesetz zur Regelung des Zugangs zu Informationen des Bundes (Informationsfreiheitsgesetz = IFG) vom 5. September 2005, BGBl. I. S. 2722.

348 *Rossi*, § 1 IFG Rn. 1; *Schoch*, NJW 2009, 2987.

allgemeiner Informationszugangsanspruch getreten, der jedem, unabhängig von einem laufenden Verwaltungsverfahren, bezüglich aller amtlichen Informationen voraussetzungslos zusteht und selbstständig auf dem Verwaltungsrechtsweg eingeklagt werden kann[349]. Diese Entwicklung wird in der Literatur auch als Paradigmenwechsel bezeichnet[350].

aa. Anspruchsberechtigung des Insolvenzverwalters

Gemäß § 1 Abs. 1 Satz 1 IFG hat „jeder" einen Anspruch auf Zugang zu amtlichen Informationen der Bundesbehörden.

Trotz dieses klaren Wortlauts stellt sich die Frage nach der Anspruchsberechtigung des Insolvenzverwalters. Denn nach der Gesetzesbegründung will der Gesetzgeber bestimmte Personen von dem Anwendungsbereich der Vorschrift ausnehmen. Dazu zählen neben Bürgerinitiativen und Verbänden auch juristische Personen des öffentlichen Rechts[351]. Letztere müssten nach der Gesetzesbegründung auf bestehende Auskunfts(verschaffungs)rechte oder Übermittlungsbefugnisse und -pflichten zurückgreifen; im Hinblick auf Bürgerinitiativen und Verbände seien nur die einzelnen Mitglieder auskunftsberechtigt[352].

Diese Einschränkungen zeigen, dass nach dem Willen des Gesetzgebers zwar grundsätzlich „jeder" einen Anspruch auf Informationszugang haben soll, es im Einzelfall aber Ausnahmen von diesem Grundsatz geben kann. Dafür, den Insolvenzverwalter von dem Anwendungsbereich des § 1 Abs. 1 Satz 1 IFG auszunehmen, könnten dessen verfahrensrechtliche Stellung und die Zielrichtung seiner Informationsgewinnung sprechen.

(i) Verfahrensrechtliche Stellung des Insolvenzverwalters

Der Insolvenzverwalter wird gemäß § 56 Abs. 1 Satz 1 InsO[353] von dem Insolvenzgericht bestellt. Dieser hoheitliche Bestellungsakt in der Form eines

349 OVG Hamburg, NordÖR 2009, 258, 259.

350 *Kühling*, DVBl 2008, 1098, 1101; *Möllers/Wenninger*, ZHR 170 (2006), 455, 461; *Reinhart*, DÖV 2007, 18, 19; *Rossi*, § 1 IFG Rn. 1; *Sellmann/Augsberg*, WM 2006, 2293.

351 BT-Drs. 15/4493, S. 7 r. Sp.; dem folgend: *Beckemper*, LKV 2006, 300, 301; *Schmitz/Jastrow*, NVwZ 2005, 984, 987; *Steinbach/Hochheim*, NZS 2006, 517, 519; *Wendt*, AnwBl 2005, 702; **a.A.**: *Schoch*, NJW 2009, 2987, 2989.

352 BT-Drs. 15/4493, S. 7 r. Sp.

353 Die Vorschrift gilt über § 21 Abs. 2 Satz 1 Nr. InsO auch für die Bestellung des vorläufigen Insolvenzverwalters beziehungsweise über §§ 270a Abs. 1 Satz 2, 274 Abs. 1 InsO auch für die Bestellung des (vorläufigen) Sachwalters.

Justizverwaltungsakts[354] könnte zur Folge haben, dass der Insolvenzverwalter selbst auch ein „öffentlich-rechtlich" geprägtes Amt mit bestimmten Hoheitsrechten bekleidet und damit bei der Frage nach der Anwendbarkeit des § 1 Abs. 1 Satz 1 IFG ähnlich einer juristischen Person des öffentlichen Rechts zu behandeln wäre.

Grundsätzlich übt der Insolvenzverwalter sein Amt auch im öffentlichen Interesse aus[355], da er gemeinsam mit dem Gericht die Verfahrensziele der Insolvenzordnung verwirklicht[356]. Als verfassungsrechtlich motivierte Gesamtvollstreckung mit gleichzeitiger wirtschaftlicher Ordnungsfunktion nützt das Insolvenzverfahren nicht nur der Gläubigergesamtheit als personell begrenzter Gruppe, sondern auch der Gesellschaft im Allgemeinen.

Dieser Umstand allein genügt aber nicht, um den Insolvenzverwalter und sein Handeln dem öffentlichen Recht zuzuordnen. Dieser ist trotz seiner Rolle in einem staatlichen Zivilrechtsverfahren kein Teil der unmittelbaren oder mittelbaren Staatsverwaltung[357], sondern lediglich ein externer Funktionsträger[358].

Zudem handelt der Insolvenzverwalter nicht auf der Grundlage öffentlich-rechtlicher Normen. Seine Rechte und Pflichten leiten sich aus der Insolvenzordnung ab. Das dort geregelte Verfahrens- und materielle Recht wird trotz der mit ihm verbundenen Eingriffe in die Rechte des Schuldners und anderer Verfahrensbeteiligter nicht dem öffentlichen, sondern dem Privatrecht zugeordnet[359].

Damit haben auch die dem Insolvenzverwalter durch die Insolvenzordnung übertragenen Befugnisse nicht öffentlich-rechtlichen, sondern vielmehr privatrechtlichen Charakter[360]. Der Insolvenzverwalter ist zudem nicht dazu ermächtigt, diese Befugnisse – wie das Betreten der Geschäftsräume des Schuldners

---

354 BVerfGE 116, 1 Rn. 25; **a.A.**: *Laws*, ZInsO 2006, 847, 848.

355 BGH, NJW 2004, 1957; *Klopp/Kluth/Pechartscheck*, in: Gottwald, § 22 Rn. 24; *Kluth*, NZI 2000, 351, 353.

356 *Frind*, in: Hamburger Kommentar-InsO, § 56 Rn. 1c.

357 VG Düsseldorf, Urteil vom 20.04.2007 – Az. 26 K 5324/06; BeckRS 2008, 38327; VG Hamburg, ZIP 2009, 2014, 2015; VG Hamburg, ZInsO 2010, 1098, 1100; **a.A.**: OLG Hamburg, ZInsO 2012, 175; *Frind*, in: Hamburger Kommentar-InsO, § 56 Rn. 1c; *Holzer/Kleine-Cosack/Prütting*, S. 24 (Fn. 83).

358 *Preuß*, S. 53 ff./S. 330 ff./S. 428 ff.; *dies.*, ZIP 2011, 933, 937; dem zustimmend: *Höfling*, ZIP 2015, 1568, 1569; **a.A.**: *Windel*, in: Jaeger, § 80 Rn. 19.

359 *Häsemeyer*, Rn. 1.05; *K. Schmidt*, in: K. Schmidt, Einleitung Rn. 19.

360 *Brand*, DZWIR 2008, 318, 324; *Piekenbrock*, LMK 2013, 353032; *Schoch*, § 1 IFG Rn. 59.

oder die Inbesitznahme der Insolvenzmasse – mittels Zwang durchzusetzen und damit hoheitliche Rechte auszuüben[361].

Im Ergebnis übt der Insolvenzverwalter also – ungeachtet seiner gerichtlichen Bestellung – kein „öffentliches“[362], sondern ein „privates“[363] Amt aus. Allein aufgrund seiner verfahrensrechtlichen Stellung kann dem Insolvenzverwalter damit der Informationszugang nach dem Informationsfreiheitsgesetz nicht versagt werden kann.

Fraglich ist, ob dieses Ergebnis anders ausfiele, wenn man den Insolvenzverwalter mit einem Teil der Literatur als Beliehenen und damit als Teil der mittelbaren Staatsverwaltung ansähe, der im Rahmen der Gesamtvollstreckung Hoheitsrechte ausübt[364].

Dagegen spricht, dass der Gesetzgeber den juristischen Personen des öffentlichen Rechts in der Gesetzesbegründung zu § 1 Abs. 1 Satz 1 IFG ihre Anspruchsberechtigung nicht vorrangig aufgrund ihrer Rechtsstellung, sondern vielmehr wegen der damit einhergehenden Informationsrechte abgesprochen hat. Denn zwischen den Behörden und ihren Rechtsträgern bestünden typischerweise Amtshilfevorschriften, Auskunftsrechte oder besondere Übermittlungsvorschriften[365]. Es ging dem Gesetzgeber also nicht darum, bestimmten Personen die Information zu versagen, sondern diese auf die vorrangig bestehenden Informationswege zu verweisen. Solche Informationswege stehen dem Insolvenzverwalter aber gerade nicht offen. Selbst wenn er Beliehener wäre, so könnte er sich als solcher nicht auf den allgemeinen Amtshilfeanspruch gemäß Art. 35 Abs. 1 GG berufen[366].

Die Rechtsstellung des ermittelnden Insolvenzverwalters ist auch nicht mit den in der Gesetzesbegründung genannten Bürgerinitiativen und Verbänden vergleichbar, denen die Auskunft im Interesse ihrer Mitglieder versagt wird.

---

361 Siehe hierzu die Ausführungen im 3. Kapitel unter I.2.a.aa.

362 BVerfGE 116, 1 Rn. 32; *Mock*, in: Uhlenbruck, § 80 Rn. 57.

363 So auch die herrschende Amtstheorie: BGHZ 88, 331, 334; BGHZ 100, 346, 351; *Lüke*, in: Kübler/Prütting/Bork, § 80 Rn. 37 f.; *Ott/Vuia*, in: Münchener Kommentar-InsO, § 80 Rn. 35; *Papier*, in: Maunz/Dürig, Art. 34 GG Rn. 110; *Sternal*, in: K. Schmidt, § 80 Rn. 20; *Windel*, in: Jaeger, § 80 Rn. 15.

364 *Schick*, NJW 1991, 1328, 1329; dem folgend: *Gehrlein*, NJW 2013, 3756, 3757; *Graeber*, in: Münchener Kommentar-InsO, § 56 Rn. 143; *Wellensiek*, NZI 1999, 169, 171.

365 BT-Drs. 15/4493, S. 7 r. Sp.

366 FG Baden-Württemberg, EFG 1990, 143 (zum Konkursverwalter); VG Hamburg, ZIP 2009, 2014, 2015; VG Hamburg, ZInsO 2010, 1098, 1100; *v. Danwitz*, in: v. Mangoldt/Klein/Starck, Art. 35 GG Rn. 13 (Fn. 54); allgemein zu Beliehenen: *Gubelt*, in: v. Münch/Kunig, Art. 35 GG Rn. 13; **a.A** *Pieroth*, in: Jarass/Pieroth, Art. 35 GG Rn. 3.

Der Insolvenzverwalter wird zwar im Interesse der Gläubigergesamtheit tätig, vertritt diese aber nicht im rechtlichen Sinne. Vielmehr handelt er nach der herrschenden Amtstheorie materiell und prozessual im eigenen Namen und aus eigenem Recht mit Wirkung für und gegen die Insolvenzmasse[367]. Bei dem Recht der Insolvenzanfechtung handelt es sich nicht um ein Recht der Gläubiger, sondern ein originäres Recht des Insolvenzverwalters, das erst mit der Eröffnung des Insolvenzverfahrens entsteht[368].

Darüber hinaus ist der Insolvenzverwalter im Gegensatz zu Bürgerinitiativen und Verbänden rechtsfähig. Das Tatbestandsmerkmal „jeder" in § 1 Abs. 1 Satz 1 IFG verlangt nach der eigenen Rechtsfähigkeit des Antragstellers[369].

Allein die verfahrensrechtliche Stellung des Insolvenzverwalters steht dem Informationsanspruch also nicht entgegen.

(ii) Zielrichtung der Informationsgewinnung

Daran anschließend stellt sich die Frage, ob die Zielrichtung, mit welcher der Insolvenzverwalter die Auskunft von den Behörden begehrt, noch von § 1 Abs. 1 Satz 1 IFG gedeckt ist oder vielmehr eine einschränkende Auslegung des Tatbestands erforderlich macht. Denn die Auskunft dient der Ermittlung und Substantiierung gegen die Behörde gerichteter Ansprüche und damit letztlich der Ausforschung derselben.

Dem Wortlaut des § 1 Abs. 1 Satz 1 IFG lässt sich kein Anhaltspunkt für eine entsprechende Einschränkung entnehmen, solange die Auskunft amtliche Informationen betrifft. Die Gesetzesbegründung stellt klar, dass der Informationsanspruch von dem Antragsteller geltend gemacht werden kann, „ohne hierfür ein rechtliches oder berechtigtes Interesse" geltend machen zu müssen[370]. Das jeweils verfolgte Motiv für den Informationszugang ist nach dem Willen des Gesetzgebers irrelevant[371].

---

367 RGZ 29, 29; RGZ 35, 28, 31; BGHZ 88, 331, 334; BGHZ 127, 156, 166; *Kayser*, in: Heidelberger Kommentar-InsO, § 80 Rn. 14; *Lüke*, in: Kübler/Prütting/Bork, § 80 Rn. 38; *Sternal*, in: K. Schmidt, § 80 Rn. 20; *Windel*, in: Jaeger, § 80 Rn. 15.

368 BGHZ 15, 333, 337; BGHZ 113, 98, 105; BGHZ 118, 374, 381; *Ede/Hirte*, in: Uhlenbruck, § 143 Rn. 3/8; *K. Schmidt*, in: K. Schmidt, § 129 Rn. 3.

369 *Jastrow/Schlatmann*, § 1 IFG Rn. 10.

370 BT-Drs. 15/4493, S. 6 (1. Sp).

371 VG Hamburg, ZIP 2009, 2014, 2016; VGH Kassel, NVwZ 2010, 1036, 1038; *Gusy*, JZ 2014, 171, 174; *Jastrow/Schlatmann*, § 1 IFG Rn. 19; *Schmitz*/Jastrow, NVwZ 2005, 984, 987 (Fn. 40); *Schoch*, § 1 IFG Rn. 19; *ders.*, NJW 2009, 2987, 2990; *Steinbach/Hochheim*, NZS 2006, 517, 519.

Eine einschränkende Auslegung widerspräche zudem der Systematik des Informationsfreiheitsgesetzes. Der Anspruch auf Informationszugang ist grundsätzlich voraussetzungslos, die Ausnahmetatbestände sind in den §§ 3 ff. IFG geregelt und nach dem Willen des Gesetzgebers eng auszulegen[372]. Dieses Regel-Ausnahme-Prinzip würde durchbrochen, wenn durch eine einschränkende Auslegung des § 1 Abs. 1 Satz 1 IFG weitere Ausnahmen geschaffen würden[373].

Allerdings könnte die Zielrichtung der Ermittlungstätigkeit des Insolvenzverwalters dem Sinn und Zweck des Informationsanspruchs widersprechen und damit eine einschränkende Auslegung erfordern. Dagegen spricht, dass das Informationsfreiheitsgesetz nicht nur die demokratische Meinungs- und Willensbildung stärken, sondern auch die Kontrolle und Akzeptanz des staatlichen Handelns verbessern soll[374]. Dabei ist anerkannt, dass die Kontrolle auch der Verfolgung eigennütziger Ziele – wie zum Beispiel der Vorbereitung einer Schadenersatzklage wegen Verletzung einer Amtspflicht der zur Auskunft verpflichteten Behörde – dienen kann[375]. Denn hierbei geht es um die Aufklärung der Frage, ob der betreffende Amtsträger gegenüber dem Anspruchsteller eine Amtspflicht verletzt und sich damit falsch verhalten hat. Dass diese Kontrolle unter Umständen nicht dem allgemeinen, sondern allein dem individuellen Interesse dient, nimmt der Gesetzgeber in Kauf. Bei der Ermittlung anfechtungsrelevanter Sachverhalte geht es zumeist um die Aufdeckung von Verstößen gegen den Gläubigergleichbehandlungsgrundsatz und damit ebenfalls um Kontrolle im weiteren Sinn[376]. Die Verwirklichung des Gläubigergleichbehandlungsgrundsatzes dient nicht nur einem individuellen, sondern vielmehr dem kollektiven Interesse aller Insolvenzgläubiger an einer gleichmäßigen Befriedigung ihrer Forderungen. Wenn aber schon Individualinteressen genügen, um den Kontrollzweck des Informationsfreiheitsgesetzes zu erfüllen, muss dies erst recht für Gruppeninteressen gelten. Auch der Grundsatz „nemo contra se edere tenetur" steht einer solchen Auslegung des Informationsanspruchs nicht entgegen. Genauso wenig, wie der Gesetzgeber daran gehindert ist, den Zivilprozess dem Beibringungsgrundsatz zu unterstellen, ist es ihm untersagt, materiell-rechtliche Auskunftsansprüche zu schaffen, die eine umfassende und voraussetzungslose

---

372 BT-Drs. 15/4493, S. 9 (Sp. 1).

373 So auch: VG Hamburg, ZIP 2009, 2014, 2016.

374 BT-Drs. 15/4493, S. 6 (Sp. 1).

375 VG Gelsenkirchen, NWVBl 2002, 242, 243; VGH Kassel, NVwZ 2010, 1036, 1038; *Schoch*, § 1 IFG Rn. 20.

376 *Münzel/Goraj*, InsVZ 2010, 209, 214 f. sprechen von der Gesetzmäßigkeit der Verwaltung.

Auskunftspflicht normieren[377]. Die Informationsfreiheitsgesetze statuieren neben dem Verfahrensrecht selbstständig bestehende, materiell-rechtliche Auskunftsansprüche gegenüber der Verwaltung[378]. Deswegen ist dem Prinzip der unbeschränkten Aktenöffentlichkeit der Begriff der Ausforschung fremd[379] – selbst dann, wenn die Behörde an einem Insolvenzverfahren beteiligt ist[380].

Fraglich ist schließlich, ob die Grundrechte eine Einschränkung des Informationsanspruchs gebieten. Eine Auskunftspflicht der Behörde gegenüber dem ermittelnden Insolvenzverwalter könnte gegen den allgemeinen Gleichheitsgrundsatz aus Art. 3 Abs. 1 GG verstoßen. Eine Ungleichbehandlung ergäbe sich aus der unterschiedlichen Behandlung von öffentlich-rechtlichen und privatrechtlichen Anfechtungsgegnern. Erstere wären zur Auskunft und damit zur Selbstbelastung verpflichtet, letztere nicht. Unabhängig davon, ob sich die jeweils anspruchsverpflichtete Behörde überhaupt auf den Schutz des Art. 3 Abs. 1 GG berufen kann, verpflichtet der Gleichbehandlungsgrundsatz nur dazu, wesentlich Gleiches gleichzubehandeln[381]. Die besondere Pflichtenstellung der Exekutive in Bezug auf das im Informationsfreiheitsgesetz normierte Informationszugangsrecht unterscheidet sie aber von privatrechtlichen Anfechtungsgegnern und spricht damit gegen eine Verpflichtung zur Gleichbehandlung[382]. Darüber hinaus haben die Behörden in diesem Zusammenhang den Vorteil, sich die Vollstreckungstitel gegen den Schuldner selbst schaffen zu können. Diese gegenüber den privaten Gläubigern verbundene Besserstellung[383] spricht ebenfalls gegen die Anwendbarkeit von Art. 3 Abs. 1 GG[384]. Schließlich beruhen die Insolvenzforderungen der privaten und öffentlich-rechtlichen Gläubiger auf unterschiedlichen Rechtsgründen. Erstere sind meist durch einen Vertrag mit gegenseitigen Leistungspflichten mit dem Schuldner verbunden. Im Falle einer erfolgreichen Anfechtung hat der private Gläubiger seine Leistung oft „umsonst"

---

377 BGH, NZI 2008, 240 Rn. 9.

378 *Schaake*, S. 82.

379 OVG Rheinland-Pfalz, NZI 2010, 357, 359; VG Stuttgart, NZI 2009, 739, 740; *Schaake*, S. 83; *Tetzlaff*, jurisPR-InsR 25/2010, Anm. 4, dort unter C. (Anm. zu BFH, Urteil vom 15.09.2010 – Az. II B 4/10; BFH/NV 2011, 2 f.).

380 VG Stuttgart, NZI 2009, 739, 740; ähnlich auch: BVerwG, NVwZ 2011, 235, 236; *Schoch*, VBlBW 2010, 333, 334.

381 BVerfGE 1, 14, 52; BVerfGE 2, 336, 340; BVerfGE 45, 376, 387.

382 VG Hamburg, ZIP 2009, 2014, 2017; VG Gelsenkirchen, Urteil vom 16.09.2010 – Az. 17 K 5018/09; BeckRS 2010, 54109; VG Stuttgart, NZI 2009, 739, 740.

383 *Priebe*, EWiR 2012, 527, 528 (Anm. zu BVerwG, Beschluss vom 14.05.2012 – Az. 7 B 53.11; ZIP 2012, 1258 ff.).

384 *Schaake*, S. 80.

in das Vermögen des Schuldners erbracht, da die zu erwartende Insolvenzquote regelmäßig nur einen Bruchteil der Forderung ausmacht. Die Forderungen der öffentlich-rechtlichen Gläubiger gründen sich hingegen auf gesetzliche Steuerschuld- oder Sozialversicherungsverhältnisse mit entsprechenden Steuer- und Beitragspflichten, denen keine konkrete Gegenleistung gegenübersteht. Auch dieses fehlende „Leistungsopfer" unterscheidet die Exekutive, sodass im Ergebnis kein Verstoß gegen den Gleichheitssatz vorliegt.

Im Ergebnis erfordert also auch das Ermittlungsziel des Insolvenzverwalters keine einschränkende Auslegung des § 1 Abs. 1 Satz 1 IFG.

(iii) Zwischenergebnis

Da weder die verfahrensrechtliche Stellung des Insolvenzverwalters noch die Zielsetzung seiner Ermittlungstätigkeit einer Anwendbarkeit des § 1 Abs. 1 Satz 1 IFG entgegenstehen, ist der Insolvenzverwalter anspruchsberechtigt.

bb. Auskunftsverpflichtete Behörden

In einem zweiten Schritt ist zu untersuchen, welche potentiellen Anfechtungsgegner der Insolvenzverwalter auf Auskunft nach dem Informationsfreiheitsgesetz in Anspruch nehmen kann.

Gemäß § 1 Abs. 1 Satz 1 IFG sind dies alle Bundesbehörden sowie sonstige Bundesorgane und -einrichtungen, soweit sie öffentlich-rechtliche Verwaltungsaufgaben wahrnehmen. Von besonderem Interesse sind auch an dieser Stelle die Finanzverwaltung und die Sozialversicherungsträger.

(i) Auskunftspflicht der Finanzbehörden des Bundes

Die Bundesfinanzverwaltung umfasst grundsätzlich die Zollämter und Hauptzollämter vor Ort, die Bundesfinanzdirektionen und das Bundesministerium der Finanzen[385]. Vor dem Hintergrund der Nichtregelung eines Akteneinsichtsrechts in der Abgabenordnung stellt sich die Frage, ob diese Bundesfinanzbehörden tatsächlich dem Anwendungsbereich des Informationsfreiheitsgesetzes unterfallen.

Dafür spricht die Systematik des Informationsfreiheitsgesetzes. Denn gemäß § 3 Nr. 1 lit. d IFG besteht der Anspruch auf Informationszugang nicht, wenn nachteilige Auswirkungen auf die Kontroll- und Aufsichtsaufgaben der Finanzbehörden zu befürchten sind. Wenn es einen Ausschlusstatbestand gibt, muss es auch einen Anspruch gegeben.

---

385 *Grundmann*, S. 60; *Blank*, ZInsO 2013, 663, 664; für Hauptzollämter: BVerwG, ZIP 2011, 41.

Zudem benennt die Gesetzesbegründung als potentiell geschützte Informationen solche, deren Offenbarung den Kontrollzweck gefährden und das Steueraufkommen mindern könnte[386].

Schließlich erfasst der Ausschlusstatbestand nach dem Willen des Gesetzgebers Informationen, die der ordnungsgemäßen Erfüllung der Zollverwaltung dienen[387]. Eine Nennung der Zollverwaltung in der Gesetzesbegründung zu den Ausschlusstatbeständen ergibt ebenfalls nur dann einen Sinn, wenn der Gesetzgeber die Finanzbehörden des Bundes auch dem Anwendungsbereich des Informationsfreiheitsgesetzes unterstellen wollte.

Im Ergebnis sind die oben genannten Bundesfinanzbehörden damit von dem Anwendungsbereich des Informationsfreiheitsgesetzes erfasst.

(ii) Auskunftspflicht der gesetzlichen Krankenkassen als Sozialversicherungsträger

Fraglich ist zudem, ob auch die gesetzlichen Krankenkassen als Sozialversicherungsträger anspruchsverpflichtet sind.

Voraussetzung für eine Auskunftspflicht der gesetzlichen Krankenkassen gemäß § 1 Abs. 1 Satz 1 IFG wäre, dass auch diese als Behörden im Rahmen der Bundesverwaltung zu qualifizieren sind[388].

Zur Bestimmung der Behördeneigenschaft im Sinne des § 1 Abs. 1 Satz 1 IFG ist auf den funktionellen Behördenbegriff des § 1 Abs. 4 VwVfG zurückzugreifen[389]. Behörde im Sinne dieser Vorschrift ist jede Stelle, die nach außen hin selbstständig eine öffentlich-rechtliche Verwaltungstätigkeit ausübt[390].

Gemäß § 4 Abs. 1 SGB V sind die gesetzlichen Krankenkassen rechtsfähige Körperschaften des öffentlichen Rechts mit Selbstverwaltung. Als solche erbringen sie selbständig Leistungen auf dem Gebiet der Verhütung, Früherkennung und Behandlung von Krankheiten. Darüber hinaus entscheiden sie als Einzugstellen über die Beitragspflicht und -höhe in der Kranken-, Pflege- und Rentenversicherung und setzen diese Beiträge nötigenfalls nach ihrer Feststellung im Wege der Verwaltungsvollstreckung durch. Dabei handeln sie öffentlich-rechtlich. Sowohl die Entscheidung über Beitragspflicht und -höhe als auch die Feststellung der rückständigen Beiträge ist ein Verwaltungsakt. Die Vollstreckung

386 BT-Drs. 15/4493, S. 9 r. Sp.

387 BT-Drs. 15/4493, S. 9 r. Sp.

388 *Dauernheim/Behler/Heutz*, ZIP 2008, 2296, 2298.

389 *Kugelmann*, NJW 2005, 3609, 3611; *Reinhart*, DÖV 2007, 18, 21; *Rossi*, § 1 IFG Rn. 40; *Schmitz/Jastrow*, NVwZ 2005, 984, 987; *Schoch*, § 1 IFG Rn. 111.

390 *Ramsauer*, in: Kopp/Ramsauer, § 1 VwVfG Rn. 52 ff.

erfolgt nach dem Verwaltungsvollstreckungsgesetz durch eigene Organe oder im Wege der Amtshilfe. Gesetzliche Krankenkassen sind damit grundsätzlich Behörden im Sinne der Vorschrift des § 1 Abs. 1 Satz 1 in Verbindung mit Satz 2 IFG.

Ein Teil der Bundesverwaltung ist eine gesetzliche Krankenkasse gemäß Art. 86, 87 Abs. 2 GG zudem, wenn sich ihr Zuständigkeitsbereich über das Gebiet eines Bundeslandes hinaus erstreckt[391].

Im Ergebnis sind überregionale gesetzliche Krankenkassen damit auch anspruchsverpflichtet im Sinne des Informationsfreiheitsgesetzes[392].

(iii) Auskunftspflicht sonstiger Bundesorgane und -einrichtungen

Neben den überregionalen gesetzlichen Krankenkassen sind beispielsweise auch die Berufsgenossenschaften oder die Landesversicherungsanstalten von dem Anwendungsbereich des Informationsfreiheitsgesetzes erfasst[393]. Gleiches gilt für die Leistungsträger der gesetzlichen Unfallversicherung[394] und die Bundesagentur für Arbeit[395].

cc. Art des Informationszugangs

Die Art des Informationszugangs bestimmt sich nach § 1 Abs. 2 Satz 1 IFG. Danach kann die Behörde Auskunft erteilen, Akteneinsicht gewähren oder Informationen in sonstiger Weise zur Verfügung stellen.

Begehrt der Antragsteller eine bestimmte Art des Informationszugangs, so darf dieser gemäß § 1 Abs. 2 Satz 2 IFG nur aus wichtigem Grund auf andere Art gewährt werden.

Für den Insolvenzverwalter bedeutet dies, dass er grundsätzlich die gesamten Akten der Bundesfinanzverwaltung oder gesetzlichen Krankenkassen nach anfechtbaren Rechtshandlungen, wie beispielsweise Vollstreckungsmaßnahmen oder Anhaltspunkten für die Kenntnis der Behörde von der Krise des Schuldners, durchsehen darf.

---

391 VG Hamburg, ZInsO 2010, 577, 579.

392 OVG Münster, NZI 2008, 699, 700; *Münzel/Goraj*, InsVZ 2010, 209, 214; *Schoch*, NJW 2009, 2987, 2989.

393 *Münzel/Goraj*, InsVZ 2010, 209, 214.

394 VGH München, DVBl 2009, 323; VG Berlin, Urteil vom 16.11.2012 – Az. VG 2 K 248.12; BeckRS 2013, 45806; *Schoch*, NJW 2009, 2987, 2989.

395 *Münzel/Goraj*, InsVZ 2010, 209, 214.

dd. Subsidiarität des Informationsfreiheitsgesetzes

Das Informationsfreiheitsgesetz ist gegenüber anderen Rechtsvorschriften über den Zugang zu amtlichen Informationen gemäß § 1 Abs. 3 IFG subsidiär.

Der Vorrang spezialgesetzlicher Informationszugangsregelungen[396] besteht unabhängig davon, ob sie enger oder weiter sind als der Anwendungsbereich des Informationsfreiheitsgesetzes[397]. Ausdrücklich ausgenommen sind lediglich § 29 VwVfG und § 25 SGB X, die neben § 1 Abs. 1 Satz 1 IFG zur Anwendung gelangen[398].

Das Informationsfreiheitsgesetz wird aber grundsätzlich nur durch solche Vorschriften verdrängt, die in gleicher Weise wie dieses Regelungen „über den Zugang zu amtlichen Informationen" treffen, also denselben sachlichen Regelungsgegenstand haben[399].

Eine Vorrangigkeit im Sinne einer Ausschließlichkeit liegt also nur dann vor, wenn die jeweiligen Rechte die gleichen Anliegen verfolgen und beziehungsweise oder identische Zielgruppen erfassen[400]. Die betreffende spezialgesetzliche Informationszugangsregelung muss also ausschließlich oder typischerweise den Zugang zu amtlichen Informationen gewähren und/oder ausschließlich oder typischerweise an eine Behörde gerichtet sein[401].

Hat die Vorschrift denselben sachlichen Regelungsgegenstand, so ist in einem zweiten Schritt zu untersuchen, ob die Grenzen der spezialgesetzlichen Informationszugangsregelung im Einzelfall auch für den allgemeinen Anspruch aus § 1 Abs. 1 Satz 1 IFG bindend sind, das Spezialgesetz also eine abschließende Regelung trifft[402]. Dies ist dann der Fall, wenn ein umfassender, auf das

396 Beispiele für spezialgesetzliche Auskunftsansprüche sind zum Beispiel: § 62 PStG; § 35 GenTG; § 31 Abs. 3 Satz 1 VermG; § 51a GmbHG; § 10 GPSG; § 21 Abs. 3 FIUUG; §§ 475 ff. StPO.

397 BT-Drs., 15/4493, S. 8 r. Sp.

398 BT-Drs., 15/4493, S. 8 r. Sp.

399 BVerwG, NVwZ 2011, 235 Rn. 8; BVerwG, NVwZ 2013, 431 Rn. 46; VG Hamburg, ZIP 2009, 2014, 2016; *Debus*, in: Beck'scher Online-Kommentar, Informations- und Medienrecht, § 1 IFG Rn. 182; *Sellmann/Augsberg*, WM 2006, 2293, 2295.

400 OVG Münster, NJW 2005, 2028, 2029 (zu § 4 Abs. 2 IFG NRW).

401 VG Hamburg, ZIP 2009, 2014, 2016; *Münzel/Goraj*, InsVZ 2010, 209, 214.

402 *Sellmann/Augsberg*, WM 2006, 2293, 2295; *Sokol*, CR 2005, 835, 839.

Informationsfreiheitsgesetz gestützter Informationsanspruch dem Schutzzweck der spezialgesetzlichen Regelung zuwiderliefe[403].

(i) Vorrang der §§ 20, 21, 22, 97, 101 InsO

Als vorrangige Informationszugangsregelungen für den um Auskunft ersuchenden Insolvenzverwalter kommen zunächst die §§ 20, 21, 22, 97, 101 InsO in Betracht.

Gegen eine Subsidiarität des Informationsfreiheitsgesetzes gegenüber den Auskunftsmöglichkeiten der Insolvenzordnung spricht, dass letztere keinen mit dem Informationsfreiheitsgesetz identischen sachlichen Regelungsgehalt haben. Letztere gewähren weder einen Zugang zu amtlichen Informationen noch sind sie an eine Behörde gerichtet[404]. Die Adressaten der dort normierten Auskunfts- und Mitwirkungspflichten können vielmehr nur Privatpersonen sein.

Die genannten Vorschriften haben auch nicht deswegen einen mit dem Informationsfreiheitsgesetz identischen sachlichen Regelungsgehalt, weil im Einzelfall eine juristische Person des öffentlichen Rechts Insolvenzgläubiger und folglich Verfahrensbeteiligter sein kann[405]. Der Gesetzgeber hat das Verhältnis des Informationsfreiheitsgesetzes zu anderen Rechtsvorschriften in § 1 Abs. 3 IFG ausdrücklich im Sinne einer Subsidiarität geregelt[406]. Deswegen kann das Konkurrenzverhältnis nicht für Teile der Verwaltung abweichend im Sinne einer Bereichsausnahme bestimmt werden[407]. Der Gesetzgeber ist frei, mittels eines voraussetzungslosen, unbeschränkten und interessenunabhängigen Informationsanspruchs auch mittelbar auf Rechtsbeziehungen einzuwirken, welche die Kenntnis von amtlichen Informationen voraussetzen[408].

Selbst unterstellt, die §§ 20, 21, 22, 97, 101 InsO hätten einen identischen Regelungsgehalt wie § 1 Abs. 1 Satz 1 IFG, so ist fraglich, ob ihr Schutzzweck einer Anwendbarkeit des Informationsfreiheitsgesetzes entgegenstünde.

---

403 OVG Münster, NZI 2008, 699, 700; ebenso zur vergleichbaren Vorschrift des § 4 Abs. 2 IFG NRW: OVG Münster, ZIP 2011, 1426, 1427; OVG Münster, NJW 2005, 2028, 2029; *Dauernheim/Behler/Heutz*, ZIP 2008, 2296, 2298.

404 *Dauernheim/Behler/Heutz*, ZIP 2008, 2296, 2298; *Frege/Nicht*, in: Festschrift für Wellensiek zum 80. Geburtstag, S. 291, 301 f.; *Schoch*, § 1 IFG Rn. 366.

405 BVerwG, NVwZ 2011, 235 Rn. 8; OVG Münster, ZIP 2011, 1426, 1431; *Schoch*, VBlBW 2010, 333, 334.

406 BVerwG, NVwZ 2011, 235 Rn. 9.

407 BVerwG, NVwZ 2011, 235 Rn. 9.

408 BVerwG, NVwZ 2011, 235 Rn. 9.

Die §§ 20, 21, 22, 97, 101 InsO begründen Auskunftspflichten des Schuldners sowie seiner organschaftlichen Vertreter und Angestellten gegenüber dem Insolvenzverwalter und dem Insolvenzgericht. Inhaltlich erstreckt sich diese Auskunftspflicht auf alle rechtlichen, wirtschaftlichen und tatsächlichen Verhältnisse, die für das Insolvenzverfahren und seine Durchführung in irgendeiner Weise von Bedeutung sein können[409]. Der Insolvenzverwalter soll sich also umfassend über die Verhältnisse des Schuldners informieren können, um das Insolvenzverfahren im Hinblick auf die Ziele des Insolvenzverfahrens effektiv durchführen zu können[410]. Im Hinblick auf den Schuldner und seine Organe ist von der Auskunftspflicht sogar die Aufdeckung gegen sich selbst gerichteter Insolvenzanfechtungsansprüche umfasst[411].

Gleichzeitig dienen die Vorschriften aber auch der Begrenzung des Informationsrechts, insbesondere im Hinblick auf ausgeschiedene Organe und Mitarbeiter des schuldnerischen Unternehmens. Diesem Schutzzweck läuft ein auf § 1 Abs. 1 Satz 1 IFG gestützter Auskunftsanspruch nicht zuwider, da die ausgeschiedenen Organe und Angestellten bereits nicht anspruchsverpflichtet sind.

Darüber hinaus unterstützt das Informationsfreiheitsgesetz sogar die Zielsetzung der §§ 20, 21, 22, 97, 101 InsO. Dem Insolvenzverwalter eröffnet sich die Möglichkeit, mittels § 1 Abs. 1 Satz 1 InsO Anfechtungsansprüche zu ermitteln, von denen er andernfalls keine Kenntnis erlangt oder die er mangels hinreichender Informationen nicht hätte substantiiert darlegen und beweisen können. Die Aufdeckung und Durchsetzung dieser Ansprüche führt zu einer Mehrung der Insolvenzmasse und damit einer gleichmäßigeren Verteilung des schuldnerischen Vermögens unter allen Gläubigern[412]. Die Auskunft fördert also die Gläubigergleichbehandlung und damit die gleiche Zielsetzung wie die §§ 20, 21, 22, 97, 101 InsO.

Eine Vorrangigkeit dieser Vorschriften im Sinne des § 1 Abs. 3 IFG scheidet folglich aus.

---

409 BGH, ZInsO 2011, 396 Rn. 3; BGH, ZInsO 2013, 1095 Rn. 18; *Henssler*, in: Kölner Schrift, 2. Auflage, 1283, 1297 Rn. 33; *Jungmann*, in: K. Schmidt, § 97 Rn. 8; *Stephan*, in: Münchener Kommentar-InsO, § 97 Rn. 14a.

410 *Dauernheim/Behler/Heutz*, ZIP 2008, 2296, 2299; *Schmidt*, in: Heidelberger Kommentar-InsO, § 97 Rn. 1; *Stephan*, in: Münchener Kommentar-InsO, § 97 Rn. 14a.

411 Siehe hierzu auch die Ausführungen im 3. Kapitel unter II.1. und 2.a.

412 VG Düsseldorf, Urteil vom 20.04.2007 – Az. 26 K 5324/06; BeckRS 2008, 38327.

(ii) Vorrang des § 242 BGB

Weiterhin könnte der zivilrechtliche Auskunftsanspruch aus Treu und Glauben eine Sperrwirkung gegenüber § 1 Abs. 1 Satz 1 IFG entfalten.

Dagegen spricht bereits der Umstand, dass der Informationsanspruch aus Treu und Glauben ebenfalls nicht den gleichen Adressatenkreis hat wie § 1 Abs. 1 Satz 1 IFG. Die Vorschrift des § 242 BGB kann sowohl Personen des Privat- als auch des öffentlichen Rechts zur Auskunft verpflichten. Das Informationsfreiheitsgesetz verpflichtet hingegen nur Letztere.

Fraglich ist zudem, ob der Schutzzweck des Auskunftsanspruchs aus Treu und Glauben einer Anwendung des § 1 Abs. 1 Satz 1 IFG entgegensteht. Dagegen spricht zum einen der Sinn und Zweck des aus § 242 BGB folgenden Auskunftsanspruchs. Dieser soll – wie gezeigt[413] – nur dann greifen, wenn der Gläubiger die für die Geltendmachung seiner Rechte erforderlichen Informationen nicht anders erhalten kann[414]. Aufgrund dieses Auffangcharakters tritt § 242 BGB automatisch zurück, wenn die Information über das Informationsfreiheitsgesetz erreicht werden kann[415].

Zum anderen handelt es sich bei dem allgemeinen Auskunftsanspruch aus Treu und Glauben um ein richterrechtliches Institut, das die Vorschrift selbst nicht zu einer Informationszugangsnorm werden lässt[416].

(iii) Vorrang des „absichtsvollen Regelungsverzichts“ in der Abgabenordnung

Schließlich könnte die Abgabenordnung das Informationsfreiheitsgesetz verdrängen.

Der Bundesfinanzhof geht in ständiger Rechtsprechung davon aus, dass es sich bei der Nichtregelung des Akteneinsichtsrechts in der Abgabenordnung um einen „absichtsvollen Regelungsverzicht“ handelt. Die AO 1977 enthalte eine in diesem Sinne abschließende Regelung für den Umgang mit den im Besteuerungsverfahren gespeicherten Daten und verdränge damit die in den Datenschutzgesetzen des Bundes und der Länder geregelten Auskunfts- und

---

413 Siehe hierzu die Ausführungen in diesem Kapitel unter I.2.a.bb.

414 *Haeffs*, S. 152 f.; *Böttcher*, in: Erman, § 242 Rn. 67 („Ergänzungsfunktion“).

415 *Dauernheim/Behler/Heutz*, ZIP 2008, 2296, 2299; ebenso zur vergleichbaren Vorschrift des § 4 Abs. 2 IFG NRW: OVG Münster, NVwZ-RR 2003, 800, 803.

416 *Schoch*, § 1 IFG Rn. 371; ebenso zur vergleichbaren Vorschrift des § 4 Abs. 2 IFG NRW: OVG Münster, NVwZ-RR 2003, 800, 803.

Akteneinsichtsansprüche[417]. Diese „absichtsvolle Nichtregelung" müsste eine, den § 1 Abs. 1 Satz 1 IFG verdrängende, spezialgesetzliche Informationszugangsregelung enthalten.

Gegen die Auffassung des Bundesfinanzhofes spricht, dass ein umfassender Informationsanspruch aus dem Informationsfreiheitsgesetz dem Schutzzweck der „absichtsvollen Nichtregelung" nicht entgegensteht. Nach der Gesetzesbegründung des Finanzausschusses zur AO 1977 sprachen gegen ein allgemeines Akteneinsichtsrecht im Besteuerungsverfahren Gesichtspunkte des Schutzes Dritter und das Ermittlungsinteresse der Finanzbehörden. In den Steuerakten befänden sich häufig Informationen über die steuerlichen Verhältnisse eines Dritten, die dem Steuergeheimnis unterliegen[418].

Die Akteneinsicht nach dem Informationsfreiheitsgesetz wird ebenfalls nicht schrankenlos gewährt. Vielmehr stellen die Ausschlusstatbestände der §§ 3 ff. IFG sicher, dass die privaten Belange der Beteiligten oder unbeteiligter Dritter, die einer Offenbarung des Akteninhalts oder Teilen von diesem entgegenstehen, in vergleichbarer Weise geschützt werden[419]. Beispielsweise besteht der Anspruch auf Informationszugang gemäß § 3 Nr. 1 lit. d IFG dann nicht, wenn das Bekanntwerden der Informationen auf Kontroll- und Aufsichtsaufgaben der Finanzbehörden nachteilige Auswirkungen haben kann. Dieser spezifische Ausschlussgrund zeigt gerade, dass das IFG auch auf die Finanzverwaltung anwendbar sein muss[420].

Schließlich erlaubt die Nichterwähnung der Abgabenordnung in § 1 Abs. 3 IFG auch keinen Umkehrschluss. Da die Abgabenordnung Parallelvorschriften zu § 29 VwVfG und § 25 SGB X nicht kennt, kann § 1 Abs. 3 IFG auch nicht anordnen, dass das Informationsfreiheitsgesetz neben einer – nicht existenten – Vorschrift in der Abgabenordnung anwendbar ist[421]. Wenn der Gesetzgeber zudem schon den geschriebenen Akteneinsichtsrechten aus anderen Verwaltungsverfahrensgesetzen keinen Vorrang einräumt, kann dies sinnvollerweise erst recht nicht bezüglich eines nur richterrechtlich entwickelten Anspruchs auf ermessensfehlerfreie Entscheidung über ein Akteneinsichtsgesuch gelten[422].

---

417 BFH, BStBl. II 2003, 790; BFH, Beschluss vom 09.01.2007 – VII B 134/05, BeckRS 2007, 25011416; FG Münster, EFG 2004, 387.

418 BT-Drs. 7/4292, S. 25 l. Sp.

419 Zur vergleichbaren Vorschrift des § 4 Abs. 2 IFG NRW, OVG Münster, ZIP 2011, 1426, 1429; OVG Münster NJW 2005, 2028, 2029; *Nordmann*, RDV 2001, 71, 82.

420 *Schoch*, § 1 IFG Rn. 393.

421 *Schoch*, § 1 IFG Rn. 394; dem folgend: *Schaake*, S. 49.

422 *Schoch*, § IFG 1 Rn. 393.

Im Ergebnis verdrängt also auch der „absichtsvolle Regelungsverzicht" § 1 Abs. 1 Satz 1 IFG nicht.

(iv) Vorrang des § 30 AO

Allerdings könnte die Schutzbedürftigkeit des in § 30 AO geregelten Steuergeheimnisses zu einem anderen Ergebnis führen.

Dem steht entgegen, dass die Vorschrift keinen Informationszugang regelt[423], sondern nur dessen Begrenzung. Darüber hinaus ist zu berücksichtigen, dass im Anwendungsbereich des Informationsfreiheitsgesetzes bereits die spezifischen Ausschlussgründe in § 3 Nr. 1 lit. d und lit. e IFG die Funktion des § 30 AO übernehmen. Hätte der Gesetzgeber des Informationsfreiheitsgesetzes beabsichtigt, dass § 30 AO der Anwendbarkeit des § 1 Abs. 1 Satz 1 IFG entgegensteht, wären diese Vorschriften entbehrlich gewesen[424].

(v) Vorrang der Verfassung

Eine vorrangige Informationszugangsregelung ergibt sich schließlich auch nicht aus einem verfassungsunmittelbaren Auskunftsanspruch. Zwar hat der Bundesfinanzhof einen solchen Anspruch in einem Fall aus dem in Art. 20 Abs. 3 GG folgenden Rechtsstaatsprinzip in Verbindung mit dem Grundrecht der Berufsfreiheit des Art. 12 Abs. 1 GG und dem Prozessgrundrecht des Art. 19 Abs. 4 GG hergeleitet, in dem es um die umsatzsteuerliche Gleichbehandlung von Konkurrenten ging[425]. Ein solcher Anspruch ist aber keine Regelung im Sinne des § 1 Abs. 3 IFG, da er keine spezifischen Anforderungen in sachlicher und persönlicher Hinsicht statuiert[426].

(vi) Zwischenergebnis

Im Ergebnis ist der auf das Informationsfreiheitsgesetz gestützte Auskunftsanspruch des Insolvenzverwalters unter keinem rechtlichen Gesichtspunkt gegenüber den in Betracht gezogenen öffentlich-rechtlichen Auskunfts- und Anfechtungsgegnern subsidiär. Weder die §§ 20, 21, 22, 97, 101 InsO, § 242 BGB

---

423 Zur vergleichbaren Vorschrift des § 4 Abs. 2 IFG NRW: OVG Münster, ZIP 2011, 1426, 1427 (m.w.N.).

424 *Fluck/Merenyi*, VerwArch 97 (2006), 381, 395 f.; *Polenz*, NJW 2009, 1921, 1923.

425 BFH, NVwZ 2007, 854.

426 Zur vergleichbaren Vorschrift des § 4 Abs. 2 IFG NRW, OVG Münster, NJW 2028, 2029; vgl. *Franßen*, NWVBl 2003, 252, 253 f.

noch die Abgabenordnung noch ein verfassungsunmittelbarer Auskunftsanspruch vermögen das Informationsfreiheitsgesetz zu verdrängen.

ee. Eingreifen von Ausschlusstatbeständen

Zu untersuchen bleibt damit, ob dem Auskunftsverlangen des Insolvenzverwalters die Ausschlusstatbestände der §§ 3 bis 6 IFG entgegenstehen. Die zahlreichen in diesem Zusammenhang ergangenen verwaltungsgerichtlichen Entscheidungen[427] zeigen, dass die auf Auskunft in Anspruch genommenen Behörden zumindest versuchen, von den Ausschlusstatbeständen Gebrauch zu machen[428].

Die nachfolgende Untersuchung beschränkt sich auf die Darstellung der Tatbestände, mit denen die Verwaltung typischerweise ein zur Ermittlung von Anfechtungssachverhalten gestelltes Auskunftsgesuch des Insolvenzverwalters ablehnt.

(i) Ausschlusstatbestand des § 3 Nr. 1 lit. g IFG

Gemäß § 3 Nr. 1 lit. g IFG besteht der Anspruch auf Informationszugang nicht, wenn das Bekanntwerden der Information nachteilige Auswirkungen auf die Durchführung eines laufenden Gerichtsverfahrens haben kann.

Aus der Sicht der öffentlich-rechtlichen Anfechtungsgegner liegt es nahe, diese Voraussetzung mit der Begründung zu bejahen, dass sich die Gewährung des Informationszugangs nachteilig auf das eigene Obsiegen in einem laufenden oder späteren Anfechtungsprozess auswirken kann[429]. Der Insolvenzverwalter fordert die Informationen zur Vorbereitung und damit im Vorfeld eines Gerichtsverfahrens ein. Ein bevorstehender Anfechtungsprozess wird von dem Wortlaut der Vorschrift nicht erfasst[430]. Die Argumentation der Verwaltung zu ihrer Verteidigung könnte deswegen nur eine entsprechende Anwendung der Vorschrift stützen.

Gegen eine Analogie spricht zuvorderst der erklärte Wille des Gesetzgebers, dass die Ausnahmetatbestände eng auszulegen sind[431]. Darüber hinaus übt eine materiell-rechtlich richtige Entscheidung in einem Anfechtungsprozess keine „nachteilige Auswirkung“ im Sinne des Ausschlusstatbestandes aus.

---

427 Siehe nur: OVG Koblenz; ZIP 2010, 1091 ff.; BVerwG; ZInsO 2011, 49 ff.; VG Freiburg; NZI 2011, 825 ff.; Hamburgischen Oberverwaltungsgericht, ZInsO 2012, 989 ff.

428 Auf diesen Umstand verweisen auch: *Frege/Nicht*, in: Festschrift für Wellensiek zum 80. Geburtstag, S. 291, 302.

429 *Münzel/Goraj*, InsVZ 2010, 209, 214.

430 BVerwG, NVwZ 2011, 235 Rn. 12.

431 BT-Drs. 15/4493, S. 9 l. Sp.

Die Vorschrift des § 3 Nr. 1 lit. g IFG dient dem Schutz der Rechtspflege gegen Beeinträchtigungen durch das Bekanntwerden verfahrensrelevanter Informationen[432]. Im Falle des Bekanntwerdens der Information muss der Nachteil also gerade dem gerichtlichen Verfahrensablauf drohen[433]. Hier droht nicht dem Anfechtungsprozess, sondern der öffentlichen Hand ein Nachteil. Dessen Verhinderung wird von dem Zweck der Norm nicht mehr erfasst[434]. Denn wie bereits ausgeführt[435], geht es dem Gesetzgerber bei der Informationsfreiheit gerade auch um die Kontrolle der Verwaltung. Dass damit einhergehend die Durchsetzung von Individualansprüchen oder Gruppeninteressen erleichtert wird, nimmt das Informationsfreiheitsgesetz in Kauf[436].

Schließlich könnte das verfassungsrechtlich verankerte Prinzip der prozessualen Waffengleichheit[437] zwischen Insolvenzverwalter und Verwaltung einen Ausschluss gebieten. Allein durch außerhalb des Prozessrechts begründete materielle Ansprüche wird allerdings das Recht der Prozessbeteiligten auf prozessuale Chancengleichheit nicht berührt[438]. Denn einen prozessualen Rechtsgrundsatz, nach dem ein materiell Verpflichteter allein aufgrund seiner Stellung als Partei in einem Zivilprozess die Erfüllung eines berechtigten Anspruchs verweigern kann, gibt es nicht[439].

Im Ergebnis ist der Informationsanspruch des Insolvenzverwalters damit nicht gemäß § 3 Nr. 1 lit. g IFG ausgeschlossen, weil der Verwaltung aufgrund der gewünschten Auskunft ein rechtlicher Nachteil in einem bevorstehenden Anfechtungsprozess droht.

(ii) Ausschlusstatbestand des § 3 Nr. 4 IFG

Darüber hinaus könnte die Behörde dem Insolvenzverwalter § 3 Nr. 4 IFG entgegenhalten.

---

432 BVerwGE 110, 17, 23; BVerwG, NVwZ 2011, 235 Rn. 12.

433 OVG Koblenz, NZI 2010, 357, 359 (zum identischen § 9 Nr. 2 RhPfLIFG); *Schoch*, § 3 IFG Rn. 130.

434 BVerwG, NVwZ 2011, 235, 236; *Schoch*, VBlBW 2010, 333, 337 f.; **a.A.**: *Cranshaw*, jurisPR-InsR 17/2009, Anm. 4 f.

435 Siehe hierzu die Ausführungen in diesem Kapitel unter II.3.a.aa.(ii).

436 Im Sinne der Insolvenzanfechtung: VG Hamburg, ZIP 2009, 2014, 2016; VG Stuttgart, NZI 2009, 739, 740; *Münzel/Goraj*, InsVZ 2010, 209, 215.

437 Ausführlich zu der Waffengleichheit im Zivilprozess: *Schlosser*, NJW 1995, 1404.

438 OVG Münster, NZI 2011, 915, 918.

439 OVG Münster, NVwZ-RR 2003, 800, 802.

Nach dieser Vorschrift besteht der Anspruch auf Informationszugang nicht, wenn die Information einer – durch Rechts- oder Verwaltungsvorschrift zum materiellen oder organisatorischen Schutz von Verschlusssachen geregelten – Geheimhaltungs- oder Vertraulichkeitspflicht oder einem Berufs- oder besonderen Amtsgeheimnis unterliegt. Zu den besonderen Amtsgeheimnissen im Sinne dieser Vorschrift zählen unter anderem das in § 35 SGB I in Verbindung mit §§ 67 ff. SGB X geregelte Sozial- und das in § 30 AO normierte Steuergeheimnis[440]. Sozialdaten sind gemäß § 67 Abs. 1 SGB X Einzelangaben über persönliche oder sachliche Verhältnisse einer bestimmten oder bestimmbaren natürlichen Person, die von einer in § 35 SGB I genannten Stelle im Hinblick auf ihre Aufgaben nach diesem Gesetzbuch erhoben, verarbeitet oder genutzt werden.

Damit könnte § 3 Nr. 4 IFG in Bezug auf Informationen greifen, die der Insolvenzverwalter von den Krankenkassen im Zusammenhang mit Zahlungen des Schuldners auf die Sozialversicherungsbeiträge seiner Mitarbeiter oder von den Finanzbehörden in Bezug auf Zahlungen auf seine Steuerverbindlichkeiten verlangt.

Der Insolvenzverwalter begehrt von den Krankenkassen allerdings keine Auskunft zu den persönlichen Einzeldaten der versicherten Arbeitnehmer des Schuldners, sondern – unabhängig von dem Versicherten – zu bestimmten Zahlungen des Schuldners[441]. Unabhängig davon verfügt der Insolvenzverwalter oft selbst über die Sozialdaten der schuldnerischen Arbeitnehmer. Diese Daten sind mit Zustimmung der Arbeitnehmer von dem Schuldner erfasst worden. Ab dem Zeitpunkt der Eröffnung des Insolvenzverfahrens kann der Insolvenzverwalter berechtigterweise auf diese Daten zugreifen[442]. Zudem wäre der Schuldner dem Insolvenzverwalter auch diesbezüglich zur Auskunft gemäß § 97 Abs. 1 Satz 1 InsO verpflichtet, da es sich bei den Sozialdaten um betriebliche und damit verfahrensrelevante Informationen handelt.

Dieses Ergebnis steht auch in Einklang mit dem Willen des Gesetzgebers. Nach der Gesetzesbegründung darf der Informationszugang nur in dem Umfang versagt werden, in dem eine Information schützenswert ist[443]. Da der Insolvenzverwalter aufgrund seiner verfahrensrechtlichen Stellung auf diese Sozialdaten zugreifen kann, sind sie ihm gegenüber auch nicht schutzbedürftig[444].

---

440 *Schoch*, § 3 IFG Rn. 241 ff.

441 *Schmittmann*/Böing, InsbürO 2010, 15, 17; *Schmittmann/Kupka*, InsbürO 2009, 83, 87.

442 *Dauernheim/Behler/Heutz*, ZIP 2008, 2296, 2299.

443 BT-Drs. 15/4493, S. 9 l. Sp.

444 OVG Koblenz, ZIP 2010, 1091, 1094.

Im Verhältnis zu der Finanzverwaltung tritt der Insolvenzverwalter – wie bereits ausgeführt[445] – ebenfalls an die Stelle des Schuldners und muss dessen steuerliche Pflichten erfüllen. Verfahrensrechtlich ist er der Rechtsnachfolger des Schuldners[446] und kann diesen von der Akteneinsicht ausschließen. Damit vermag auch das Steuergeheimnis – in Bezug auf den Schuldner – mangels Schutzbedürftigkeit den Auskunftsanspruch nicht auszuschließen.

Im Ergebnis können dem Informationsgesuch des Insolvenzverwalters also weder das Steuer- noch das Sozialgeheimnis entgegengehalten werden, sofern Daten des Schuldners selbst oder seiner Mitarbeiter betroffen sind.

(iii) Ausschlusstatbestand des § 3 Nr. 6 IFG

Darüber hinaus kommt ein Ausschluss des Informationsanspruchs des Insolvenzverwalters gemäß § 3 Nr. 6 IFG in Betracht.

Danach besteht der Informationsanspruch dann nicht, wenn das Bekanntwerden der Information geeignet wäre, fiskalische Interessen des Bundes im Wirtschaftsverkehr oder wirtschaftliche Interessen der Sozialversicherungen zu beeinträchtigen.

Die fiskalischen Interessen des Bundes im Sinne des § 3 Nr. 6 Alt. 1 IFG könnten immer dann betroffen sein, wenn die Behörde mit ihrer Auskunft eine Insolvenzanfechtung ermöglicht, die zu einem Rückgewähranspruch führt und damit letztlich einen finanziellen Verlust für die öffentliche Hand bedeutet. Dann müsste dieser finanzielle Nachteil gleichbedeutend sein mit einer Beeinträchtigung der fiskalischen Interessen „im Wirtschaftsverkehr". Die vorstehende Formulierung ist noch im Gesetzgebungsverfahren ergänzt worden, weil der Gesetzgeber befürchtete, dass bereits die Kosten der Auskunft ein fiskalisches Interesse hätten begründen und das Gesetz damit ad absurdum führen können[447]. Deswegen ist das Tatbestandsmerkmal „im Wirtschaftsverkehr" nur dann erfüllt, wenn der Staat wie ein Dritter am Wirtschaftsverkehr teilnimmt und eine Offenbarung seiner Informationen zu Wettbewerbsnachteilen gegenüber seinen Vertragspartnern führt[448]. Eine Insolvenzanfechtung im Zusammenhang mit der Zahlung öffentlich-rechtlicher Steuern, Gebühren oder Beiträge führt aber zu

445 Siehe hierzu auch die Ausführungen in diesem Kapitel unter II.1.b.aa.

446 BFH, ZInsO 2009, 2394, 2395.

447 *Blank/Blank*, ZInsO, 2009, 1881, 1885.

448 BT-Drs. 15/4493, S. 11 r. Sp.

keinem Wettbewerbsnachteil in diesem Sinne[449], sodass § 3 Nr. 6 Alt. 1 IFG nicht greift.

§ 3 Nr. 6 Alt. 2 IFG bezweckt, die gesetzlichen Krankenkassen vor struktureller Ausforschung wettbewerbserheblicher Daten durch Konkurrenten, Vertragspartner oder Leistungserbringer zu schützen[450]. Wettbewerbserhebliche Daten sind beispielsweise der Inhalt von Versorgungsverträgen mit Leistungserbringern oder zusammengefasste Finanz-, Mitgliederstruktur- und Leistungsdaten[451]. Die typischerweise von dem Insolvenzverwalter zur Prüfung von anfechtungsrelevanten Sachverhalten beanspruchten Informationen haben aber keine wettbewerbserhebliche Relevanz in diesem Sinne[452]. Für den Insolvenzverwalter sind lediglich Informationen zu Beitragszahlungen, zwangsweisen Beitreibungen oder dem Zeitpunkt der Kenntniserlangung von der Zahlungsunfähigkeit des Schuldners beziehungsweise von einem Insolvenzantrag von Interesse[453]. Ein Ausschluss des Informationsanspruchs nach § 3 Nr. 6 Alt. 2 IFG scheidet damit ebenfalls aus.

(iv) Ausschlusstatbestand des § 6 Satz 2 IFG

Schließlich könnte der Ausschlusstatbestand des § 6 Satz 2 IFG einem Auskunftsbegehren des Insolvenzverwalters entgegenstehen.

Nach dieser Vorschrift darf der Zugang zu Betriebs- oder Geschäftsgeheimnissen nur dann gewährt werden, wenn und soweit der Betroffene eingewilligt hat. Ein Betriebs- oder Geschäftsgeheimnis liegt vor, wenn Tatsachen, die im Zusammenhang mit einem wirtschaftlichen Geschäftsbetrieb stehen, nur einem begrenzten Personenkreis bekannt sind und nach dem erkennbaren Willen des Inhabers sowie dessen berechtigten wirtschaftlichen Interessen geheim gehalten werden sollen[454].

---

449 VG Hamburg, ZIP 2009, 2014, 2017; VG Stuttgart, NZI 2009, 739, 741; VG Düsseldorf, Urteil vom 20.04.2007 – Az. 26 K 5324/06; BeckRS 2008, 38327; *Münzel/Goraj*, InsVZ 2010, 209, 215.

450 BT-Drs. 15/5606, S. 6 l. Sp.; *Steinbach/Hochheim*, NZS 2006, 517, 521.

451 BT-Drs. 15/5606, S. 6 l. Sp.

452 VG Gelsenkirchen, Urteil vom 16.09.2009 – Az. 17 K 5018/09; BeckRS 2010, 54109; *Dauernheim/Behler/Heutz*, ZIP 2008, 2296, 2300; *Schmittmann/Kupka*, InsbürO 2009, 83, 87.

453 *Dauernheim/Behler/Heutz*, ZIP 2008, 2296, 2300.

454 BT-Drs. 15/4493, S. 14 l. Sp.; BVerfG, NVwZ 2006, 1041, 1042 (zu § 9 Abs. 1 Nr. 3 UIG); VG Hamburg, Urteil vom 27.08.2010 – Az. 7 K 619/09; zitiert nach juris Rn. 74.

Es stellt sich die Frage, ob die Umstände im Zusammenhang mit Steuer- oder Beitragszahlungen des schuldnerischen Unternehmens an Finanzbehörden oder gesetzliche Krankenkassen Betriebs- oder Geschäftsgeheimnisse im Sinne der Vorschrift darstellen.

Das Betriebs- oder Geschäftsgeheimnis im Sinne des § 6 Satz 2 IFG bezieht sich auf den Geschäftsbetrieb eines Dritten, über den der Behörde Tatsachen bekannt sind, die im Übrigen aber geheim gehalten werden[455]. Die Geheimhaltung erfolgt also nicht im öffentlichen Interesse der Behörde, sondern zum Schutz privater, verfassungsrechtlich geschützter Rechte.

Aus der Sicht des Schuldners könnte eine Auskunft an den Insolvenzverwalter seine Rechte aus Art. 12 und Art. 14 GG – von deren Schutzbereich die Geschäft- und Betriebsgeheimnisse grundsätzlich umfasst sind[456] – berühren.

Dagegen spricht zum einen, dass der Schuldner dem Insolvenzverwalter gegenüber auch bezüglich dieser Geheimnisse gemäß § 97 Abs. 1 Satz 1 InsO zur Auskunft verpflichtet ist[457]. Zum anderen verwaltet der Insolvenzverwalter ab der Eröffnung des Insolvenzverfahrens aufgrund seiner vollumfänglichen Vermögenszuständigkeit die Betriebs- und Geschäftsgeheimnisse des Schuldners[458].

Die Interessenlage ist vergleichbar mit der Regelung in § 9 Abs. 1 Satz 4 Nr. 3 KWG[459]. Nach dieser Vorschrift obliegt der Bundesanstalt für Finanzdienstleistungsaufsicht grundsätzlich eine Verschwiegenheitspflicht bezüglich der bei ihr über Kredit- und Finanzdienstleistungsinstitute bekannten Geschäfts- und Betriebsgeheimnisse. Eine Ausnahme besteht nach der genannten Vorschrift gegenüber dem Insolvenzverwalter über das Vermögen des betroffenen Instituts. Deswegen darf die Bundesanstalt für Finanzdienstleistungsaufsicht dem Insolvenzverwalter die Betriebs- und Geschäftsgeheimnisse des schuldnerischen Unternehmens offenbaren.

Im Ergebnis greift der Ausschlusstatbestand des § 6 Satz 2 IFG zugunsten der Finanzverwaltung und der Krankenkassen damit nur dann ein, wenn diese durch die Auskunft an den Insolvenzverwalter die schützenswerten Geschäfts- oder Betriebsgeheimnisse eines Dritten – und nicht nur des Schuldners – offenbarten.

---

455 *Gundlach/Flöther*, NZI 2009, 719, 721; *Schoch*, NJW 2009, 2987, 2991.

456 BVerfGE 115, 205, 229 (zu Art. 12 GG); BVerfGE 128, 1 Rn. 202/206.

457 *Dahl*, NJW-Spezial 2011, 405; *Herchen*, in: Hamburger Kommentar-InsO, § 97 Rn. 7; *Schmahl/Vuia*, in: Münchener Kommentar-InsO, § 20 Rn. 26.

458 *Frege/Nicht*, in: Festschrift für Wellensiek zum 80. Geburtstag, S. 291, 303.

459 *Frege/Nicht*, in: Festschrift für Wellensiek zum 80. Geburtstag, S. 291, 303.

(v) Zwischenergebnis

Die untersuchten Ausschlusstatbestände sind im Ergebnis nicht geeignet, das Auskunftsersuchen des Insolvenzverwalters allein deswegen auszuschließen, weil mit der eventuellen Aufdeckung anfechtungsrelevanter Sachverhalte rechtliche oder wirtschaftliche Nachteile für die öffentliche Hand verbunden sind. Zudem verletzt die Auskunft grundsätzlich weder besondere Amtsgeheimnisse noch werden rechtswidrig Betriebs- oder Geschäftsgeheimnisse des Schuldners offenbart.

ff. Antragsverfahren

Gemäß § 7 Abs. 5 Satz 2 IFG soll die Behörde die begehrten Informationen innerhalb eines Monats zur Verfügung stellen. Andernfalls hat sie den Antrag nach § 9 Abs. 1 IFG innerhalb dieser Frist ganz oder teilweise abzulehnen. Eine Ablehnung ist gemäß § 9 Abs. 3 IFG möglich, wenn der Antragsteller bereits über die begehrten Informationen verfügt oder sich diese in zumutbarer Weise aus allgemein zugänglichen Quellen beschaffen kann.

Vor diesem Hintergrund könnte eine Verteidigungsmöglichkeit der Behörde darin liegen, den Insolvenzverwalter auf den Schuldner als vorrangige Informationsquelle zu verweisen. Allerdings spricht bereits der Wortlaut des § 9 Abs. 3 IFG dafür, dass es grundsätzlich der Behörde obliegt, das Vorhandensein der Informationen bei dem Antragsteller darzulegen[460]. Will die Behörde zum Zwecke ihrer Entlastung den grundsätzlich freien und voraussetzungslosen Informationszugang beschränken, muss sie die für sie günstigen Tatsachen beibringen[461]. Dies dürfte ihr im Hinblick auf die Auskunftsbereitschaft des Schuldners kaum gelingen.

Unabhängig davon gehört es zu den Sorgfaltspflichten des Insolvenzverwalters, neben dem Schuldner auch andere Auskunftsquellen, welche die Durchsetzung eventueller Ansprüche der Gläubiger erleichtern, auszuschöpfen[462]. Der Insolvenzverwalter darf sich durch ein Auskunftsbegehren bei den Behörden vergewissern, ob er von dem Schuldner vollständige Informationen erhalten hat[463].

460 OVG Koblenz, ZIP 2010, 1091, 1095.

461 VG Freiburg, NZI 2011, 825, 827.

462 *Schmittmann*, NZI 2011, 827 (Anmerkung zu VG Freiburg, Urteil vom 21.09.2011 – Az. 1 K 734/10; NZI 2011, 825 ff.).

463 So im Ergebnis auch: VG Gelsenkirchen, Urteil vom 16.09.2009 – Az. 17 K 5018/09; BeckRS 2010, 54109.

Der Insolvenzverwalter muss sich von der Behörde also nicht auf den Schuldner verweisen lassen.

gg. Ergebnis

Das Informationsfreiheitsgesetz gewährt auch dem Insolvenzverwalter einen Informationsanspruch für die Ermittlung anfechtungsrelevanter Sachverhalte. Dieser Anspruch ist nicht allein deswegen ausgeschlossen, weil der Insolvenzverwalter eine besondere verfahrensrechtliche Stellung einnimmt und mit der Auskunft die Aufdeckung von Anfechtungssachverhalten und damit letztendlich ein Vorgehen gegen die auskunftsgewährende Behörde bezweckt.

Der Anspruch besteht sowohl gegenüber den Bundesfinanzbehörden als auch gegenüber den gesetzlichen Krankenkassen, sofern diese als Behörden im Rahmen der Bundesverwaltung zu qualifizieren sind. Das Informationsfreiheitsgesetz ist weder gegenüber den §§ 97, 101 InsO, § 242 BGB noch gegenüber der Abgabenordnung sowie dem Steuergeheimnis gemäß § 30 AO subsidiär, da keine dieser Vorschriften denselben sachlichen Regelungsgegenstand wie das Informationsfreiheitsgesetz aufweist. Die in den §§ 3 ff. IFG geregelten Ausschlusstatbestände sind grundsätzlich nicht geeignet, ein Auskunftsbegehren des Insolvenzverwalters zur Ermittlung von Anfechtungssachverhalten abzuweisen, da sie nicht dem Schutz der Behörde, sondern – im Zusammenhang mit der begehrten Auskunft des Insolvenzverwalters meist nicht tangierte – Drittrechte schützen.

Der Informationsanspruch besteht neben dem Auskunftsanspruch gegenüber dem Insolvenzschuldner. Selbst wenn dieser bereits umfassend Auskunft erteilt hat, ist der Insolvenzverwalter berechtigt und sogar verpflichtet, sich darüber hinaus bei den Behörden zu vergewissern, ob er von dem Schuldner vollständige Informationen erhalten hat.

b. Informationsfreiheitsgesetz für das Land Nordrhein-Westfalen

Auf der Ebene der Landesbehörden gelten die Informationsfreiheitsgesetze der Länder[464]. Die vorliegende Arbeit untersucht das Informationsfreiheitsgesetz für das Land Nordrhein-Westfalen.

---

464 Gesetz zur Regelung des Zugangs zu Informationen in Baden-Württemberg (LIFG BW); Gesetz zur Förderung der Informationsfreiheit im Land Berlin (IFG Berlin); Akteneinsichts- und Informationszugangsgesetz für das Land Brandenburg (AIG Brandenburg); Gesetz über die Freiheit des Zugangs zu Informationen für das Land Bremen (BremIFG); Hamburgisches Transparenzgesetz (HmbTG); Gesetz zur Regelung des Zugangs zu Informationen für das Land Mecklenburg-Vorpommern (IFG

aa. Anspruchsberechtigung des Insolvenzverwalters

Im Gegensatz zu dem Informationsfreiheitsgesetz des Bundes hat gemäß § 4 Abs. 1 IFG NRW nicht „jeder", sondern nur „jede natürliche Person" einen Anspruch auf Zugang zu amtlichen Informationen. Öffentlich-rechtliche sowie privatrechtliche juristische Personen scheiden als Anspruchsberechtigte aus[465]. Wie bereits zu dem Informationsfreiheitsgesetz des Bundes ausgeführt[466], übt der Insolvenzverwalter sein Amt als natürliche Person in diesem Sinne aus. Als solche ist er auch nach dem Informationsfreiheitsgesetz für das Land Nordrhein-Westfalen grundsätzlich anspruchsberechtigt[467].

Allerdings stellt sich vor dem Hintergrund aktueller Diskussionen die Frage, welche Auswirkungen es auf die Anspruchsberechtigung hätte, wenn der Insolvenzverwalter keine natürliche, sondern eine juristische Person des Privatrechts wäre.

Das Insolvenzgericht kann gemäß § 56 Abs. 1 Satz 1 InsO nur eine natürliche Person für das Amt des Insolvenzverwalters bestellen. Das Bundesverfassungsgericht hat diese Vorschrift in einer viel diskutierten[468] Entscheidung vom 12.01.2016[469] für mit Art. 3 Abs. 1 GG und mit Art. 12 Abs. 1 GG vereinbar und damit verfassungsgemäß erklärt[470]. Eine in der Rechtsform der Gesellschaft mit beschränkter Haftung organisierte Insolvenzverwaltersozietät hatte die

---

MV); Gesetz über die Freiheit des Zugangs zu Informationen für das Land Nordrhein-Westfalen (IFG NRW); Landestransparenzgesetz Rheinland-Pfalz (LTranspG RP); Saarländisches Informationsfreiheitsgesetz (SIFG); Informationszugangsgesetz Sachsen-Anhalt (IZG LSA); Informationszugangsgesetz für das Land Schleswig-Holstein (IZG SH); Thüringer Informationsfreiheitsgesetz (ThürIFG).

465 VG Düsseldorf, Urteil vom 07.05.2002 – Az. 3 K 335/02; BeckRS 2004, 26371; *Franßen*, in: Franßen/Seidel, Rn. 384; *Partsch/Schurig*, DÖV 2003, 482, 485.

466 Siehe hierzu auch die Ausführungen in diesem Kapital unter II.3.a.aa.

467 So auch OVG Münster, NZI 2011, 915.

468 *Flöther*, EWiR 2016, 145 f.; *Frind*, NZI 2016, 156 ff.; *Gehrlein*, NZG 2016, 566 ff.; *Pape*, ZInsO 2016, 428 ff.; *Piekenbrock/Bluhm*, NJW 2016, 935; *Römermann*, ZIP 2016, 328 ff.

469 BVerfG, Beschluss vom 12.01.2016 – Az. 1 BvR 3102/13; ZIP 2016, 321 ff.

470 So auch: *Fridgen*, GWR 2013, 473; *Frind*, in: Hamburger Kommentar-InsO, § 56 Rn. 1b, 1c; *Graeber*, in: Münchener Kommentar-InsO, § 56 Rn. 15; *Lüke*, in: Kübler/Prütting/Bork, § 56 Rn. 6; *Pape*, ZIP 1993, 737; *Siemon*, INDat-Report, 02/2015, 26 ff.; *Uhlenbruck*, AnwBl. 1993, 453; **a.A.**: *Bluhm*, ZIP 2014, 555 ff.; *Jahntz*, in: FK-InsO, § 56 Rn. 8; *Kleine-Cosack*, NZI 2011, 791 ff.; *Piekenbrock*, LMK 2013, 353032; *Römermann*, ZInsO 2004, 937, 938; *ders.*, GmbHR 2013, 1249 ff.; *Zipperer*, in: Uhlenbruck, § 56 Rn. 13.

Aufnahme in die gerichtliche Vorauswahlliste für Insolvenzverwalter beantragt, gegen den ablehnenden Beschluss sofortige Beschwerde eingelegt und in allen Instanzen der Zivilgerichtsbarkeit verloren[471].

Allerdings bleibt die Problematik aufgrund ihrer europarechtlichen Bezüge weiterhin aktuell. Denn noch kurz vor dem Bundesverfassungsgericht beschied das Amtsgericht Mannheim den Antrag einer Rechtsanwaltsgesellschaft spanischen Rechts in der Rechtsform einer Sociedad Limitada Profesional (SLP) auf Aufnahme in die Insolvenzverwaltervorauswahlliste positiv[472]. Das Amtsgericht Mannheim erklärte die Dienstleistungsrichtlinie[473] für anwendbar[474] und hielt die in § 56 InsO zum Ausdruck kommende Verpflichtung zur Wahl einer bestimmten Rechtsform für unverhältnismäßig im Sinne des Art. 15 Abs. 2 lit. b, Abs. 3 lit. b, lit. c der Dienstleistungsrichtlinie[475]. Vor diesem Hintergrund dürfte damit zu rechnen sein, dass sich künftig auch der Europäische Gerichtshof mit den aufgeworfenen Fragen beschäftigen wird. Die Insolvenzgerichte könnten diesem die Frage der Anwendbarkeit der Dienstleistungsrichtlinie zur Entscheidung vorlegen. In der Folge wäre nicht auszuschließen, dass sich auch der Gesetzgeber der Problematik annimmt und § 56 InsO ändert.

Daran anknüpfend stellt sich deswegen die Frage, welche Auswirkungen eine Änderung der Vorschrift und eine damit einhergehende Zulassung juristischer Personen zu dem Amt des Insolvenzverwalters im Hinblick auf die Anspruchsberechtigung gemäß § 4 Abs. 1 IFG NRW hätte. Als juristische Person wäre der Insolvenzverwalter grundsätzlich nicht mehr von dem Wortlaut des § 4 Abs. 1 IFG NRW erfasst und damit nicht informationsberechtigt.

Diese Rechtsfolge könnte natürlich dadurch umgangen werden, dass ein Organ oder Mitarbeiter der juristischen Person im eigenen Namen und damit als natürliche Person den Antrag gemäß § 5 Abs. 1 Satz 1 IFG stellt. Gegen die Zulässigkeit einer solchen Umgehungsmöglichkeit spricht, dass der Antragsteller in dieser Fallgestaltung nicht im eigenen, sondern in dem Interesse der juristischen

471 BGH, Beschluss vom 19.09.2013 – Az. IX AR (VZ) 1/12; BGHZ 198, 225 ff. (vorgehend: OLG Karlsruhe, Beschluss vom 22.10.2012 – Az: 6 VA 10/12).

472 AG Mannheim, Beschluss vom 14.12.2015 – Az. 804 AR 163/15; ZIP 2016, 132 ff.; genau entgegengesetzt allerdings: AG Mannheim, Beschluss vom 20.01.2016 – Az. 804 AR 163/15; ZIP 2016, 431 ff.; ausführlich hierzu: *Frind*, ZInsO 2016, 672 ff.

473 RL 2006/123/EG vom 12.12.2006, ABl. EU L 376 S. 36.

474 So auch: *Piekenbrock/Blum*, NJW 2016, 935 (keine Ausübung öffentlicher Gewalt durch den Insolvenzverwalter); **a.A.**: *Frind*, ZInsO 2016, 672, 674 f.; *ders.*, in: Hamburger Kommentar-InsO, § 56 Rn. 1b.

475 Zu dem Beschluss auch: *Höpfner*, BB 2016, 1034 ff.

Person, Anfechtungssachverhalte zu ermitteln, handelte. Das Organ oder der Mitarbeiter würde lediglich vorgeschoben, um die Voraussetzungen des § 4 Abs. 1 IFG NRW zu erfüllen. In diesem Fall wäre von einer unzulässigen Antragstellung durch die juristische Person selbst auszugehen[476].

Dieses Ergebnis fiele nicht anders aus, wenn es sich bei dem Organ oder dem Mitarbeiter um einen sogenannten „ausübenden Verwalter" handelte. Die Benennung eines solchen wird teilweise vorgeschlagen, um den Argumenten des Bundesgerichtshofs[477] – insbesondere der Gefahr übermäßiger Delegation und mangelnder Kontinuität der Amtsausübung[478] – gegen eine Bestellung juristischer Personen als Insolvenzverwalter zu begegnen und damit letztere zu ermöglichen. Auch in dieser Konstellation wäre die natürliche Person lediglich vorgeschoben. Denn auch ein „ausübender Verwalter" hätte nicht das Verwalteramt inne, sondern würde selbiges lediglich für die juristische Person ausüben. Diese allein wäre die Trägerin der mit der Bestellung als Insolvenzverwalter verbundenen Rechte und Pflichten. Nicht der ausübende Verwalter, sondern die juristische Person hätte das Recht und auch die Pflicht zur Insolvenzanfechtung.

Eine andere Sichtweise wäre nur dann gerechtfertigt, wenn nicht die juristische Person selbst, sondern die für sie handelnden Personen Insolvenzverwalter im Sinne des Insolvenzordnung wären – ähnlich der Vorschrift des § 59l BRAO im Hinblick auf die Verteidigerstellung einer Rechtsanwaltsgesellschaft. Denn in diesem Fall verblieben die Rechte bei der natürlichen und nicht der juristischen Person. Allerdings hebelte eine solche Vorschrift die Zulassung juristischer Personen zu dem Amt des Insolvenzverwalters gerade aus.

Für eine Anspruchsberechtigung der juristischen Person in ihrer Funktion als Insolvenzverwalter könnte aber das Gleichheitsgebot aus Art. 3 Abs. 1 GG sprechen.

---

476 Vgl. dazu VG Düsseldorf, Urteil vom 03.02.2006 – Az. 26 K 1871/04; BeckRS 2006, 25196; *Friedersen*, in: Friedersen/Lindemann, § 4 IFG SH Erl. 3; Haurand/Möhring/Stollmann, § 4 IFG NRW Erl. 2.1; *Stollmann.*, NWVBl. 2002, 216, 217.

477 *Bluhm*, ZIP 2014, 555, 556 f.; *Paulus*, JZ 2014, 628, 629; *Piekenbrock*, LMK 2013, 353032.

478 Im Einzelnen führt der BGH in BGHZ 198, 225 Rn. 8 ff. folgende Argumente an: Die höchstpersönliche Rechtsnatur des Amtes eines Insolvenzverwalters (Rn. 8 ff.); die Existenz eines bestimmten, persönlich für die zweckentsprechende Aufgabenwahrnehmung Verantwortlichen (Rn. 11 ff.); die notwendige Kontinuität der Amtsausübung (Rn. 14 ff.); die Gefahr einer unverhältnismäßigen Erschwernis der Willensbildung im Rahmen der ordnungsgemäßen Ausübung des Insolvenzverwalteramtes (Rn. 17 ff.); die Effektivität gerichtlicher Aufsicht (Rn. 22 ff.); die Unabhängigkeit des Insolvenzverwalters (Rn. 24 f.) und die Haftung des Insolvenzverwalters (Rn. 26 ff.).

Nach der ursprünglich von dem Bundesverfassungsgericht aufgestellten Willkürformel gebietet die Norm „weder wesentlich Gleiches willkürlich ungleich, noch wesentlich Ungleiches willkürlich gleich zu behandeln“[479]. Willkürlich sei eine Maßnahme, wenn sie nicht am Gerechtigkeitsgedanken orientiert ist[480]. Nach der heute insbesondere von dem Ersten Senat des Bundesverfassungsgerichts verwendeten neuen Formel ist das Gleichheitsgebot verletzt, „wenn eine Gruppe von Normadressaten im Vergleich zu anderen Normadressaten anders behandelt wird, obwohl zwischen beiden Gruppen keine Unterschiede von solcher Art und solchem Gewicht bestehen, daß sie die ungleiche Behandlung rechtfertigen könnten“[481].

Die Gewährung des Informationszugangs gegenüber Insolvenzverwaltern in Gestalt natürlicher Personen bei gleichzeitiger Versagung des Informationszugangs gegenüber Insolvenzverwaltern in Gestalt juristischer Personen könnte nach beiden Formeln gleichheitswidrig sein.

Unabhängig von der Rechtsform hätte der Insolvenzverwalter die identischen Rechte und Pflichten. Der einzige Unterschied zwischen den beiden Personen im Hinblick auf ihre verfahrensrechtliche Stellung bestünde darin, dass die juristische Person nicht selbst, sondern nur durch ihre Organe handeln könnte. Ein Antrag auf Informationszugang durch ein Organ wäre aber – wie vorstehend gezeigt – eine unzulässige Umgehung. Eine Ungleichbehandlung im Sinne des Informationszugangs wäre also willkürlich beziehungsweise es ließen sich keine Unterschiede feststellen, die diese informatorische Ungleichbehandlung rechtfertigte.

Folglich läge ein Verstoß gegen Art. 3 Abs. 1 GG vor, wenn nur der Insolvenzverwalter in Gestalt einer natürlichen Person anspruchsberechtigt wäre. Deswegen müsste § 4 Abs. 1 IFG NRW im Ergebnis verfassungskonform ausgelegt und damit auch dem Insolvenzverwalter in Gestalt einer juristischen Person der Informationszugang gewährt werden.

bb. Auskunftsverpflichtete Behörden

Das Informationsfreiheitsgesetz für das Land Nordrhein-Westfalen gilt nach § 2 Abs. 1 Satz 1 IFG NRW für die Verwaltungstätigkeit der Behörden, Einrichtungen und sonstigen öffentlichen Stellen des Landes, der Gemeinden und Gemeindeverbände sowie der sonstigen, der Aufsicht des Landes unterstehenden,

---

479 BVerfGE 1, 14, 52; BVerfGE 4, 144, 155.

480 BVerfGE 3, 58, 135 f.

481 BVerfGE 55, 72, 88; BVerfGE 60, 123, 133 f.

juristischen Personen des öffentlichen Rechts und deren Vereinigungen (öffentliche Stellen). Behörde im Sinne dieses Gesetzes ist gemäß § 2 Abs. 1 Satz 2 IFG NRW jede Stelle, die Aufgaben der öffentlichen Verwaltung wahrnimmt.

Damit verwendet das Informationsfreiheitsgesetz für das Land Nordrhein-Westfalen – ebenso wie das Informationsfreiheitsgesetz des Bundes – den funktionalen Behördenbegriff.

Für den Insolvenzverwalter ist insbesondere die Informationspflicht der Landesfinanzverwaltung von besonderem Interesse. Die Finanzämter erhalten oft kurz vor der Eröffnung des Insolvenzverfahrens noch Zahlungen im Wege der Zwangsvollstreckung und sind aufgrund von Betriebsprüfungen über die finanzielle Situation des Schuldners informiert. Als untere Landesbehörden gemäß § 9 Abs. 2 LOG NRW sind die Finanzämter Behörden im Sinne des § 2 Abs. 1 Satz 1, Satz 2 IFG NRW und damit grundsätzlich auskunftsverpflichtet[482].

Im Hinblick auf die Sozialversicherungsträger dürfte das Informationsfreiheitsgesetz für das Land Nordrhein-Westfalen für die Insolvenzverwalter nur bezüglich der auf Landesebene verfassten AOK von Interesse sein[483]. Hier gelten die obigen Erläuterungen[484] entsprechend. Die gesetzlichen Krankenkassen sind also grundsätzlich auch Behörden im Sinne des § 2 Abs. 1 Satz 1 in Verbindung mit Satz 2 IFG NRW und damit ebenfalls zur Auskunft verpflichtet.

cc. Subsidiarität des IFG Nordrhein-Westfalen

Ebenso wie das Bundesrecht enthält auch das Informationsfreiheitsgesetz Nordrhein-Westfalen eine Subsidiaritätsklausel. Soweit besondere Rechtsvorschriften über den Zugang zu amtlichen Informationen, die Auskunftserteilung oder die Gewährung von Akteneinsicht bestehen, gehen diese gemäß § 4 Abs. 2 IFG NRW vor. Grundsätzlich gelten hier die zu § 1 Abs. 3 IFG gemachten Ausführungen[485] entsprechend. Allerdings ist zu berücksichtigen, dass § 4 Abs. 2 IFG im Gegensatz zu § 1 Abs. 3 IFG keine Ausnahmen normiert.

(i) Vorrang der §§ 29 VwVfG, 25 SGB X

Deswegen stellt sich an dieser Stelle auch die Frage, ob § 29 Abs. 1 Satz 1 VwVfG (NRW) und vergleichbare spezialgesetzliche Akteneinsichtsrechte – wie zum

482 OVG Münster, NZI 2011, 915; *Franßen*, in: Franßen/Seidel, § 2 IFG NRW Rn. 122.

483 *Dauernheim/Behler/Heutz*, ZIP 2008, 2296, 2301.

484 Siehe hierzu auch die Ausführungen in diesem Kapitel unter II.3.a.bb.

485 Siehe hierzu auch die Ausführungen in diesem Kapitel unter II.3.a.dd.

Beispiel § 25 Abs. 1 Satz 1 SGB X – besondere Rechtsvorschriften in diesem Sinne sind.

Wie bereits erläutert, ist ein Informationszugangsrecht gegenüber dem anderen nur dann vorrangig, wenn es denselben sachlichen Regelungsgegenstand hat und ein darüber hinaus gehender Informationsanspruch nach dem Informationsfreiheitsgesetz seinem Schutzzweck zuwider liefe[486].

Die genannten Vorschriften haben grundsätzlich denselben sachlichen Regelungsgegenstand wie der Informationsanspruch aus dem Informationsfreiheitsgesetz für das Land Nordrhein-Westfalen. Sie gewähren Zugang zu den in der Akte der Behörde des betreffenden Verwaltungsverfahrens befindlichen amtlichen Informationen. Besonders sind diese Akteneinsichtsrechte gegenüber dem Informationsanspruch aus dem Informationsfreiheitsgesetz für das Land Nordrhein-Westfalen insoweit, als sie nur während eines laufenden Verwaltungsverfahrens und nur hinsichtlich der in den Verwaltungsakten enthaltenen Informationen für die am Verwaltungsverfahren Beteiligten eine Regelung über den Zugang zu amtlichen Informationen treffen.

Entscheidend ist deswegen, ob ein darüber hinaus gehender Informationszugang gemäß § 4 Abs. 1 Satz 1 IFG NRW dem Schutzzweck des § 29 Abs. 1 Satz 1 VwVfG NRW und des § 25 Abs. 1 Satz 1 SGB X zuwiderliefe.

Die verfahrensbezogenen Akteneinsichtsrechte beruhen im Gegensatz zu den modernen Informationsfreiheitsgesetzen auf dem Prinzip der beschränkten Aktenöffentlichkeit, welches das Recht auf Akteneinsicht sowohl in persönlicher als auch in sachlicher Hinsicht beschränkt. Das Tatbestandsmerkmal des rechtlichen Interesses zeigt, dass ein Verfahrensbeteiligter nur dann Einsicht in die Akten des Verwaltungsverfahrens nehmen können soll, wenn dies für die Verfolgung seiner rechtlichen Interessen notwendig ist. Diese Einschränkung ist dem Prinzip der beschränkten Aktenöffentlichkeit immanent.

Gewährte man an dieser Stelle trotzdem einen Informationsanspruch nach § 4 Abs. 1 Satz 1 IFG NRW, so bedeutete dies, die von dem Gesetzgeber getroffenen Wertungen und verfolgten Regelungsabsichten zu missachten[487].

Gegen diese Sichtweise spricht auch nicht, dass § 1 Abs. 3 IFG für die Akteneinsichtsrechte des Verwaltungsverfahrensgesetzes und des Zehnten Buchs

---

486 BVerwG, NVwZ 2012, 824 Rn. 7; OVG Münster, NJW 2005, 2028, 2029; OVG Münster, NZI 2011, 915, 916; Haurand/Möhring/Stollmann, § 4 IFG NRW Anm. 3.1.

487 *Franßen*, in: Franßen/Seidel, § 4 IFG NRW Rn. 456; der von *Liedtke*, NWVBl 2006, 286, 287 f., erhobene Einwand, dass es dann in der Regel zur Versagung eines Anspruchs auf Zugang zu amtlichen Informationen komme, ist allenfalls ein rechtspolitischer.

Sozialgesetzbuch explizit eine Rückausnahme von der grundsätzlichen Subsidiarität des Informationsfreiheitsgesetzes des Bundes statuiert. Im Gegenteil: Der Bundesgesetzgeber hat diese Regelung getroffen, weil der geplante Verzicht auf das Erfordernis des rechtlichen Interesses in § 29 Abs. 1 Hs. 2 VwVfG mangels einer Verständigung mit und unter den Bundesländern nicht umgesetzt werden konnte[488]. Gerade dieser Umstand zeigt, dass einige Länder auf die tatbestandliche Einschränkung (noch) nicht verzichten wollten. Eine Rechtseinheit zwischen dem Bund und den Ländern ist nicht zwingend erforderlich. Die Bundesländer sind in ihrem gesetzgeberischen Kompetenzbereich grundsätzlich dazu befugt, abweichende Regelungen zu treffen.

Die verdrängende Wirkung des § 29 Abs. 1 Satz 1 VwVfG (NRW) und des § 25 Abs. 1 Satz 1 SGB X ist allerdings zeitlich begrenzt. Mit der Beendigung eines eingeleiteten Verwaltungsverfahrens stellen diese Vorschriften keine besonderen Rechtsvorschriften mehr dar. Denn jenseits ihres Anwendungsbereichs enthalten diese keine abschließende Regelung[489]. Dies ergibt sich insbesondere aus dem jeweiligen Satz 2 der genannten Vorschriften. Danach erstreckt sich das Akteneinsichtsrecht bis zum Abschluss des Verwaltungsverfahrens nicht auf Entwürfe zu Entscheidungen sowie die Arbeiten zu ihrer unmittelbaren Vorbereitung. Die Formulierung „bis zum Abschluss des Verwaltungsverfahrens" wird dahin gehend ausgelegt, dass nach dem Ende des Verwaltungsverfahrens selbst für Entwürfe und Vorarbeiten ein Anspruch auf ermessensfehlerfreie Entscheidung der Behörde über die Gewährung von Akteneinsicht besteht[490].

Regeln aber nicht einmal die §§ 29 Abs. 1 Satz 2 VwVfG (NRW), 25 Abs. 1 Satz 2 SGB X abschließend, dass nach dem Ende eines Verwaltungsverfahrens ein Akteneinsichtsrecht nicht oder nur teilweise besteht, muss dies erst Recht für die Regelungen in den §§ 29 Abs. 1 Satz 1 VwVfG (NRW), 25 Abs. 1 Satz 1 SGB X gelten.

Im Ergebnis enthalten diese Normen also nur während eines laufenden Verwaltungsverfahrens eine abschließende Regelung und damit eine besondere Rechtsvorschrift im Sinne des § 4 Abs. 2 IFG NRW[491].

---

488 *Kallerhoff*, in: Stelkens/Bonk/Sachs, § 29 VwVfG Rn. 25; *Schmitz/Jastrow*, NVwZ 2005, 984, 989.

489 OVG, NJW 2005, 2028, 2029.

490 Zu § 29 Abs. 1 Satz 2 VwVfG: BVerwGE 67, 300, 304; *Clausen*, in: Knack/Henneke, § 29 VwVfG Rn. 15; *Franßen*, in: Franßen/Seidel, § 4 IFG NRW Rn. 460; *Kallerhoff*, in: Stelkens/Bonk/Sachs, § 29 VwVfG Rn. 51.

491 *Franßen*, in: Franßen/Seidel, § 4 IFG NRW Rn. 460.

Für den Insolvenzverwalter würde dies bedeuten, dass er sich in der überwiegenden Zahl der Fälle auf das Informationsrecht aus § 4 Abs. 1 IFG NRW stützen kann, da zu dem Zeitpunkt seiner Ermittlungen die betreffenden Verwaltungsverfahren meist beendet sein dürften.

(ii) Vorrang der Abgabenordnung

Darüber hinaus ist auch auf der Landesebene das Verhältnis der Abgabenordnung zu dem Informationsfreiheitsgesetz genauer zu untersuchen. Grundsätzlich gelten auch hier dieselben Erwägungen wie in dem Verhältnis der Abgabenordnung zu dem Informationsfreiheitsgesetz auf Bundesebene.

Der gegenüber dem Finanzamt geltend gemachte Informationsanspruch zum Zwecke der Ermittlung von Anfechtungssachverhalten wird von dem Regelungsbereich der Abgabenordnung nicht umfasst[492]. Das Informationsfreiheitsgesetz für das Land Nordrhein-Westfalen steht auch dem Schutzzweck der Abgabenordnung nicht entgegen[493]. Ebenso wie das Informationsfreiheitsgesetz des Bundes gewährt es den Informationsanspruch nicht schrankenlos, sondern sorgt vielmehr für ein Schutzniveau, das sowohl die Interessen der Landesfinanzverwaltung als auch Dritter angemessen wahrt[494]. Beispielsweise ist gemäß § 7 Abs. 1 IFG NRW der Antrag auf Informationszugang für Entwürfe zu Entscheidungen, für Arbeiten und Beschlüsse zu ihrer Vorbereitung sowie für Protokolle vertraulicher Beratungen abzulehnen. Hiermit werden der behördliche Entscheidungsprozess und damit auch die ordnungsgemäße Aufgabenerfüllung der Landesfinanzverwaltung gewahrt. Daten Dritter werden darüber hinaus durch § 9 IFG NRW geschützt.

In Bezug auf das Informationsfreiheitsgesetz Nordrhein-Westfalen bedarf darüber hinaus aber auch das Verhältnis von Bundes- zu Landesrecht der näheren Untersuchung.

Nach der Auffassung einiger Finanzgerichte und von Teilen in der Literatur greift an dieser Stelle der aus Art. 31 GG folgende Einwand, dass die von dem Bundesgesetzgeber gewählte absichtsvolle Nichtregelung eines Akteneinsichtsrechts im Besteuerungsverfahren das Informationsfreiheitsgesetz für das Land

492 BVerwG, NVwZ 2012, 824 Rn. 9 (die Entscheidung ist im Anschluss an das Urteil des vom OVG Münster vom 15.06.2011 – Az. 8 A 1150/10; ZIP 2011, 1426 ff. – ergangen und hat die hiergegen eingelegte Beschwerde gegen die Nichtzulassung der Revision zurückgewiesen).

493 OVG Münster, ZIP 2011, 1426, 1427.

494 *Polenz*, NJW 2009, 1921, 1924.

Nordrhein-Westfalen als Landesgesetz bricht[495]. Der Bundesgesetzgeber habe mit dem Erlass der Abgabenordnung von seiner Gesetzgebungskompetenz aus Art. 108 Abs. 5 Satz 1 GG Gebrauch gemacht und ein abschließendes Verfahrensrecht normiert, das von den Landesfinanzbehörden bei der Verwaltung der übrigen Steuern im Sinne des Art. 108 Abs. 2 Satz 1 GG anzuwenden ist[496]. Ausweislich der Gesetzesbegründung habe der Gesetzgeber dabei bewusst davon abgesehen, einen Anspruch der Steuerpflichtigen auf Einsichtnahme in die Steuerakten der Finanzverwaltung zu normieren[497]. Hierin liege ein erkennbarer, absichtsvoller Regelungsverzicht des Bundesgesetzgebers, der als eine Ausnutzung der ihm eingeräumten Regelungskompetenz zur Schaffung abschließender Regelungen für Auskunfts- und Akteneinsichtsrechte im Bereich der Abgabenordnung anzusehen sei[498].

Art. 31 GG entfaltet seine Vorrangwirkung allerdings nur dann, wenn die entsprechenden Normen des Bundes- und des Landesrechts miteinander kollidieren. Dies setzt voraus, dass die Normen inhaltsgleich sind[499]. Fraglich ist, ob hier eine entsprechende Kollision vorliegt.

Ein identischer Inhalt ist im Hinblick auf die absichtsvolle Nichtregelung eines Akteneinsichtsrechts im Steuerverwaltungsverfahren und dem verfahrensunabhängigen Informationsfreiheitsgesetz zunächst nur innerhalb eines laufenden Steuerverwaltungsverfahrens erkennbar. Der Gesetzgeber hat sich während des Gesetzgebungsverfahrens zur Abgabenordnung lediglich damit beschäftigt, ob während eines Steuerverwaltungsverfahrens dem Beteiligten ein Akteneinsichtsrecht zusteht oder nicht[500]. Eine generelle Zugangssperre zu den bei der Finanzverwaltung vorhandenen Akten ist mit der Nichtregelung nicht verbunden[501].

---

495 FG Münster, EFG 2003, 499, 501; FG Münster, DStRE 2004, 479, 480; FG Münster, Urteil vom 28.03.2012 – Az. 6 K 4441/10 AO; BeckRS 2012, 95062; zustimmend: *Drüen*, in: Tipke/Kruse, § 30 AO Rn. 92; *Grundmann*, AO-StB 2004, 130, 131; *Dies.*, S. 66 f.; *Pump*, DStZ 2003, 535.

496 FG Münster, EFG 2003, 499, 501.

497 FG Münster, EFG 2003, 499, 501.

498 So auch: BFHE 202, 231 ff. zu § 1 Abs. 3 BDSG.

499 BVerfGE 36, 342, 363; BVerfGE 96, 345, 364; BVerfGE 98, 145, 159; BVerfGE 121, 317 Rn. 99.

500 BT-Drs. 7/4292, S. 24 f.

501 BVerwG, NVwZ 2012, 824 Rn. 10; dem folgend: BFH, ZInsO 2017, 780 Rn. 4; OVG Münster, NZI 2016, 182, 183; VG Berlin, NZI 2013, 413 Rn. 12.

Nach der Auffassung des Bundesverwaltungsgerichts macht der Insolvenzverwalter einen solchen, auf ein laufendes Steuerverfahren bezogenen Anspruch aber gerade nicht geltend. Der Insolvenzverwalter handele nicht in Erfüllung steuerlicher Pflichten, sondern vielmehr im Interesse der Gesamtheit der Gläubiger, zu deren Gunsten anfechtbare Zahlungen im Wege der Anfechtung zur Insolvenzmasse gezogen werden sollen[502].

Nitschke ist der Ansicht, das Bundesverwaltungsgericht verkenne in diesem Zusammenhang, dass der Insolvenzverwalter die Auskunft innerhalb eines noch laufenden Steuerverwaltungsverfahrens, namentlich dem Vollstreckungsverfahren, verlange[503]. Aus der Sicht der Finanzverwaltung sei die Bearbeitung des Insolvenzverfahrens über das Vermögen des Schuldners Teil des steuerlichen Vollstreckungsverfahrens[504].

Dieser Einwand berücksichtigt nicht, dass auch ein steuerliches Verwaltungsverfahren mit Erlass des jeweils zugrunde liegenden Verwaltungsakts beendet ist[505]. Die Steuererhebung und die Vollstreckung sind deswegen nicht mehr Bestandteil des zuvor durchgeführten Steuerfestsetzungsverfahrens, sondern ebenso neue Verwaltungsverfahren[506]. Der Insolvenzverwalter begehrt die Akteneinsicht zumeist nicht wegen noch offener Steuerforderungen, die vor der Eröffnung des Insolvenzverfahrens vergeblich vollstreckt worden sind und nun im Rahmen eines verfahrensrechtlich noch nicht abgeschlossenen Vollstreckungsverfahrens als einfache Insolvenzforderungen zur Insolvenztabelle angemeldet werden. Vielmehr interessiert er sich vorwiegend für bezahlte oder vollstreckte Steuern, bezüglich derer auch das jeweilige Verwaltungsvollstreckungsverfahren bereits abgeschlossen ist.

Darüber hinaus ist zu berücksichtigen, dass das Bundesverwaltungsgericht in der von *Nitschke* kritisierten Entscheidung nicht auf die Beendigung des steuerlichen Verwaltungs(vollstreckungs-)verfahrens abstellt, sondern darauf, dass der Insolvenzverwalter keinen Auskunftsanspruch geltend macht, der sich inhaltlich auf ein noch laufendes Steuerverwaltungsverfahren bezieht[507]. Denn der Umstand, dass der Insolvenzverwalter die Akteneinsicht allein deswegen beantragt,

---

502 BVerwG, NVwZ 2012, 824 Rn. 9.

503 *Nitschke*, DÖV 2014, 1049, 1050.

504 *Nitschke*, DÖV 2014, 1049, 1050.

505 *Drüen*, in: Tipke/Kruse, § 78 AO Rn. 5; *Söhn*, in: Hübschmann/Hepp/Spitaler, § 78 AO Rn. 33; *Wünsch*, in: Koenig, § 78 AO Rn. 7.

506 *Söhn*, in: Hübschmann/Hepp/Spitaler, § 78 AO Rn. 33; *Wünsch*, in: Koenig, § 78 AO Rn. 7; **a.A.** für Einspruchsverfahren: BFH/NV 96, 289.

507 BVerwG, NVwZ 2012, 824 Rn. 9.

weil er Anfechtungssachverhalte ermitteln, nicht aber die steuerlichen Pflichten des Schuldners erfüllen möchte, führt nach der Rechtsprechung des Bundesfinanzhofs gerade dazu, dass der Insolvenzverwalter keinen Anspruch auf ermessensfehlerfreie Entscheidung über seinen Antrag auf Akteneinsicht geltend machen kann[508].

Für eine generelle Zugangssperre könnte dem Bundegesetzgeber zudem die Gesetzgebungskompetenz fehlen. Art. 108 Abs. 5 GG erfasst das Verwaltungsverfahren für die von den Ländern für den Bund verwalteten Steuern. Vorschriften über Auskunftsansprüche, Informations- oder Akteneinsichtsrechte betreffen nur dann ein Verwaltungsverfahren, wenn sie einem Beteiligten in einem laufenden Verwaltungsverfahren eingeräumt werden, wie beispielsweise durch die Vorschriften der §§ 25, 29 VwVfG[509].

Der Informationsanspruch nach den Informationsfreiheitsgesetzen besteht aber grundsätzlich unabhängig von einem anhängigen Verwaltungsverfahren und unterfällt damit insoweit nicht dem Verfahrensbegriff im Sinne des Art. 108 Abs. 5 GG[510]. Bei dem Informationsfreiheitsrecht handelt es sich vielmehr um ein fachgebietsunabhängiges, eigenständiges und neu entstandenes Teilgebiet des Verwaltungsrechts[511]. Mangels einer besonderen Gesetzgebungskompetenz des Bundes gilt diesbezüglich die allgemeine Gesetzgebungskompetenz der Länder aus Art. 70 GG[512].

Selbst wenn die Gesetzgebungskompetenz des Bundes betroffen wäre, so ist fraglich, ob der Bund von dieser überhaupt Gebrauch gemacht hat. Dagegen spricht, dass der Bundesgesetzgeber auch nach dem Inkrafttreten der verschiedenen Informationsfreiheitsgesetze der Länder sowie nach dem Erlass des Informationsfreiheitsgesetzes des Bundes im Jahr 2005[513] spätere Änderungen der Abgabenordnung nicht zum Anlass genommen hat, die Frage eines Informationszugangsanspruchs gegenüber den Finanzämtern aufzugreifen und das Verhältnis zwischen den zwischenzeitlich geschaffenen Informationszugangsrechten

---

508 BFHE 240, 497 Rn. 22; BFH/NV 2011, 2 Rn. 6.

509 BVerwG, NWVBl 2008, 59 Rn. 9 (zu Art. 84 Abs. 1 GG).

510 BVerwG, NWVBl 2008, 59 Rn. 9; BVerwGE 141, 122 Rn. 17.; BVerwG, NVwZ 2012, 824 Rn. 10.

511 So auch: *Schaake*, S. 63.

512 *Polenz*, NJW 2009, 1921, 1922; *Korn*, DÖV 2012, 232, 235 f.; *Raabe/Helle-Meyer*, NVwZ 2004, 641, 644.

513 Gesetz zur Regelung des Zugangs zu Informationen des Bundes (Informationsfreiheitsgesetz – IFG) vom 5. September 2005, BGBl. I. S. 2722.

klarzustellen[514]. Das Informationsfreiheitsgesetz des Bundes regelt ohne Einschränkung einen allgemeinen Informationsanspruch. Deswegen kann nicht mehr ohne Weiteres davon ausgegangen werden, dass eine von der Rechtsprechung des Bundesfinanzhofs[515] bloß unterstellte Nichtregelungsabsicht des Bundesgesetzgebers für die Landesfinanzverwaltung fortbesteht[516].

Im Ergebnis sprechen also die besseren Gründe dafür, dass die Abgabenordnung das Informationsfreiheitsgesetz Nordrhein-Westfalen – zumindest außerhalb eines laufenden Steuerverwaltungsverfahrens – nicht zu verdrängen vermag.

dd. Kein Eingreifen der Ausschlusstatbestände

Bezüglich der Ausschlusstatbestände ergeben sich gegenüber dem Informationsfreiheitsgesetz des Bundes keine Unterschiede. Die dem Bundesgesetz im Wesentlichen entsprechenden Normen des Informationsfreiheitsgesetzes Nordrhein-Westfalen sind in den §§ 6 bis 10 IFG NRW geregelt. Ein Auskunftsverlangen des Insolvenzverwalters zur Ermittlung anfechtungsrelevanter Sachverhalte kann auch nach diesen Vorschriften grundsätzlich nicht zurückgewiesen werden.

ee. Antragsverfahren

Begehrt der Antragsteller eine bestimmte Art des Informationszugangs, so darf gemäß § 5 Abs. 1 Satz 4 IFG NRW eine andere Art nur dann bestimmt werden, wenn hierfür ein wichtiger Grund vorliegt. Die begehrte Information soll unverzüglich, spätestens innerhalb eines Monats nach Antragstellung, zugänglich gemacht werden. Die Ablehnung eines Antrages ist gemäß § 5 Abs. 2 Satz 3 Hs. 1 Alt. 1 IFG NRW schriftlich zu erteilen und zu begründen.

ff. Zwischenergebnis

Ebenso wie das Bundesrecht gewährt auch das Informationsfreiheitsgesetz für das Land Nordrhein-Westfalen dem Insolvenzverwalter einen voraussetzungslosen Auskunftsanspruch gegenüber den Landesbehörden.

Zwar schränkt § 4 Abs. 1 IFG NRW den Kreis der Anspruchsberechtigten grundsätzlich auf natürliche Personen ein. Selbst wenn zukünftig aber auch

---

514 OVG Münster, NZI 2011, 915, 917.

515 BFHE 202, 231 Rn. 19.

516 *Korn*, DÖV 2012, 232, 235 f.; *Polenz*, NJW 2009, 1921, 1924; *Seer*, in: Tipke/Kruse, § 91 AO Rn. 29; offen gelassen von: OVG Münster ZIP 2011, 1426, 1427; **a.A.**: *Drüen*, in: Tipke/Kruse, § 30 AO Rn. 92.

juristische Personen des Privatrechts zu dem Amt des Insolvenzverwalters zugelassen werden würden, müsste die Vorschrift unter Gleichheitsgesichtspunkten verfassungskonform ausgelegt und auch dem Insolvenzverwalter in Gestalt einer juristischen Person der Informationsanspruch gewährt werden.

Die Landesverwaltung ist auch anspruchsverpflichtet. Im Hinblick auf die Sozialversicherungsträger dürfte das Informationsfreiheitsgesetz des Landes Nordrhein-Westfalen für den Insolvenzverwalter nur bezüglich der auf Landesebene verfassten AOK von Bedeutung sein.

Während eines laufenden Verwaltungsverfahrens verdrängen § 29 Abs. 1 Satz 1 VwVfG (NRW) und § 25 Abs. 1 Satz 1 SGB X das Informationsfreiheitsgesetz des Landes Nordrhein-Westfalen. Außerhalb eines laufenden Verwaltungsverfahrens besteht der Informationsanspruch.

Gegenüber der Abgabenordnung ist das Landesgesetz außerhalb eines laufenden Steuerverwaltungsverfahrens ebenfalls nicht subsidiär.

c. Rechtsschutz

Lehnt die Verwaltung den Antrag des Insolvenzverwalters auf Auskunft ab[517], so stellt sich sowohl auf Bundes- als auch auf Landesebene die Frage nach dem zulässigen Rechtsbehelf gegen diese ablehnende Entscheidung.

Gemäß § 9 Abs. 4 Satz 1 IFG sind Widerspruch und Verpflichtungsklage die gegen eine Ablehnung zulässigen Rechtsbehelfe. Obwohl die entsprechende Verfahrensnorm des § 5 IFG NRW keinen Rechtsbehelf gegen eine ablehnende Entscheidung nennt, sind Widerspruch und Verpflichtungsklage auch unter dem Landesrecht statthaft[518].

Fraglich ist hingegen der Rechtsweg, auf dem der Auskunftsanspruch zulässigerweise durchgesetzt werden kann. Vor dem Hintergrund, dass der Insolvenzverwalter die Informationen im Wesentlichen von der Finanzverwaltung und den Sozialversicherungsträgern verlangt, sind neben der Verwaltungsgerichtsbarkeit insbesondere die Finanz- sowie die Sozialgerichtsbarkeit angesprochen.

aa. Bundesebene: § 9 Abs. 4 Satz 1 IFG als aufdrängende Sonderzuweisung

Bewegt sich der Insolvenzverwalter in dem Anwendungsbereich des Informationsfreiheitsgesetzes des Bundes, könnte der Verwaltungsrechtsweg bereits im Wege der Sonderzuweisung in Gestalt des § 9 Abs. 4 IFG eröffnet sein. Der Verwaltungsrechtsweg ist nicht nur dann gegeben, wenn die Voraussetzungen der

---

517 Was nach *Schmittmann/Kupka*, InsbürO 2009, 83, 88, der Regelfall sein soll.

518 Haurand/Möhring/Stollmann, § 5 IFG NRW 3.4.1.

Generalklausel des § 40 Abs. 1 Satz 1 Hs. 1 VwGO vorliegen. Vielmehr gibt es aufdrängende Sonderzuweisungen, die den Rechtsweg zu den Verwaltungsgerichten eröffnen und dem § 40 Abs. 1 Satz 1 VwGO als spezialgesetzliche Regelungen vorgehen[519].

Wie bereits angesprochen, bestimmt § 9 Abs. 4 Satz 1 IFG unter der Paragraphenüberschrift „[…] Rechtsweg", dass gegen eine ablehnende Entscheidung im Zusammenhang mit diesem Gesetz „Widerspruch und Verpflichtungsklage zulässig" sind.

Zwar kann allein von diesem Wortlaut noch nicht auf eine aufdrängende Sonderzuweisung zu den Verwaltungsgerichten geschlossen werden, da die Begriffe „Widerspruch und Verpflichtungsklage" auch in den Sozialgerichtsgesetzen[520] verwendet werden. Die unmittelbar nachfolgende Formulierung in § 9 Abs. 4 Satz 2 IFG knüpft allerdings ausschließlich an § 68 Abs. 1 Satz 2 Nr. 1 VwGO an, eine Vorschrift der Verwaltungsgerichtsordnung. Eine vergleichbare Vorschrift findet sich auch in § 78 Abs. 1 Nr. 2 SGG. Aus dem Umstand, dass § 9 Abs. 4 Satz 2 IFG auf letztere nicht verweist, lässt sich im Wege des Umkehrschlusses entnehmen, dass die Regelungen in § 9 Abs. 4 IFG allein auf die Verwaltungsgerichtsordnung und damit auf den Verwaltungsrechtsweg Bezug nehmen[521].

Diese Zielsetzung ergibt sich auch aus der Entstehungsgeschichte des Gesetzes. Nach der Gesetzesbegründung bezweckt § 9 Abs. 4 Satz 2 IFG die Stärkung der Selbstkontrolle der Verwaltung und die Entlastung der Verwaltungsgerichte[522]. Hätte der Gesetzgeber beabsichtigt, mit den Regelungen in § 9 Abs. 4 IFG auch den Weg zu den Sozialgerichten zu eröffnen, hätte es nahegelegen, eine mit § 9 Abs. 4 Satz 2 IFG vergleichbare Bestimmung auch für diesen Bereich einzuführen. Es ist kein Grund ersichtlich, nicht auch die Sozialgerichte zu entlasten[523]. Sowohl der Wortlaut des § 9 Abs. 4 IFG als auch dessen Begründung beziehen sich also auf Besonderheiten, die lediglich für den Verwaltungsrechtsweg einschlägig sind.

Deswegen ist im Ergebnis davon auszugehen, dass § 9 Abs. 4 IFG für Streitigkeiten im Anwendungsbereich des Informationsfreiheitsgesetzes des Bundes

---

519 BVerwGE 18, 181, 184; *Ehlers/Schneider*, in: Schoch/Schneider/Bier, § 40 VwGO Rn. 28; *v. Albedyll*, in: Heidelberger Kommentar-VwGO, § 40 VwGO Rn. 120.

520 Dort beispielsweise in § 78 Abs. 3 SGG und § 83 SGG.

521 OVG Hamburg, NordÖR, 258, 259.

522 BT-Drs. 15/4493, S. 16 l. Sp.

523 OVG Hamburg, NordÖR 2009, 258, 259.

den Rechtsweg zu den Verwaltungsgerichten bestimmt, es sich mithin um eine aufdrängende Sonderzuweisung handelt[524].

bb. Landesebene: Generalklausel des § 40 Abs. 1 Satz 1 VwGO

Das Informationsfreiheitsgesetz für das Land Nordrhein-Westfalen beinhaltet keine Vorschrift, die den Rechtsweg zu den Verwaltungsgerichten eröffnet[525].

Selbst wenn Nordrhein-Westfalen Streitigkeiten um den Informationszugang – wie in Rheinland-Pfalz[526], Thüringen[527] und Schleswig-Holstein[528] geschehen – ausdrücklich dem Verwaltungsrechtweg zugewiesen hätte, so wäre die Regelung wirkungslos. Denn § 40 Abs. 1 Satz 2 VwGO bestimmt, dass die Länder nur abdrängende, nicht aber aufdrängende Zuweisungen erlassen können.

Deswegen stellt sich daran anschließend die Frage, ob die Generalklausel des § 40 Abs. 1 Satz 1 VwGO den Rechtsweg zu den Verwaltungsgerichten eröffnet. Die Vorschrift setzt voraus, dass eine öffentlich-rechtliche Streitigkeit nichtverfassungsrechtlicher Art vorliegt, die nicht durch Bundesgesetz einem anderen Gericht ausdrücklich zugewiesen ist.

(i) Öffentlich-rechtliche Streitigkeit nicht verfassungsrechtlicher Art

Ob eine Streitigkeit dem öffentlichen Recht oder dem Privatrecht zuzuordnen ist, beurteilt sich nach der ganz herrschenden Meinung in der Rechtsprechung[529] und der Literatur[530] nach der Natur des Rechtsverhältnisses, aus dem der Klageanspruch

---

524 So auch: SG Ulm, NZI 2009, 404, 405; VG Stuttgart, NZI 2009, 739; VG Hamburg, Urteil vom 23.04.2009 – Az. 19 K 4199/07; BeckRS 2009, 35841; *Ziekow/Debus*, in: Fluck/Theuer, § 9 IFG Rn. 39; Jastrow/Schlatmann, § 9 IFG Rn. 35; *Sicko*, in: Beck'scher Online Kommentar Informations- und Medienrecht, § 9 IFG Rn. 54 f.; **a.A.** (Eröffnung des Verwaltungsrechtswegs über § 40 Abs. 1 Satz 1 Hs. 1 VwGO): BSG, NZI 2013, 197 Rn. 8 ff.; LSG BW, Beschluss vom 12.11.2010 – Az. L 5 KR 1815/10 B; BeckRS 2011, 65124; SG Dortmund, NZS 2009, 512; VGH Kassel, Beschluss vom 15.12.2011 – Az. 6 B 1926/11; BeckRS 2012, 49358; *Rossi*, DVBl. 2010, 554, 556; *Schmittmann/Kupka*, NZI 2009, 367; *Schoch*, § 9 IFG Rn. 71.

525 Ähnlich wie IFG-Bund: § 9 Abs. 3 IZG LSA und § 9 IFG M-V.

526 § 22 LTranspG RP (früher RhPfLIFG).

527 § 14 ThürIFG.

528 § 7 IZG SH.

529 GmS-OGB, BSGE 37, 292; GSZ, BGHZ 66, 229, 232; BGHZ 67, 81, 84; GmS-OGB, BGHZ 97, 312, 313 f.; GmS-OBG, BGHZ 102, 280, 283; GmS-OBG, BGHZ 108, 284, 286; BGHZ 114, 218, 221; BGHZ 115, 275, 278.

530 *Ehlers/Schneider*, in: Schoch/Schneider/Bier, § 40 VwGO Rn. 202; *v. Albedyll*, in: Heidelberger Kommentar-VwGO, § 40 VwGO Rn. 14; v. Nicolai, in: Redeker/v. Oertzen,

hergeleitet wird. Die Beurteilung des Rechtsverhältnisses richtet sich wiederum danach, ob sich der dem Klagebegehren zu Grunde liegende Sachverhalt unter öffentlich-rechtliche oder privatrechtliche Vorschriften subsumieren lässt[531].

Zunächst ist also festzustellen, welche Norm streitentscheidend ist. Die Begründetheit des Auskunftsanspruchs des Insolvenzverwalters gegenüber der Verwaltung richtet sich nach § 4 Abs. 1 IFG NRW. Diese Vorschrift unterfiele nach der herrschenden Zuordnungstheorie (oder auch formalen Subjektstheorie) dem öffentlichen Recht, wenn sie ausschließlich einen Träger hoheitlicher Gewalt berechtigte oder verpflichtete[532]. Anspruchsverpflichtet sind gemäß § 4 Abs. 1 IFG NRW in Verbindung mit § 2 IFG NRW nur öffentliche Stellen oder Stellen, die Aufgaben der öffentlichen Verwaltung wahrnehmen[533]. Dabei handelt es sich um Träger hoheitlicher Gewalt, sodass die streitentscheidende Norm dem öffentlichen Recht zuzuordnen ist[534].

Unerheblich für die Bestimmung der Rechtsnatur des Verhältnisses zwischen dem Insolvenzverwalter und der anspruchsverpflichteten Behörde ist, dass letztere gleichzeitig eine Gläubigerin in dem Insolvenzverfahren des Schuldners sein könnte, über dessen Zahlungen der Insolvenzverwalter die Auskunft verlangt. Denn das den Informationszugang betreffende Rechtsverhältnis ist nicht im Insolvenz-, sondern im öffentlichen Recht begründet[535].

Schließlich stellt sich die Frage, ob der Zweck, dem die Auskunft zu dienen bestimmt ist, eine andere Sichtweise gebietet. Der Insolvenzverwalter stellt den Antrag auf Informationszugang, um mittels der gewonnenen Informationen etwaige Insolvenzanfechtungsansprüche zu prüfen und auf dem ordentlichen Rechtsweg geltend zu machen. Die zivilrechtlichen Streitigkeiten, die auf die Auswertung der gewährten Informationen eventuell folgen, spielen für die

---

§ 40 VwGO Rn. 6; *Rennert*, in: Eyermann, § 40 VwGO Rn. 31; *Schenke/Ruthig*, in: Kopp/Schenke, § 40 VwGO Rn. 6.

531 *Ehlers/Schneider*, in: Schoch/Schneider/Bier, § 40 VwGO Rn. 202; *v. Albedyll*, in: Heidelberger Kommentar-VwGO, § 40 VwGO Rn. 14.

532 GmS-OBG, BGHZ 108, 284; 287; *Bettermann*, NJW 1977, 513, 515; *Schenke/Ruthig*, in: Kopp/Schenke, § 40 VwGO Rn. 11; *Scherzberg*; JuS 1992, 205, 206; *Schmitz*, in: Stelkens/Bonk/Sachs, § 1 VwVfG Rn. 97; *v. Albedyll*, in: Heidelberger Kommentar-VwGO, § 40 Rn. VwGO 76.

533 Hierzu ausführlich: Haurand/Möhring/Stollmann, § 2 IFG NRW.

534 So im Ergebnis auch: OVG Münster, NWVBl 2003, 23; VG Gelsenkirchen, NVwZ-RR 2007, 730; für § 4 i.V.m. § 3 HmbIFG (jetzt: § 1 Abs. 2 i.V.m. § 2 Abs. 3 und 5 HmbTG): BVerwG, Vorlagebeschluss vom 15.10.2012 – Az. 7 B 2/12; NZI 2012, 1020 Rn. 11; OVG Hamburg, ZIP 2012, 492, 493.

535 BSG, NZI 2013, 197 Rn. 17 (zu § 1 IFG).

Beurteilung der Streitigkeit über den Informationszugang selbst aber keine Rolle[536]. Somit macht auch der Zweck des Informationszugangs die Streitigkeit nicht zu einer privatrechtlichen.

Im Ergebnis handelt es sich bei einem auf die Anspruchsgrundlage des § 4 Abs. 1 IFG NRW gestützten Rechtstreit also um eine öffentlich-rechtliche Streitigkeit[537].

Der Rechtsstreit ist auch nichtverfassungsrechtlicher Art. Er fällt weder aufgrund verfassungsrechtlicher noch aufgrund einfachgesetzlicher Normen in die Kompetenz der Verfassungsgerichte[538]. Dass unter Umständen eine Auslegung oder die Anwendung verfassungsrechtlicher Normen für die Entscheidung des Rechtsstreits eine Rolle spielt, ist nach der Rechtsprechung des Bundesverfassungsgerichts unerheblich, solange diese nicht den eigentlichen Kern des Rechtsstreits bilden[539].

(ii) Keine abdrängende Sonderzuweisung

Fraglich ist, ob bei einem Auskunftsbegehren des Insolvenzverwalters gegenüber der Finanzverwaltung und den Sozialversicherungsträgern abdrängende Sonderzuweisungen einschlägig sind. Als solche kommen § 33 FGO und § 51 SGG in Betracht.

(1) Keine Streitigkeit über Abgabenangelegenheiten im Sinne des § 33 Abs. 1 Nr. 1 FGO

Der Finanzrechtsweg ist gemäß § 33 Abs. 1 Nr. 1 FGO in öffentlich-rechtlichen Streitigkeiten über Abgabenangelegenheiten eröffnet. Während das Tatbestandsmerkmal „öffentlich-rechtliche Streitigkeit“ den Verwaltungs- von dem Zivilrechtsweg abgrenzt, kennzeichnet das zusätzliche Tatbestandsmerkmal „Abgabenangelegenheit“ den Finanz- als besonderen Verwaltungsrechtsweg[540].

Steht ein Insolvenzanfechtungsrecht bereits dem Grunde nach fest und beantragt der Insolvenzverwalter die Akteneinsicht zur weiteren Prüfung, stützt sich der Insolvenzverwalter nach der Ansicht des Bundesfinanzhofs[541] auf einen den ordentlichen Rechtsweg eröffnenden, zivilrechtlichen Auskunftsanspruch.

---

536 LSG Stuttgart, ZVI 2011, 180, 183; OVG Hamburg, ZIP 2012, 492, 493.

537 So auch: BGH, ZInsO 2016, 597 Rn. 1.

538 BSG, NZI 2013, 197 Rn. 17 (zu § 1 IFG).

539 BVerwGE 50, 124, 130; BVerwGE 80, 355, 357.

540 *V. Beckerath*, in: Beermann/Gosch, § 33 FGO Rn. 156; *Seer*, in: Tipke/Kruse, § 33 FGO Rn. 12.

541 BFH, ZIP 2011, 883 Rn. 8; BFH, ZIP 2010, 1660 Rn. 11.

Begehrt der Insolvenzverwalter hingegen auf der Grundlage eines Informationsfreiheitsgesetzes allgemein und ohne nähere Konkretisierung die Einsicht in die bei der Finanzverwaltung geführten Vollstreckungsakten, handele es sich um eine Streitigkeit über Abgabenangelegenheiten im Sinne des § 33 Abs. 1 Nr. 1 FGO[542]. Der Bundesfinanzhof begründet diese Ansicht nicht näher und setzt sich insbesondere nicht mit dem Begriff der Abgabenangelegenheiten auseinander. Vor diesem Hintergrund ist näher zu untersuchen, ob ein auf das Informationsfreiheitsgesetz für das Land Nordrhein-Westfalen gestütztes Informationsbegehren gegenüber der Finanzverwaltung tatsächlich eine Streitigkeit über Abgabenangelegenheiten auslöst.

Abgabenangelegenheiten sind nach der Definition des § 33 Abs. 2 Hs. 1 FGO alle mit der Verwaltung der Abgaben durch die Finanzverwaltung sachlich zusammenhängenden Angelegenheiten. Diese weite Definition umfasst sämtliche Maßnahmen der Finanzverwaltung, die mit der Anwendung abgabenrechtlicher Vorschriften im Zusammenhang stehen, insbesondere der Verwirklichung und Durchsetzung des Abgabenanspruchs dienen[543].

Prüft der Insolvenzverwalter Anfechtungsansprüche gegenüber der Finanzverwaltung, so verlangt er regelmäßig Informationen bezüglich der Steuerzahlungen und -verbuchungen vor der Eröffnung des Insolvenzverfahrens und die Erteilung eines sogenannten Klartextauszugs aus dem Erhebungskonto des Schuldners[544]. Daneben beantragt der Insolvenzverwalter oftmals Einsicht in die Vollstreckungsakten der Finanzverwaltung, um Informationen hinsichtlich der Art und Weise der Durchsetzung der offenen Steuerforderungen zu erhalten. Diese Informationen betreffen die Verwirklichung und Durchsetzung des Abgabenanspruchs und damit Abgabenangelegenheiten im Sinne des § 33 Abs. 2 Hs. 1 FGO.

Daran anschließend stellt sich die Frage, ob das Informationsbegehren des Insolvenzverwalters einen Streit über diese Abgabenangelegenheiten auslöst. Streitgegenstand ist nicht die Überprüfung der Rechtmäßigkeit der abgabenrechtlichen Maßnahme an sich, sondern vielmehr die Frage, ob der Insolvenzverwalter Informationen über diese beanspruchen kann. Es handelt sich also nicht um eine Streitigkeit über Abgabenangelegenheiten, sondern um eine Streitigkeit über den Informationszugang zu diesen.

---

542 BFH, ZIP 2011, 883 Rn. 8.

543 *Koch*, in: Gräber, § 33 FGO Rn. 14; *Krömker*, in: Lippross/Seibel, § 33 FGO Rn. 7; *v. Beckerath*, in: Beermann/Gosch, § 33 FGO Rn. 157.

544 *Nöcker*, AO-StB 2010, 44.

Eine Streitigkeit über den Informationszugang zu Abgabenangelegenheiten ist nach der Rechtsprechung des Bundesverwaltungsgerichts aber nur dann selbst auch eine Abgabenangelegenheit im Sinne des § 33 Abs. 2 Hs. 1 FGO, wenn über den Informationszugang auf der Grundlage steuerverfahrensrechtlicher Regelungen zu entscheiden ist oder wenn das betreffende Begehren im Steuerrechtsverhältnis wurzelt[545]. Das Bundesverwaltungsgericht führt unter anderem aus, dass selbst der Bundesfinanzhof in einer Entscheidung[546] die Zuordnung einer Streitigkeit, welche die Auskunftserteilung durch die Finanzverwaltung betraf, nicht nach dem Inhalt der Auskunft, sondern nach der Rechtsnatur der Vorschriften bestimmt hat, aus denen sich die begehrte Auskunft ergab[547].

Aufgrund der divergierenden Ansichten hatte das Bundesverwaltungsgericht im Jahr 2012 die Frage, ob der verwaltungsgerichtliche oder der finanzgerichtliche Rechtsweg eröffnet ist, dem Gemeinsamen Senat der obersten Gerichtshöfe des Bundes zur Entscheidung vorgelegt. Unmittelbar daraufhin schloss sich der Bundesfinanzhof allerdings der Auffassung des Bundesverwaltungsgerichts an, sodass eine Entscheidung des Gemeinsamen Senats nicht mehr erforderlich war[548].

Für die Sichtweise des Bundesverwaltungsgerichts spricht, dass die Streitigkeit des Insolvenzverwalters mit der Finanzverwaltung um den Informationszugang nicht in der Abgabenordnung, sondern unmittelbar in dem Anspruch aus § 4 IFG NRW wurzelt. Als streitentscheidende Norm weist diese Vorschrift selbst keinen abgabenrechtlichen Bezug auf. Wie bereits ausgeführt, handelt es sich bei dem Informationsanspruch nach dem Informationsfreiheitsgesetz für das Land Nordrhein-Westfalen um einen voraussetzungslosen Informationsanspruch gegenüber den Behörden des Landes, der weder an die Beteiligung in einem laufenden oder abgeschlossenen Verwaltungsverfahren, noch an eine bestehende Rechtsbeziehung zwischen dem Anspruchsteller und der Behörde anknüpft. Der Anspruch steht vielmehr eigenständig neben den verwaltungsverfahrensrechtlichen Akteneinsichtsansprüchen und somit auch neben einem derartigen – gegebenenfalls ungeschriebenen – Anspruch auf der Grundlage der Abgabenordnung[549]. Die Eigenständigkeit des Auskunftsanspruchs nach den Informationsfreiheitsgesetzen gegenüber den Vorschriften, denen die

545 BVerwG, Vorlagebeschluss vom 15.10.2012 – Az. 7 B 2/12; NZI 2012, 1020 Rn. 14 (für § 4 i.V.m. § 3 HmbIFG (jetzt: § 1 Abs. 2 i.V.m. § 2 Abs. 3 und 5 HmbTG).

546 BFHE 114, 159, 161.

547 BVerwG, Vorlagebeschluss vom 15.10.2012 – Az. 7 B 2/12; NZI 2012, 1020 Rn. 14 (so auch das BSG, NZI 2013, 197 Rn. 20 zu § 1 Abs. 1 IFG und § 51 SGG).

548 BFH, Beschluss vom 08.01.2013 – Az. VII ER-S 1/12; ZIP 2013, 1552.

549 BVerwG, Vorlagebeschluss vom 15.10.2012 – Az. 7 B 2/12; NZI 2012, 1020 Rn. 15.

informationspflichtigen Stellen bei der Erledigung ihrer unmittelbaren Aufgaben unterliegen, zeigt sich auch in dem Umstand, dass die Entscheidung über den Auskunftsantrag eine eigenständige und anfechtbare Sachentscheidung ist, die im Prozess einen eigenständigen Streitgegenstand bildet. Dieser Streitgegenstand ist von dem Inhalt der Akten, auf die er sich bezieht, grundsätzlich unabhängig[550].

Der geltend gemachte Anspruch wurzelt auch nicht in dem Steuerrechtsverhältnis des Insolvenzschuldners. Denn der Insolvenzverwalter handelt nicht gemäß § 34 Abs. 3 und 1 AO in Erfüllung der steuerlichen Pflichten des Schuldners und um dessen Rechte zu wahren. Er ist vielmehr im Interesse der Gesamtheit der Gläubiger tätig, zu deren Gunsten Zahlungen des Schuldners zur Insolvenzmasse zurückgeholt werden sollen. Dabei handelt es sich um ein eigenständiges Rechtsverhältnis zwischen dem Insolvenzverwalter und der Finanzverwaltung[551].

Die Zuständigkeit der Finanzgerichte wird schließlich auch nicht dadurch begründet, dass bei der Entscheidung über den Informationszugang gegebenenfalls auch Vorschriften über den Schutz des Steuergeheimnisses zu beachten sind. Eine Streitigkeit ist nämlich nicht schon dann eine solche über Abgabenangelegenheiten, wenn in ihrem Rahmen eine steuerrechtliche Vorfrage zu entscheiden ist[552].

Im Ergebnis bedeutet dies, dass ein Streit des Insolvenzverwalters gegenüber der Finanzverwaltung über ein Auskunftsbegehren auf der Grundlage des Informationsfreiheitsgesetzes für das Land Nordrhein-Westfalen keinen Streit *über* Abgabenangelegenheiten im Sinne des § 33 Abs. 1 Nr. 1 FGO auslöst und damit nicht den Finanzrechtsweg eröffnet.

(2) Keine Streitigkeit in sonstigen Angelegenheiten der Sozialversicherung im Sinne des § 51 Abs. 1 Nr. 2 und Nr. 5 SGG

Zudem stellt sich die Frage, ob Entsprechendes für die Sozialgerichtsbarkeit gilt.

Ermittelt der Insolvenzverwalter Anfechtungsansprüche gegenüber den gesetzlichen Krankenkassen in ihrer Eigenschaft als Sozialversicherungsträger, so verlangt er von diesen Informationen über geleistete oder zwangsweise beigetriebene Gesamtsozialversicherungsbeiträge im Sinne des § 28d SGB IV. Die

550 OVG Hamburg, ZIP 2012, 492, 493.

551 BVerwG, ZIP 2012, 1258 Rn. 9 (m.w.N.); BVerwG, Vorlagebeschluss vom 15.10.2012 – Az. 7 B 2/12; NZI 2012, 1020 Rn. 16.

552 BFHE 104, 187; BVerwG, Vorlagebeschluss vom 15.10.2012 – Az. 7 B 2/12; NZI 2012, 1020 Rn. 17.

Sozialversicherungsträger weisen in ihren Rechtsmittelbelehrungen regelmäßig darauf hin, dass gegen den das Auskunftsbegehren zurückweisenden Bescheid Klage bei dem Sozialgericht erhoben werden kann[553].

Gemäß § 51 Abs. 1 Nr. 2 SGG entscheiden die Gerichte der Sozialgerichtsbarkeit unter anderem über öffentlich-rechtliche und in Verbindung mit § 51 Abs. 2 Satz 1 SGG auch privatrechtliche Streitigkeiten in Angelegenheiten der Gesetzlichen Krankenversicherung. Der umfassende Wortlaut erfasst alle die Gesetzliche Krankenversicherung betreffenden Angelegenheiten, unabhängig davon, ob sie privat- oder öffentlich-rechtlicher Art sind und weist die Rechtsstreitigkeiten aus dem öffentlich-rechtlichen Rechts- und Pflichtenkreis der Krankenkassen, der unmittelbar ihre öffentlichen Aufgaben betrifft, den Gerichten der Sozialgerichtsbarkeit zu.

Die Sozialgerichte entscheiden zudem gemäß § 51 Abs. 1 Nr. 5 SGG über öffentlich-rechtliche Streitigkeiten in (sonstigen) Angelegenheiten der Sozialversicherung. Diese Auffangregelung umfasst alle Streitigkeiten, die aus Anlass der Durchführung der öffentlichen Aufgabe „Sozialversicherung" entstehen, sofern die Streitigkeit ihre materiell-rechtliche Grundlage im Sozialversicherungsrecht hat[554]. Der Begriff der „Angelegenheiten der Sozialversicherung" umfasst alle Bereiche, die der deutschen Sozialversicherung nach ihrer geschichtlichen Entwicklung und gegenwärtigen Gestalt eigentümlich sind und ihr das Gepräge geben[555].

In diesem Sinne gehört auch der Beitragseinzug der Krankenkassen mit der Möglichkeit der Zwangsbeitreibung von Rückständen zu den wesensgemäß mit der Sozialversicherung verbundenen Angelegenheiten[556].

Fraglich ist aber auch hier, ob der Streit zwischen dem Insolvenzverwalter und der Krankenkasse tatsächlich die Beiträge zur Sozialversicherung zum Gegenstand hat. Parallel zu dem Streit mit der Finanzverwaltung bilden auch hier nicht die geleisteten und beigetriebenen Beiträge selbst, sondern die diesbezüglich zu gewährenden Informationen den Streitgegenstand. Die materiell-rechtliche Grundlage dieses Streits findet sich auch hier nicht im Sozialversicherungsrecht, sondern in dem Informationsfreiheitsgesetz für das Land Nordrhein-Westfalen.

Der Auskunftsanspruch aus § 4 IFG NRW ist nicht abhängig von der behördlichen Aufgabenwahrnehmung aufgrund einer sich aus dem Sozialgesetzbuch ergebenden sachlichen Zuständigkeit[557]. Vielmehr regelt das

---

553 *Schmittmann/Kupka*, NZI 2009, 367.
554 *Keller*, in: Meyer-Ladewig/Keller/Leitherer, § 51 SGG Rn. 31.
555 BSG, NJW 1957, 238.
556 BSG, NJW 1957, 238.
557 LSG Stuttgart, ZVI 2011, 180, 183.

Informationsfreiheitsgesetz Nordrhein-Westfalen die Frage der Auskunftsgewährung losgelöst von dem sachlichen Gegenstand der Verwaltungstätigkeit[558]. Der Auskunftsanspruch ist selbst Gegenstand eines eigenständigen Verwaltungsverfahrens, das mit der Entscheidung über diesen Anspruch abgeschlossen wird[559]. Der Auskunftsanspruch bildet damit auch hier einen selbstständigen Streitgegenstand, unabhängig von seinem konkreten Inhalt[560].

Der Streit des Insolvenzverwalters mit der Krankenkasse über die Gewährung von Informationen bezüglich geleisteter und beigetriebener Sozialversicherungsbeiträge ist damit weder eine Streitigkeit in Angelegenheiten der gesetzlichen Krankenversicherung gemäß § 51 Abs. 1 Nr. 2 SGG noch eine Streitigkeit in Angelegenheiten der Sozialversicherung im Sinne des § 51 Abs. 1 Nr. 5 SGG.

Der Rechtsweg zu den Sozialgerichten ist mangels abdrängender Sonderzuweisung ebenfalls nicht eröffnet.

(iii) Zwischenergebnis

Festzuhalten bleibt, dass der Auskunftsanspruch aus dem Informationsfreiheitsgesetz, sei es auf Bundes- oder Landesebene, stets vor den Verwaltungsgerichten durchzusetzen ist.

4. Ergebnis

Ebenso wie die privatrechtlichen, sind auch die öffentlich-rechtlichen Auskunftsansprüche des Insolvenzverwalters lediglich eingeschränkt tauglich, um Sachverhaltslücken gegenüber Anfechtungsgegnern zu schließen.

Gegenüber der Finanzverwaltung steht dem (vorläufigen „starken") Insolvenzverwalter nur dann eine selbstständiger Anspruch auf eine ermessensfehlerfreie Entscheidung über sein Akteneinsichtsgesuch zu, wenn die Einsicht dem Zweck dienen soll, die steuerlichen Pflichten des Schuldners zu erfüllen.

§ 25 Abs. 1 Satz 1 SGB X gewährt dem Insolvenzverwalter ebenfalls keinen Anspruch auf Akteneinsicht. Zum einen fehlt es dem Insolvenzverwalter bei der Ermittlung anfechtungsrelevanter Sachverhalte an dem von der Vorschrift geforderten rechtlichen Interesse. Zum anderen besteht der Anspruch lediglich während eines laufenden Verwaltungsverfahrens. Die Ermittlungen beginnen meist erst danach.

---

558 SG Dortmund, NZI 2009, 404.

559 *Schmidt-De Caluwe*, in: Sodan/Ziekow, § 44a VwGO Rn. 139.

560 BSG. NZI 2013, 197 Rn. 21 (zu § 1 Abs. 1 IFG).

Einen voraussetzungslosen Informationsanspruch, der unabhängig von dem Zweck der Informationsgewinnung besteht, hat der Insolvenzverwalter nur aus den Informationsfreiheitsgesetzen des Bundes und (teilweise) der Länder[561]. Denn dieser Anspruch steht grundsätzlich jedem zu. Der Insolvenzverwalter ist insoweit stets anspruchsberechtigt – aus Gründen des verfassungsrechtlichen Gleichbehandlungsgebots selbst dann, wenn er künftig in der Rechtsform einer juristischen Person handeln sollte.

Anspruchsverpflichtet im Interesse der Insolvenzverwaltung sind auf Bundesebene insbesondere die Bundesfinanzverwaltung, also die Zollämter und Hauptzollämter, die Bundesfinanzdirektionen und das Bundesministerium der Finanzen sowie die überregionalen gesetzlichen Krankenkassen, auf Landesebene die Finanzämter und die auch auf Landesebene verfasste AOK.

Subsidiär gegenüber anderen Vorschriften ist das Informationsfreiheitsgesetz Nordrhein-Westfalen lediglich während eines laufenden Verwaltungsverfahrens. Auch die jeweiligen Ausschlusstatbestände der Informationsfreiheitsgesetze greifen nicht allein deswegen ein, weil der Insolvenzverwalter mittels der gewünschten Informationen das Vorliegen anfechtbarer Rechtshandlungen zu prüfen beabsichtigt und der öffentlichen Verwaltung deswegen ein rechtlicher und wirtschaftlicher Nachteil droht. Weigern sich die jeweiligen Behörden, dem Insolvenzverwalter die Informationen zu erteilen oder Akteneinsicht zu gewähren, so ist gegen diese ablehnende Entscheidung der Rechtsweg zu den Verwaltungsgerichten eröffnet. § 33 FGO und § 51 SGG beinhalten keine abdrängenden Sonderzuweisungen zu den Finanz- oder Sozialgerichten.

Vor diesem Hintergrund sind zumindest die Informationsfreiheitsgesetze grundsätzlich eine probates Mittel für den Insolvenzverwalter, um Sachverhaltslücken zu schließen. Allerdings ist zu berücksichtigen, dass auf Landesebene kein einheitlicher Informationszugang besteht. Zum einen gibt es in einigen Bundesländern kein Informationsfreiheitsgesetz[562], zum anderen hat beispielsweise das Land Sachsen-Anhalt in § 3 Abs. 1 Nr. 11 IZG LSA eine Bereichsausnahme geschaffen, mittels derer die dortige Finanzverwaltung die Auskunft gegenüber Insolvenzverwaltern verweigern kann[563]. Sollten weitere Bundesländer oder auch der Bund diesem Beispiel folgen, so wäre dem Insolvenzverwalter das Mittel der Informationsfreiheitsgesetze bald wieder genommen.

561 Diesbezüglich war hier nur das Informationsfreiheitsgesetz Nordrhein-Westfalen Gegenstand einer ausführlichen Untersuchung.

562 Bisher fehlen Landesgesetze noch in Bayern, Niedersachsen, Sachsen und Hessen.

563 OVG Magdeburg, NZI 2014, 873 (mit Anm. von *Schmittmann*).

3. Kapitel: Insolvenzverfahrensspezifische Informations- und Auskunftsquellen

Unabhängig von der Person des potentiellen Anfechtungsgegners stehen dem Insolvenzverwalter zahlreiche, überwiegend insolvenzverfahrensspezifische Informations- und Auskunftsquellen zur Verfügung, um anfechtungsrelevante Sachverhalte zu ermitteln. Der Begriff der Informationsquelle bezieht sich auf die sach-, der Begriff der Auskunftsquellen auf die personenbezogenen Quellen.

I. Informationsquellen

Die Informationsquellen umfassen nicht nur die Post und die Geschäftsunterlagen des Schuldners, sondern auch verfahrensunabhängige Informationsträger wie die Vollstreckungsakten des Gerichtsvollziehers.

1. Die Post des Schuldners

Zuvorderst kann die Post des Schuldners Informationen über anfechtungsrelevante Tatsachen enthalten[564]. Deswegen stellt die in § 99 InsO geregelte Postsperre eine wichtige Informationsquelle des Insolvenzverwalters zur Ermittlung von anfechtungsrelevanten Sachverhalten dar.

Die Anordnung einer Postsperre ist über die Verweisnorm des § 270 Abs. 1 Satz 2 InsO auch im Rahmen eines Insolvenzverfahrens in Eigenverwaltung möglich[565]. Dies ist wichtig, denn obwohl der Rückgewähranspruch aus § 143 Abs. 1 InsO Bestandteil der Insolvenzmasse ist und im Falle der Eigenverwaltung gemäß § 270 Abs. 1 Satz 1 InsO die Verwaltungs- und Verfügungsbefugnis über die Insolvenzmasse bei dem Schuldner verbleibt, steht das Anfechtungsrecht gemäß § 280 InsO dem Sachwalter zu. Denn oftmals richten sich Anfechtungsansprüche gegen Personen, die dem Schuldner nahe stehen. Durch die Aufgabenzuweisung des § 280 InsO wird ein in dieser Situation drohender Interessenkonflikt und damit die Gefahr eines Handelns wider die Gläubigergleichbehandlung vermieden.

---

564 *Gundlach/Frenzel/Schmidt*, ZInsO 2001, 979; *Lüke*, in: Kübler/Prütting/Bork, § 99 Rn. 2; *Piekenbrock*, in: Ahrens/Gehrlein/Ringstmeier, § 99 Rn. 1; *Schilken*, in: Jaeger, § 99 Rn. 3.

565 *Schmidt*, in: Heidelberger Kommentar-InsO, § 99 Rn. 4; wobei die Erforderlichkeit einer Postsperre auch die Aufhebung der Eigenverwaltung nach sich ziehen dürfte.

Gegen die Verfassungsmäßigkeit des § 99 InsO bestehen keine Bedenken[566]. Zwar greift die Postsperre in das grundrechtlich geschützte Post- und Fernmeldegeheimnis ein[567]. Das Grundrecht steht gemäß Art. 10 Abs. 2 Satz 1 GG aber unter einfachem Gesetzesvorbehalt. Eine Einschränkung ist also durch oder aufgrund eines förmlichen Bundes- oder Landesgesetzes möglich. Die Insolvenzordnung ist ein solches Gesetz[568]. Dem Zitiergebot des Art. 19 Abs. 1 Satz 2 GG trägt § 102 InsO Rechnung[569].

a. Verhältnismäßigkeit der Postsperre

Die Vorschrift des § 99 Abs. 1 Satz 1 InsO setzt voraus, dass die Postsperre erforderlich ist, um für die Gläubiger nachteilige Rechtshandlungen des Schuldners aufzuklären oder zu verhindern.

Anfechtungsrelevante Sachverhalte drehen sich stets um eine gläubigerbenachteiligende Rechtshandlung[570]. Dass der Schuldner diese Rechtshandlung vornimmt, setzen zwar nicht alle Anfechtungsvorschriften voraus[571]. Die übrigen[572] schließen eine solche aber nicht aus, sondern sind nur nicht auf diese begrenzt[573].

Das Tatbestandsmerkmal der Erforderlichkeit spricht den Verhältnismäßigkeitsgrundsatz an, der aufgrund des Grundrechtseingriffs eingehalten werden muss[574]. Dieser Grundsatz beinhaltet neben dem Merkmal der Erforderlichkeit die Geeignetheit und die Angemessenheit[575]. Obwohl die Vorschrift letztere nicht ausdrücklich nennt, besteht aufgrund der Grundrechtsrelevanz kein

---

566 BVerfG, ZIP 1986, 1336 (zu § 121 KO); BVerfG, NZI 2001, 132; BGH, NZI 2003, 647; OLG Celle, NZI 2001, 143; BGH, NZI 2007, 34 Rn. 9; *Blersch/v. Olshausen*, in: Berliner Kommentar-InsO, § 99 Rn. 1; *Lüke*, in: Kübler/Prütting/Bork, § 99 Rn. 3; *Schilken*, in: Jaeger, § 99 Rn. 7; *Zipperer*, in: Uhlenbruck, § 99 Rn. 2; **kritisch**: *Jauernig*, in: Festschrift für Uhlenbruck, S. 3, 6 ff.; *Gundlach/Frenzel/Schmidt*, ZInsO 2001, 979, 980.

567 *Schmidt*, in: Heidelberger Kommentar-InsO, § 99 Rn. 3; *Kroth*, in: Braun, § 99 Rn. 7; *Lüke*, in: Kübler/Prütting/Bork, § 99 Rn. 3; *Zipperer*, in: Uhlenbruck, § 99 Rn. 1.

568 BGH, NZI 2007, 34 Rn. 9; *Zipperer*, in: Uhlenbruck, § 99 Rn. 2.

569 *Lüke*, in: Kübler/Prütting/Bork, § 99 Rn. 3.

570 Vgl. § 129 InsO.

571 Nur die §§ 132, 133, 134, 135 Abs. 2, 137 und 142 InsO.

572 §§ 130, 131, 135 Abs. 1, 136 InsO.

573 *K. Schmidt*, in: K. Schmidt, § 129 Rn. 36.

574 BVerfG, NZI 2001, 132, 133; OLG Celle, NZI 2001, 143, 144; *Kroth*, in: Braun, § 99 Rn. 7; *Frege/Keller/Riedel*, Rn. 867.; *Stephan*, in: Münchner Kommentar-InsO, § 99 Rn. 13; *Schilken*, in: Jaeger, § 99 Rn. 8.

575 *Kroth*, in: Braun, § 99 Rn. 7; *Voßkuhle*, JuS 2007, 429, 430.

Zweifel, dass auch diese beiden Voraussetzungen bei der Anordnung einer Postsperre erfüllt sein müssen[576].

aa. Erforderlichkeit

Das Merkmal der Erforderlichkeit setzt voraus, dass kein anderes, gleich wirksames, aber das Grundrecht aus Art. 10 GG weniger stark beeinträchtigendes Mittel zur Erreichung des Zwecks der Postsperre zur Verfügung steht[577].

Als weniger einschneidende Maßnahme kommt beispielsweise die im weiteren Verlauf des Kapitels noch darzustellende Befragung des Schuldners in Betracht, sofern diese nicht bereits vergeblich versucht worden ist oder von vornherein ungeeignet erscheint[578].

bb. Geeignetheit

Die Voraussetzung der Geeignetheit kommt mittelbar in dem Wortlaut des § 99 Abs. 1 Satz 1 Hs. 1 InsO zum Ausdruck. Die dort verwendete Formulierung „soweit" lässt erkennen, dass die Postsperre geeignet sein muss, den gewünschten Erfolg tatsächlich zu fördern[579]. Deswegen sind beispielsweise solche Postsendungen von der Sperre auszunehmen, die von vorneherein als Träger für anfechtungsrelevante Ermittlungen ausscheiden[580], wie beispielsweise Werbung[581].

cc. Angemessenheit (Verhältnismäßigkeit im engeren Sinne)

Schließlich muss die Anordnung der Postsperre in einem angemessenen Verhältnis zur Bedeutung des Grundrechts aus Art. 10 GG stehen. Unverhältnismäßig

---

576 BGH, NZI 2003, 647; *Eickmann*, in: Gottwald, § 30 Rn. 21; *Lüke*, in: Kübler/Prütting/Bork, § 99 Rn. 3.

577 *Schmidt*, in: Heidelberger Kommentar-InsO, § 99 Rn. 11; *Schilken*, in: Jaeger, § 99 Rn. 9; *Stephan*, in: Münchener Kommentar-InsO, § 99 Rn. 13; *Zipperer*, in: Uhlenbruck, § 99 Rn. 5.

578 *Schmidt*, in: Heidelberger Kommentar-InsO, § 99 Rn. 11; *Stephan*, in: Münchener Kommentar-InsO, § 99 Rn. 13.

579 *Schmidt*, in: Heidelberger Kommentar-InsO, § 99 Rn. 15; *Schilken*, in: Jaeger, § 99 Rn. 9.

580 *Stephan*, in: Münchener Kommentar-InsO, § 99 Rn. 16; *Schilken*, in: Jaeger, § 99 Rn. 9.

581 *Lüke*, in: Kübler/Prütting/Bork, § 99 Rn. 6; *Piekenbrock*, in: Ahrens/Gehrlein/Ringstmeier, § 99 Rn. 8.

ist die Anordnung beispielsweise dann, wenn es lediglich um die Ermittlung geringwertiger Massebestandteile geht[582].

b. Anhaltspunkte für gläubigerbenachteiligende Rechtshandlung

Gerechtfertigt ist die Postsperre darüber hinaus nur dann, wenn Anhaltspunkte dafür vorliegen, dass der Schuldner die gläubigerbenachteiligenden Rechtshandlungen schon begangen hat oder noch begehen wird[583]. Die Rechtsprechung verlangt insoweit die Darlegung konkreter Anhaltpunkte für die Gefährdung der Masse[584]. Allerdings ist zu berücksichtigen, dass die Postsperre ein wichtiges Hilfsmittel darstellt, gläubigerschädigende Vermögensverschiebungen des Schuldners frühzeitig aufzuklären. Oft verschafft erst die Postsperre dem Insolvenzverwalter die Möglichkeit, konkrete Anhaltspunkte für die gläubigerbenachteiligenden Rechtshandlungen zu entdecken. Um die Postsperre als Informationsquelle – auch für anfechtungsrelevante Sachverhalte – nicht zu entwerten, sollten deswegen die Anforderungen an die Konkretisierung der Anhaltspunkte großzügig bewertet werden[585]. Solche sind beispielsweise das Verschieben von Vermögenswerten in kritischer Zeit oder der Abschluss anfechtbarer Rechtsgeschäfte[586].

c. Anhörung des Schuldners

Eine Zusammenschau von § 99 Abs. 1 Satz 1 und Satz 2 InsO zeigt, dass das Gesetz grundsätzlich von einer Anhörung des Schuldners vor dem Erlass der Postsperre ausgeht. Nach § 99 Abs. 1 Satz 2 InsO ist diese nur dann entbehrlich, wenn andernfalls wegen besonderer Umstände des Einzelfalls der Zweck der Anordnung gefährdet wird.

Liegen bereits konkrete Anhaltspunkte für anfechtbare Rechtshandlungen vor, so dürfte damit bereits eine Gefährdung im vorgenannten Sinne einhergehen. Denn durch die Anhörung wird der Schuldner gewarnt und grundsätzlich in die

---

582 *Schmidt*, in: Heidelberger Kommentar-InsO, § 99 Rn. 16; *Zipperer*, in: Uhlenbruck, § 99 Rn. 5.

583 *Schmidt*, in: Heidelberger Kommentar-InsO, § 99 Rn. 12; *Schilken*, in: Jaeger, § 99 Rn. 8.

584 BGH, NZI 2003, 647; OLG Celle, NZI 2000, 583, 584.

585 So auch im Ergebnis: *Frind*, NZI 2010, 749, 752; *Schmidt*, in: Heidelberger Kommentar-InsO, § 99 Rn. 13; *Stephan*, in: Münchner Kommentar-InsO, § 99 Rn. 14; *Schilken*, in: Jaeger, § 99 Rn. 9; *Zipperer*, in: Uhlenbruck, § 99 Rn. 5; zweifelnd: *Piekenbrock*, in: Ahrens/Gehrlein/Ringstmeier, § 99 Rn. 7.

586 Mit weiteren Beispielen: *Herchen*, in: Hamburger Kommentar-InsO, § 99 Rn. 2.

Lage versetzt, Vorkehrungen zur Verdunkelung der bereits vermuteten Anfechtungstatsachen zu treffen[587]. Diese Anhaltspunkte muss das Insolvenzgericht in den Anordnungsbeschluss aufnehmen[588]. Generell entbehrlich wird die Anhörung durch diese Verdunklungsgefahr allerdings nicht. Sie ist vielmehr gemäß § 93 Abs. 1 Satz 3 InsO unverzüglich nachzuholen.

d. Persönlicher Anwendungsbereich der Postsperre

Der persönliche Anwendungsbereich der Postsperre erstreckt sich nicht nur auf den Schuldner selbst, sondern gemäß § 101 Abs. 1 Satz 1 InsO auch auf dessen organschaftliche Vertreter. In einem Insolvenzverfahren über das Vermögen einer Personengesellschaft erfasst die Postsperre zudem Sendungen an die persönlich haftenden Gesellschafter[589]. Bei Kapitalgesellschaften richtet sich die Postsperre hingegen ausschließlich an die Gesellschaft und deren Vertreter[590].

e. Zeitlicher Anwendungsbereich der Postsperre

Zeitlich ist es möglich, die Postsperre bereits im Insolvenzeröffnungsverfahren anzuordnen. § 21 Abs. 2 Satz 1 Nr. 4 InsO verweist auf § 99 InsO. Das Eröffnungsverfahren ist sogar der wichtigste Anwendungsbereich der Postsperre, da der Insolvenzverwaltung in diesem Stadium naturgemäß noch wenige Informationen über den Schuldner und sein Vermögen besitzt[591].

f. Sachlicher Anwendungsbereich

Der Begriff der Postsendung im Sinne des § 99 InsO umfasst sämtliche, an den Schuldner gerichtete Schriftstücke wie Briefe, Postkarten, Pakete, Päckchen, Zeitungen, Zeitschriften sowie Telefaxschreiben[592].

Dazu zählt auch die an den Schuldner gerichtete Privatpost, da auch diese Post Informationen zu anfechtungsrelevanten Sachverhalten enthalten kann.

---

587 So auch *Kroth*, in: Braun, § 99 Rn. 10.

588 LG NZI 2009, 652, 653.

589 *Lüke*, in: Kübler/Prütting/Bork, § 99 Rn. 7; *Herchen*, in: Hamburger Kommentar-InsO, § 99 Rn. 9; *Wittkowski/Kruth*, in: Nerlich/Römermann, § 99 Rn. 8.

590 *Lüke*, in: Kübler/Prütting/Bork, § 99 Rn. 7; *Stephan*, in: Münchener Kommentar-InsO, § 99 Rn. 23; *Zipperer*, in: Uhlenbruck, § 99 Rn. 9.

591 *Frind*, NZI 2010, 749, 752; *Schilken*, in: Jaeger, § 99 Rn. 4.

592 *Lüke*, in: Kübler/Prütting/Bork, § 99 Rn. 4.

Äußerlich wird zudem kaum erkennbar sein, ob die Post das Verfahren oder nur private Belange betrifft[593].

Um ihre Wirkung vollständig entfalten zu können, müsste die Postsperre auch moderne Kommunikationsmittel abdecken[594]. Vor diesem Hintergrund stellt sich die Frage, ob eine E-Mail von dem Begriff der Postsendung erfasst wird. Der Begriff der Postsendung ist nach der Gesetzesbegründung grundsätzlich weit auszulegen[595]. Der Gesetzgeber zieht die Grenze erst bei der „Fernsprechsperre“[596]. Unter Berücksichtigung dieses gesetzgeberischen Willens ist die E-Mail unter den Begriff der Postsendung zu fassen, um auch eine „E-Mail-Sperre“ zu ermöglichen[597]. Zur Vermeidung diesbezüglicher Zweifel sollte der gerichtliche Anordnungsbeschluss die entsprechenden E-Mail-Adressen konkret benennen und hervorheben, dass der Insolvenzverwalter auch dazu berechtigt ist, auf die entsprechenden E-Mail-Postfächer des Schuldners zuzugreifen[598].

2. Die Geschäftsunterlagen des Schuldners

Anfechtungsrelevante Sachverhalte können sich nicht nur aus der Post, sondern auch aus den Geschäftsunterlagen des Schuldners ergeben.

---

593 *Stephan*, in: Münchener Kommentar-InsO, § 99 Rn. 19; *Zipperer*, in: Uhlenbruck, § 99 InsO Rn. 7; einschränkend hinsichtlich „offensichtlich private Zwecke“ betreffender Sendungen: *Lüke*, in: Kübler/Prütting/Bork, § 99 Rn. 6.

594 *Frind*, NZI 2010, 749, 753.

595 Begründung des Regierungsentwurfs, BT-Drs. 12/2443, S. 143 l. Sp.

596 Begründung des Regierungsentwurfs, BT-Drs. 12/2443, S. 143 l. Sp.; obwohl das Bundesverfassungsgericht in einem Beschluss aus dem Jahr 1986 (BVerfG, Beschluss vom 06.06.1986 – Az. 1 BvR 574/86; ZIP 1986, 1336, 1337) die Telefonsperre für zulässig erklärt hatte.

597 So auch die **h.M.**: AG Deggendorf, Beschlüsse vom 19.06.2000 – 1 IN 72/00 (n.v.); *Blersch/v. Olshausen*, in: Berliner Kommentar-InsO, § 99 Rn. 6; *Frind*, NZI 2010, 749, 753; *Gundlach/Frenzel/Schmidt*, ZInsO 2001, 979, 981; *Herchen*, in: Hamburger Kommentar-InsO, § 99 Rn. 7; *Jungmann*, in: K. Schmidt, § 99 Rn. 13 ff.; *Kroth*, in: Braun, § 99 Rn. 4; *Münzel/Böhm*, ZInsO 1998, 363 ff.; *Stephan*, Münchener Kommentar-InsO, § 99 Rn. 20; *Piekenbrock*, in: Ahrens/Gehrlein/Ringstmeier, § 99 Rn. 10; *Wimmer-Amend*, in: FK-InsO, § 99 Rn. 11; *Wittkowski/Kruth*, in: Nerlich/Römermann, § 99 Rn. 7; *Zipperer*, in: Uhlenbruck, § 99 Rn. 6; **a.A.**: *Passauer*, in: Münchener Kommentar-InsO, 1. Auflage, § 99 Rn. 20.

598 *Stephan*, in: Münchener Kommentar-InsO, § 99 Rn. 20; *Zipperer*, in: Uhlenbruck, § 99 Rn. 6.

a. Übergang der Verwaltungs- und Verfügungsbefugnis auf den (vorläufigen) Insolvenzverwalter

Da die Geschäftsunterlagen des Schuldners gemäß § 36 Abs. 2 Nr. 1 InsO einen Bestandteil der Insolvenzmasse bilden, stehen sie sowohl dem vorläufigen „starken" als auch dem endgültigen Insolvenzverwalter grundsätzlich uneingeschränkt als Informationsquelle zur Ermittlung anfechtungsrelevanter Sachverhalte zur Verfügung. Mit dem Übergang der Verwaltungs- und Verfügungsbefugnis nach § 22 Abs. 1 Satz 1 InsO beziehungsweise nach § 80 Abs. 1 InsO können beide von dem Schuldner die Herausgabe der Geschäftsunterlagen verlangen.

aa. Geeigneter Vollstreckungstitel zur zwangsweisen Durchsetzung der Verwaltungs- und Verfügungsbefugnis

Weigert sich der Schuldner, die Geschäftsunterlagen herauszugeben, so stellt sich die Frage, auf welcher Grundlage der vorläufige „starke" und der endgültige Insolvenzverwalter die Herausgabevollstreckung gegen den Schuldner betreiben können.

(i) Vollstreckungstitel im Eröffnungsverfahren

Als Vollstreckungstitel im Sinne des § 794 Abs. 1 Nr. 3 ZPO könnte im Eröffnungsverfahren der Beschluss gemäß § 21 Abs. 1 Satz 1 InsO in Verbindung mit §§ 21 Abs. 2 Satz 1 Nr. 1, Nr. 2 Alt. 1 InsO dienen, mit dem das Insolvenzgericht den vorläufigen Insolvenzverwalter bestellt und dem Schuldner ein allgemeines Verfügungsverbot auferlegt.

Gegen die Eignung als vollstreckbarer Herausgabetitel spricht, dass der Bestellungs- und Anordnungsbeschluss einen Anspruch des vorläufigen Insolvenzverwalters gegen den Schuldner auf Herausgabe der Geschäftsunterlagen nicht ausdrücklich tituliert.

Allerdings bestimmt § 22 Abs. 1 Satz 1 InsO, dass im Falle der Anordnung eines allgemeinen Verfügungsverbots und der gleichzeitigen Bestellung eines vorläufigen Insolvenzverwalters letzterer die Verwaltungs- und Verfügungsbefugnis über das Vermögen des Schuldners erhält. Dieser „starke" vorläufige Insolvenzverwalter ist gemäß § 22 Abs. 1 Satz 2 Nr. 1 InsO zudem verpflichtet, das Vermögen des Schuldners – worunter gemäß § 36 Abs. 2 Nr. 1 InsO die Geschäftsunterlagen fallen – zu sichern. Das stärkste Sicherungsmittel stellt die Inbesitznahme des Vermögens dar. So ergibt sich der Anspruch des vorläufigen „starken" Insolvenzverwalters auf Herausgabe der Geschäftsunterlagen gegen den Schuldner zumindest mittelbar aus dem Bestellungs- und Anordnungsbeschluss.

Darüber hinaus hat der Gesetzgeber für das eröffnete Insolvenzverfahren in § 148 Abs. 2 Satz 1 InsO ausdrücklich geregelt, dass der Insolvenzverwalter aufgrund einer vollstreckbaren Ausfertigung des Eröffnungsbeschlusses die Herausgabe der Sachen, die sich im Gewahrsam des Schuldners befinden, mithilfe des Gerichtsvollziehers erzwingen kann. Damit gilt der Eröffnungsbeschluss qua Gesetz als vollstreckbarer Herausgabetitel, obwohl er ebenfalls einen Herausgabeanspruch nicht ausdrücklich tituliert.

Die herrschende Meinung befürwortet deswegen eine entsprechende Anwendung dieser Vorschrift auf den Bestellungs- und Anordnungsbeschluss, mit dem ein vorläufiger Insolvenzverwalter bestellt und dem Schuldner ein allgemeines Verfügungsverbot auferlegt wird[599]. Fraglich ist, ob für diesen Fall die Voraussetzungen einer Analogie tatsächlich vorliegen[600].

Dann müsste die Insolvenzordnung eine planwidrige Regelungslücke aufweisen und eine vergleichbare Interessenlage zwischen der Position des vorläufigen „starken" und des endgültigen Insolvenzverwalters bestehen.

Der dem heutigen endgültigen Insolvenzverwalter entsprechende Konkursverwalter war nach der damals herrschenden Auffassung berechtigt, aufgrund einer vollstreckbaren Ausfertigung des Beschlusses über die Eröffnung des Konkursverfahrens die Herausgabevollstreckung gegen den Gemeinschuldner im Hinblick auf die Konkursmasse zu betreiben[601]. Die Begründung dieser Ansicht lag in der Eilbedürftigkeit im Hinblick auf die Sicherung der Konkursmasse. Aus der Gesetzesbegründung zu § 148 Abs. 2 Satz 1 InsO ergibt sich, dass mit dieser Regelung die damals herrschende Meinung Gesetz werden sollte[602].

Auch der Sequester – der Vorläufer des heutigen vorläufigen Insolvenzverwalters – war nach der herrschenden Ansicht unter Geltung der Konkursordnung berechtigt, aufgrund einer vollstreckbaren Ausfertigung des Sequestrationsbeschlusses – sofern ihm dadurch die Verwaltungs- und Verfügungsbefugnis übertragen wurde – die Herausgabe der Konkursmasse gegen den Gemeinschuldner zu vollstrecken[603]. Diese Ansicht gründete sich ebenfalls

---

599 *Ampferl*, Rn. 311 ff.; *Gerhardt*, in: Jaeger, § 22 Rn. 31; *Haarmeyer*, in: Münchner Kommentar-InsO, § 22 Rn. 41; *Pohlmann*, Rn. 122 ff.; *Rüntz*, in: Heidelberger Kommentar-InsO, § 22 Rn. 8; *Vallender*, in: Uhlenbruck, § 22 Rn. 23.

600 Siehe hierzu näher die Ausführungen im ersten Kapitel unter II.1.

601 BGH, NJW 1962, 1392; *Hess/Kropshofer*, § 117 KO Rn. 4; *Kilger/Schmidt*, § 117 KO Rn. 2; *Kuhn/Uhlenbruck*, § 117 KO Rn. 6.

602 BT-Drs. 12/2443, S. 170 r. Sp.

603 *Hess/Kropshofer*, § 106 KO Rn. 9; *Kilger/Schmidt*, § 106 KO Rn. 4; *Kuhn/Uhlenbruck*, § 106 KO Rn. 8a; *Noack*, KTS 1957, 73, 75; *Uhlenbruck*, KTS 1982, 201, 206.

auf das Erfordernis, die Konkursmasse schnellstmöglich für die Gläubiger sichern zu können.

Trotz der identischen Begründungsansätze und der Tatsache, dass die Kompetenzen des vorläufigen starken Insolvenzverwalters durch die Regelung in § 22 Abs. 1 InsO gegenüber der früheren, in § 106 KO nur sporadisch geregelten, Sequestration erheblich erweitert wurden, ist in die §§ 22, 24 InsO kein Verweis auf § 148 Abs. 2 Satz 1 InsO aufgenommen worden. Vor diesem Hintergrund ist davon auszugehen, dass es sich hierbei um ein gesetzgeberisches Versehen handelt[604] und damit eine planwidrige Regelungslücke vorliegt.

Für das Vorliegen einer identischen Interessenlage zwischen der Position des vorläufigen „starken" und des endgültigen Insolvenzverwalters spricht, dass beide verpflichtet sind, die Insolvenzmasse im Sinne der Gläubiger schnellstmöglich zu sichern. Verlangte man für die Vollstreckung im Eröffnungsverfahren im Gegensatz zum eröffneten Verfahren einen separaten Herausgabetitel, so hätte es der böswillige Schuldner in der Hand, die Vollstreckung und damit die Sicherung der Insolvenzmasse gerade in dem Verfahrensstadium zu verzögern, in dem es oft darauf ankommt, schnell zu handeln.

Im Ergebnis liegen damit die Voraussetzungen einer Analogie vor, sodass § 148 Abs. 2 Satz 1 InsO entsprechend auf den Beschluss über die Anordnung der vorläufigen „starken" Insolvenzverwaltung angewendet werden kann. Aufgrund der entsprechenden Anwendung bedarf es im zweiten Schritt auch einer vollstreckbaren Ausfertigung dieses Beschlusses, um die Herausgabevollstreckung gegen den Schuldner beginnen zu können[605]. Dieses Erfordernis steht dem besonderen Eilcharakter des Eröffnungsverfahrens nicht entgegen, da der vorläufige „starke" Insolvenzverwalter aufgrund der regelmäßig sehr engen Zusammenarbeit mit dem Insolvenzgericht in der Lage ist, sich innerhalb kürzester Zeit die vollstreckbare Ausfertigung zu beschaffen.

(ii) Vollstreckungstitel im eröffneten Insolvenzverfahren

Mit der Eröffnung des Insolvenzverfahrens geht die Verwaltungs- und Verfügungsbefugnis über die Insolvenzmasse gemäß § 80 Abs. 1 InsO auf den

604 So auch: *Gerhardt*, in: Jaeger, § 22 Rn. 31; *Pohlmann*, Rn. 123.

605 *Beth*, in: Berliner Kommentar-InsO, § 22 Rn.; *Gerhardt*, in: Jaeger, § 22 Rn. 31 (der das Fehlen eines Verweises in § 148 Abs. 2 Satz 1 InsO auf das Eröffnungsverfahren für ein Redaktionsversehen hält); *Lohkemper*, ZIP 1995, 1641, 1642; *Pohlmann*, Rn. 121 ff. (der für eine analoge Anwendung des § 148 Abs. 2 InsO ist); *Vallender*, in: Uhlenbruck, § 22 Rn. 23; **a.A.**: AG Duisburg, ZInsO 2005, 105, 106; *Haarmeyer*, in: Münchener Kommentar-InsO, § 22 Rn. 41.

Insolvenzverwalter über und § 148 Abs. 2 Satz 1 InsO gelangt direkt zur Anwendung. Der Insolvenzverwalter kann dann auf der Grundlage einer vollstreckbaren Ausfertigung des Eröffnungsbeschlusses und unter Zuhilfenahme eines Gerichtsvollziehers gegen den Schuldner die Herausgabe der Geschäftsunterlagen vollstrecken[606].

bb. Erforderlichkeit einer richterlichen Durchsuchungsanordnung bei einer zwangsweisen Vollstreckung in den Wohn- und Geschäftsräumen des Schuldners

Im Rahmen der Durchführung der Herausgabevollstreckung könnte zudem der Erlass einer gesonderten richterlichen Durchsuchungsanordnung im Sinne des Art. 13 Abs. 2 GG beziehungsweise des § 758a Abs. 1 Satz 1 ZPO erforderlich werden. Denn wenn der Schuldner die Herausgabe der Geschäftsunterlagen verweigert, wird er regelmäßig auch den Zutritt zu seinen Wohn- und Geschäftsräumen verweigern. Grundsätzlich fallen auch die Geschäftsräume des Schuldners in den Schutzbereich des Art. 13 Abs. 1 GG[607]. Deren Durchsuchung durch den Gerichtsvollzieher stellt einen Eingriff in den Schutzbereich dieses Grundrechts dar[608].

Die in diesem Zusammenhang vielfach[609] angeführte Gesetzesbegründung zu § 148 Abs. 2 Satz 1 InsO spricht nicht eindeutig für eine Durchsuchung ohne gesonderte richterliche Anordnung. Danach ermächtigt der Eröffnungsbeschluss den Verwalter und den von ihm beauftragten Gerichtsvollzieher ausdrücklich nur dazu, die Wohnung des Schuldners zu „betreten", um dort Gegenstände der Insolvenzmasse in Besitz zu nehmen[610]. Von einer Durchsuchung ist dort nicht die Rede.

Die herrschende Meinung geht trotzdem davon aus, dass sowohl die Anordnung eines allgemeinen Verfügungsverbots im Eröffnungsverfahren als auch der Eröffnungsbeschluss den für die Durchsuchung erforderlichen Beschluss im Sinne des Art. 13 Abs. 2 GG beziehungsweise des § 758a Abs. 1 Satz 1 ZPO

---

606 BGH, NJW 1954, 918, 919; BGH, NJW 1962, 1392; BGH, NZI 2006, 699; *Andres*, in: Nerlich/Römermann, § 148 Rn. 39; *Füchsl/Weishäupl/Jaffé*, in: Münchener Kommentar-InsO, § 148 Rn. 61; *Holzer*, in: Kübler/Prütting/Bork, § 148 Rn. 14; *Depré*, in: Heidelberger Kommentar-InsO, § 148 Rn. 12; *Haffa/Leichtle*, in: Braun, § 148 Rn. 8; *Sinz*, in: Uhlenbruck, § 148 Rn. 28.

607 BVerfGE 44, 353, 371.

608 BVerfGE 51, 97, 106 f.; *Papier*, in: Maunz/Dürig, Art. 13 Rn. 23.

609 *Andres*, in: Nerlich/Römermann, § 148 Rn. 43; *Holzer*, in: Kübler/Prütting/Bork, § 148 Rn. 18; *Sinz*, in: Uhlenbruck, § 148 Rn. 30.

610 Begründung des Regierungsentwurfs, BT-Drs. 12/2443, S. 170 r. Sp.

enthalten[611]. Denn sowohl der vorläufige „starke" als auch der endgültige Insolvenzverwalter seien aufgrund ihrer Pflicht zur Sicherung der Insolvenzmasse stets auch dazu verpflichtet, die Wohn- und Geschäftsräume des Schuldners nach Gegenständen der Insolvenzmasse durchsuchen zu lassen.

Die Gegenauffassung verlangt nach einer gesonderten richterlichen Durchsuchungsanordnung[612]. *Häsemeyer*[613] bezieht sich diesbezüglich auf eine Entscheidung des Bundesverfassungsgerichts zur Einzelzwangsvollstreckung aus dem Jahr 1979[614]. Danach führe die gerichtliche Feststellung einer Zahlungspflicht nicht zwangsläufig zu einer Wohnungsdurchsuchung zum Zwecke der Pfändung, da der Schuldner vorher auch freiwillig zahlen könne[615]. Ein Leistungstitel beinhalte deswegen nicht zwangsläufig eine Durchsuchungsanordnung.

Gegen diese Argumentation spricht hier, dass ein Leistungstitel in der Einzelzwangsvollstreckung – sei es ein Zahlungstitel oder ein Herausgabetitel – die Durchsuchung der Wohn- und Geschäftsräume des Schuldners nicht in gleicher Weise erforderlich macht wie der Beschluss über die Anordnung eines allgemeinen Verfügungsverbots oder der Eröffnungsbeschluss. Die Einzelzwangsvollstreckung aus einem Leistungstitel ist stets unzulässig, wenn der Schuldner den titulierten Betrag freiwillig zahlt oder den in dem Titel genau bezeichneten Gegenstand freiwillig herausgibt. Der „starke" vorläufige und der endgültige Insolvenzverwalter müssen hingegen die gesamte (künftige) Insolvenzmasse in Besitz nehmen. Der Herausgabeanspruch bezieht sich damit nicht nur auf einzelne, individualisierte Gegenstände, sondern die gesamte Insolvenzmasse. Selbst wenn der Schuldner Bestandteile der Insolvenzmasse freiwillig herausgibt, so ist unter Umständen eine Durchsuchung der Wohn- und Geschäftsräume dennoch erforderlich, um sicherzustellen, dass dort nicht noch weitere Massegegenstände

---

611 Für den vorläufigen „starken" Insolvenzverwalter ausdrücklich: *Pohlmann*, Rn. 128 (im Anschluss an *Koch*, Die Sequestration im Konkurseröffnungsverfahren, S. 78; *Kuhn/Uhlenbruck*, § 106 KO Rn. 8c; *Uhlenbruck*, KTS 1982, 201, 206); dem folgend: *Gerhardt*, in: Jaeger, § 22 Rn. 32; *Haarmeyer*, in: Münchener Kommentar-InsO, § 22 Rn. 180; *Schröder*, in: Hamburger Kommentar-InsO, § 22 Rn. 192; *Uhlenbruck*, in: Kölner Schrift, 2. Auflage, S. 346 Rn. 19; für den endgültigen Insolvenzverwalter: *Füchsl/Weishäupl/Jaffé*, in: Münchener Kommentar-InsO, § 148 Rn. 68; *Holzer*, in: Kübler/Prütting/Bork, § 148 Rn. 18; *Depré*, in: Heidelberger Kommentar-InsO, § 148 Rn. 12; *Sinz*, in: Uhlenbruck, § 148 Rn. 30.

612 Für den Sicherungsbeschluss: *Häsemeyer*, Rn. 13.04; für den Eröffnungsbeschluss: *Eckardt*, in: Jaeger, § 148 Rn. 108.

613 *Häsemeyer*, Rn. 13.04.

614 BVerfG, Beschluss vom 03.04.1979 – Az. 1 BvR 994/76; BVerfGE 51, 97.

615 BVerfGE 51, 97, 112.

verborgen sind. Dies gilt auch in Bezug auf die hier maßgeblichen Geschäftsunterlagen, da für den Insolvenzverwalter beispielsweise nicht ersichtlich ist, ob die von dem Schuldner freiwillig zur Verfügung gestellten Unterlagen vollständig sind oder nicht.

Damit sprechen die besseren Gründe dafür, dass der vorläufige „starke“ und der endgültige Insolvenzverwalter keine gesonderte Durchsuchungsanordnung beantragen müssen, um den Gerichtsvollzieher im Rahmen der Herausgabevollstreckung die Wohn- und Geschäftsräume des Schuldners nach den Gegenständen der Insolvenzmasse und damit auch nach etwaigen Geschäftsunterlagen durchsuchen zu lassen. Der Sicherungs- und der Eröffnungsbeschluss – deren Erlass gemäß § 18 Abs. 1 Nr. InsO in den ausschließlichen Zuständigkeitsbereich des Insolvenzrichters fällt – enthalten vielmehr einen unbedingten Durchsuchungsauftrag und implizieren insoweit eine richterliche Durchsuchungsanordnung[616].

b. Verbleib der Verwaltungs- und Verfügungsbefugnis beim Schuldner

Sowohl der vorläufige „schwache“ Insolvenzverwalter oder auch der der (vorläufige) Sachwalter erhalten nicht die Verwaltungs- und Verfügungsbefugnis über das Vermögen des Schuldners und damit auch nicht über seine Geschäftsunterlagen.

aa. Einsichts- und Nachforschungsrecht in den Geschäftsräumen des Schuldners

Allerdings gewährt § 22 Abs. 3 Satz 2 InsO jedem vorläufigen Insolvenzverwalter das Recht, die Geschäftsunterlagen des Schuldners einzusehen. Da sich diese regelmäßig in den Geschäftsräumen des unternehmerisch tätigen Schuldners befinden, ist der vorläufige Insolvenzverwalter zudem gemäß § 22 Abs. 3 Satz 1 InsO dazu berechtigt, diese zu betreten. Die Vorschrift gestattet es dem vorläufigen Insolvenzverwalter sogar, in den Geschäftsräumen Nachforschungen anzustellen, sodass er dort auch solche Geschäftsunterlagen einsehen kann, die der Schuldner verborgen hält[617].

Die vorgenannten Rechte stehen über die Verweise in § 274 Abs. 2 Satz 2 InsO und in § 270a Abs. 1 Satz 2 InsO auch dem (vorläufigen) Sachwalter zu. Im Hinblick auf die Ermittlung anfechtungsrelevanter Sachverhalte ist dies konsequent. Denn wie bereits bei den Ausführungen zur Postsperre erwähnt, obliegt dem

---

616 *Füchsl/Weishäupl/Jaffé*, in: Münchener Kommentar-InsO, § 148 Rn. 68.
617 *Vallender*, in: Uhlenbruck, § 22 Rn. 286.

Sachwalter trotz der Eigenverwaltung des Schuldners gemäß § 280 InsO die Prüfung und Ausübung der Insolvenzanfechtungsrechte.

Auch der vorläufige Sachwalter hat zumindest eine Vorprüfung der anfechtungsrelevanten Sachverhalte vorzunehmen. Denn er muss im Rahmen seiner Pflicht zur Prüfung der wirtschaftlichen Lage des Schuldners aus § 270a Abs. 1 Satz 2 InsO in Verbindung mit § 274 Abs. 2 Satz 1 InsO – ebenso wie der vorläufige Insolvenzverwalter[618] – ermitteln, ob das Vermögen des Schuldners die Kosten des Verfahrens decken wird[619].

(i) Entzug der Verwaltungs- und Verfügungsbefugnis bei mangelnder Kooperationsbereitschaft des Schuldners

Verweigert der Schuldner den Zutritt zu seinen Geschäftsräumen, um die Einsicht in seine Geschäftsunterlagen zu verhindern, so stellt sich die Frage, wie der vorläufige „schwache" Insolvenzverwalter und der (vorläufige) Sachwalter hierauf reagieren können. In der Praxis dürfte die mangelnde Kooperationsbereitschaft des Schuldners im Hinblick auf seine Mitwirkungspflichten aus § 22 Abs. 3 InsO regelmäßig zu einer Aufhebung der vorläufigen „schwachen" Insolvenzverwaltung beziehungsweise der (vorläufigen) Eigenverwaltung und damit auch einer Entziehung der Verwaltungs- und Verfügungsbefugnis führen.

Der vorläufige „schwache" Insolvenzverwalter kann anregen, dass das Insolvenzgericht dem Schuldner aufgrund seines Verhaltens als erweiterte Sicherungsmaßnahme ein allgemeines Verfügungsverbot auferlegt. In der Folge „erstarkt" der vorläufige „schwache" zum vorläufigen „starken" Insolvenzverwalter, sodass qua Gesetz auch die Verwaltungs- und Verfügungsbefugnis über das Vermögen des Schuldners auf ihn übergeht und er die Herausgabe der Geschäftsunterlagen verlangen und vollstrecken lassen kann.

Auch der (vorläufige) Sachwalter hat eine entsprechende Handlungsoption. In dem Verfahren der vorläufigen Eigenverwaltung ist das Insolvenzgericht verpflichtet, sofern es zu der Auffassung gelangt, dass der Antrag des Schuldners offensichtlich aussichtslos geworden ist, die Bestellung des vorläufigen Sachwalters aufzuheben und – bei Vorliegen eines entsprechenden Sicherungsbedürfnisses – einen vorläufigen „starken" Insolvenzverwalter zu bestellen[620].

618 Siehe hierzu die Ausführungen im ersten Kapitel unter III.1.a.

619 *Frind*, in: NZI 2014, 937; 939; *Kern*, in: Münchener Kommentar-InsO, § 270a Rn. 35.

620 *Fiebig*, in: Hamburger Kommentar-InsO, § 270a Rn. 3; *Kern*, in: Münchener Kommentar-InsO, § 270a Rn. 24; *Undritz*, in: K. Schmidt, § 270a Rn. 8.

Im eröffneten Eigenverwaltungsverfahren ist eine Aufhebung der Eigenverwaltung zwar nur noch über § 272 InsO auf Antrag der dort genannten Personen möglich. Erfüllt der eigenverwaltende Schuldner seine Mitwirkungspflichten aus § 22 Abs. 3 InsO nicht, so ist dies allerdings ein Umstand im Sinne des § 274 Abs. 3 Satz 1 InsO, den der Sachwalter dem Gläubigerausschuss mitzuteilen hat[621]. In der Folge droht dem eigenverwaltenden Schuldner auch im eröffneten Insolvenzverfahren in Eigenverwaltung die Aufhebung derselben. Denn der Gläubigerausschuss ist gemäß § 75 Abs. 1 Nr. 2 InsO dazu berechtigt, eine Gläubigerversammlung einzuberufen, die wiederum nach § 272 Abs. 1 Nr. 1 InsO über die Aufhebung der Eigenverwaltung entscheidet. Mit der Aufhebung der Eigenverwaltung könnte der Sachwalter gemäß § 273 Abs. 3 InsO zum Insolvenzverwalter bestellt werden. Aufgrund der dann auf ihn übergehenden Verwaltungs- und Verfügungsbefugnis über das Vermögen des Schuldners hätte er anschließend die Möglichkeit, ebenfalls die Herausgabe der Geschäftsunterlagen zu verlangen und zwangsweise durchzusetzen.

(ii) Eigene Zwangsbefugnisse des vorläufigen „schwachen" Insolvenzverwalters und des (vorläufigen) Sachwalters

Alternativ zu diesen verfahrensändernden Maßnahmen ist fraglich, ob der vorläufige „schwache" Insolvenzverwalter und der (vorläufige) Sachwalter ihr Betretungs- und Nachforschungsrecht aus § 22 Abs. 3 Satz 1 InsO nicht selbst mit hoheitlichem Zwang durchzusetzen vermögen. Die Übertragung hoheitlicher Zwangsbefugnisse bedarf einer gesetzlichen Grundlage[622].

Werres vertritt die Ansicht, § 22 Abs. 3 Satz 1 InsO bilde eine solche und statte den vorläufigen Insolvenzverwalter zumindest partiell mit Rechten aus, die er selbst zwangsweise durchsetzen kann[623]. Der Autor stützt seine Auffassung auf einen Vergleich mit einem Gerichtsvollzieher, dessen Tätigkeit das Bundesverfassungsgericht als hoheitlich eingestuft hat[624]. Für die Vergleichbarkeit spreche insbesondere § 22 Abs. 3 Satz 3 Hs. 2 InsO in Verbindung mit § 98 InsO[625]. Danach sei der vorläufige Insolvenzverwalter ebenso wie der Gerichtsvollzieher

621 *Tetzlaff/Kern*, in: Münchener Kommentar-InsO, § 274 Rn. 56.

622 Zum Beliehenen: BVerwG, NVwZ 1985, 48; BVerwG, NVwZ 1991, 59; BGH, NJW 2000, 1042; *Papier*, in: Maunz/Dürig, Art. 34 GG Rn. 109; *Ronellenfitsch*, in: Beck'scher Online-Kommentar-VwVfG, § 1 VwVfG Rn. 73; *Schmitz*, in: Stelkens/Bonk/Sachs, § 1 VwVfG Rn. 246.

623 *Werres*, S. 31.

624 *Werres*, S. 31 (unter Berufung auf BVerfGE 51, 97, 107).

625 *Werres*, S. 31.

nach den Vorschriften der Zivilprozessordnung berechtigt, eine Versicherung des Schuldners an Eides Statt anzuordnen[626].

Gegen die Vergleichbarkeit des vorläufigen Insolvenzverwalters – und auch des (vorläufigen) Sachwalters – mit einem Gerichtsvollzieher spricht, dass letzterer gemäß § 758 Abs. 3 ZPO ausdrücklich zur Anwendung von hoheitlichem Zwang ermächtigt ist. Auf diese Vorschrift bezieht sich auch die von *Werres* zitierte Entscheidung des Bundesverfassungsgerichts. Eine solche Ermächtigung sieht § 22 Abs. 3 Satz InsO aber gerade nicht vor. Vielmehr ergibt sich aus § 148 Abs. 2 Satz 1 InsO der Grundsatz, dass ein Insolvenzverwalter nicht selbst dazu ermächtigt ist, seine Rechte gegenüber einem unwilligen Schuldner mittels Zwang durchzusetzen[627]. Die Vorschrift bezieht sich ihrem Wortlaut nach zwar nur auf die Vollstreckung eines Herausgabeanspruchs gegenüber dem Schuldner. Es ist allerdings kein Grund ersichtlich, warum dem Insolvenzverwalter die zwangsweise Durchsetzung anderer Rechte und Ansprüche gestattet sein sollte. Gleiches gilt für den vorläufigen „schwachen" Insolvenzverwalter oder auch den (vorläufigen) Sachwalter. Denn diese haben aufgrund ihrer fehlenden Verwaltungs- und Verfügungsbefugnis über das Vermögen des Schuldners sogar weniger Rechte als ein vorläufiger „starker" oder ein endgültiger Insolvenzverwalter.

Auch das aus der Vorschrift des § 23 Abs. 3 Satz 3 Hs. 2 InsO in Verbindung mit § 98 InsO abgeleitete Argument überzeugt nicht. Denn nur das Insolvenzgericht ist berechtigt, eine Versicherung des Schuldners an Eides Statt anzuordnen.

Da im Übrigen keine gesetzliche Grundlage ersichtlich ist, die den vorläufigen „schwachen" Insolvenzverwalter oder den (vorläufigen) Sachwalter mit hoheitlichen Zwangsbefugnissen ausstatten könnte, sind diese nicht dazu ermächtigt, ihre Rechte aus § 22 Abs. 3 InsO selbst zwangsweise gegenüber dem Schuldner durchzusetzen.

(iii) Zwangsweise Durchsetzung der Rechte mit Hilfe des Gerichtsvollziehers

Vielmehr können auch die Rechte aus § 22 Abs. 3 InsO nur mit der Unterstützung eines Gerichtsvollziehers zwangsweise durchgesetzt werden[628], der gemäß § 758 Abs. 3 ZPO zur Anwendung von hoheitlichem Zwang ermächtigt ist.

---

626 *Werres*, S. 31.

627 Ähnlich: *Eckhardt*, in: Jaeger, § 148 Rn. 87; *Füchsl/Weishäupl/Jaffé*, in: Münchener Kommentar-InsO, § 148 Rn. 41.

628 *Haarmeyer*, in: Münchener Kommentar-InsO, § 22 Rn. 179; *Mönning*, in: Nerlich/Römermann, § 22 Rn. 250; *Pape*, in: Kübler/Prütting/Bork, § 22 Rn. 106; *Schröder*,

Der Beschluss über die Bestellung des vorläufigen „schwachen" Insolvenzverwalters beziehungsweise des (vorläufigen) Sachwalters könnte wiederum einen geeigneten Vollstreckungstitel im Sinne des § 794 Abs. 1 Nr. 3 ZPO darstellen[629].

Dafür spricht, dass das Recht, die Geschäftsräume des Schuldners zu betreten und dort Nachforschungen anzustellen, qua Gesetz aus der Bestellung des vorläufigen „schwachen" Insolvenzverwalters beziehungsweise des (vorläufigen) Sachwalters folgt. Der entsprechende Beschluss enthält somit die mit der Bestellung verbundenen, gesetzlichen Rechte. Folglich müssen der vorläufige „schwache" Insolvenzverwalters und der (vorläufige) Sachwalters auch die Möglichkeit haben, mit einer vollstreckbaren Ausfertigung dieses Beschlusses und unter Zuhilfenahme des Gerichtsvollziehers ihre Rechte aus § 22 Abs. 3 Satz 1 und Satz 2 InsO zwangsweise durchzusetzen.

Eine gesonderte Anordnung im Sinne des Art. 13 Abs. 2 GG ist für das hoheitliche Handeln des Gerichtsvollziehers auch an dieser Stelle nicht erforderlich. Der Beschluss über die Anordnung der vorläufigen Insolvenzverwaltung beziehungsweise der (vorläufigen) Sachwaltung – für deren Erlass ebenfalls ausschließlich der Insolvenzrichter gemäß § 18 Abs. 1 Nr. 1 RPflG funktional zuständig ist – beinhaltet eine richterliche Durchsuchungsanordnung im Sinne des Art. 13 Abs. 2 GG beziehungsweise des § 758a Abs. 1 Satz 1 ZPO[630]. Denn für den Fall, dass der Schuldner den Zutritt zu seinen Geschäftsräumen verweigert, folgt zwangsläufig eine Durchsetzung mit Hilfe des Gerichtsvollziehers und damit auch eine Durchsuchung im Sinne des Art. 13 Abs. 2 GG[631].

bb. Einsichtsrecht in den Wohnräumen des Schuldners

Weitere Probleme ergeben sich dann, wenn der Schuldner die Geschäftsunterlagen nicht in seinen Geschäfts-, sondern in seinen Wohnräumen verwahrt oder gar versteckt und der vorläufige „schwache" Insolvenzverwalter oder der (vorläufige) Sachwalter sie dort aufspüren und einsehen möchten. Die Geschäftsunterlagen

---

in: Hamburger Kommentar-InsO, § 22 Rn. 191; *Uhlenbruck*, in: Kölner Schrift, 2. Auflage, S. 362 Rn. 41.

629 So: *Beck/Wimmer*, in: Beck/Depré., § 5 Rn. 172; *Hess*, § 22 Rn. 103; *Haarmeyer*, in: Münchener Kommentar-InsO, § 22 Rn. 179; *Lohkemper*, ZIP 1995, 1641, 1649; *Rüntz*, in: Heidelberger Kommentar-InsO, § 22 Rn. 66; *Vallender*, in: Uhlenbruck, § 22 Rn. 284.

630 *Ampferl*, Rn. 884; *Gerhardt*, in: Jaeger, § 22 Rn. 32; *Haarmeyer*, in: Münchener Kommentar-InsO, § 22 Rn. 179; *Sander*, in: Ahrens/Gehrlein/Ringstmeier, § 22 Rn. 131; *Vallender*, in: Uhlenbruck, § 22 Rn. 284.

631 *Ampferl*, Rn. 884; *Gerhardt*, in: Jaeger, § 22 Rn. 32.

dürften sich insbesondere dann in der Wohnung des Schuldners befinden, wenn sich aus ihnen anfechtbare Vermögensverschiebungen zugunsten des Schuldners selbst ergeben. In seinen Wohnräumen wird sich der Schuldner in größerer Sicherheit wähnen als in seinen Geschäftsräumen.

Der Wortlaut des § 22 Abs. 3 Satz 1 InsO umfasst die Wohnräume des Schuldners nicht. Eine Ausnahme besteht nach der herrschenden Meinung nur dann, wenn dort ein Teil des schuldnerischen Geschäftsbetriebs stattfindet[632]. Dem ist zuzustimmen, da das Betretungs- und Nachforschungsrecht des vorläufigen „schwachen" Insolvenzverwalters oder des (vorläufigen) Sachwalters für die schuldnerischen Geschäftsräume nicht dadurch vereitelt werden darf, dass der Schuldner Geschäftstätigkeit und Privatsphäre räumlich vermischt.

Allerdings könnte das Insolvenzgericht den vorläufigen „schwachen" und den vorläufigen Sachwalter auf der Grundlage des § 21 Abs. 1 Satz 1 InsO dazu ermächtigen, die Wohnräume des Schuldners zu betreten, um dort Geschäftsunterlagen einzusehen oder nach diesen zu forschen. Die Vorschrift des § 21 Abs. 1 Satz 1 InsO ist grundsätzlich auch im Rahmen der Anordnung einer vorläufigen Eigenverwaltung anwendbar[633]. Eine Anwendbarkeit nach der Eröffnung des Insolvenzverfahrens in Eigenverwaltung ist hingegen nicht möglich, da eine entsprechende Anwendung des § 21 Abs. 1 Satz InsO auf das eröffnete Insolvenzverfahren – wie bereits gezeigt[634] – systemwidrig wäre.

Nach der Auffassung von *Irmen/Werres* kann § 21 Abs. 1 Satz 1 InsO nicht als Grundlage herangezogen werden, um den vorläufigen Insolvenzverwalter zum Betreten der Wohnräume zu ermächtigen. Es sei verfassungsrechtlich nicht vertretbar, den schwerwiegenden Eingriff in den Schutzbereich des Wohnraums auf der Grundlage einer Generalklausel zu rechtfertigen, während im Hinblick auf die weniger schützenswerten Geschäftsräume mit § 22 Abs. 3 Satz 1 InsO eine spezialgesetzliche Regelung besteht[635]. Auch an dieser Stelle beruht die Ansicht der Autoren auf der Annahme, ein Insolvenzverwalter übe hoheitlichen Zwang aus und unterliege damit der unmittelbaren Grundrechtsbindung im Sinne des Art. 20 Abs. 3 GG. Deswegen stelle das Betreten und Nachforschen

---

632 BGHZ 158, 212, 216; BGH, NZI 2008, 179 Rn. 10; *Haarmeyer*, in: Münchener-Kommentar-InsO, § 22 Rn. 179; *Hess*, § 22 Rn. 101; *Rüntz*, in: Heidelberger Kommentar-InsO, § 22 Rn. 65; *Schröder*, in: Hamburger Kommentar-InsO, § 22 Rn. 191; *Vallender*, in: Uhlenbruck, § 22 Rn. 285; *Voß*, in: Graf-Schlicker, § 22 Rn. 24; **a.A.**: *Ampferl*, Rn. 893.

633 *Undritz*, in: K. Schmidt, § 270a Rn. 5.

634 Siehe hierzu die Ausführungen im ersten Kapitel unter III.2.

635 *Irmen/Werres*, NZI 2001, 579, 580 f.

in der Wohnung des Schuldners auf der Grundlage des § 22 Abs. 3 Satz 1 InsO eine Durchsuchung im Sinne des Art. 13 Abs. 2 GG und damit einen Eingriff in Art. 13 Abs. 1 GG dar[636].

Nach der Rechtsprechung des Bundesverfassungsgerichts ist eine Durchsuchung im Sinne des Art. 13 Abs. 2 GG das „ziel- und zweckgerichtete Suchen staatlicher Organe nach Personen oder Sachen oder zur Ermittlung eines Sachverhalts, um etwas aufzuspüren, was der Inhaber der Wohnung von sich aus nicht offenlegen oder herausgeben will“[637]. Würde der vorläufige „schwache“ Insolvenzverwalter oder der vorläufige Sachwalter die schuldnerischen Wohnräume betreten und dort nach Geschäftsunterlagen forschen, die in den Geschäftsräumen nicht aufzufinden sind, handelte es sich zwar um ein zielgerichtetes Suchen nach Sachen. Gegen eine Einordnung als staatliche Organe im Sinne der vorstehenden Definition spricht allerdings auch hier, dass die beiden ihre Befugnisse aus § 22 Abs. 3 Satz 1 InsO nicht mittels hoheitlichem Zwang durchsetzen dürfen[638]. Deswegen trägt der von *Irmen/Werres* gezogene Vergleich mit der Person des Gerichtsvollziehers auch an dieser Stelle nicht. Der vorläufige „schwache“ Insolvenzverwalter und der vorläufige Sachwalter sind keine staatlichen Organe im Sinne der oben stehenden Definition. Folglich liegt auch keine Durchsuchung im Sinne des Art. 13 Abs. 2 GG und damit auch kein Eingriff in den Schutzbereich des Art. 13 Abs. 1 InsO vor, wenn die beiden auf der Grundlage einer Einzelermächtigung des Insolvenzgerichts die Wohnräume des Schuldners betreten und dort nach Geschäftsunterlagen suchen.

Im Ergebnis kann das Insolvenzgericht also den vorläufigen „schwachen“ Insolvenzverwalter oder den vorläufigen Sachwalter im Einzelfall im Wege der Sicherungsanordnung gemäß § 21 Abs. 1 Satz 1 InsO ermächtigen, die Wohnräume des Schuldners zu betreten und dort Nachforschungen anzustellen[639]. Handelt es sich allerdings um einen unkooperativen Schuldner – wovon auszugehen ist, wenn dieser die Geschäftsunterlagen in seinen Wohnräumen versteckt –, wird die Ermächtigung zum Betreten und Durchsuchen allein nicht zum Ziel führen. In diesem Fall wird der Schuldner dem vorläufigen „schwachen“ Insolvenzverwalter oder dem vorläufigen Sachwalter den Zutritt zu seinen Wohnräumen nämlich verweigern.

---

636 *Irmen/Werres*, NZI 2001, 579, 580.

637 BVerfGE 51, 97, 106 f.; BVerfGE 75, 318, 327; BVerfGE 76, 83, 89; BVerwGE 121, 345, 349.

638 Siehe hierzu die Ausführungen in diesem Kapitel unter I.2.b.aa.(i).

639 So auch: *Voß*, in: Graf-Schlicker, § 22 Rn. 24 (die Zitierung von § 21 Abs. 2 Satz 1 InsO ist offensichtlich ein Versehen).

Folglich stellt sich auch an dieser Stelle die Folgefrage nach einer zwangsweisen Durchsetzung der gerichtlichen Ermächtigung. Auch die Vollstreckung dieser Sicherungsanordnung kann mangels hoheitlicher Befugnisse des vorläufigen „schwachen" Insolvenzverwalters beziehungsweise des vorläufigen Sachwalters nur durch den Gerichtsvollzieher erfolgen. Die Vollstreckungsgrundlage könnte der auf der Grundlage des § 21 Abs. 1 Satz 1 InsO ergangene Sicherungsbeschluss bilden. Dann müsste dieser allerdings auch die Voraussetzungen des § 758a Abs. 1 Satz 1 ZPO erfüllen. Dafür spricht, dass für den Erlass des Sicherungsbeschlusses nicht der Rechtspfleger, sondern der Insolvenzrichter zuständig ist. Denn es handelt sich um eine Entscheidung im Eröffnungsverfahren gemäß § 18 Abs. 1 Nr. 1 RPflG. Zudem stellt § 21 Abs. 1 Satz 1 InsO ähnliche (ungeschriebene) Voraussetzungen wie § 758a Abs. 1 Satz 1 ZPO auf. Sowohl eine Durchsuchungsanordnung gemäß § 758a ZPO[640] als auch eine Sicherungsanordnung nach § 21 Abs. 1 Satz 1 InsO[641] hat sich an den Grundsätzen der Erforderlichkeit und Verhältnismäßigkeit zu orientieren. Einer gesonderten richterlichen Durchsuchungsanordnung bedarf es für die Vollstreckung des Sicherungsbeschlusses durch den Gerichtsvollzieher damit im Ergebnis nicht.

Mitbewohner des Schuldners haben die Durchsuchung durch den Gerichtsvollzieher gemäß § 758a Abs. 3 ZPO zu dulden[642]. Die Duldungspflicht bezieht sich allerdings nur auf diejenigen Räume, an denen Mitgewahrsam des Schuldners besteht[643].

c. *Geschäftsunterlagen im Besitz nicht zur Herausgabe bereiter Dritter*

Abschließend stellt sich die Frage, welche Möglichkeiten dem (vorläufigen) Insolvenzverwalter oder dem (vorläufigen) Sachwalter zur Verfügung stehen, wenn sich die Geschäftsunterlagen des Schuldners nicht indessen, sondern im Besitz einer nicht zur Herausgabe bereiten, dritten Person befinden.

640 *Lackmann*, in: Musielak/Voit, § 758a ZPO Rn. 13; *Kindl*, in: Saenger, § 758a ZPO Rn. 4.

641 BGH, NZI 2006, 122 Rn. 11; *Böhm*, in: Braun, § 21 Rn. 6; *Haarmeyer*, in: Münchener Kommentar-InsO, § 21 Rn. 23; *Vallender*, in: Uhlenbruck, § 21 Rn. 3.

642 BGH, NZI 2008, 179 Rn. 10; dem folgend: *Vallender*, in: Uhlenbruck, § 22 Rn. 284.

643 *Sievers*, in: Kindl/Meller-Hannich/Wolf, § 758a ZPO Rn. 20; *Ulrici*, in: Beck'scher Online-Kommentar-ZPO, § 758a ZPO Rn. 7.1.

aa. Übergang der Verwaltungs- und Verfügungsbefugnis auf den (vorläufigen) Insolvenzverwalter

Da die Geschäftsunterlagen zu dem schuldnerischen Vermögen gehören, hat der Schuldner gegen den Dritten regelmäßig einen Anspruch auf Herausgabe seiner Geschäftsunterlagen. Diesen Herausgabeanspruch können der vorläufige „starke" und der endgültige Insolvenzverwalter aufgrund des Übergangs der Verwaltungs- und Verfügungsbefugnis nur auf dem Klageweg gegen den Dritten geltend machen. Denn der Beschluss über die Anordnung eines allgemeinen Verfügungsverbots stellt keinen Herausgabetitel gegen Dritte dar[644]. Gleiches gilt nach dem eindeutigen Wortlaut des § 148 Abs. 2 Satz 1 InsO für den Eröffnungsbeschluss[645]. Sofern Eilbedürftigkeit besteht, kann die Herausgabe im Wege einer einstweiligen Verfügung erzwungen werden[646].

Bezüglich der Geschäftsunterlagen ist insbesondere der Herausgabeanspruch gegenüber dem Steuerberater des Schuldners von Bedeutung. Hier stößt der ermittelnde Insolvenzverwalter meist auf Widerstand, wenn dieser wegen offener Honorarforderungen ein Zurückbehaltungsrecht an den in seinem Besitz befindlichen Geschäftsunterlagen geltend macht. Für die Erstellung der Finanzbuchhaltung und der Jahresabschlüsse überlässt der Schuldner dem Steuerberater unter anderem Kontoauszüge, Rechnungen und Kassenbelege. Gerade diese Unterlagen sind für die Ermittlungstätigkeit des Insolvenzverwalters von großer Bedeutung, denn oft offenbaren und belegen sie auch anfechtungsrelevante Sachverhalte. Ein Zurückbehaltungsrecht des Steuerberaters wegen offener Honorarforderungen besteht aber nur an den eigenen Arbeitsergebnissen, die in einem Austauschverhältnis mit den geschuldeten und noch offenen Honorarforderungen stehen, da diese Gegenstand des vertraglichen Erfüllungsanspruchs sind[647]. Die Geschäftsunterlagen, die der Schuldner dem Steuerberater zur Durchführung des erteilten Auftrages zur Verfügung gestellt hat, sind dagegen gemäß §§ 675, 667 BGB herauszugeben[648]. Damit können der vorläufige starke und der endgültige Insolvenzverwalter die Kontoauszüge, Rechnungen und Kassenbelege von dem Steuerberater herausverlangen.

---

644 *Haarmeyer*, in: Münchener Kommentar-InsO, § 22 Rn. 40.

645 OLG Düsseldorf, NJW 1965, 2409; *Jarchow*, in: Hamburger Kommentar-InsO, § 148 Rn. 16; *Haffa/Leichtle*, in: Braun, § 148 Rn. 9; *Sinz*, in: Uhlenbruck, § 148 Rn. 13.

646 OLG Düsseldorf, ZIP 1982, 471; *Andres*, in: Nerlich/Römermann, § 36 Rn. 47; *Hirte*, in: Uhlenbruck, § 36 Rn. 48.

647 BGH, NJW 1988, 2607, 2608; BGH, NJW 1989, 1216, 1217; LG Hannover, DStRE 2009, 1416; *Bruns/v. Hartz*, DStR 2011, 330, 331; *Weber*, DStR 2011, 2168, 2172.

648 BGH, NJW 2002, 825; *Bruns/v. Hartz*, DStR 2011, 330.

bb. Verbleib der Verwaltungs- und Verfügungsbefugnis beim Schuldner

Der vorläufige „schwache" Insolvenzverwalter sowie der (vorläufige) Sachwalter können mangels Verwaltungs- und Verfügungsbefugnis über das Vermögen des Schuldners den Herausgabeanspruch gegen Dritte nicht geltend machen.

Allerdings könnte das Insolvenzgericht zumindest den vorläufigen „schwachen" Insolvenzverwalter sowie den vorläufigen Sachwalter als Sicherungsmaßnahme im Sinne des § 21 Abs. 1 Satz 1 InsO dazu ermächtigen, die Geschäftsunterlagen – unter Zuhilfenahme des Gerichtsvollziehers – in den Räumen des Dritten zu suchen und dort einzusehen.

Lange Zeit haben die Instanzgerichte und das Schrifttum vertreten, dass eine entsprechende Sicherungsanordnung zumindest dann zulässig ist, wenn erhebliche Anhaltspunkte für schwerwiegende Verdunkelungshandlungen oder Vermögensverschiebungen des Dritten im Zusammenwirken mit dem Schuldner vorliegen[649].

Im Jahr 2009[650] hat der Bundesgerichtshof dieser Auffassung eine Absage erteilt. Er vertritt die Ansicht, § 21 Abs. 1 Satz 1 InsO stelle keine hinreichende Ermächtigungsgrundlage für eine Durchsuchungsanordnung bei Dritten dar. Die Vorschrift erlaube zwar Eingriffe Rechtspositionen des Schuldners, aber keine Eingriffe in Rechte Dritter[651]. Dies zeige schon das alleinige Beschwerderecht des Schuldners in § 21 Abs. 1 Satz 2 InsO. Erlaubte § 21 Abs. 1 Satz 1 InsO auch Eingriffe in Rechte Dritter, hätte diesen ebenfalls das Rechtsmittel der sofortigen Beschwerde eingeräumt werden müssen[652]. Daran vermögen nach Ansicht des Bundesgerichtshofs auch Anhaltspunkte für schwerwiegende Verdunkelungshandlungen oder Vermögensverschiebungen des Dritten im Zusammenwirken mit dem Schuldner nichts zu ändern[653]. Auch wenn diese Begründung praxisgerecht sei, greife die Durchsuchung der Geschäftsräume eines Dritten durch den Gerichtsvollzieher in Art. 13 Abs. 1 GG ein[654]. Dieser Eingriff bedürfe einer ausreichenden gesetzlichen Ermächtigung. § 21 Abs. 1 Satz 1 InsO liefere eine solche nicht[655].

---

649 LG Duisburg, DGVZ 1992, 136; LG Mainz, NZI 2001, 384; AG Gelsenkirchen, ZIP 1997, 2092; AG Duisburg, NZI 2000, 38 f.; AG Korbach, ZInsO 2005, 260; München, ZVI 2007, 22, 23 (für die Kontosperre gegen einen Dritten); *Frind*, EWiR 2008, 351, 352; *Irmen/Werres*, NZI 2001, 579, 583; *Vallender*, in: Uhlenbruck, § 21 Rn. 41.

650 BGH, Beschluss vom 24.09.2009 – Az. IX ZB 38/08; NJW 2009, 3438 ff.

651 BGH, NJW 2009, 3438 Rn. 14.

652 BGH, NJW 2009, 3438 Rn. 14.

653 BGH, NJW 2009, 3438 Rn. 16.

654 BGH, NJW 2009, 3438 Rn. 16.

655 BGH, NJW 2009, 3438 Rn. 14/16.

Gegen die Ansicht des Bundesgerichtshofs spricht, dass seit der Einfügung des § 21 Abs. 2 Satz 1 Nr. 5 InsO[656] auch gegen Dritte, namentlich Aus- und Absonderungsberechtigte, Sicherungsmaßnahmen ergehen können, ohne dass den Betroffenen ein Rechtsmittel zustünde oder ihnen vor der Anordnung zwingend rechtliches Gehör gewährt werden müsste[657]. Vor diesem Hintergrund ist die Formulierung „insbesondere" in § 21 Abs. 2 Satz 1 InsO so auszulegen, dass der Gesetzgeber lediglich beispielhaft und nicht abschließend einige häufiger vorkommende Maßnahmen des Insolvenzgerichts aufführen, nicht aber die Zielrichtung und -personen der Sicherungsmaßnahmen begrenzen wollte[658]. Zudem greift auch die Vorschrift des § 21 Abs. 2 Satz 1 Nr. 5 InsO in grundrechtlich geschützte Positionen der Betroffenen – namentlich das Eigentumsrecht aus Art. 14 Abs. 1 GG – ein[659]. Trotzdem ist die Norm verfassungsgemäß und vermag diesen Eingriff zu rechtfertigen[660]. Den Grundrechten der eigentlich Aus- und Absonderungsberechtigten wird zum einen dadurch Rechnung getragen, dass die von der Anordnung betroffenen Gegenstände für die Betriebsfortführung von erheblicher Bedeutung sein müssen. Darüber hinaus kann der aus- oder absonderungsberechtigte Gläubiger als Ausgleich für die gerichtlich angeordnete Nutzung zum einen entsprechend § 169 Satz 2 und 3 InsO die Zahlung eigentlich geschuldeter Zinsen oder Nutzungsentgelte sowie einen etwaigen Wertverlust verlangen, der sich entsprechend § 172 Abs. 1 Satz 2 InsO berechnet.

Es besteht kein Grund, die aus- und absonderungsberechtigten Gläubiger schlechter zu stellen als die mit dem Schuldner zum Nachteil der übrigen Gläubiger zusammenwirkenden Dritten[661]. Die Rechte des von der Durchsuchungsanordnung Betroffenen werden dadurch gewahrt, dass erhöhte Anforderungen an die Darlegung der Erforderlichkeit der Maßnahme gestellt werden.

§ 21 Abs. 1 Satz 1 InsO ist auch nicht zu unbestimmt. Die Norm erfüllt grundsätzlich die Anforderungen, die Art. 13 Abs. 2 GG an Durchsuchungen stellt. Der Sicherungsbeschluss muss lediglich durch den Richter angeordnet und erlassen

---

656 Eingeführt zum 01.07.2007 durch das Gesetz zur Vereinfachung des Insolvenzverfahrens (InsVerfVerinfG) vom 13.04.2007, BGBl. I, S. 509.

657 BGHZ 183, 269 Rn. 21; *Schröder*, in: Hamburger Kommentar-InsO, § 21 Rn. 69a; **a.A.** im Hinblick auf die Anhörung: *Hölzle*, in: K. Schmidt, § 21 Rn. 14.

658 *Frind*, NZI 2010, 749, 756.

659 BVerfG, NZI 2012, 617 Rn. 18.

660 BVerfG, NZI 2012, 617 Rn. 19.

661 *Seagon*, LMK 2009, 294314 (Anm. zu BGH, Beschluss vom 24.09.2009 – IX ZB 38/08).

werden. Dieser entscheidet über die Anordnung sichernder Maßnahmen nach pflichtgemäßem Ermessen[662].

Entgegen der Ansicht des Bundesgerichtshofs ist deswegen im Ergebnis davon auszugehen, dass der Insolvenzrichter ausnahmsweise anordnen kann, dass der vorläufige „schwache" Insolvenzverwalter oder der vorläufige Sachwalter unter Zuhilfenahme des Gerichtsvollziehers die Wohn- oder Geschäftsräume Dritter nach den Geschäftsunterlagen des Schuldners durchsuchen darf, um sie dort einzusehen[663].

Wie jede andere Sicherungsmaßnahme auch, muss die Durchsuchung bei Dritten allerdings erforderlich im Sinne des § 21 Abs. 1 Satz 1 InsO sein. Das Merkmal der Erforderlichkeit ist – wie bereits oben erläutert – Teil und Ausprägung des verfassungsrechtlichen Verhältnismäßigkeitsgrundsatzes[664]. Eine Sicherungsmaßnahme ist erforderlich, wenn ohne die Maßnahme eine nachteilige Veränderung des Schuldnervermögens droht und keine mildere, ebenso geeignete Maßnahme zur Verfügung steht[665].

Im Hinblick auf die nachteilige Veränderung des Schuldnervermögens muss dabei bereits eine konkrete Gefahr vorliegen[666]. Ließe man eine abstrakte Gefahr genügen, so bestünde die Gefahr, dass pauschale und damit unzulässige Sicherungsmaßnahmen angeordnet werden[667]. Aufgrund des Eilcharakters des Insolvenzeröffnungsverfahrens und der Eilbedürftigkeit von Sicherungsmaßnahmen muss die Gefährdung bei Anordnung der Maßnahme zwar nicht abschließend feststehen, aber zumindest glaubhaft im Sinne des § 294 ZPO – also überwiegend wahrscheinlich – sein[668].

662 BGH, NJW-RR 1986, 1188 f.; *Gerhardt*, in: Kölner Schrift, 2. Auflage, S. 205 Rn. 24; *Mönning*, in: Nerlich/Römermann, § 21 Rn. 230; *Vallender*, in: Uhlenbruck, § 21 Rn. 43.

663 So im Ergebnis auch: LG Duisburg, DGVZ 1992, 136; LG Mainz, NZI 2001, 384; AG Gelsenkirchen, ZIP 1997, 2092; AG Duisburg, NZI 2000, 38 f.; AG Korbach, ZInsO 2005, 260; *Vallender*, in: Uhlenbruck, § 21 Rn. 41; *Voss*, in: Graf-Schlicker, § 21 Rn 30.

664 *Haarmeyer*, in: Münchener Kommentar-InsO, § 21 Rn. 19; *Pohlmann*, Rn. 21; *Schröder*, in: Hamburger Kommentar-InsO, § 21 Rn. 14; *Vallender*, in: Uhlenbruck, § 21 Rn. 3/43.

665 *Schröder*, in: Hamburger Kommentar-InsO, § 21 Rn. 15.

666 *Engelhardt*, S. 203 ff.

667 AG Düsseldorf, ZIP 2011, 443; *Hölzle*, in: K. Schmidt, § 21 Rn. 10; ähnlich: *Haarmeyer*, in: Münchener Kommentar-InsO, § 21 Rn. 19; *Schröder*, in: Hamburger Kommentar-InsO, § 21 Rn. 16.

668 *Engelhardt*, S. 227; *Rüntz*, in: Heidelberger Kommentar-InsO, § 21 Rn. 53; *Schröder*, in: Hamburger Kommentar-InsO, § 21 Rn. 17.

Im Hinblick auf die hier in Rede stehende Durchsuchungsanordnung für die Wohn- und Geschäftsräume Dritter sind aufgrund der Eingriffsintensität allerdings erhöhte Anforderungen an die Glaubhaftmachung der Gefahr für das Schuldnervermögen zu stellen. Die Gefährdung muss nicht nur überwiegend, sondern nahezu wahrscheinlich sein. Es müssen Nachweise dafür vorliegen, dass der Dritte dem Schuldner hilft, die Geschäftsunterlagen der Inbesitznahme durch den Insolvenzverwalter endgültig zu entziehen[669]. Diese Verdunklungsgefahr muss auch deswegen nachgewiesen werden, um die alternativ bestehende Möglichkeit der (Beendigung der vorläufigen Eigenverwaltung und) Anordnung eines allgemeinen Verfügungsverbots gemäß § 21 Abs. 2 Satz 1 Nr. 2 Alt. 2 InsO als (für den Dritten) milderes, aber aus zeitlichen Gründen weniger geeignetes Mittel auszuschließen. Denn durch diese Sicherungsmaßnahme könnte das Insolvenzgericht gemäß § 22 Abs. 1 Satz 1 InsO den vorzeitigen Übergang der Verwaltungs- und Verfügungsbefugnis herbeiführen und dem dann „starken" vorläufigen Insolvenzverwalter die Geltendmachung etwaiger Herausgabeansprüche des Schuldners gegen den Dritten ermöglichen.

3. Die Vollstreckungsakten des Gerichtsvollziehers

Neben den Geschäftsunterlagen des Schuldners enthalten auch die Vollstreckungsakten des Gerichtsvollziehers oft wertvolle Informationen im Hinblick auf anfechtungsrelevante Sachverhalte, insbesondere dann, wenn der Schuldner selbst nicht mehr über die Pfändungsprotokolle verfügt oder den Überblick über die einzelnen Pfändungen verloren hat.

Denn wie bereits mehrfach erwähnt, sind im Wege der Zwangsvollstreckung erlangte Zahlungen als inkongruente Deckungen unter den erleichterten Voraussetzungen des § 131 InsO anfechtbar[670].

Deswegen stellt sich die Frage, was zu tun ist, wenn der Gerichtsvollzieher ein Auskunftsersuchen des Insolvenzverwalters mit der Begründung ablehnt, es sei vor der Gewährung der Einsicht zunächst eine Aussagegenehmigung des Amtsgerichtsdirektors beziehungsweise -präsidenten einzuholen. Dieser Einwand wäre unerheblich, wenn dem Insolvenzverwalter gegenüber dem Gerichtsvollzieher ein davon unabhängiges Akteneinsichtsrecht zustünde.

---

669 *Vallender*, in: Uhlenbruck, § 21 Rn. 41.

670 BGHZ 136, 309, 311 ff.; BGH, NZI 2000, 310, 311; BGHZ 157, 350, 353; BGHZ 167, 11 Rn. 9; *Henckel*, in: Jaeger, § 131 Rn. 49 ff. (m.w.N.); *Kayser*, in: Münchener Kommentar-InsO, § 131 Rn. 26; *Schoppmeyer*, in: Kübler/Prütting/Bork, § 131 Rn. 120 ff.; *Thole*, in: Heidelberger Kommentar-InsO, § 131 Rn. 12.

Gemäß § 60 Nr. 1 Satz 1 GVO haben die Beteiligten ein voraussetzungsloses Recht auf Einsicht in die Akten des Gerichtsvollziehers. Beteiligt an der Vollstreckungsmaßnahme des Gerichtsvollziehers sind der Gläubiger und der Schuldner. Mit der Eröffnung des Insolvenzverfahrens und dem Übergang der Verwaltungs- und Verfügungsbefugnis rückt der Insolvenzverwalter insoweit in die Beteiligtenstellung des Schuldners ein und ist berechtigt, dessen Akteneinsichtsrecht geltend zu machen[671]. Gleiches gilt für den ebenfalls verwaltungs- und verfügungsbefugten, vorläufigen „starken" Insolvenzverwalter.

Deswegen steht diesen gegenüber dem Gerichtsvollzieher auch ohne eine Aussagegenehmigung des Amtsgerichtsleiters ein Akteneinsichtsrecht bezüglich der Vollstreckungsakten des Schuldners zu.

Der vorläufige „schwache" Insolvenzverwalter beziehungsweise der Sachwalter müssen mangels Verwaltungs- und Verfügungsbefugnis und damit fehlender Beteiligtenstellung hingegen die Aussagegenehmigung einholen. Gründe, die gegen die Erteilung einer solchen Genehmigung sprechen könnten, sind nicht ersichtlich.

II. Auskunftsquellen

In persönlicher Hinsicht hat der Insolvenzverwalter zuvorderst den Schuldner auf die Erteilung von Auskünften über anfechtungsrelevante Sachverhalte in Anspruch zu nehmen. Dies leuchtet ein, da das schuldnerische Vermögen Gegenstand der Gesamtvollstreckung ist. Aber nicht nur der Schuldner selbst, sondern auch dessen Organe und Angestellte stehen dem Schuldner für Auskünfte zur Verfügung. Die Auskunftspflichten ergeben sich aus den §§ 97, 101 InsO und gelten über § 23 Abs. 3 Satz 3 Hs. 2 InsO auch gegenüber dem vorläufigen Insolvenzverwalter sowie über § 23 Abs. 3 Satz 3 Hs. 2 InsO in Verbindung mit § 270a Abs. 1 Satz 2 und § 274 Abs. 2 Satz 2 InsO gegenüber dem (vorläufigen) Sachwalter.

Außerhalb des schuldnerischen Unternehmens kommt zudem eine Zeugenvernehmung über Anfechtungstatsachen in Betracht. Der Insolvenzverwalter selbst besitzt zwar keine Kompetenz für eine Zeugenvernehmung. Möglicherweise kann er diesbezüglich aber die Unterstützung des Insolvenzgerichts in Anspruch nehmen.

---

671 *Henckel*, in: Jaeger, § 143 Rn. 165; *Huber*, in: Gottwald, § 51 Rn. 27; *Janca*, NZI 2003, 188, 189; *Ott/Vuia*, in: Münchener Kommentar-InsO, § 80 Rn. 43.

1. Der Schuldner

Der Schuldner ist die primäre Auskunftsquelle des Insolvenzverwalters. Er hat gemäß § 97 Abs. 1 Satz 1 InsO die Pflicht, Auskunft über alle das Verfahren betreffenden Verhältnisse zu geben. Zu diesen Verhältnissen zählen auch anfechtungsrelevante Sachverhalte[672].

Für den freiberuflich tätigen Schuldner stellt sich an dieser Stelle die Frage, ob ihm berufsständische Schweigepflichten eine Auskunft im Hinblick auf anfechtungsrelevante Sachverhalte verbieten.

Grundsätzlich haben die Patienten eines Arztes sowie die Mandanten eines Rechtsanwalts oder Steuerberaters ein durch Art. 2 Abs. 1 in Verbindung mit Art. 1 Abs. 1 GG geschütztes Recht, das die der beruflichen Schweigepflicht unterworfenen Daten auch in einem Insolvenzverfahren über das Vermögen des jeweiligen Berufsträgers nicht offenbart werden[673]. Nach der Rechtsprechung des Bundesverfassungsgerichts ist ein Eingriff in dieses Persönlichkeitsrecht und damit eine Offenbarung der Patienten- beziehungsweise Mandantendaten aber dann gerechtfertigt, wenn überragende Interessen des Gemeinwohls oder vorrangige Belange Dritter dies gebieten und der Verhältnismäßigkeitsgrundsatz gewahrt ist[674].

Dem Persönlichkeitsrecht der Patienten und Mandanten steht im Hinblick auf die Ermittlung von Anfechtungssachverhalten das ebenso grundgesetzlich durch Art. 3 Abs. 1 sowie Art. 14 Abs. 1 GG[675] geschützte Prinzip der Gläubigergleichbehandlung gegenüber.

Im Rahmen der Güterabwägung spricht für einen Vorrang des Gläubigergleichbehandlungsgrundsatzes, dass sich das Auskunftsinteresse des Insolvenzverwalters nicht auf Informationen aus der Privat- oder sogar Intimsphäre[676] der Patienten oder Mandanten, sondern auf anfechtbare Vermögensverschiebungen bezieht[677]. Zudem darf der Insolvenzverwalter die ihm zugänglich gemachten

---

672 BGH, NZI 2010, 264 Rn. 6; BGH, ZInsO 2012, 751 Rn. 14; AG Mannheim, NZI 2004, 46; *Hohnel*, NZI 2005, 152; *Schmidt*, in: Heidelberger Kommentar-InsO, § 97 Rn. 12; *Klopp/Kluth/Pechartscheck*, in: Gottwald, § 18 Rn. 6; *Lüke*, in: Kübler/Prütting/Bork, § 97 Rn. 3; *Stephan*, in: Münchener Kommentar-InsO, § 97 Rn. 14a; *Schilken*, in: Jaeger, § 97 Rn. 17; *Zipperer*, in: Uhlenbruck, § 97 Rn. 7, *Wittkowski/Kruth*, in: Nerlich/Römermann, § 97 Rn. 6.

673 *Stephan*, in: Münchener Kommentar-InsO, § 97 Rn. 15.

674 BVerfGE 32, 373, 380; BVerfG, NJW 1989, 2961, 2962.

675 Siehe hierzu die Ausführungen im 5. Kapitel unter II.1.

676 Zu den Begriffen: *Martini*, JA 2009, 839, 844.

677 BGHZ 162, 187, 192 (bezüglich der Auskunft über offene Honorarforderungen eines Arztes).

Daten nur insoweit verwerten, wie dies zur Erfüllung seiner Aufgaben notwendig ist[678]. Im Ergebnis stehen deswegen berufsständische Geheimhaltungspflichten einer Auskunft über Anfechtungssachverhalte[679] grundsätzlich nicht entgegen.

Kommt der Schuldner seiner Auskunftspflicht nicht oder nicht ordnungsgemäß nach, kann das Insolvenzgericht gemäß § 98 InsO anordnen, dass der Schuldner die Richtigkeit und Vollständigkeit der erteilten Auskünfte eidesstattlich versichert, er zwangsweise vorgeführt oder sogar in Haft genommen wird.

2. Organe und Angestellte des Schuldners

Diese umfassende Auskunftspflicht trifft gemäß § 101 InsO auch Organe und Angestellte des Schuldners.

a. Organe des Schuldners

Ist der Schuldner keine natürliche Person, sind alle Mitglieder der Geschäftsführung, des Vorstands, des Aufsichtsrats und die vertretungsberechtigten persönlich haftenden Gesellschafter zur vollständigen Auskunft verpflichtet.

Diese Pflicht trifft zudem den faktischen organschaftlichen Vertreter[680]. Dessen verfahrensrechtliche Stellung entspricht der eines Vertretungsorgans. Denn nach der herrschenden Auffassung ist auch der faktische organschaftliche Vertreter verpflichtet, einen Insolvenzantrag zu stellen[681]. Diese Stellung setzt sich im eröffneten Verfahren in Form der umfassenden Auskunfts- und Mitwirkungspflichten fort. Maßgebend für die Bejahung dieser Stellung ist, dass die Person mit Wissen und Wollen der Gesellschafter, des Geschäftsführers, des Vorstands

---

678 BGH, NJW 2004, 2015, 2017.

679 Bezüglich offener Honorarforderungen: BGHZ 162, 187, 191 ff.; BGH, NZI 2009, 444 Rn. 4 (Ärzte); BGHZ 141, 173, 176 ff. (Steuerberater); BGH, NJW 2004, 2015, 2017 (Rechtsanwälte); dazu auch: *Lüke*, in: Kübler/Prütting/Bork, § 97 Rn. 5a; *Stephan*, in: Münchener Kommentar-InsO, § 97 Rn. 15.

680 *Schmidt*, in: Heidelberger Kommentar-InsO, § 101 Rn. 7; *Kroth*, in: Braun, § 101 Rn. 6; *Lüke*, in: Kübler/Prütting/Bork, § 101 Rn. 4; *Stephan*, in: Münchener Kommentar-InsO, § 101 Rn. 19; *Wimmer-Amend*, in: FK-InsO, § 101 Rn. 9; *Zipperer*, in: Uhlenbruck, § 101 Rn. 4.

681 Für den faktischen Geschäftsführer: BGHZ 104, 44; BGHZ 150, 61, 69; *Haas*, in: Baumbach/Hueck, § 64 GmbHG Rn. 152; *K. Schmidt*, in: Scholz, § 64 GmbHG Rn. 153; **a.A.**: *Müller*, in: Münchener Kommentar-GmbHG, § 64 GmbHG Rn. 61 (anders für den Geschäftsführer, der lediglich fehlerhaft bestellt wurde); auch für den faktischen Vorstand: *Frege/Keller/Riedel*, Rn. 843; *Schmerbach*, in: FK-InsO, § 15a Rn. 16.

oder des Aufsichtsrats im Rechtsverkehr wie ein vertretungsberechtigtes Organ auftritt[682]. Darüber hinaus sind es oftmals gerade die faktischen Organe, die über die entsprechenden Informationen zur ordnungsgemäßen Erfüllung der Pflichten aus § 97 InsO verfügen[683].

Ergänzend hat der Gesetzgeber in § 101 Abs. 1 Satz 2 InsO eine nachwirkende Auskunftspflicht ausgeschiedener organschaftlicher Vertreter und vertretungsberechtigter persönlich haftender Gesellschafter des Schuldners geregelt. Sie gilt für diejenigen Funktionsträger, die nicht früher als zwei Jahre vor dem Antrag auf Eröffnung des Insolvenzverfahrens aus ihrem Amt ausgeschieden sind.

Auch der Umfang der organschaftlichen Auskunftspflichten richtet sich nach § 97 Abs. 1 Satz 1 InsO. Fraglich ist, ob die auskunftspflichtigen Organe dabei auch sie selbst betreffende Anfechtungsansprüche mitzuteilen haben[684].

Dagegen spricht, dass das Auskunftssystem der §§ 97 InsO grundsätzlich indirekt ausgestaltet ist. Die Auskunftspflichten sollen nicht die Anfechtungsgegner selbst, sondern Dritte treffen, die den Insolvenzverwalter wiederum über Anfechtungssachverhalte informieren. Müsste das Organ gegenüber dem Insolvenzverwalter gegen sich selbst gerichtete Anfechtungsansprüche offenbaren, so würde dies ein Stück weit einen Rollentausch und damit einen Systembruch bedeuten.

Auf der anderen Seite sind die Organe gemäß § 97 Abs. 1 Satz 2 InsO sogar dazu verpflichtet, eigene, strafrechtlich relevante Handlungen zu offenbaren. Diese Offenbarungspflicht dient dazu, alle zivilrechtlichen Ansprüche der Masse aufzudecken[685].

Für den Geschäftsführer einer Gesellschaft mit beschränkter Haftung ergibt sich die Selbstbelastungspflicht zudem aus dem Rechtsgedanken des § 666 BGB[686]. Wer im Interesse eines anderen – hier der schuldnerischen Gesellschaft – Geschäfte besorgt, hat auch eigene Pflichtverletzungen aus der Geschäftsführung zu offenbaren[687]. Mit der Eröffnung des Insolvenzverfahrens geht zudem eine Funktionsänderung des Geschäftsführeramts einher[688]. Die ursprünglich vorrangigen Gesellschafterinteressen treten hinter die Gläubigerinteressen zurück[689].

---

682 BGHZ 41, 282, 287; BGHZ 47, 341, 343.

683 *Lüke*, in: Kübler/Prütting/Bork, § 101 Rn. 4.

684 Bejahend: *Gogger*, § 3 Rn. 545; *Henssler*, in: Kölner Schrift, 2. Auflage, S. 1298 Rn. 34; *ders.*, ZInsO 1999, 121, 123; *Stobbe*, S. 16/17 Rn. 37 ff.

685 *Stobbe*, S. 16/17 Rn. 37.

686 *Stobbe*, S. 17 Rn. 38.

687 *Stobbe*, S. 17 Rn. 38.

688 *Henssler*, in: Kölner Schrift, 2. Auflage, S. 1298 Rn. 34; *ders.*, ZInsO 1999, 121, 123.

689 *Henssler*, in: Kölner Schrift, 2. Auflage, S. 1298 Rn. 34.

Schließlich ist zu berücksichtigen, dass die Organe des Schuldners anfechtbare und gläubigerbenachteiligende Rechtshandlung oft auch zu ihren eigenen Gunsten vorgenommen haben und damit nicht schutzwürdig sind.

Im Ergebnis sprechen damit gute Argumente dafür, dass die Organe des Schuldners im Rahmen ihrer Auskunftspflicht auch dazu verpflichtet sind, sich selbst zu belasten und dem Insolvenzverwalter mitzuteilen, ob und unter welchen Umständen sie etwas in anfechtbarer Weise von dem Schuldner erlangt haben. Der Insolvenzverwalter darf die Organe also fragen, was sie wann und in welcher Art und Weise von dem Schuldner erhalten haben. Antworten die Organe auf diese Frage nicht, so gelangen über die Vorschrift des § 101 Abs. 1 Satz 1 und Satz 2 InsO die Zwangsmittel des § 98 InsO zur Anwendung.

b. Angestellte des Schuldners

Die Vorschrift des § 101 Abs. 2 InsO erstreckt die Auskunftspflicht aus § 97 Abs. 1 Satz 1 InsO schließlich auch auf die Angestellten und ehemaligen Angestellten des Schuldners. Diese Auskunftspflicht ist allerdings nicht mit den Zwangsmitteln des § 98 InsO durchsetzbar, da Letztere nicht unmittelbar am Verfahren beteiligt sind und daher nicht der vollen Entscheidungsgewalt des Insolvenzgerichts unterfallen[690]. Weigern sich die Angestellten, dem Insolvenzverwalter Auskunft zu erteilen, so muss er diese vor dem Prozessgericht auf Auskunft verklagen[691].

Die im Vergleich mit den Organen des Schuldners eingeschränkte Pflichtenstellung ist zudem gerechtfertigt, weil die Angestellten regelmäßig weisungsabhängig und ohne das für die organschaftlichen Vertreter typische, eigene wirtschaftliche Interesse tätig sind beziehungsweise waren[692].

Aus dieser untergeordneten Verfahrensstellung folgt gleichzeitig auch, dass die Angestellten im Gegensatz zu den Organen des Schuldners grundsätzlich nicht dazu verpflichtet sind, gegen sich selbst gerichtete Anfechtungsansprüche offen zu legen. Im Gegensatz zu den Organen des Schuldners sind die Angestellten gerade nicht dazu verpflichtet, strafrechtlich relevante Handlungen zu offenbaren. Zudem sind die meisten Angestellten aufgrund ihrer untergeordneten Stellung im schuldnerischen Unternehmen ebenso schutzwürdig wie völlig außerhalb des Betriebs stehende Dritte.

---

690 *Kroth*, in: Braun, § 101 Rn. 7.

691 Begründung des Regierungsentwurfs, BT-Drs. 12/2443, S. 144 l. Sp.; *Kroth*, in: Braun, § 101 Rn. 7; *Lüke*, in: Kübler/Prütting/Bork, § 101 Rn. 7; *Wimmer-Amend*, in: FK-InsO, § 101 Rn. 14; *Wittkowski/Kruth*, in: Nerlich/Römermann, § 101 Rn. 5.

692 *Stephan*, in: Münchener Kommentar-InsO, § 101 Rn. 28.

3. Zeugen

Die gerichtliche Zeugenvernehmung könnte für den Insolvenzverwalter eine weitere Quelle sein, um Auskünfte über Anfechtungssachverhalte zu erlangen. Wie bereits im ersten Kapitel angesprochen[693], gilt im Insolvenzverfahren im Unterschied zum Zivilprozess der Untersuchungsgrundsatz. Gemäß § 5 Abs. 1 Satz 1 InsO hat das Insolvenzgericht von Amts wegen alle Umstände zu ermitteln, die für das Verfahren von Bedeutung sind. Nach Satz 2 der Vorschrift kann es zu diesem Zweck insbesondere Zeugen vernehmen.

a. Zulässigkeit amtswegiger Zeugenvernehmung über Anfechtungssachverhalte

Fraglich ist, ob eine amtswegige Zeugenvernehmung zur Ermittlung anfechtungsrelevanter Tatsachen zulässig ist. Dies hängt wiederum von der Reichweite der Amtsermittlungspflicht ab.

Aus der Gesetzesbegründung ergibt sich, dass § 5 InsO unter anderem § 75 KO zum Vorbild hat[694]. Nach dieser Vorschrift konnte das Konkursgericht zur Aufklärung aller das Verfahren betreffenden Verhältnisse die erforderlichen Ermittlungen anordnen. Nach den Motiven zu § 75 KO sollte durch die gerichtlichen Ermittlungen auch die Information der Verwaltungsorgane erleichtert werden[695]. Deswegen umfasste die Gesetzesformulierung „alle das Verfahren betreffenden Verhältnisse" nicht nur die Umstände, die das Konkursgericht für seine eigenen Entscheidungen benötigte, sondern auch Sachverhalte, die für wichtige Entschlüsse oder Maßnahmen des Konkursverwalters von Bedeutung waren[696].

Die Vorschrift des § 5 Abs. 1 InsO knüpft an dieses weite Verständnis von dem Umfang der Ermittlungspflicht an. Der dem § 75 InsO ähnliche Wortlaut „alle Umstände, die für das Insolvenzverfahren von Bedeutung sind" schließt auch Ermittlungen zur Vorbereitung oder Unterstützung von Maßnahmen des Insolvenzverwalters ein[697]. Dessen Maßnahmenkatalog umfasst wiederum das

---

693 Unter II.

694 Begründung des Regierungsentwurfs, BT-Drs. 12/2443, S. 110 l. Sp.; *Ganter/Lohmann*, in: Münchener Kommentar-InsO, § 5 Rn. 2; *Hess*, § 5 Rn. 1.

695 Entwurf einer Konkursordnung, S. 299; *Gerhardt*, in: Jaeger, § 5 Rn. 7.

696 LG Augsburg KTS 1978, 54, 55; LG Hildesheim, ZIP 1983, 598, 599; LG Hamburg, ZIP 1988, 590, 591; AG Duisburg, KTS 1992, 135, 136; *Kilger/Schmidt*, § 75 KO Anm. 2.

697 *Ganter*, in: Münchener Kommentar-InsO, § 5 Rn. 16; *Gerhardt*, in: Jaeger, § 5 Rn. 7.

Recht zur Insolvenzanfechtung, sodass eine Zeugenvernehmung zum Zwecke der Ermittlung anfechtungsrelevanter Sachverhalte von § 5 Abs. 1 InsO grundsätzlich erfasst wäre.

Allerdings wird die Amtsermittlungspflicht des Insolvenzgerichts durch die Kompetenzverteilung zwischen ihm und dem Insolvenzverwalter begrenzt[698]. Die Ermittlung und Durchsetzung der insolvenzrechtlichen Anfechtungsansprüche obliegt allein der Kompetenz des Insolvenzverwalters. Deswegen sind Amtsermittlungen in diesem Bereich nur im Rahmen der gerichtlichen Aufsichtspflicht zulässig[699].

b. Zulässigkeit verwalterseitig angeregter Zeugenvernehmung über Anfechtungssachverhalte

Damit ist aber noch nicht geklärt, ob der ermittelnde Insolvenzverwalter bei dem Insolvenzgericht eine Zeugenvernehmung anregen kann und das Insolvenzgericht den Zeugen aufgrund dieser Anregung zulässigerweise über Anfechtungssachverhalte vernehmen darf.

Nach einer Ansicht in der Literatur ist es generell nicht die Aufgabe des Insolvenzgerichts, dem Insolvenzverwalter durch eine vorweggenommene Beweisaufnahme seine Anfechtungsprozesse vorzubereiten oder einer zivilgerichtlichen Entscheidung in einem Anfechtungsprozess vorzugreifen[700]. Die rechtliche Klärung von Zahlungsansprüchen der Masse gegen Dritte habe allein in einem Zivilprozess zu erfolgen.

Für diese Meinung spricht, dass eine Zeugenvernehmung zu Anfechtungstatsachen zu einer Aushöhlung des im nachfolgenden Anfechtungsprozess geltenden Verbots ausforschender Beweisanträge führen könnte[701], wenn der Insolvenzverwalter mittels der Zeugenaussage erst in die Lage versetzt würde, den Anfechtungsanspruch hinreichend zu substantiieren. Diese Gefahr entsteht nicht, wenn man die Zulässigkeit der insolvenzgerichtlichen Zeugenvernehmung über § 4 InsO in Verbindung mit § 373 ZPO davon abhängig machte, dass der Insolvenzverwalter nicht nur den Zeugen, sondern auch die Tatsachen konkret benennt, zu denen dieser vernommen werden soll.

---

698 *Gerhardt*, in: Jaeger, § 5 Rn. 8; *Rüther*, in: Hamburger Kommentar-InsO, § 5 Rn. 27.

699 *Gerhardt*, in: Jaeger, § 5 Rn. 8 (für die Aufgabe der Verwaltung und Verwertung der Insolvenzmasse).

700 *Ganter/Lohmann*, in: Münchener Kommentar-InsO, § 5 Rn. 17; *Pape*, in: Uhlenbruck, § 5 Rn. 22.

701 Siehe hierzu auch die Ausführungen im 5. Kapitel unter III.1. und 2.

Eine Zeugenvernehmung zu anfechtungsrelevanten Tatsachen wäre darüber hinaus von dem weiten Wortlaut des § 5 Abs. 1 Satz InsO gedeckt[702]. § 5 InsO dient der Verwirklichung der übergeordneten Verfahrensziele aus § 1 InsO[703]. Eine Vernehmung durch das Insolvenzgericht trüge dazu bei, im Sinne der gemeinschaftlichen Befriedigung aller Gläubiger und damit der gerechten Verteilung der Insolvenzmasse die materielle Wahrheit zu erforschen[704]. Ist der Anfechtungsgegner aufgrund der gewonnenen und ihm dargelegten Erkenntnisse einsichtig, würde ein Anfechtungsprozess vermieden und die Abwicklung des Insolvenzverfahrens beschleunigt[705].

Eine Zeugenvernehmung durch das Insolvenzgericht griffe auch nicht in die Entscheidungshoheit des Prozessgerichts ein. Käme es trotz der insolvenzgerichtlichen Zeugenvernehmung noch zu einem Anfechtungsprozess, so würde das Prozessgericht auch weiterhin in der Sache selbst entscheiden[706]. Hiervon umfasst wäre auch die Entscheidung, ob im Anfechtungsprozess Beweis zu erheben ist oder nicht. Die vorangegangene Vernehmung durch das Insolvenzgericht führte lediglich dazu, dass der Insolvenzverwalter in die Lage versetzt wird, zu den von ihm unter Umständen nur vermuteten, anfechtungsrelevanten Tatsachen substantiiert vortragen und den Zeugen als diesbezügliches Beweismittel nennen zu können. Gelingt es dem Anfechtungsgegner, diesen Vortrag ebenfalls substantiiert zu bestreiten, so müsste über die streitige Tatsache Beweis erhoben und der Zeuge von dem Prozessgericht nochmals vernommen werden.

Rüther fordert schließlich, dass der Schuldner aus den zugrunde liegenden vertraglichen Vereinbarungen oder den einschlägigen gesetzlichen Bestimmungen einen materiellen Auskunftsanspruch gegen den Zeugen hat, um die Zeugenvernehmung anregen zu können[707]. Denn das Insolvenzgericht habe den im Zivilprozess geltenden Grundsatz der prozessualen Waffengleichheit zu beachten, der bereits im Insolvenzverfahren eine Vorwirkung entfalte[708]. Die Forderung nach einem materiellen Auskunftsanspruch ist unbegründet, weil ein solcher auch in einem späteren Anfechtungsprozess nicht gegenüber dem benannten Zeugen,

---

702 *Schmerbach*, in: FK-InsO, § 5 Rn. 27.

703 *Ganter/Lohmann*, in: Münchener Kommentar-InsO, § 5 Rn. 4.

704 *Ganter/Lohmann*, in: Münchener Kommentar-InsO, § 5 Rn. 4; ähnlich auch: *Gerhardt*, in: Jaeger, § 5 Rn. 2; *Rüther*, in: Hamburger Kommentar-InsO, § 5 Rn. 2.

705 OLG Hamm, KTS 1971, 105, 106; LG Hildesheim, ZIP 1983, 598, 599; *Gerhardt*, in: Jaeger, § 5 Rn. 9; *Weber*, in: Festschrift für Lent, S. 301, 323.

706 *Schmerbach*, in: FK-InsO, § 5 Rn. 27.

707 *Rüther*, in: Hamburger Kommentar-InsO, § 5 Rn. 29.

708 *Rüther*, in: Hamburger Kommentar-InsO, § 5 Rn. 29.

sondern nur gegenüber dem Anfechtungsgegner selbst bestehen muss, wenn der Insolvenzverwalter von diesem Auskünfte über anfechtungsrelevante Sachverhalte verlangt[709]. Für diese Sichtweise spricht zudem, dass die Zeugnispflicht völlig unabhängig von einer materiell-rechtlichen Pflicht zur Auskunftserteilung besteht[710]. In welchem Zusammenhang der Grundsatz der prozessualen Waffengleichheit mit der Zeugnispflicht stehen soll, erschließt sich nicht.

Im Ergebnis sprechen damit mehr Argumente für als gegen die Zulässigkeit einer Anregung des Insolvenzverwalters an das Insolvenzgericht, Zeugen zu Anfechtungstatsachen zu vernehmen.

c. *Zeugnisverweigerungsrechte der Zeugen*

Den Zeugen trifft grundsätzlich eine Zeugnispflicht. Diese besteht in der Pflicht zum Erscheinen, zur wahrheitsgemäßen Aussage und zur Eidesleistung[711]. Der Schutz des Zeugen wird durch die in den §§ 383 ff. ZPO geregelten Zeugnisverweigerungsrechte gewahrt. Diese Schutzvorschriften gelangen in einem Insolvenzverfahren über § 4 InsO zur Anwendung[712].

aa. *Zeugnisverweigerungsrecht gemäß § 383 Abs. 1 Nr. 6 ZPO*

Im Anwendungsbereich des Zeugnisverweigerungsrechts aus § 383 Abs. 1 Nr. 6 ZPO ist es für den ermittelnden Insolvenzverwalter von praktischer Bedeutung, ob er einen die Aussage verweigernden Zeugen von der Schweigepflicht entbinden kann.

Mit der Eröffnung des Insolvenzverfahrens geht auch das Recht des Schuldners, beispielsweise seine steuerlichen und rechtlichen Berater von der berufsständischen Schweigepflicht zu entbinden, auf den Insolvenzverwalter über[713]. Dieses Recht reicht, soweit die Insolvenzmasse betroffen ist[714]. Gleiches gilt für das Bankgeheimnis hinsichtlich der Geschäftsbeziehung zwischen dem Schuldner und

---

709 Siehe hierzu auch die Ausführung im 2. Kapitel unter I.

710 *Greger*, in: Zöller, § 373 Rn. 2.

711 *Damrau*, in: Münchener Kommentar-ZPO, § 373 Rn. 24; *Greger*, in: Zöller, § 373 Rn. 2; *Huber*, in: Musielak/Voit, § 373 Rn. 9; *Reichold*, in: Thomas/Putzo, vor § 373 Rn. 10.

712 *Rüther*, in: Hamburger Kommentar-InsO, § 4 Rn. 60.

713 Vgl. BGH, NJW 1990, 510, 511 f.; LG Krefeld, ZIP 1982, 861, 862; LG Hamburg, ZInsO 2002, 289; *Baumert*, in: Braun, § 5 Rn. 20; *Ganter/Lohmann*, in: Münchener Kommentar-InsO, § 5 Rn. 30a; *Gerhardt*, in: Jaeger, § 5 Rn. 20; *Pape*, in: Uhlenbruck, § 5 Rn. 20.

714 *Sternal*, in: Heidelberger Kommentar-InsO, § 5 Rn. 16 (m.w.N.).

seinem Kreditinstitut[715]. Neben dem Insolvenzverwalter hat auch der „starke" vorläufige Insolvenzverwalter das Recht zur Entbindung von der Schweigepflicht[716]. Für den „schwachen" vorläufigen Verwalter kann das Insolvenzgericht eine diesbezügliche Einzelermächtigung erteilen[717].

bb. Zeugnisverweigerungsrecht gemäß § 384 Nr. 1 ZPO

Gemäß § 384 Nr. 1 ZPO hat der Zeuge das Recht, seine Aussage zu verweigern, wenn ihm oder einem Angehörigen durch die Aussage ein unmittelbarer vermögensrechtlicher Schaden droht.

Ist der Zeuge selbst ein potentieller Anfechtungsgegner, stellt sich für ihn die Frage, ob er die Aussage unter Berufung auf diese Norm gegenüber dem Insolvenzgericht verweigern kann.

Dafür spricht, dass dem Zeugen ein vermögensrechtlicher Schaden droht, wenn durch die Aussage gerade ein ihn selbst betreffender, anfechtbarer Rechtserwerb aufgedeckt wird[718]. Deswegen ist ein Zeugnisverweigerungsrecht anzunehmen, wenn die Vernehmung des Zeugen darauf zielt, gegen diesen gerichtete Anfechtungsansprüche zu ermitteln[719]. In diesem Zusammenhang genügt es, wenn nicht auszuschließen ist, dass die verlangte Auskunft die Durchsetzung des Anspruchs gegen den Zeugen erleichtert[720]. Gleiches gilt, wenn sich der Anfechtungsanspruch gegen einen Angehörigen des Zeugen richtet.

Entscheidend ist darüber hinaus das Tatbestandsmerkmal der Unmittelbarkeit. Der vermögensrechtliche Schaden für den Zeugen oder einen seiner Angehörigen muss als unmittelbare Folge der Beantwortung der Frage drohen[721]. Dies ist immer dann der Fall, wenn auf der Grundlage der Antworten die tatsächlichen Voraussetzungen für einen Anspruch gegen den antwortenden Zeugen selbst oder einen seiner Angehörigen geschaffen werden können oder aber die Geltendmachung eines Anspruchs gegen den Zeugen selbst oder einen seiner

---

715 LG Hamburg, ZIP 1988, 590, 592; *Ganter/Lohmann*, in: Münchener Kommentar-InsO, § 5 Rn. 30; *Gerhardt*, in: Jaeger, § 5 Rn. 20.

716 *Sternal*, in: Heidelberger Kommentar-InsO, § 5 Rn. 16; *Pape*, in: Uhlenbruck, § 5 Rn. 20.

717 *Ganter/Lohmann*, in: Münchener Kommentar-InsO, § 5 Rn. 29; *Sternal*, in: Heidelberger Kommentar-InsO, § 5 Rn. 16; *Schmerbach*, in: FK-InsO, § 5 Rn. 17.

718 BGH, NJW 1979, 1832; *Huber*, in: Musielak/Voit, § 384 Rn. 3.

719 OLG Düsseldorf NJW 1964, 2357; *Ganter/Lohmann*, in: Münchener Kommentar-InsO, § 5 Rn. 27; *Pape*, in: Uhlenbruck, § 5 Rn. 20.

720 LG Ingolstadt, ZIP 2005, 275, 276; *Schmerbach*, in: FK-InsO, § 5 Rn. 17.

721 *Scheuch*, in: Beck'scher Online-Kommentar-ZPO, § 384 Rn. 4.

Angehörigen erleichtert werden könnte[722]. Deswegen genügt es nach herrschender Auffassung nicht, wenn lediglich der durch den Zeugen organschaftlich vertretenen, juristischen Person ein Schaden droht[723].

Im Ergebnis kann der Zeuge also dann die Aussage verweigern, wenn durch diese ein gegen ihn selbst oder einen Angehörigen gerichteter Anfechtungsanspruch aufgedeckt würde. Dies bedeutet für den Insolvenzverwalter, dass ihm die Zeugenvernehmung durch das Insolvenzgericht dann nichts nützt, wenn es um gegen den Zeugen selbst gerichtete Insolvenzanfechtungsansprüche geht.

III. Ergebnis

Die Post – einschließlich der elektronischen Post – des Schuldners ist für den Insolvenzverwalter eine ergiebige Informationsquelle, um anfechtungsrelevante Sachverhalte aufdecken zu können. Das Gericht ist sowohl im Eröffnungs- als auch im eröffneten Verfahren ermächtigt, eine Post- oder auch E-Mail-Sperre anzuordnen. Dies gilt auch für ein (vorläufiges) Insolvenzverfahren in Eigenverwaltung.

Eine weitere Informationsquelle sind die Geschäftsunterlagen des Schuldners. Der vorläufige „starke" und der endgültige Insolvenzverwalter können aufgrund ihrer Verwaltungs- und Verfügungsbefugnis über das Vermögen des Schuldners von diesem die Herausgabe der Geschäftsunterlagen verlangen und diese somit uneingeschränkt einsehen. Verweigert der Schuldner die Herausgabe, erfolgt die Vollstreckung durch den Gerichtsvollzieher. Dieser ist aufgrund der Anordnung des allgemeinen Verfügungsverbots sowie des Eröffnungsbeschlusses auch dazu ermächtigt, die Wohn- und Geschäftsräume des Schuldners nach den Geschäftsunterlagen zu durchsuchen.

Der vorläufige „schwache" Insolvenzverwalter sowie der (vorläufige) Sachwalter sind trotz ihrer fehlenden Verwaltungs- und Verfügungsbefugnis über das Vermögen des Schuldners zumindest auf der Grundlage des § 22 Abs. 3 Satz 2 InsO dazu berechtigt, die Geschäftsunterlagen des Schuldners einzusehen.

---

722 BGH, NJW 2007, 155 Rn. 7; *Huber*, in: Musielak/Voit, § 384 ZPO Rn. 3; *Reichold*, in: Thomas/Putzo, § 384 ZPO Rn. 2; *Scheuch*, in: Beck'scher Online-Kommentar-ZPO, § 384 ZPO Rn. 4.

723 OLG München, NJW-RR 1998, 1495, 1496; *Damrau*, in: Münchener Kommentar-ZPO, § 384 ZPO Rn. 7; *Greger*, in: Zöller, § 384 ZPO Rn. 4; *Huber*, in: Musielak/Voit, § 384 ZPO Rn. 3; *Scheuch*, in: Beck'scher Online-Kommentar-ZPO, § 384 ZPO Rn. 5; *Berger*, in: Stein/Jonas, § 384 ZPO Rn. 4; **a.A.**: *Baumbach/Lauterbach/Albers/Hartmann*, § 384 ZPO Rn. 4; offen gelassen von: BGH, NJW 2007, 155 Rn. 6.

Um dieses Einsichtnahmerecht effektiv wahrnehmen zu können, dürfen sie gemäß § 22 Abs. 3 Satz 1 InsO zudem die Geschäftsräume des Schuldners betreten und dort nach Geschäftsunterlagen forschen. Zeigt sich der Schuldner unkooperativ und verweigert die Einsichtnahme, so können der vorläufige „schwache" Insolvenzverwalter sowie der (vorläufige) Sachwalter zum einen auf die Anordnung verfahrensändernder Maßnahmen hinwirken, um dem Schuldner die Verwaltungs- und Verfügungsbefugnis über die Geschäftsunterlagen entziehen zu lassen. Zum anderen können sie die Rechte aus § 22 Abs. 3 InsO mit Hilfe eines Gerichtsvollziehers durchsetzen. Eigene Zwangsbefugnisse stehen ihnen hingegen nicht zu.

Ein Betreten der Wohnräume des Schuldners, um dort nach seinen Geschäftsunterlagen zu suchen, ist gegen seinen Willen nur auf der Grundlage einer entsprechenden Sicherungsanordnung des Insolvenzgerichts gemäß § 21 Abs. 1 Satz 1 InsO möglich.

Befinden sich die Geschäftsunterlagen im Besitz nicht zur Herausgabe bereiter Dritter, so müssen der vorläufige „starke" und der endgültige Insolvenzverwalter einen etwaigen Herausgabeanspruch auf dem Zivilrechtsweg durchsetzen. Eine Durchsetzung im Wege einer einstweiligen Verfügung ist bei entsprechender Eilbedürftigkeit aber möglich.

Behält der Schuldner hingegen die Verwaltungs- und Verfügungsbefugnis über sein Vermögen und die hiervon umfassten Herausgabeansprüche, so besteht grundsätzlich keine Möglichkeit, die Geschäftsunterlagen heraus zu verlangen. Ausnahmsweise kann allerdings das Insolvenzgericht im Beschlusswege anordnen, dass der vorläufige „schwache" Insolvenzverwalter oder der vorläufige Sachwalter mit Hilfe des Gerichtsvollziehers die Geschäftsunterlagen in den Räumlichkeiten Dritter suchen und einsehen dürfen. Entgegen der Auffassung des Bundesgerichtshofs ist § 21 Abs. 1 Satz 1 InsO diesbezüglich eine ausreichende Ermächtigungsgrundlage, wenn gesicherte Anhaltspunkte dafür vorliegen, dass sich dort die Unterlagen befinden und der Dritte dem Schuldner dabei hilft, die Unterlagen vor dem Insolvenzverwalter zu verstecken.

Schließlich enthalten die Vollstreckungsakten des Gerichtsvollziehers wertvolle Hinweise auf anfechtungsrelevante Tatsachen, da die im Wege der Zwangsvollstreckung erlangten Beträge (noch) unter erleichterten Voraussetzungen anfechtbar sind. Der vorläufige „starke" und der endgültige Insolvenzverwalter haben gegen den Gerichtsvollzieher gemäß § 60 Nr. 1 Satz 1 GVO einen Anspruch auf Akteneinsicht, da sie aufgrund ihrer Verwaltungs- und Verfügungsbefugnis in die Beteiligtenstellung des Schuldners einrücken. Der vorläufige

„schwache“ Insolvenzverwalter und der Sachwalter müssen eine Aussagegenehmigung des Amtsgerichtsdirektors einholen.

Persönliche Auskunftsquellen sind vorrangig der Schuldner und seine Organe. Diese sind sowohl gegenüber dem (vorläufigen) Insolvenzverwalter als auch dem (vorläufigen) Sachwalter umfassend zur Auskunft verpflichtet und haben dabei nicht nur gegen Dritte, sondern auch gegen sich selbst gerichtete Anfechtungsansprüche vollständig zu offenbaren. Weigern sich diese Personen, ihrer Auskunftspflicht nachzukommen, so können Zwangsmittel eingesetzt werden.

Daneben sind auch die Angestellten verpflichtet, dem Insolvenzverwalter Auskunft zu erteilen. Der Umfang ihrer Pflicht ist aber eingeschränkt. Da die Angestellten nicht am Insolvenzverfahren beteiligt sind, kann ihnen gegenüber kein Zwang ausgeübt werden. Eine Pflicht zur Selbstbelastung besteht ebenfalls nicht.

Möchte der Insolvenzverwalter Dritte in seine Ermittlungstätigkeit einbeziehen, so besteht die Möglichkeit einer Zeugenvernehmung durch das Insolvenzgericht. Zwar ist dieses nicht von Amts wegen dazu verpflichtet, Zeugen zu anfechtungsrelevanten Tatsachen zu vernehmen. Der Insolvenzverwalter kann eine solche aber zulässigerweise anregen, sofern er die Beweistatsachen konkret benennt. Die Zeugen können die Aussage verweigern, sofern ihnen ein Zeugnisverweigerungsrecht zusteht.

Insgesamt hat die Untersuchung gezeigt, dass dem (vorläufigen) Insolvenzverwalter und auch dem (vorläufigen) Sachwalter für seine Ermittlungstätigkeit vielfältige, vorwiegend dem Verfahrensrecht entspringende Informations- und Auskunftsquellen zur Verfügung stehen, um anfechtungsrelevante Sachverhalte ermitteln oder auch diesbezügliche Lücken schließen zu können. Allerdings sind die Angestellten des Schuldners und die Zeugen, die von dem Insolvenzgericht vernommen werden, nicht verpflichtet, gegen sich selbst gerichtete Anfechtungsansprüche zu offenbaren. Diese Pflicht trifft aufgrund ihrer verfahrensrechtlichen Stellung lediglich die Organe des Schuldners. Sie sind im Gegensatz zu den Angestellten des Schuldners weniger schutzwürdig. Damit bestätigt sich auch an dieser Stelle die in den ersten beiden Kapiteln gewonnene Erkenntnis, dass der potentielle Anfechtungsgegner selbst nur in Ausnahmefällen zur Selbstbelastung verpflichtet ist.

4. Kapitel: Beweiserleichterungen gegenüber potentiellen Anfechtungsgegnern

Das vierte Kapitel beschäftigt sich mit Beweiserleichterungen, die dem Insolvenzverwalter die Geltendmachung des anfechtungsrechtlichen Rückgewähranspruchs trotz bestehender Sachverhaltslücken durch eine Herabsenkung der von Gesetzes wegen bestehenden Behauptungs- oder Beweislast ermöglichen. Im Gegensatz zu den in den vorangegangenen Kapiteln dargestellten Mitteln berühren die Beweiserleichterungen also weniger die vorbereitende Ermittlungstätigkeit als vielmehr die zivilprozessuale Durchsetzung der ermittelten Anfechtungsansprüche. Deren Durchsetzung erfolgt im Wege der Leistungsklage mit dem Verlangen nach Rückgewähr oder Wertersatz[724]. Die Klagebegründung muss einen substantiierten Tatsachenvortrag enthalten, der die Voraussetzungen eines Anfechtungstatbestandes erfüllt. Im Falle des Bestreitens durch den Anfechtungsgegner hat der Insolvenzverwalter diejenigen Tatsachen zu beweisen, für die er die Beweislast trägt.

Der Begriff der Beweiserleichterung ist nicht definiert. Vielfach findet sich die Aussage, eine Beweiserleichterung sei ein Minus zu dem üblicherweise von der beweisbelasteten Partei zu führenden Beweis[725].

Dies ist deswegen irreführend, da Beweiserleichterungen nicht nur bei der Beweislast ansetzen. Vielmehr berühren sie auch und insbesondere den Bereich der Behauptungslast. Spricht die Arbeit im Folgenden von prozessualen Beweiserleichterungen, sind deswegen auch Erleichterungen der Behauptungslast erfasst.

Beweiserleichterungen finden sich nicht nur im Gesetz, sondern beruhen auch auf richterlicher Rechtsfortbildung. Die von der Rechtsprechung entwickelten Beweiserleichterungen tragen auch dem Umstand Rechnung, dass der Bundesgerichtshof die Einführung einer prozessualen Aufklärungspflicht in den deutschen Zivilprozess seit jeher ablehnt[726]. Die folgende Darstellung untersucht normative und richterrechtliche Beweiserleichterungen, die dem Insolvenzverwalter helfen, Sachverhaltslücken gegenüber potentiellen Anfechtungsgegnern zu überwinden. Die jeweiligen Erleichterungen werden zunächst allgemein erörtert und anschließend auf die Anfechtungstatbestände im Speziellen bezogen.

---

724 *Huber*, in: Gottwald, § 51 Rn. 30.

725 *Prütting*, Karlsruher Forum 1989 (Sonderheft VersR 1990), 3, 4; *ders.*, in: Handbuch der Beweislast, § 12 Rn. 4; *Baumgärtel*, Rn. 217; *Laumen*, NJW 2002, 3739, 3743.

726 Siehe hierzu die Ausführungen im 1. Kapitel unter I.

I. Grundbegriffe der Beweis- und Behauptungslast

Um die Rechtsnatur und die Rechtsfolgen der jeweiligen Beweiserleichterung bestimmen zu können, werden in einem ersten Schritt die Grundbegriffe der Beweis- und Behauptungslast dargestellt. Das Beweisrecht beschäftigt sich mit den Fragen, welche der Parteien eine Tatsache in den Prozess einführen, für sie Beweis antreten und das Risiko tragen muss, sie nicht beweisen zu können.

Der Oberbegriff „Beweislast" fasst die verschiedenen selbstständigen Erscheinungsformen der Beweislast, also die Beweislastnormen, die objektive Beweislast (Feststellungslast) und die subjektive Beweislast (Beweisführungslast) zusammen[727].

Die Beweisführungslast unterteilt sich wiederum in die konkrete und abstrakte Beweisführungslast.

Eng verwoben mit dem Begriff der Beweislast ist die bereits angesprochene Behauptungslast. Diese wird nochmals unterteilt in die abstrakte (Darlegungslast) und die konkrete Behauptungslast (Substantiierungslast).

1. Objektive Beweislast (Feststellungslast)

Die objektive Beweislast oder auch Feststellungslast beschäftigt sich mit der Frage, zu wessen Lasten es geht, wenn ungeklärt bleibt, ob ein entscheidungserhebliches Tatbestandsmerkmal vorliegt oder nicht[728]. Die objektive Beweislast sichert die Entscheidungspflicht der Gerichte, da diese auch dann gezwungen sind, eine Sachentscheidung zu treffen, wenn ein so genanntes „non liquet" vorliegt[729].

Die Verteilung der objektiven Beweislast bestimmt sich nach den so genannten Beweislastnormen. Ausdrücklich normierte Beweislastregeln finden sich nicht nur im Bürgerlichen Gesetzbuch[730], sondern auch in anderen Gesetzen[731]. Aus dem Rechtsnormcharakter der Beweislastregeln folgt, dass die Verteilung der objektiven Beweislast grundsätzlich nur durch die Legislative verändert

727 *Musielak*, S. 386; *Laumen*, in: Handbuch der Beweislast, § 9 Rn. 6; *Prütting*, S. 5.

728 BGH, NJW-RR 2011, 644 Rn. 21; *Ahrens*, 9 Kapitel Rn. 1; *Gottwald*, Jura 1980, 225, 227; *Laumen*, NJW 2002, 3739, 3741; Musielak, S. 33 ff.; *Leipold*, in: Stein/Jonas, § 286 Rn. 48; *Prütting*, in: Münchener Kommentar-ZPO, § 286 Rn. 100; *Saenger*, in: Saenger, § 286 Rn. 53.

729 *Prütting*, S. 16 f.; Laumen, in: Handbuch der Beweislast, § 9 Rn. 13; *Schmidt*, JuS 2003, 1007, 1008.

730 Vgl. §§ 179 Abs. 1, 345, 476, 611a Abs. 1 Satz 3 BGB.

731 Vgl. § 22 AGG; eine Aufzählung weiterer Beweislastnormen findet sich bei *Prütting*, S. 292 f.

werden kann. Zwar sind auch Beweislastnormen der Auslegung, der Analogie und der richterlichen Rechtsfortbildung zugänglich[732]. Solche Abweichungen von der gesetzlichen Beweislastregel setzen jedoch stets eine entsprechende Notwendigkeit voraus[733].

Da der Gesetzgeber nicht für jedes materiell-rechtliche Tatbestandsmerkmal eine eigenständige Beweislastregel aufstellen kann, bedarf es einer Grundregel der Beweislastverteilung[734]. Die ungeschriebene[735], aber allgemein anerkannte Grundregel des Beweisrechts bestimmt, dass der Anspruchsteller die Beweislast für die rechtsbegründenden und rechtserhaltenden, der Anspruchsgegner für die rechtshindernden, rechtsvernichtenden und rechtshemmenden Tatbestandsmerkmale trägt[736]. Verkürzt ausgedrückt bedeutet dies: Jede Partei muss die für sie günstigen Tatsachen beweisen[737].

2. Subjektive Beweislast (Beweisführungslast)

Die subjektive Beweislast oder auch Beweisführungslast ist die einer Partei obliegende Last, durch eigenes Tätigwerden den Beweis einer streitigen Tatsache zu führen, um den Prozessverlust zu vermeiden[738].

Zu unterscheiden ist zwischen der abstrakten und der konkreten Beweisführungslast[739]:

---

732 *Greger*, in: Zöller, Vorbem. § 284 Rn. 17; *Leipold*, in: Stein/Jonas, § 286 Rn. 73 (zur Rechtsfortbildung); *Prütting*, in: Münchener Kommentar-ZPO, § 286 Rn. 116.

733 *Leipold*, Beweismaß und Beweislastregeln im Zivilprozess, S. 22; *Laumen*, in: Handbuch der Beweislast, § 9 Rn. 22; *Prütting*, in: Münchener Kommentar-ZPO, § 286 Rn. 123/128.

734 *Prütting*, in: Münchener Kommentar-ZPO, § 286 Rn. 110.

735 Die Grundregel war im ersten Entwurf eines Bürgerlichen Gesetzbuchs für das Deutsche Reich von 1888 enthalten (§ 193 des Entwurfs); Prütting, in: Münchener Kommentar-ZPO, § 286 Rn. 110.

736 BGH, NJW 1983, 2944; BGH, NJW 1986, 2426, 2427; BGHZ 113, 222, 224 f.; BGH, NJW 1995, 49, 50; *Prütting*, in: Münchener Kommentar-ZPO, § 286 Rn. 111; *Schmidt*, JuS 2003, 1007, 1011.

737 BGH, NJW 1995, 49, 50; BGH, NJW 1999, 352, 353; BGH, NJW 2005, 2395, 2396.

738 *Baumgärtel*, Rn. 14; *Foerste*, in: Musielak/Voit, § 286 Rn. 33; *Greger*, in: Zöller, Vorbem. § 284 Rn. 18; *Laumen*, in: Handbuch der Beweislast, § 9 Rn. 32; *Leipold*, in: Stein/Jonas, § 286 Rn. 51; *Musielak*, S. 37; *Prütting*, in: Münchener Kommentar-ZPO, § 286 Rn. 98.

739 *Laumen*, in: Handbuch der Beweislast, § 9 Rn. 32.

a. *Abstrakte Beweisführungslast*

Die abstrakte Beweisführungslast betrifft die Frage, welcher Partei vor und zu Beginn des Prozesses die Beweisführung obliegt[740]. Ihre Verteilung richtet sich nach den zur objektiven Beweislast geschilderten Grundsätzen[741].

b. *Konkrete Beweisführungslast*

Die Verteilung der konkreten Beweisführungslast hingegen richtet sich danach, welche der Parteien in einer bestimmten Prozesssituation, in der das Gericht bereits eine vorläufige Überzeugung vom Vorliegen einer beweisbedürftigen Tatsache gewonnen hat, einen Beweis antreten muss, um den Prozess zu gewinnen[742]. Deswegen deckt sich die konkrete Beweisführungslast nur zu Beginn des Prozesses mit der abstrakten Beweisführungslast[743]. Im Laufe des Verfahrens entwickelt sie sich aber einzelfallabhängig in Abhängigkeit von der Beweiswürdigung des Gerichts[744] und kann auch mehrfach zwischen den Parteien hin und her wechseln[745].

3. Behauptungslast

Von der Beweislast zu trennen und ihr sachlich vorgeschaltet ist die Frage nach der Behauptungslast[746].

a. *Abstrakte Behauptungslast (Darlegungslast)*

Die abstrakte Behauptungslast oder auch Darlegungslast bestimmt, welcher Partei es (zu Beginn des Prozesses) obliegt, eine Tatsache zum Inhalt der Verhandlung und damit der richterlichen Rechtsanwendung zu machen, um keine prozessualen Nachteile zu erleiden[747]. Die Darlegungslast ist Folge und Vorwirkung der

---

740 *Gottwald*, Jura 1980, 225, 226; *Laumen*, in: Handbuch der Beweislast, § 9 Rn. 38; *Saenger*, in: Saenger, § 286 Rn. 54.

741 *Foerste*, in: Musielak/Voit, § 286 Rn. 33; *Prütting*, in: Münchener Kommentar-ZPO, § 286 Rn. 99; *Saenger*, in: Saenger, § 286 Rn. 54.

742 *Prütting*, S. 7 f.; *Laumen*, NJW 2002, 3739, 3742.

743 *Gottwald*, Jura 1980, 225, 227; *Laumen*, NJW 2002, 3739, 3742; *ders.*, in: Handbuch der Beweislast, § 9 Rn. 42.

744 *Gottwald*, Jura 1980, 225, 227, *Prütting*, S. 9.

745 *Bruns*, § 32 Rn. 170d/171; *Gottwald*, Jura 1980, 225, 227; *Laumen*, in: Handbuch der Beweislast, § 9 Rn. 42; *Saenger*, in: Saenger, § 286 Rn. 56.

746 *Prütting*, in: Münchener Kommentar-ZPO, § 286 Rn. 134.

747 *Saenger*, in: Saenger, § 286 Rn. 84.

objektiven Beweislast, mit der sie sich im Grundsatz deckt[748]. Jede Partei muss also diejenigen konkreten Behauptungen aufstellen, welche die abstrakten Voraussetzungen der für sie günstigen Norm ergeben[749].

b. Konkrete Behauptungslast (Substantiierungslast)

Von der abstrakten Behauptungslast zu trennen, ist die Verpflichtung der Parteien, je nach der konkreten Situation des Prozesses ihre bereits in den Prozess eingeführten Behauptungen näher zu substantiieren[750]. Die konkrete Behauptungslast oder auch so genannte Substantiierungslast findet ihren Ausdruck in den beiden ersten Absätzen des § 138 ZPO und richtet sich nach der konkreten Beweisführungslast[751]. Auch sie kann während des Prozesses zwischen den Parteien wechseln[752].

Der Umfang der Substantiierungslast hängt von der Prozesssituation und den Darlegungen der Gegenseite ab. Hat zunächst der darlegungspflichtige Anspruchsteller Tatsachenbehauptungen vorgetragen, so kann der nicht beweisbelastete Gegner im Regelfall mit einem einfachen Bestreiten reagieren[753]. In welchem Umfang der Gegner seinen Sachvortrag über das einfache Bestreiten hinaus substantiieren muss, lässt sich nur anhand des Wechselspiels zwischen Vortrag und Gegenvortrag bestimmen[754].

4. Erscheinungsformen des Beweises

Neben der Beweis- und Behauptungslast wird zwischen verschiedenen Formen des Beweises unterschieden.

a. Hauptbeweis

Der Hauptbeweis ist der Beweis der beweisbelasteten Partei für das Vorliegen der Tatbestandsmerkmale der anzuwendenden Rechtsnorm. Er ist erst erbracht,

---

748 BGH, NJW 1989, 161, 162; *Prütting*, in: Münchener Kommentar-ZPO, § 286 Rn. 135.

749 *Saenger*, in: Saenger, § 286 Rn. 84.

750 BGH, NJW 1991, 2707, 2709; *Prütting*, S. 44; *ders.*, in: Münchener Kommentar-ZPO, § 286 Rn. 136.

751 Rosenberg/Schwab/Gottwald, § 115 Rn. 41; *Saenger*, in: Saenger, § 286 Rn. 88.

752 BGH, NJW 1999, 1859, 1860; *Laumen*, in: Handbuch der Beweislast, § 9 Rn. 60; *Prütting*, S. 44; *ders.*, in: Münchener Kommentar-ZPO, § 286 Rn. 136.

753 BGH, NJW 1993, 1782, 1783; BGH, NJW 1995, 3311, 3312.

754 *Prütting*, in: Münchener Kommentar-ZPO, § 286 Rn. 136.

wenn der Beweisführer dem Gericht die volle Überzeugung von der Wahrheit der behaupteten Tatsache verschafft hat[755].

b. Gegenbeweis

Der Gegenbeweis obliegt dann der anderen, also der zunächst nicht beweisbelasteten Partei. Mit dem Gegenbeweis versucht die Gegenpartei zu erreichen, dass dem Gericht die von dem Gegner aufgestellten, tatsächlichen Behauptungen zweifelhaft bleiben. Der Gegenbeweis ist dementsprechend schon dann erfolgreich, wenn die bereits bestehende Überzeugung des Gerichts von der Wahrheit einer beweisbedürftigen Tatsache wieder erschüttert wird[756]. Ergeht das Urteil auf Grund eines erfolgreich geführten Gegenbeweises, handelt es sich stets um eine non-liquet-Entscheidung. In diesem Fall ist der beweisbelasteten Partei die Führung des Hauptbeweises nicht gelungen. Dieser Umstand geht zu ihren Lasten.

c. Beweis des Gegenteils

Ferner kennt das Gesetz den Beweis des Gegenteils[757].

Er dient vor allem der Widerlegung gesetzlicher Vermutungen. Im Gegensatz zum Gegenbeweis genügt hier zur erfolgreichen Beweisführung nicht, dass die Möglichkeit eines anderweitigen Geschehensablaufs dargetan wird. Das Gericht muss vielmehr die positive Überzeugung gewinnen, dass das vermutete Tatbestandsmerkmal nicht vorliegt[758]. Der Beweis des Gegenteils ist keine dritte Art des Beweises, sondern eine weitere Form des Hauptbeweises[759].

II. Normative Beweiserleichterungen zugunsten des Insolvenzverwalters

Unter den Vorschriften der Insolvenzanfechtung im dritten Abschnitt des dritten Teils der Insolvenzordnung finden sich zahlreiche normative Beweiserleichterungen zugunsten des Insolvenzverwalters. Denn nach dem Willen des Gesetzgebers der Insolvenzordnung sollte die Insolvenzanfechtung gegenüber der zuletzt als wenig wirksam empfundenen Konkursanfechtung effektiver

755 *Laumen*, NJW 2002, 3739, 3740; Rosenberg/Schwab/Gottwald, § 110 Rn. 13.

756 BGH, NJW 1983, 1740 (Ls.).

757 So in § 292 Abs. 1 Satz 1 ZPO.

758 BGH, NJW 2002, 3027, 3028; BGHZ 156, 310, 312; *Prütting*, in: Münchener Kommentar-ZPO, § 284 Rn. 22; Rosenberg/Schwab/Gottwald, § 110 Rn. 14.

759 *Laumen*, NJW 2002, 3739, 3741.

ausgestaltet werden. Ein diesbezügliches gesetzgeberisches Gestaltungsmittel war die Normierung von Beweiserleichterungen[760].

1. Unwiderlegliche gesetzliche Vermutungen

Die beweisrechtlich größte Erleichterung gewährt die unwiderlegliche gesetzliche Vermutung. Bei dieser wird durch die Normierung der Vermutungsbasis neben der Vermutung ein zweiter Tatbestand für die Vermutungsfolge aufgestellt[761]. Die Vermutungsbasis muss bewiesen werden, die Vermutungsfolge tritt dann ohne jede Möglichkeit eines Gegenbeweises ein[762]. Die zwingende Gleichstellung von Vermutungsbasis und Inhalt der Vermutung entspricht häufig der Lebenserfahrung[763].

Gegenstand der Vermutungsfolge können sowohl Tatsachen als auch Rechte sein, sodass man zwischen einer Tatsachen- und einer Rechtsvermutung unterscheiden muss.

Die unwiderlegliche gesetzliche Vermutung hat keine Beweis- oder Beweislastwirkung, sondern ist eine Norm mit einer rein materiellen Rechtsfolge[764]. Vor diesem Hintergrund passt der Begriff der normativen Beweiserleichterung nur eingeschränkt.

a. § 130 Abs. 2 InsO – unwiderleglich vermutete Kenntnis von der Zahlungsunfähigkeit beziehungsweise des Eröffnungsantrags

Einen Spezialfall aus dem Bereich der unwiderleglichen gesetzlichen Vermutungen stellt § 130 Abs. 2 InsO dar.

Die Anfechtung kongruenter Deckungen setzt voraus, dass der Anfechtungsgegner zu dem Zeitpunkt der anfechtbaren Rechtshandlung die Zahlungsunfähigkeit oder den Eröffnungsantrag des Schuldners kannte. Die objektive Beweislast für den Nachweis dieser Kenntnis liegt bei dem Insolvenzverwalter. Bei dem Begriff der Zahlungsunfähigkeit handelt es sich um eine Rechtsfolge.

---

760 Begründung des Regierungsentwurfs, BT-Drs. 12/2443, S. 156 f.; hierauf verweisend: *Kirchhof*, in: Münchener Kommentar-InsO, Vorbem. §§ 129 bis 147 Rn. 8; *K. Schmidt*, in: K. Schmidt, § 129 Rn. 2.

761 *Prütting*, in: Münchener Kommentar-ZPO, § 292 Rn. 4.

762 *Laumen*, in: Handbuch der Beweislast, § 3 Rn. 23; *Prütting*, in: Münchener Kommentar-ZPO, § 292 Rn. 4.

763 *Prütting*, in: Münchener Kommentar-ZPO, § 292 Rn. 4.

764 *Musielak*, S. 82; *Leipold*, Beweislastregeln und gesetzliche Vermutungen, S. 104; *Prütting*, S. 49.

Diese tritt ein oder wird vermutet, wenn bestimmte Tatsachen vorliegen. Gemäß § 17 Abs. 2 Satz 1 InsO ist der Schuldner zahlungsunfähig, wenn er seine fälligen Zahlungspflichten nicht erfüllen kann. Die Zahlungsunfähigkeit wird gemäß § 17 Abs. 2 Satz 2 InsO vermutet[765], wenn der Schuldner seine Zahlungen eingestellt hat. Um zu vermeiden, dass sich der Anfechtungsgegner darauf beruft, die Zahlungsunfähigkeit oder die Zahlungseinstellung des Schuldners mangels eigener Rechtskenntnisse nicht erkannt zu haben, stellt § 130 Abs. 2 InsO zugunsten des Insolvenzverwalters folgende Vermutung auf: Der Kenntnis der Zahlungsunfähigkeit steht die Kenntnis von Umständen gleich, die zwingend auf die Zahlungsunfähigkeit schließen lassen. In entsprechender Weise ist § 130 Abs. 2 InsO nach der Rechtsprechung des Bundesgerichtshofs erfüllt, wenn der Anfechtungsgegner Umstände kennt, aus denen sich zwingend die Zahlungseinstellung ergibt[766].

Die Vorschrift ist so zu verstehen, dass der Anfechtungsgegner nur die Tatsachen[767] kennen muss, aus denen bei zutreffender rechtlicher Bewertung die Zahlungsunfähigkeit beziehungsweise die Zahlungseinstellung des Schuldners zwingend folgt[768]. Eine grob fahrlässige Unkenntnis genügt nicht[769]. Die Frage nach der zwingenden Schlussfolgerung ist dann eine von dem Prozessgericht zu beantwortende Rechtsfrage[770]. Bejaht es diese, so kann sich der Anfechtungsgegner nicht darauf berufen, den Schluss von den Tatsachen auf die Rechtsfolge

---

765 Siehe hierzu auch die Ausführungen in diesem Kapitel unter II.2.a.

766 BGH, NZI 2013, 932 Rn. 17; dem folgend: *Ganter/Weinland*, in: K. Schmidt, § 130 Rn. 61; *Gehrlein*, in: Ahrens/Gehrlein/Ringstmeier, § 130 Rn. 26; *Schoppmeyer*, in: Kübler/Prütting/Bork, § 130 Rn. 117c.

767 Bsp. finden sich bei: *Huber*, in: Gottwald, § 47 Rn. 31 und *Kayser*, in: Münchener-Kommentar-InsO, § 130 Rn. 37 ff.

768 BGHZ 149, 178, 185; *Kayser*, in: Münchener Kommentar-InsO, § 130 Rn. 34; *Rogge/Leptien*, in: Hamburger Kommentar-InsO, § 130 Rn. 18.

769 Beschlussempfehlung und Bericht des Rechtsausschusses des Bundestages, BT-Drs. 12/7302, S. 173 l. Sp. (anders noch in der Begründung des Regierungsentwurfs, BT-Drs. 12/2443, S. 158 l. Sp); so auch: BGHZ 149, 178, 185; BGHZ 180, 63 Rn. 22; *Ede/Hirte*, in: Uhlenbruck, § 130 Rn. 68; *Kayser*, in: Münchener Kommentar-InsO, § 130 Rn. 34; *Schoppmeyer*, in: Kübler/Prütting/Bork, § 130 Rn. 115.

770 *Huber*, in: Gottwald, § 47 Rn. 35.

nicht gezogen zu haben[771]. Der Anfechtungsgegner wird also unwiderleglich so gestellt, als hätte er die Zahlungsunfähigkeit gekannt[772].

Es stellt sich die Frage, ob es sich bei dieser Vermutungsregel um eine Tatsachen- oder Rechtsvermutung handelt.

Der Bundesgerichtshof[773] lässt dies offen und spricht lediglich davon, dass es sich um eine „unwiderlegliche Vermutung" handelt, ohne deren Charakter näher zu bestimmen. Einige Stimmen in der insolvenzrechtlichen Literatur[774] bewerten § 130 Abs. 2 InsO als unwiderlegliche „Rechtsvermutung". Gegen die Verwendung dieses Begriffs spricht, dass nicht das Bestehen eines Rechts, sondern die Kenntnis von einer Rechtsfolge vermutet wird. Aus diesem Grund handelt es sich auch nicht um eine Tatsachenvermutung. Richtig ist vielmehr die Feststellung von *Häsemeyer*, dass es sich bei § 130 Abs. 2 InsO beweisrechtlich „um ein Novum"[775] handelt. Passend hierfür dürfte der Begriff der unwiderleglichen Rechtsfolgenvermutung sein.

Entsprechendes gilt für den Rechtsgrundverweis auf § 130 Abs. 2 InsO in § 132 Abs. 3, 1. Alt. InsO.

b. § 131 Abs. 1 Nr. 1 InsO – unwiderleglich vermutete Zahlungsunfähigkeit und diesbezügliche Kenntnis des Anfechtungsgegners

Inkongruente Deckungen, die in dem letzten Monat vor dem Eröffnungsantrag oder später vorgenommen wurden, sind gemäß § 131 Abs. 1 Nr. 1 InsO ohne weitere Voraussetzungen anfechtbar.

---

771 BGHZ 149, 178, 185; BGH, ZIP 2003, 410, 412; BGH, NZI 2013, 932 Rn. 17; *Gehrlein*, in: Ahrens/Gehrlein/Ringstmeier, § 130 Rn. 26; *Huber*, in: Gottwald, § 47 Rn. 30; von „Rechtsblindheit" sprechen: *Gerhardt*, in: Festschrift für Brandner, S. 605, 616 und *Häsemeyer*, Rn. 21.50.

772 *Kayser*, in: Münchener Kommentar-InsO, § 130 Rn. 36; *Rogge/Leptien*, in: Hamburger Kommentar-InsO, § 130 Rn. 19.

773 BGH, NZI 2011, 536 Rn. 15.

774 *Bräutigam/Tanz*, ZIP 1998, 717, 720; *Gerhardt*, in: Festschrift für Brandner, S. 605, 616; *Huber*, in: Festschrift für Gerhardt, S. 379, 382; *ders.*, in: Gottwald, § 47 Rn. 30; *ders.*, ZInsO 2012, 53, 54; *Thole*, in: Heidelberger Kommentar-InsO, § 130 Rn. 37.

775 *Häsemeyer*, Rn. 21.50 („[…] dürfte es sich beweisrechtlich um ein Novum handeln, wonach Hilfstatsachen mit starker Indizwirkung die unwiderlegliche Vermutung der Kenntnis begründen").

Obwohl dies nicht aus dem Wortlaut der Vorschrift erkennbar ist, werden sowohl die Zahlungsunfähigkeit selbst als auch die diesbezügliche Kenntnis des Anfechtungsgegners unwiderleglich vermutet[776].

Im Vergleich zu der Regelung des § 130 Abs. 2 InsO handelt es sich an dieser Stelle nicht nur um eine Rechtsfolgen-, sondern ebenfalls um eine tatsächliche Vermutung. Denn aufgrund der Inkongruenz und der zeitlichen Nähe zu dem Insolvenzantrag wird zum Schutze der Gläubigergleichbehandlung vermutet, dass der Schuldner bei der Vornahme der Deckungshandlung bereits zahlungsunfähig war und der Anfechtungsgegner dies wusste[777].

c. *§ 131 Abs. 1 Nr. 2 InsO – unwiderleglich vermutete Kenntnis von der Zahlungsunfähigkeit*

Aufgrund des im Vergleich zu § 131 Abs. 1 Nr. 1 InsO weiteren zeitlichen Abstands zu dem Insolvenzantrag vermutet § 131 Abs. 1 Nr. 2 InsO nur noch die Kenntnis des Anfechtungsgegners von der Zahlungsunfähigkeit unwiderleglich[778].

Die Inkongruenz der Deckungshandlung und die zeitliche Nähe zu dem Insolvenzantrag bilden auch an dieser Stelle die Rechtfertigungsgrundlage für diese tatsächliche Vermutung[779]. Denn Gläubiger, die von einem bereits zahlungsunfähigen Schuldner in zeitlicher Nähe zu dem Insolvenzantrag eine inkongruente Deckung erhalten, dürften zumeist auch Kenntnis von Umständen haben, die zwingend auf eine Zahlungsunfähigkeit schließen lassen.

d. *§ 131 Abs. 1 Nr. 3 InsO – unwiderleglich vermuteter Gläubigerbenachteiligungsvorsatz des Schuldners und diesbezügliche Kenntnis des Anfechtungsgegners*

Bei der Vorschrift des § 131 Abs. 1 Nr. 3 InsO handelt es sich um einen auf inkongruente Deckungen bezogenen Sonderfall der Vorsatzanfechtung[780]. Ebenfalls wegen der zeitlichen Nähe zu dem Insolvenzantrag und des Vorliegens einer inkongruenten Deckung vermutet der Tatbestand unwiderleglich, dass der

---

776 Begründung des Regierungsentwurfs, BT-Drs. 12/2443, S. 158 r. Sp.; *de Bra*, in: Braun, § 131 Rn. 31; *Schoppmeyer*, NZI 2005, 185, 187.

777 Begründung des Regierungsentwurfs, BT-Drs. 12/2443, S. 158 r. Sp.

778 Begründung des Regierungsentwurfs, BT-Drs. 12/2443, S. 159 l. Sp.; *Ede/Hirte*, in: Uhlenbruck, § 131 Rn. 16.

779 *Ede/Hirte*, in: Uhlenbruck, § 131 Rn. 18.

780 Begründung des Regierungsentwurfs, BT-Drs. 12/2443, S. 159 l. Sp.

Schuldner die anderen Gläubiger benachteiligen wollte und dem Anfechtungsgegner dieser Wille bewusst war[781]. Deswegen verlangt der Tatbestand im Gegensatz zu § 133 InsO nur, dass der Gläubiger zu dem Zeitpunkt der Rechtshandlung deren gläubigerbenachteiligende Wirkung kannte. Auch diese Beweiserleichterung bestätigt, dass der Gesetzgeber der Inkongruenz in dem Dreimonatszeitraum vor der Stellung des Insolvenzantrags einen erheblichen Beweiswert zumessen wollte.

e. *§ 131 Abs. 2 Satz 1 InsO – unwiderleglich vermutete Kenntnis von der Gläubigerbenachteiligung*

Allerdings hat der Insolvenzverwalter gemäß § 131 Abs. 1 Nr. 3 InsO die Kenntnis des Anfechtungsgegners von der objektiven Gläubigerbenachteiligung zu beweisen. § 131 Abs. 2 Satz 1 InsO setzt hier der Kenntnis des Anfechtungsgegners von der Gläubigerbenachteiligung die Kenntnis von Umständen gleich, die zwingend auf die Benachteiligung der Gläubiger des Schuldners schließen lassen.

Die Ausführungen zu § 130 Abs. 2 InsO gelten an dieser Stelle entsprechend. Steht also die Kenntnis von Tatsachen, die zwingend auf die Gläubigerbenachteiligung schließen lassen, zur Überzeugung des Gerichts fest, so wird unwiderleglich vermutet, dass der Anfechtungsgegner auch die Gläubigerbenachteiligung selbst kannte. Dabei muss es sich um solche Tatsachen handeln, aus denen sich bei zutreffender rechtlicher Beurteilung für den Gläubiger zweifelsfrei ergibt, dass der Schuldner infolge seiner Liquiditäts- und Vermögenslage in absehbarer Zeit seine Zahlungspflichten nicht mehr in vollem Umfang erfüllen kann und dass dann Insolvenzgläubiger wenigstens teilweise leer ausgehen[782]. § 131 Abs. 2 Satz 1 InsO normiert also ebenfalls eine unwiderlegliche Rechtsfolgenvermutung.

2. Widerlegliche gesetzliche Vermutungen

Neben den unwiderleglichen stellen die so genannten widerleglichen gesetzlichen Vermutungen eine weitere normative Beweiserleichterung dar.

Auch im Rahmen der widerleglichen gesetzlichen Vermutung muss die begünstigte Partei nicht die Vermutung selbst[783], sondern lediglich die Vermutungsbasis, also diejenigen Tatsachen vortragen und beweisen, an die das Gesetz

---

781 Begründung des Regierungsentwurfs, BT-Drs. 12/2443, S. 159 l. Sp.

782 BGH, NJW 2004, 1385, 1387.

783 BGH, NJW 2002, 2101, 2101; BGH, NJW 2010, 363 Rn. 13.

die Vermutungswirkung knüpft[784]. Für die widerlegliche gesetzliche Vermutung gelten die allgemeinen Regeln der Behauptungs- und Beweis(führungs-)last[785].

Wie die Bezeichnung bereits verdeutlicht, liegt der Unterschied zwischen den beiden Rechtsinstituten allerdings darin, dass die widerlegliche gesetzliche Vermutung den Beweis des Gegenteils ermöglicht. Stehen die Anknüpfungstatsachen fest, bewirkt die Vermutung nur eine Umkehr der objektiven Beweislast zum Nachteil des Vermutungsgegners[786]. Es liegt nun an diesem, das Gegenteil der Vermutung vorzutragen sowie gegebenenfalls unter Beweis zu stellen[787]. Das bedeutet, dass der Vermutungsgegner den vollen Beweis des Nichtvorliegens der vermuteten Tatsache zu führen hat, will er nicht das Risiko eines non liquet tragen. Daneben hat er die Möglichkeit, den Gegenbeweis gegen die Vermutungsbasis anzutreten[788]. Eine Erschütterung der Vermutung selbst genügt hingegen nicht[789]. Misslingt es dem Vermutungsgegner, das Gericht von dem Gegenteil der Vermutung zu überzeugen, so geht dies zu seinen Lasten. In den meisten Fällen sind diese Vermutungen ausdrücklich gekennzeichnet, in einzelnen Normen aber auch ohne diese Bezeichnung enthalten[790].

a. § 17 Abs. 2 Satz 2 InsO – widerleglich vermutete Zahlungsunfähigkeit

Die bereits im Rahmen der Darstellung zu § 130 Abs. 2 InsO angesprochene Vorschrift des § 17 InsO steht zwar nicht im dritten Abschnitt der Insolvenzordnung, gilt aber im gesamten Insolvenzrecht und damit auch für die Regelungen der Insolvenzanfechtung[791].

Der Nachweis der Zahlungsunfähigkeit nimmt im Rahmen der Tatbestände der besonderen Insolvenzanfechtung eine herausragende Stellung ein. Die Mehrzahl

---

784 *Huber*, in: Musielak/Voit, § 292 Rn. 4; *Reichold*, in: Thomas/Putzo, § 292 Rn. 3; *Saenger*, in: Saenger, § 292 Rn. 7.

785 *Prütting*, in: Münchener Kommentar-ZPO, § 292 Rn. 20.

786 BGH, ZIP 2012, 735 Rn. 14; BGH, ZIP 2016, 374 Rn. 8 (jeweils zu § 133 Abs. 1 Satz 2 InsO); *Bacher*, in: Beck'scher Online-Kommentar-ZPO, § 292 Rn. 9; *Leipold*, in: Stein/Jonas, § 292 Rn. 8; *Prütting*, in: Münchener Kommentar-ZPO, § 292 Rn. 26; *Saenger*, in: Saenger, § 292 Rn. 8.

787 BGH, NJW 2010, 363 Rn. 13.

788 *Prütting*, in: Münchener Kommentar-ZPO, § 292 Rn. 20.

789 *Huber*, in: Musielak/Voit, § 292 Rn. 5.

790 Rosenberg/Schwab/Gottwald, § 112 Rn. 33; *Laumen*, in: Handbuch der Beweislast, § 19 Rn. 34.

791 BGHZ 163, 134, 137; BGH, NZI 2006, 591, 592; BGH, NZI 2011, 589 Rn. 10; BGH, ZIP 2016, 2423 Rn. 16.

der Anfechtungstatbestände fordert den Nachweis der objektiven Zahlungsunfähigkeit zu dem Zeitpunkt der angefochtenen Rechtshandlung.

Gemäß § 17 Abs. 2 Satz 2 InsO ist die Zahlungsunfähigkeit des Schuldners in der Regel anzunehmen, wenn dieser seine Zahlungen eingestellt hat. Liegt eine Zahlungseinstellung vor, begründet diese die Vermutung für die Zahlungsunfähigkeit des Schuldners, die wiederum der Anfechtungsgegner zu widerlegen hat[792].

Nach der Rechtsprechung des Bundesgerichtshofs handelt es sich bei § 17 Abs. 2 Satz 2 InsO um eine widerlegliche gesetzliche Vermutung im Sinne des § 292 Satz 1 ZPO, die nur durch den Beweis des Gegenteils widerlegbar ist[793]. In dieser Entscheidung hatte der Anfechtungsgegner versucht, die Vermutungsregel des § 17 Abs. 2 Satz 2 InsO unter Berufung auf die bloße Zahlungsunwilligkeit des Schuldners zu entkräften. Der Bundesgerichtshof stellt klar, dass die von dem Berufungsgericht zu Recht angenommene Zahlungseinstellung die Vermutung der Zahlungsunfähigkeit zur Folge hat[794]. Die Zahlungsunfähigkeit könne dann zwar von dem Prozessgegner widerlegt werden[795]. Der hierfür erforderliche Gegenbeweis verlange allerdings nach dem Beweis der Zahlungsfähigkeit des Schuldners zu dem Zeitpunkt der angefochtenen Rechtshandlung[796].

Der Ansicht des Bundesgerichtshofs ist im Ergebnis zuzustimmen. Der Nachweis der Zahlungsunwilligkeit vermag zwar einen Gegenbeweis des Anfechtungsgegners zu dem Beweis der objektiven Zahlungsunfähigkeit durch den Insolvenzverwalter zu begründen. Dieser Gegenbeweis genügt allerdings nicht mehr, wenn bereits die Vermutungsbasis des § 17 Abs. 2 Satz 2 ZPO zur vollen Überzeugung des Gerichts feststeht. Denn dann tritt ohne weiteres die Vermutungswirkung ein und dem Anfechtungsgegner bleibt gemäß § 292 Abs. 1 Satz 1 ZPO lediglich der volle Beweis des Gegenteils. Der Anfechtungsgegner hat also einen Hauptbeweis zu führen. Der Gegenbeweis allein genügt nicht mehr.

---

792 BGH, NZI 2007, 36 Rn. 23; BGH, NZI 2007, 517 Rn. 32; so auch: *Mönning/Gutheil*, in: Nerlich/Römermann, § 17 Rn. 24; siehe auch Begründung des Regierungsentwurfs, BT-Drs. 12/2443, S. 114 r. Sp.

793 BGH, NZI 2012, 416 ff.

794 BGH, NZI 2012, 416 Rn. 18.

795 BGH, NZI 2012, 416 Rn. 18.

796 BGH, NZI 2012, 416 Rn. 18.

b. § 133 Abs. 1 Satz 2 InsO – widerleglich vermutete Kenntnis des Gläubigerbenachteiligungsvorsatzes bei Kenntnis der drohenden Zahlungsunfähigkeit des Schuldners und der Gläubigerbenachteiligung

Der Tatbestand des § 133 Abs. 1 Satz 1 InsO verlangt zunächst nach einer Rechtshandlung, die der Schuldner mit dem Vorsatz, seine Gläubiger zu benachteiligen, vorgenommen hat.

Bereits der Nachweis des schuldnerischen Gläubigerbenachteiligungsvorsatzes ist Gegenstand zahlreicher höchstrichterlicher Entscheidungen und kontroverser Diskussionen in der Literatur. Die Untersuchung dieses Tatbestandsmerkmals erfolgt im Rahmen der Darstellung der von der Rechtsprechung entwickelten Beweiserleichterungen[797].

Neben dem Gläubigerbenachteiligungsvorsatz des Schuldners setzt § 133 Abs. 1 Satz 1 InsO die diesbezügliche Kenntnis des Anfechtungsgegners zu dem Zeitpunkt der Rechtshandlung voraus. Diese Kenntnis vermutet Satz 2 der Vorschrift widerleglich[798], wenn der Anfechtungsgegner wusste, dass die Zahlungsunfähigkeit des Schuldners drohte und die Handlung die Gläubiger benachteiligte. Greift die Vermutung des § 133 Abs. 1 Satz 2 InsO ein, obliegt es dem Anfechtungsgegner, dazulegen und zu beweisen, dass er nichts von einem Benachteiligungsvorsatz des Schuldners wusste[799].

Die Kenntnis von der drohenden Zahlungsunfähigkeit sowie der Gläubigerbenachteiligung ist – da es sich wiederum um ein subjektives Tatbestandsmerkmal handelt – ebenfalls nicht zu beweisen. Deswegen sind auch an dieser Stelle die von der Rechtsprechung zugunsten des Insolvenzverwalters ergänzend entwickelten Beweiserleichterungen von besonderer Bedeutung. Sie sind ebenfalls Gegenstand der Untersuchungen in dem Abschnitt „Richterrechtliche Beweiserleichterungen“[800].

---

797 Siehe hierzu die Ausführungen in diesem Kapitel unter III.1.b.aa.

798 BGH, ZIP 2007, 1511 Rn. 7 („Umkehr der Beweislast“); so auch: BGH, ZIP 2011, 1523 Rn. 32; BGH, ZIP 2012, 735 Rn. 14; *Bork*, in: Kübler/Prütting/Bork, § 133 Rn. 56; *Huber*, in: Gottwald, § 48 Rn. 21; *ders.*, ZInsO 2012, 53, 54.

799 BGH, ZIP 2007, 1511 Rn. 7; BGH, ZIP 2012, 735 Rn. 14; BGH, ZIP 2016, 374 Rn. 8.

800 Siehe hierzu auch die Ausführungen in diesem Kapitel unter III.1.b.

c. *§ 133 Abs. 3 Satz InsO – widerleglich vermutete Kenntnis des Gläubigerbenachteiligungsvorsatzes bei Kenntnis der eingetretenen Zahlungsunfähigkeit des Schuldners und der Gläubigerbenachteiligung*

Die Kritik[801] an der Rechtsprechung des Bundesgerichtshofs zu den Anforderungen an den Nachweis des Gläubigerbenachteiligungsvorsatzes war eines der gesetzgeberischen Motive für das bereits angesprochene „Gesetz zur Verbesserung der Rechtssicherheit bei Anfechtungen nach der Insolvenzordnung und nach dem Anfechtungsgesetz“[802].

Die Gesetzesreform hat allerdings keine (direkte) Änderung im Hinblick auf die Anforderungen an den Nachweis des Gläubigerbenachteiligungsvorsatzes des Schuldners gebracht[803].

§ 133 Abs. 3 Satz 1 InsO modifiziert vielmehr die widerlegliche gesetzliche Vermutungsregel des § 133 Abs. 1 Satz 2 InsO. Hat die angefochtene Rechtshandlung zu einer kongruenten Deckung des Anfechtungsgegners geführt, so tritt in § 133 Abs. 1 Satz 2 InsO an die Stelle der drohenden Zahlungsunfähigkeit des Schuldners die eingetretene. Nach dem Willen des Gesetzgebers soll mit dieser Regelung dem Umstand Rechnung getragen werden, dass bei der Gewährung einer kongruenten Deckung eine geschuldete Leistung erbracht wird und der Schuldner vor dem Eintritt der Insolvenz grundsätzlich frei ist, zu entscheiden, welche Forderungen er erfüllt[804].

Fraglich ist, ob diese Änderung den Beweis der Kenntnis des Anfechtungsgegners von dem Gläubigerbenachteiligungsvorsatz des Schuldners erschweren wird. Insolvenzverwalter führen den Nachweis des Gläubigerbenachteiligungsvorsatzes oft über die schuldnerische Kenntnis von der eigenen Zahlungsunfähigkeit. Die Zahlungsunfähigkeit des Schuldners wird gemäß § 17 Abs. 2 Satz 2 InsO vermutet, wenn dieser seine Zahlungen eingestellt hat. In der Rückschau des Anfechtungsprozesses bejahen die Gerichte die Voraussetzungen einer Zahlungseinstellung schnell[805]. Sofern der Anfechtungsgegner die für die Zahlungseinstellung relevanten Indizien ebenfalls kennt, liegt auch der Schluss

---

801 Siehe nur: *Bork*, ZIP 2008, 1041, 1045 f.; *Fawzy/Köchling*, ZInsO 2014, 1073, 1074 f.; *Foerste*, NZI 2006, 6, 9 f.; *Jacoby*, KTS 2009, 3, 14 ff.; *Marotzke*, ZInsO 2014, 417, 441 ff.

802 Begründung des Regierungsentwurfs, BT-Drs. 18/7054, S. 10 f.

803 So noch der Referentenentwurf, der den Vorsatz des Schuldners auf „unangemessene“ Benachteiligungen der Gläubiger einschränken wollte, abgedruckt in: Beilage zu ZIP 12/2015 v. 20.03.2015, S. 1.

804 Begründung des Regierungsentwurfs, BT-Drs. 18/7054, S. 13.

805 *Zenker*, NZI 2015, 1006, 1008.

auf seine Kenntnis von der bereits eingetretenen – und nicht nur drohenden – Zahlungsunfähigkeit des Schuldners nahe[806]. Der Gegenbeweis ist zwar möglich, gelingt aber kaum[807].

Bleibt es bei der bisherigen Rechtsanwendungspraxis, so wird § 133 Abs. 3 Satz 1 InsO voraussichtlich wenig ändern. Deswegen müsste die Rechtsprechung künftig höhere Anforderungen an den Nachweis der Zahlungseinstellung beziehungsweise der Zahlungsunfähigkeit des Schuldners stellen, um eine schärfere Unterscheidung zwischen dem Stadium der lediglich drohenden und der bereits eingetretenen Zahlungsunfähigkeit des Schuldners zu erreichen[808]. Nur so kann die Norm die von dem Gesetzgeber bezweckte Wirkung – eine Einschränkung der Vorsatzanfechtung für kongruente Deckungen – tatsächlich erzielen.

d. *§ 133 Abs. 3 Satz 2 InsO – widerleglich vermutete Unkenntnis des Gläubigerbenachteiligungsvorsatzes bei Zahlungserleichterungen*

§ 133 Abs. 3 Satz 2 InsO stellt eine völlig neue Vermutung auf. Danach wird die Unkenntnis des Anfechtungsgegners von der schuldnerischen Zahlungsunfähigkeit vermutet, wenn er mit diesem eine Zahlungsvereinbarung getroffen oder diesem in sonstiger Weise eine Zahlungserleichterung gewährt hat[809].

Der beweisrechtliche Charakter dieser Neuregelung ist fraglich. Es könnte sich um eine unwiderlegliche Vermutung handeln[810]. Dagegen sprechen allerdings nicht nur die fehlende gesetzliche Anordnung der Unwiderleglichkeit und die Gesetzesbegründung[811]. Ein derartiges Verständnis der Norm hätte auch zur Folge, dass der Anfechtungsgegner, der dem Schuldner eine Zahlungserleichterung

---

806 *Hacker*, NZI 2017, 148, 149; *Kindler/Bitzer*, NZI 2017, 369, 374; *Zenker*, NZI 2015, 1006, 1008.

807 *K. Schmidt*, in: K. Schmidt, § 17 Rn. 19.

808 *Hacker*, WPg 2017, 732, 734; siehe hierzu auch die Ausführungen in diesem Kapitel unter III.4.

809 Was unter dem Begriff der Zahlungsvereinbarung bzw. Zahlungserleichterung zu verstehen ist, ergibt sich weder aus dem Wortlaut noch der Gesetzesbegründung. Da diese die Vermutung der Unkenntnis der Zahlungsunfähigkeit auslöst, muss sie im Ansatz dazu geeignet sein, eine vermeintliche Zahlungsunfähigkeit abzuwenden oder zu beseitigen. Deswegen kann unter einer Zahlungsvereinbarung bzw. Zahlungserleichterung nur eine verkehrsübliche Ratenzahlungsvereinbarung, eine Stundung oder Modifikation der vereinbarten Zahlungsmodalitäten zu verstehen sein (so auch: *Thole*, ZIP 2017, 401, 406).

810 Dafür: *Huber*, ZInsO, 2297, 2300.

811 Begründung des Regierungsentwurfs, BT-Drs. 18/7054, S. 18.

gewährt, besser gestellt würde, als derjenige, dessen Forderungen unverzüglich bezahlt werden. Diese Besserstellung wäre nicht zu rechtfertigen.

Das vorstehende Argument spricht auch gegen die Annahme einer Fiktion[812]. Eine Fiktion behandelt zwei Sachverhalte gleich, obwohl diese eindeutig ungleich sind[813]. Zudem sind diese in der Regel durch das Wort „gilt“ beziehungsweise „gelten“ gekennzeichnet[814].

Für eine Qualifikation als widerlegliche Vermutung im Sinne des § 292 ZPO sprechen hingegen der Wortlaut der Vorschrift und die systematische Anknüpfung an § 133 Abs. 1 Satz 2 InsO und § 133 Abs. 1 Satz 2 InsO[815]. Der Insolvenzverwalter müsste also zunächst darlegen und beweisen, dass der Anfechtungsgegner trotz des Vorliegens einer Zahlungserleichterung die (drohende) Zahlungsunfähigkeit des Schuldners kannte.

In der Folge stellt sich die Frage, ob § 133 Abs. 3 Satz 2 InsO dann überhaupt noch einen Anwendungsbereich hat[816]. Denn § 133 Abs. 1 Satz 2 InsO und § 133 Abs. 3 Satz 1 InsO gehen bereits von der Unkenntnis des Anfechtungsgegners von der (drohenden) Zahlungsunfähigkeit aus, unabhängig davon, ob der Anfechtungsgegner dem Schuldner eine Zahlungserleichterung gewährt hat oder nicht. Der Insolvenzverwalter trägt die Darlegungs- und Beweislast für die Kenntnis des Anfechtungsgegners von der (drohenden) Zahlungsunfähigkeit[817]. Erst wenn ihm dieser Beweis gelungen ist, greift die Vermutung im Hinblick auf die Kenntnis von dem Gläubigerbenachteiligungsvorsatz des Schuldners. Allerdings könnte die Regelung so zu verstehen sein, dass der Insolvenzverwalter die Gewährung einer Zahlungserleichterung und die dieser typischerweise zugrunde liegende Bitte des Schuldners nicht als Indiz – alleine oder im Zusammenspiel mit anderen Indizien – heranziehen kann, um die Kenntnis des Anfechtungsgegners vor der (drohenden) Zahlungsunfähigkeit des Schuldners zu beweisen. Dieses Verständnis entspräche dem Willen des Gesetzgebers[818].

Entgegen der Auffassung von *Thole*[819] normiert § 133 Abs. 3 Satz 2 InsO damit auch nicht lediglich die Rechtsprechung des Bundesgerichtshofs zu der

---

812 Eine solche annehmend: *Berner*, ZInsO 2015, 2457, 2468; *Brinkmann/Jacoby/Thole*, ZIP 2015, 2001.

813 *Prütting*, in: Münchener Kommentar-ZPO, § 292 Rn. 8.

814 So z.B.: §§ 108 Abs. 2 S. 2, 119 Abs. 2, 177 Abs. 2 S. 2, 812 Abs. 2, 1923 Abs. 2 BGB.

815 So im Ergebnis auch: *Ahrens*, ZRP 2016, 5, 8.

816 Dies verneinend: *Thole*, ZIP 2017, 401, 405.

817 Begründung des Regierungsentwurfs, BT-Drs. 18/7054, S. 18.

818 Begründung des Regierungsentwurfs, BT-Drs. 18/7054, S. 18.

819 *Thole*, ZIP 2017, 401, 405.

Indizwirkung von Zahlungsvereinbarungen zwischen Anfechtungsgegner und Schuldner. Diese Rechtsprechung besagt nur, dass der Anfechtungsgegner *allein* aus der Erklärung des Schuldners, eine fällige Zahlung nicht in einem Zug erbringen und nur Ratenzahlungen leisten zu können, nicht zwingend auf eine Zahlungseinstellung des Schuldners schließen muss[820]. Kommen hingegen weitere Indizien hinzu, so besitzt auch die Zahlungsvereinbarung, die unter den genannten Umständen zustande gekommen ist, nach der Rechtsprechung des Bundesgerichtshofs eine indizielle Wirkung, die im Rahmen einer Gesamtabwägung gemäß § 286 ZPO zu berücksichtigten ist.

Im Ergebnis ist § 133 Abs. 3 Satz 2 InsO also eine widerlegliche gesetzliche Vermutung, die nicht unter Rückgriff auf die sie auslösenden Tatbestandsmerkmale widerlegt werden kann. Vielmehr müssen weitere Umstände hinzutreten, wie beispielsweise das Nichteinhalten der getroffenen Ratenzahlungsvereinbarung oder ein Rückstand mit neu entstandenen Forderungen[821].

e. *§ 133 Abs. 4 InsO – Vermutungswirkung verdächtiger Verträge mit nahestehenden Personen*

Umstritten ist, ob es sich bei § 133 Abs. 4 Satz 1 InsO um einen selbstständigen Tatbestand oder lediglich eine den ersten Absatz der Vorschrift erweiternde Beweislastnorm handelt[822].

Für letzteres spricht nicht nur, dass der Tatbestand als unselbstständiger Absatz normiert wurde[823]. Vielmehr deutet auch der Gesetzeszweck auf dieses Verständnis hin. Nach der Gesetzesbegründung erfasst die Vorschrift die besondere Verdächtigkeit eines mit einer nahestehenden Person geschlossenen, unmittelbar gläubigerbenachteiligenden Vertrags und reagiert hierauf mit einer für den Insolvenzverwalter erleichterten Beweisführung[824].

---

820 BGH, ZIP 2016, 1686 Rn. 16.

821 Begründung des Regierungsentwurfs, BT-Drs. 18/7054, S. 18.

822 Für Beweisregel: BGH, NZI 2010, 738 Rn. 11; de *Bra*, in: Braun, § 133 Rn. 39; *Ganter/Weinland*, in: K. Schmidt, § 133 Rn. 92; *Bork*, in: Kübler/Prütting/Bork, § 133 Rn. 62; *Ede/Hirte*, in: Uhlenbruck, § 133 Rn. 183; *Kayser*, in: Münchener Kommentar-InsO, § 133 Rn. 39; *Leithaus*, in: Andres/Leithaus, § 133 Rn. 8; *Nerlich*, in: Nerlich/Römermann, § 133 Rn. 61; *Pape/Uhlenbruck/Voigt-Salus*, in: Pape/Uhlenbruck/Voigt-Salus, Kap. 33 Rn. 109; *Thole*, KTS 2007, 293, 310; für eigenständigen Tatbestand: *Biehl*, S. 157 Rn. 251; *Häsemeyer*, Rn. 21.84 („Sondertatbestand“) und *Huber*, in: Gottwald, § 48 Rn. 26.

823 *Ede/Hirte*, in: Uhlenbruck, § 133 Rn. 183; *Thole*, KTS 2007, 293, 310.

824 Begründung des Regierungsentwurfs, BT-Drs. 12/2443, S. 160 r. Sp.

An diese Diskussion anknüpfend stellt sich die Frage, ob der Gläubigerbenachteiligungsvorsatz auch bei § 133 Abs. 4 Satz 1 InsO zu den tatbestandsbegründenden Voraussetzungen gehört[825].

Dafür spricht zum einen der unselbstständige Charakter des Tatbestands, zum anderen der Umstand, dass § 133 Abs. 4 Satz 2 InsO eine Beweislastumkehr nur hinsichtlich der Kenntnis des Anfechtungsgegners normiert. Diese Sichtweise hätte für den Insolvenzverwalter allerdings nur einen geringen Mehrwert. § 133 Abs. 4 InsO würde den Insolvenzverwalter dann lediglich von der Beweislast hinsichtlich der Kenntnis des Anfechtungsgegners von dem Gläubigerbenachteiligungsvorsatz befreien[826]. Zusätzlich müsste er das Vorliegen eines unmittelbar gläubigerbenachteiligenden, entgeltlichen Vertrags zwischen dem Schuldner und einer dem Schuldner nahestehenden Person belegen. Gerade wenn diese beiden Merkmale verwirklicht sind, spricht dies aber schon dafür, dass der Schuldner bei Vertragsabschluss mit Gläubigerbenachteiligungsvorsatz gehandelt hat. Denn der Abschluss eines unmittelbar gläubigerbenachteiligenden Vertrags mit einer nahestehenden Person ist schon verdächtig und lässt darauf schließen, dass der Schuldner zu diesem Zeitpunkt die Benachteiligung seiner übrigen Gläubiger zumindest billigend in Kauf genommen oder sogar beabsichtigt hat[827]. Deswegen wird das subjektive Tatbestandsmerkmal des Gläubigerbenachteiligungsvorsatzes in § 133 Abs. 4 Satz 1 InsO durch die objektiven Voraussetzungen des unmittelbar gläubigerbenachteiligenden Vertrags sowie der nahestehenden Person ersetzt, um den Insolvenzverwalter von der Beweislast der subjektiven Tatbestandsmerkmale des § 133 Abs. 1 Satz 1 InsO zu befreien[828].

Im Ergebnis sprechen also die besseren Gründe dafür, dass in § 133 Abs. 4 InsO nicht nur die Kenntnis des Anfechtungsgegners von dem schuldnerischen Vorsatz, sondern auch dieser selbst vermutet wird[829]. Will sich der Anfechtungsgegner gegen diese Vermutung verteidigen, so muss er entweder nachweisen, dass

---

825 Dafür: *de Bra*, in: Braun, § 133 Rn. 38; *Paulus*, EWiR 2000, 947, 948 (zu § 3 Abs. 2 AnfG); dagegen: BGH, NJW-RR 2006, 552, 553 (zu § 3 Abs. 2 AnfG); *Ede/Hirte*, in: Uhlenbruck, § 133 Rn. 196 (missverständlich in Rn. 183); *Huber*, in: Gottwald, § 48 Rn. 34; *Kayser*, in: Münchener Kommentar-InsO, § 133 Rn. 45; *Thole*, KTS 2007, 293, 311 f.

826 *Thole*, KTS 2007, 293, 312.

827 Ähnlich: Begründung des Regierungsentwurfs, BT-Drs. 12/2443, S. 160 r. Sp.

828 *Thole*, KTS 2007, 293, 312.

829 BGHZ 129, 236, 240 (zu § 10 Abs. 1 Nr. 2 GesO); BGH, NJW-RR 2006, 552, 553 (zu § 3 Abs. 2 AnfG); *Huber*, in: Gottwald, § 48 Rn. 34; *Kayser*, in: Münchener Kommentar-InsO, § 133 Rn. 45.

der Schuldner überhaupt keinen Gläubigerbenachteiligungsvorsatz hatte oder er diesen nicht kannte[830].

Folglich stellt auch die Vorschrift des § 133 Abs. 4 InsO im Ergebnis eine widerlegliche gesetzliche Vermutung dar. Um eine Anfechtungsklage erfolgreich auf § 133 Abs. 4 InsO stützen zu können, hat der Verwalter lediglich den Abschluss eines entgeltlichen Vertrags durch den Schuldner mit einer ihm nahestehenden Person im Sinne des § 138 InsO sowie die hierdurch verursachte, unmittelbare Gläubigerbenachteiligung zu beweisen. Die weiteren Voraussetzungen des § 133 Abs. 1 Satz 1 InsO werden widerleglich vermutet.

f. § 138 InsO – widerleglich vermutete Kenntnisse nahestehender Personen

Gegenüber dem Schuldner nahestehenden Personen im Sinne des § 138 InsO vermutet das Insolvenzanfechtungsrecht in den §§ 130 Abs. 3, 131 Abs. 2 Satz 2, 132 Abs. 3, 137 Abs. 2 Satz 2 InsO, dass diese die jeweils geforderte Zahlungsunfähigkeit des Schuldners, den Eröffnungsantrag oder die Gläubigerbenachteiligung kennen.

Von dem Anwendungsbereich des § 138 InsO sind Personen umfasst, die zu der Zeit der anfechtbaren Rechtshandlung aus persönlichen, gesellschaftsrechtlichen oder ähnlichen Gründen eine besondere Informationsmöglichkeit über die wirtschaftlichen Verhältnisse und Absichten des Schuldners hatten[831]. Dieser Informationsvorsprung[832] und die regelmäßig bestehende, besondere Unterstützungsbereitschaft[833] der nahestehenden Personen für den Schuldner rechtfertigen die Beweisverschärfung.

Die Beweislast für das Näheverhältnis im Sinne des § 138 InsO trägt der Insolvenzverwalter[834]. Ist dieser Beweis zur vollen Überzeugung des Gerichts erbracht, so kehrt sich die Beweislast hinsichtlich des subjektiven Tatbestands um. Es wird vermutet, dass die nahestehende Person die Zahlungsunfähigkeit des

---

830 *Thole*, KTS 2007, 293, 311.

831 Begründung des Regierungsentwurfs, BT-Drs. 12/2443, S. 161 f.

832 BGHZ 131, 189, 193 (zu § 10 Abs. 1 Nr. 2 GesO); *Hirte*, in: Uhlenbruck, § 138 Rn. 1; *Ganter*, in: K. Schmidt, § 138 Rn. 2.

833 BGHZ 96, 352, 358 (zu § 31 Nr. 2 KO); *Biehl*, S. 9 Rn. 15 ff. (stellt nur auf die Unterstützungsbereitschaft ab); *Ehricke*, in: Kübler/Prütting/Bork, § 138 Rn. 1; *Gehrlein*, in: Münchener Kommentar-InsO, § 138 Rn. 2; *Thole*, in: Heidelberger Kommentar-InsO, § 138 Rn. 4.

834 *Huber*, in: Gottwald, § 47 Rn. 36.

Schuldners, den Eröffnungsantrag und die Gläubigerbenachteiligung kannte. Sie muss nun das Gegenteil beweisen.

Bei den oben zitierten Normen handelt es sich damit ebenfalls um widerlegliche gesetzliche Vermutungen[835].

III. Richterrechtliche Beweiserleichterungen

Der Bundesgerichtshof unterstützt die von dem Gesetzgeber bezweckte Effektivierung der Insolvenzanfechtung, indem er dem Insolvenzverwalter zahlreiche richterrechtliche Beweiserleichterungen zur Seite stellt. Zu diesen zählen die so genannte tatsächliche Vermutung, die zulässige Behauptung nur vermuteter Tatsachen, die sekundäre Beweislast sowie die Herabsetzung der abstrakten Behauptungslast.

1. Tatsächliche Vermutung

Im Rahmen des § 133 Abs. 1 InsO hat die so genannte tatsächliche Vermutung Bedeutung erlangt. Trotz ihrer begrifflichen Nähe ist diese von den zuvor behandelten gesetzlichen Vermutungen genau abzugrenzen.

a. Beweisrechtliche Einordnung der tatsächlichen Vermutung

Den tatsächlichen Vermutungen fehlt eine gesetzliche Grundlage[836]. Sie beruhen auf allgemeinen Erfahrungssätzen und sind im Rahmen der Beweiswürdigung zu berücksichtigen[837]. Da es sich bei den tatsächlichen Vermutungen also nicht um Beweislastnormen handelt, unterfallen diese auch nicht dem Anwendungsbereich des § 292 ZPO[838].

---

835 *Ehricke*, in: Kübler/Prütting/Bork, § 138 Rn. 1; *Pape/Uhlenbruck/Voigt-Salus*, in: Pape/Uhlenbruck/Voigt-Salus, Kap. 33 Rn. 43.

836 *Laumen*, in: Handbuch der Beweislast, § 19 Rn. 1; *Huber*, in: Musielak/Voit, § 292 Rn. 1; *Prütting*, in: Münchener Kommentar-ZPO, § 292 Rn. 7; *Saenger*, in: Saenger, § 292 Rn. 4.

837 *Assmann*, in: Wieczorek/Schütze, § 292 ZPO Rn. 13; *Bacher*, in: Beck'scher Online-Kommentar-ZPO, § 292 Rn. 8; *Baumgärtel*, in: Festschrift für Schwab, S. 43/47; *Huber*, in: Musielak/Voit, § 292 Rn. 1; *Prütting*, S. 57 f.

838 *Baumgärtel*, in: Festschrift für Schwab, S. 43/47; *Greger*, in: Zöller, Vorbem. § 284 Rn. 33; *Huber*, in: Musielak/Voit, § 292 Rn. 1; *Prütting*, in: Münchener Kommentar-ZPO, § 292 Rn. 7; *Leipold*, in: Stein/Jonas, § 292 Rn. 7; **a.A.**: *Bruns*, § 32 Rn. 171c; *Hirtz*, MDR 1988, 182, 185 („Analogie zu § 292 ZPO").

Die Rechtsprechung zieht die Rechtsfigur der tatsächlichen Vermutung grundsätzlich als Mittel der Beweiserleichterung für die jeweils beweisführungsbelastete Partei heran – oft allerdings mit ganz unterschiedlicher Qualifikation und Rechtsfolge[839].

Die diesbezügliche Bandbreite reicht von einer bloßen Indizwirkung bis hin zu einer Beweislastumkehr, wobei die Entscheidungsgründe der betreffenden Urteile nicht immer erkennen lassen, ob mit einer Umkehr der Beweislast tatsächlich eine Umkehr der objektiven Beweislast gemeint ist[840]. Dies würde bedeuten, dass auch eine nur tatsächliche Vermutung die Rechtsfolge einer Beweislastnorm auslösen könnte. Eine im Wege der Rechtsfortbildung geschaffene, richterrechtliche Beweislastnorm bedürfte zu ihrer Legitimation allerdings eines rechtfertigenden Grundes. Da ein solcher Grund nicht ersichtlich ist[841], kann die tatsächliche Vermutung nur eine Umkehr der konkreten Beweisführungslast, nicht aber der objektiven Beweislast bewirken. Diesem Befund hat sich der Bundesgerichtshof angeschlossen und festgestellt, dass die tatsächliche Vermutung lediglich im Rahmen der Beweiswürdigung Bedeutung erlangen könne, indem sie entweder einen Anscheinsbeweis[842] oder einen Indizienbeweis für die behauptete Tatsache begründet[843]. Vor diesem Hintergrund ist der Begriff „tatsächliche Vermutung“ nicht nur überflüssig, sondern irritierend[844]. Zur Vermeidung von Unklarheiten sollte deswegen gänzlich auf ihn verzichtet werden[845].

aa. Tatsächliche Vermutung als Anscheinsbeweis

Einerseits könnte die „tatsächliche Vermutung“ als Anscheinsbeweis einzuordnen sein.

Die freie Beweiswürdigung erlaubt es dem Richter, unter Berücksichtigung der Lebenserfahrung aus feststehenden Tatsachen auf das Vorliegen streitiger Tatsachenbehauptungen zu schließen[846]. Eine besondere Form dieser mittelbaren Beweisführung stellt der sogenannte Anscheinsbeweis dar[847]. Die Rechtsprechung

---

839 *Laumen*, in: Handbuch der Beweislast, § 19 Rn. 1 f.
840 *Laumen*, in: Handbuch der Beweislast, § 19 Rn. 30.
841 *Prütting*, S. 54.
842 So ausdrücklich bezeichnet von: BGHZ 123, 311, 315; offengelassen von: BGHZ 146, 298, 304 f.
843 BGH, NJW 2010, 363 Rn. 15; so auch: *Prütting*, S. 57 f.
844 *Koch*, Mitwirkungsverantwortung im Zivilprozess, S. 311.
845 *Koch*, Mitwirkungsverantwortung im Zivilprozess, S. 370.
846 *Prütting*, in: Münchener Kommentar-ZPO, § 286 Rn. 48.
847 OLG Celle, NJW-RR 1997, 1456, 1457.

zieht die Rechtsfigur des Anscheinsbeweises heran, wenn im Einzelfall ein typischer Geschehensablauf vorliegt, der nach der Lebenserfahrung auf eine bestimmte Ursache oder Folge hinweist und derart gewöhnlich und üblich erscheint, dass die besonderen individuellen Umstände an Bedeutung verlieren[848]. Die Wahrscheinlichkeit für das Vorliegen des Erfahrungssatzes muss sehr groß sein[849].

Die den typischen Geschehensablauf begründenden Tatsachen hat derjenige zu beweisen, der den Hauptbeweis führen will[850]. Ist dieser Beweis zur vollen Überzeugung des Gerichts geführt, so wird das Vorliegen der Haupttatsache vermutet, sodass sich die konkrete Beweisführungslast umkehrt[851].

Die Umkehr der Beweisführungslast bedeutet, dass der Gegner nun den Gegenbeweis führen muss. Dieser kann bereits durch eine Erschütterung des ersten Anscheins gelingen. Der erste Anschein ist erschüttert, wenn der Gegner Tatsachen vorträgt und zur vollen Überzeugung des Gerichts beweist, aus denen sich wiederum die ernsthafte Möglichkeit eines atypischen Geschehensablaufs ergibt[852]. Die bloße Möglichkeit, dass solche Tatsachen vorliegen, genügt hingegen nicht[853]. Gelingt dem Gegner dieser Gegenbeweis, so verbleibt es bei der vollen Beweislast der von Anfang an beweispflichtigen Partei[854].

bb. Tatsächliche Vermutung als Indiz

Andererseits könnte der Rechtsfigur der „tatsächlichen Vermutung" lediglich Indizwirkung zukommen.

Diejenigen Erfahrungssätze, die nicht derart typisch sind, dass sie den vollen Beweis für das Vorliegen eines bestimmten Tatbestandsmerkmals erbringen,

---

848 BGHZ 2, 1, 5; BGH, VersR 1978, 74, 75; BGHZ 100, 214, 216; BGHZ 104, 256, 259; BGH, NJW 2002, 1643, 1645; BGHZ 163, 209, 212; *Foerste*, in: Musielak/Voit, § 286 Rn. 23; *Greger*, in: Zöller, Vorbem. § 284 Rn. 29; *Saenger*, in: Saenger, § 286 Rn. 41 f.

849 BGH, NJW 2006, 2262 Rn. 10; BGH, NJW 2010, 107 Rn. 8.

850 *Foerste*, in: Musielak/Voit, § 286 Rn. 23.

851 *Prütting*, S. 98; *Laumen*, NJW 2002, 3739, 3742; *Saenger*, in: Saenger, § 286 Rn. 40.

852 BGH, NJW 1978, 2032, 2033; BGH, NJW 1991, 230, 231; BGH, NJW-RR 2007, 1077 Rn. 10; BGH, NJW 2013, 1092 Rn. 28; BGH, NJW-RR 2014, 1115 Rn. 11; *Bacher*, in: Beck'scher Online-Kommentar-ZPO, § 284 Rn. 98; *Greger*, in: Zöller, Vorbem. § 284 Rn. 29; *Reichold*, in: Thomas/Putzo, § 286 Rn. 13.

853 OLG Celle, NJW-RR 1997, 1456, 1457; *Laumen*, in: Handbuch der Beweislast, § 17 Rn. 38.

854 BGHZ 2, 1, 5; *Reichold*, in: Thomas/Putzo, § 286 Rn. 13; *Saenger*, in: Saenger, § 286 Rn. 40.

können im Rahmen der Beweiswürdigung lediglich als Indizien – von der Rechtsprechung auch Beweisanzeichen genannt[855] – berücksichtigt werden.

Bei Indizien handelt es sich um tatbestandsfremde Umstände, die den Schluss auf das Vorliegen oder Nichtvorliegen des Tatbestandsmerkmals selbst rechtfertigen[856]. Der Indizienbeweis beruht auf einer einzelfallbezogenen Gesamtwürdigung aller vorgetragenen und bewiesenen Umstände[857]. Das Ergebnis dieser Gesamtwürdigung ist der Schluss auf das Vorliegen oder Nichtvorliegen eines Tatbestandsmerkmals.

Insofern unterscheidet sich der Indizien- von dem Anscheinsbeweis. Bei letzterem wird durch den Nachweis des typischen Geschehensablaufs der Nachweis eines Ursachenzusammenhangs ersetzt mit der Folge, dass insoweit auch keine Beweiswürdigung mehr stattfindet.

Die nachgewiesenen Indizien oder Beweisanzeichen bilden hingegen nur die Grundlage für die Beweiswürdigung hinsichtlich des Vorliegens eines Tatbestandsmerkmals[858].

b. § 133 Abs. 1 Satz 1 InsO – tatsächliche Vermutung der subjektiven Tatbestandsmerkmale

Wie bereits angedeutet, enthält der Tatbestand der Vorsatzanfechtung nur wenige objektive Voraussetzungen. Entscheidend sind vielmehr der Gläubigerbenachteiligungsvorsatz des Schuldners und die diesbezügliche Kenntnis des Anfechtungsgegners. Auch die bereits untersuchten widerleglichen gesetzlichen Vermutungen in § 133 Abs. 1 Satz 2 InsO und § 133 Abs. 3 Satz 1 InsO knüpfen an subjektive Merkmale – die Kenntnis des Anfechtungsgegners von der drohenden beziehungsweise eingetretenen Zahlungsunfähigkeit des Schuldners und der gläubigerbenachteiligenden Wirkung der Rechtshandlung – an, um den Schluss auf die Kenntnis von dem Gläubigerbenachteiligungsvorsatz zu ermöglichen. Als subjektive, innere Tatbestandsmerkmale lassen sich der Vorsatz und die Kenntnis im streitigen Verfahren – mit Ausnahme eines Geständnisses – nur durch Rückschlüsse von

855 BGH, ZIP 2008, 467 Rn. 15.

856 BGHZ, 53, 245, 260 f.; *Prütting*, in: Münchener Kommentar-ZPO, § 284 Rn. 24; *Saenger*, in: Saenger, § 284 Rn. 26.

857 BGH, NJW 1993, 935, 938; *Foerste*, in: Musielak/Voit, § 284 Rn. 7.

858 *Greger*, in: Zöller, § 286 Rn. 9a.

objektiven, äußeren Anknüpfungstatsachen feststellen[859]. Der Beweis der inneren Tatsachen vollzieht sich also mittelbar anhand von Indizien. Umstritten ist die beweisrechtliche Reichweite der für die Feststellung oder Verneinung des schuldnerischen Gläubigerbenachteiligungsvorsatzes und der diesbezüglichen Kenntnis des Anfechtungsgegners in Betracht kommenden Indizien[860].

aa. Gläubigerbenachteiligungsvorsatz des Schuldners

Wie jeder Vorsatz enthält auch der Gläubigerbenachteiligungsvorsatz des Schuldners ein Wissens- und ein Willenselement, das sich jeweils auf den tatbestandlichen Erfolg der Gläubigerbenachteiligung beziehen muss.

§ 133 Abs. 2 Satz 1 InsO verlangt eine unmittelbare Gläubigerbenachteiligung. Daraus ergibt sich im Umkehrschluss, dass für die Erfüllung des § 133 Abs. 1 InsO eine mittelbare Gläubigerbenachteiligung genügt[861]. Eine mittelbare Gläubigerbenachteiligung liegt vor, wenn die Befriedigungschancen der Gesamtheit der Insolvenzgläubiger verringert, vereitelt, erschwert oder verzögert werden[862]. Es muss also festgestellt werden, dass sich die Befriedigung der Gläubiger im Falle des Unterbleibens der angefochtenen Handlung bei wirtschaftlicher Betrachtungsweise günstiger gestaltet hätte[863].

Nimmt der Schuldner die Rechtshandlung in dem Bewusstsein der eigenen Zahlungsunfähigkeit vor, so geht der Bundesgerichtshof davon aus, dass der Schuldner regelmäßig auch um die gläubigerbenachteiligende Wirkung der

---

859 BGH, WM 2010, 1756 Rn. 9; *Bork*, in: Kübler/Prütting/Bork, § 133 Rn. 26; *Kayser*, in: Münchener Kommentar-InsO, § 133 InsO Rn. 22; *Lütcke*, ZInsO 2013, 1984, 1986.

860 Vgl. hierzu z.B.: *Bork*, in: Kübler/Prütting/Bork, § 133 Rn. 27 ff.; *Kayser*, in: Münchener Kommentar-InsO, § 133 InsO Rn. 27 ff.; *Ganter*, WM 2014, 49 ff.; *Kayser*, NJW 2014, 422, 424.

861 BGHZ 124, 76, (zu § 31 KO); BGH, NZI 2004, 372; BGH, NZI 2005, 692, 693; BGH, ZIP 2008, 467 Rn. 12; *Bork*, ZIP 2004, 1684, 1687; *Ganter/Weinland*, in: K. Schmidt, § 133 Rn. 27; *Henkel*, in: Jaeger, § 133 Rn. 3/15/19; *Ede/Hirte*, in: Uhlenbruck § 133 Rn. 32; *Kayser*, in: Münchener Kommentar-InsO, § 133 Rn. 11; *Nerlich*, in: Nerlich/Römermann, § 133 Rn. 14; *Thole*, in: Heidelberger Kommentar-InsO, § 133 Rn. 7; *ders.*, KTS 2007, 293, 301.

862 Begründung des Regierungsentwurfs, BT-Drs. 12/2443, S. 157 l. Sp.; BGHZ 165, 343, 350; BGHZ 174, 314 Rn. 27; BGH, NZI 2008, 539 Rn. 26; BGH, ZIP 2011, 438 Rn. 12; *Ede/Hirte*, in: Uhlenbruck, § 129 Rn. 160; *Leithaus*, in: Andres/Leithaus, § 129 Rn. 8; *Nerlich*, in: Nerlich/Römermann, § 129 Rn. 63.

863 BGHZ 124, 76, 78 f. (zu § 31 KO); BGHZ 141, 96, 106; BGH, NZI 2001, 585, 587; BGHZ 174, 228 Rn. 18; BGH, NZI 2008, 539 Rn. 26; BGH, NZI 2009, 105 Rn. 9; *Ede/Hirte*, in: Uhlenbruck, § 129 Rn. 160.

Rechtshandlung weiß[864]. Denn genügt sein Vermögen nicht mehr, um alle Verbindlichkeiten zu begleichen, so führe die volle Befriedigung eines einzelnen Gläubigers zwangsläufig dazu, dass die Befriedigung der Gesamtheit der übrigen Insolvenzgläubiger verkürzt wird[865]. Das Wissen um die eigene Zahlungsunfähigkeit ist nach der Auffassung des Bundesgerichthofes deswegen gleichzusetzen mit dem Wissen um die Benachteiligung der übrigen Gläubiger.

Für das voluntative Element des Gläubigerbenachteiligungsvorsatzes lässt der Bundesgerichtshof bedingten Vorsatz des Schuldners genügen[866]. Der Schuldner müsse die Benachteiligung der Gläubiger bei der Vornahme der Rechtshandlung zumindest als mutmaßliche Folge seines Handelns – sei es auch als unvermeidliche Nebenfolge eines an sich erstrebten anderen Vorteils – erkannt und billigend in Kauf genommen haben[867]. Dabei lasse sich aus dem Bewusstsein und der Vorstellung des Schuldners, die Gläubigerbenachteiligung sei die notwendige Folge seines Tuns, regelmäßig auch sein auf die Gläubigerbenachteiligung gerichteter Wille ableiten[868]. Dies bedeute wiederum, dass ein Schuldner, der seine Zahlungsunfähigkeit kennt und trotzdem handelt, regelmäßig auch die dadurch eintretende Gläubigerbenachteiligung billigt und damit zumindest bedingten Benachteiligungsvorsatz hat[869].

Aus diesem Erfahrungssatz hat der Bundesgerichtshof im nächsten Schritt eine tatsächliche Vermutung für den Gläubigerbenachteiligungsvorsatz des Schuldners abgeleitet[870].

---

864 BGHZ 155, 75, 83 f.; BGH, NZI 2003, 597, 598; BGHZ 162, 143, 153; BGHZ 174, 314 Rn. 32; BGHZ 193, 129 Rn. 17; BGH, NZI 2013, 140 Rn. 15; *Ganter/Weinland*, in: K. Schmidt, § 133 Rn. 56; *Fischer*, NZI 2008, 588, 591; *Ganter*, WM 2009, 1441, 1442.

865 BGH, NZI 2003, 597, 598.

866 BGHZ 155, 75 (Ls. 3); BGH, NZI 2003, 597, 598; BGH, NZI 2008, 231 Rn. 18; *de Bra*, in: Braun, § 133 Rn. 10; *Henckel*, in: Jaeger, § 133 Rn. 24; *Thole*, in: Heidelberger Kommentar-InsO, § 133 Rn. 13.

867 BGHZ 155, 75, 84; BGHZ 162, 143, 153; BGHZ 174, 314 Rn. 19; NZI 2009, 171 Rn. 45; *Ganter/Weinland*, in: K. Schmidt, § 133 Rn. 38; *Kayser*, in: Münchener Kommentar-InsO, § 133 Rn. 13; *Thole*, in: Heidelberger Kommentar-InsO, § 133 Rn. 13; *Thole*, S. 496.

868 BGH, NZI 2009, 171 Rn. 45; *Thole*, in: Heidelberger Kommentar-InsO, § 133 Rn. 16.

869 BGH; NZI 2005, 692, 693; BGH, NZI 2006, 159, 162; BGH, NZI 2009, 171 Rn. 45.

870 BGH, NZI 2008, 231 Rn. 19; BGH, ZIP 2012, 1422 Rn. 31; BGH, ZIP 2013, 79 Rn. 7; BGH, ZIP 2013, 1127 Rn. 24; *Fischer*, NZI 2008, 588, 589; nach *de Bra*, in: Braun, § 133 Rn. 19 und *Ede/Hirte*, in: Uhlenbruck, § 133 Rn. 37 ist bei Kenntnis der Zahlungsunfähigkeit „in der Regel“ bzw. „regelmäßig“ von einem Gläubigerbenachteiligungsvorsatz auszugehen.

In einem Urteil aus dem Jahr 2006 geht der Bundesgerichtshof sogar noch einen Schritt weiter und stellt fest, dass das Vorliegen des Gläubigerbenachteiligungsvorsatzes bereits dann zu vermuten sei, wenn der Schuldner seine drohende Zahlungsunfähigkeit kennt[871]. Dies ergebe sich mittelbar aus der Vermutungsregel in § 133 Abs. 1 Satz 2 InsO[872]. Da nach dieser Vorschrift die Kenntnis des anderen Teils vom Gläubigerbenachteiligungsvorsatz des Schuldners gesetzlich vermutet wird, wenn er wusste, dass dessen Zahlungsunfähigkeit droht, könnten für den Schuldner selbst keine strengeren Anforderungen gelten[873]. Diese Auffassung hat der Bundesgerichtshof in einigen zeitlich nachfolgenden Entscheidungen bestätigt[874].

Auf die darauf folgende Kritik in der insolvenzrechtlichen Literatur[875] hat der Bundesgerichtshof dann im Jahr 2009 reagiert, seine zuvor aufgestellte Vermutungsregel relativiert und klargestellt, dass es sich bei den, bei der Feststellung des subjektiven Tatbestands des § 133 Abs. 1 InsO zu würdigenden Umständen nur um mehr oder weniger gewichtige Beweisanzeichen handelt, die eine Gesamtwürdigung nicht entbehrlich machen und nicht schematisch im Sinne einer vom anderen Teil zu widerlegenden Vermutung angewandt werden dürfen[876].

Mittlerweile spricht der Bundesgerichtshof davon, dass die Kenntnis des Schuldners von der drohenden Zahlungsunfähigkeit zumindest ein starkes Beweisanzeichen für seinen Gläubigerbenachteiligungsvorsatz ist[877].

Aufgrund dieses Wandels und der terminologischen Unschärfe der zitierten Urteile soll die beweisrechtliche Bedeutung der Kenntnis des Schuldners von seiner (drohenden) Zahlungsunfähigkeit für die Feststellung des die Vorsatzanfechtung begründenden Gläubigerbenachteiligungsvorsatzes eindeutig bestimmt werden. Im Folgenden wird also untersucht, ob die Kenntnis von der

---

871 BGH, Urteil vom 13.04.2006 – Az. IX ZR 158/05; BGHZ 167, 190 Rn. 14 (m.w.N.).

872 BGHZ 167, 190 Rn. 14 (m.w.N.).

873 BGHZ 167, 190 Rn. 14 (m.w.N.); diesen Erst-recht-Schluss verteidigend: *Gehrlein*, in: Festschrift für Ganter, S. 169, 180; *Kayser*, ZIP 2014, 1966, 1969.

874 BGH, NZI 2007, 512 Rn. 19; BGHZ 174, 314 Rn. 32; BGHZ 180, 98 Rn. 10.

875 *Fischer*, NZI 2008, 588, 593; *Ganter*, WM 2009, 1441, 1443; *ders.*, WM 2014, 49, 50; *Jungclaus*, KTS 2014, 49, 50; *Raebel*, KTS 2015, 285, 306/309; *Schoppmeyer*, ZIP 2009, 600, 605.

876 BGH, Urteil vom 13.08.2009 – Az. IX ZR 159/09; NZI 2009, 768 Rn. 8 (mit Anm. von *Huber*, der dort die Ansicht vertritt, dass sich die Entscheidung allein auf die Kenntnis des Anfechtungsgegners bezieht); dem folgend: BGH, ZIP 2010, 841 Rn. 18; BGH, NZI 2013, 253 Rn. 16/27; BGH, ZIP 2013, 1127 Rn. 24.

877 BGH, NZI 2013, 129 Rn. 7; BGH, NZI 2013, 133 Rn. 14; BGH, NZI 2014, 259 Rn. 9; allerdings spricht der BGH in ZIP 2011, 1416 Rn. 8, wieder von der Vermutungsregel.

(drohenden) Zahlungsunfähigkeit einen Anscheinsbeweis zu begründen vermag oder ob ihr lediglich eine indizielle oder überhaupt keine beweisrechtliche Bedeutung zukommt.

(i) Kenntnis des Schuldners von der eigenen Zahlungsunfähigkeit

Betrachtet man den Gläubigerbenachteiligungsvorsatz des Schuldners, so erscheint es durchaus gerechtfertigt, diesen aus der Kenntnis um die eigene objektive Zahlungsunfähigkeit abzuleiten. Denn leistet der Schuldner in Kenntnis seiner materiellen Insolvenz an einen einzelnen Gläubiger, so folgt daraus fast zwangsläufig, dass er diesen auch bevorzugen will[878]. Damit nimmt der Schuldner aber gleichzeitig die Benachteiligung der anderen Gläubiger in Kauf, handelt diesbezüglich also mit bedingtem Vorsatz[879].

(1) Anwendbarkeit der Rechtsfigur des Anscheinsbeweises

Fraglich ist allerdings, ob die Rechtsfigur des Anscheinsbeweises für die Feststellung des Gläubigerbenachteiligungsvorsatzes herangezogen werden kann.

Wie bereits erläutert, setzt sich der Gläubigerbenachteiligungsvorsatz aus einem Wissens- und einem Willenselement zusammen. Der Schuldner muss um die gläubigerbenachteiligende Wirkung seiner Rechtshandlung gewusst und diesen Erfolg auch gewollt haben[880].

Grundsätzlich verneint der Bundesgerichtshof die Anwendbarkeit des Anscheinsbeweises auf individuelle Willensentschlüsse, beispielsweise[881] bezüglich der Absicht zur Selbsttötung[882] oder einer vorsätzlichen Brandstiftung zwecks Versicherungsbetrugs[883].

Diese Auffassung des Bundesgerichtshofs wird von weiten Teilen der Literatur zu Recht abgelehnt[884]. Auch individuelle Willensentschlüsse können

---

878 *Ganter/Weinland*, in: K. Schmidt, § 133 Rn. 56; *Ganter*, WM 2009, 1441, 1443.

879 *Fischer*, NZI 2008, 588, 591; *Ganter*, WM 2009, 1441, 1443, *Jacoby*, KTS 2005, 371, 397; *ders.*, KTS 2009, 3, 16.

880 *Ganter/Weinland*, in: K. Schmidt, § 133 Rn. 31; *Henckel*, in: Jaeger, § 133 Rn. 22 f.; *Kayser*, in: Münchener Kommentar-InsO, § 133 Rn. 13; *Thole*, in: Heidelberger Kommentar-InsO, § 133 Rn. 13.

881 Weitere zahlreiche Beispiele bei: *Greger*, in: Zöller, Vorbem. § 284 Rn. 31; Rosenberg/Schwab/Gottwald, § 113 Rn. 21 ff.

882 BGHZ 100, 214, 216.

883 BGHZ 104, 256, 261.

884 Vgl. nur: *Ahrens*, Kapitel 16 Rn. 69 f.; *Foerste*, in: Musielak/Voit, § 286 Rn. 30; *Laumen*, in: Prütting/Gehrlein, § 286 Rn. 46; *Prütting*, in: Münchner Kommentar-ZPO,

situationsbedingt typisch sein[885]. So lässt sich nach *Walter* beispielsweise der Erfahrungssatz aufstellen: „Wer sich einen geladenen Revolver an die Schläfe setzt und abdrückt, handelt mit Selbstmordabsicht"[886].

Diesem Umstand trägt auch der Bundesgerichtshof Rechnung, indem er im Einzelfall[887] doch einen Anscheinsbeweis, beispielsweise für das Vorliegen einer vorsätzlichen Unfallmanipulation[888] oder für beratungsgerechtes Verhalten[889], bejaht.

Diese Entscheidungen verdeutlichen, dass auch individuelle Willensentscheidungen nicht generell von dem Anwendungsbereich des Anscheinsbeweises ausgeschlossen werden können. Im Ergebnis muss vielmehr entscheidend sein, ob im Einzelfall ein typischer Geschehensablauf vorliegt, der den Schluss auf ein entscheidungserhebliches Tatbestandsmerkmal zulässt[890].

(2) Anscheinswirkung der Kenntnis von der Zahlungsunfähigkeit

Anknüpfend an die vorstehenden Ausführungen stellt sich also die Frage, ob ein Schuldner, der in Kenntnis von der eigenen Zahlungsunfähigkeit noch einzelne Gläubiger befriedigt, typischerweise die übrigen Gläubiger benachteiligen will, sodass seine Gläubigerbenachteiligungsabsicht im Wege des Anscheinsbeweises festgestellt werden kann. Wie bereits erläutert, muss die Wahrscheinlichkeit für das Vorliegen des typischen Geschehensablaufs sehr groß sein[891].

Befriedigt der Schuldner trotz seiner bereits eingetretenen Zahlungsunfähigkeit einzelne Gläubiger, so ist aller Erfahrung nach[892] davon auszugehen, dass er

---

§ 286 Rn. 79; *Laumen*, in: Handbuch der Beweislast, § 12 Rn. 62 f.; Rosenberg/Schwab/Gottwald, § 113 Rn. 29; *Kegel*, in: Festgabe für Kronstein, S. 321, 322 ff.; *Lepa*, in: Festschrift für Merz, S. 387, 399; *Schneider*, MDR 1971, 535, 538; *Walter*, JZ 1978, 112, 114 ff.; *ders.*, ZZP 90 (1977), 270, 278 ff.; grds. **a.A.**: *Greger*, in: Zöller, Vorbem. § 284 Rn. 31; *Reichold*, in: Thomas/Putzo, § 286 Rn. 15.

885 *Laumen*, in: Handbuch der Beweislast, § 17 Rn. 57; *ders.*, in: Prütting/Gehrlein, § 286 Rn. 46.

886 *Walter*, ZZP 90 (1977), 270, 279.

887 Weitere zahlreiche Beispiele bei: *Laumen*, in: Prütting/Gehrlein, § 286 Rn. 46 f.

888 BGH, VersR 1979, 281, 282; BGH, VersR 1979, 514, 515.

889 BGHZ 123, 311, 316 f.

890 *Laumen*, in: Handbuch der Beweislast, § 17 Rn. 62.

891 BGH, VersR 1991, 460, 461; BGH, NJW 1997, 528, 529; BGH, NJW 2006, 2262, 2263; BGH, NJW 2010, 1072 Rn. 8.

892 Vgl. BGH, NZI 2008, 488, Rn. 18: „Kennt der Schuldner seine Zahlungsunfähigkeit, so hat er sich **typischerweise** bei Bewirkung einer Leistung auch die Benachteiligung seiner Gläubiger zumindest als möglich vorgestellt und in Kauf genommen,

diese gegenüber der Gläubigergesamtheit bevorzugen will. Dieser Wille besteht nämlich nur dann nicht, wenn der Schuldner hofft, dass die Rechtshandlung nicht zu einer Benachteiligung der anderen Gläubiger führen wird. Eine solche Hoffnung kann der Schuldner wiederum aber nur dann haben, wenn er im Zeitpunkt der Rechtshandlung einen ernsthaften Sanierungsversuch unternimmt[893].

Nimmt der Schuldner die Rechtshandlung im Zeitpunkt der bereits eingetretenen Zahlungsunfähigkeit vor, so ist auch die Wahrscheinlichkeit sehr groß, dass diese Rechtshandlung eben nicht im Rahmen ernsthafter Sanierungsbemühungen unternommen wurde oder aber die Sanierungsbemühungen bereits gescheitert und damit nicht mehr ernsthaft sind.

Von dieser Typizität geht grundsätzlich auch der Gesetzgeber aus. Handelt es sich bei dem Schuldner um eine juristische Person, so greift ab dem Zeitpunkt der Zahlungsunfähigkeit die strafbewehrte Antragspflicht aus § 15a Abs. 1 Satz 1 InsO. Der Insolvenzantrag ist dann ohne schuldhaftes Zögern zu stellen, um zu verhindern, dass einzelne Gläubiger noch Sondervorteile erhalten. Deswegen darf die Dreiwochenfrist des § 15a Abs. 1 Satz 1 InsO auch nicht in jedem Fall ausgeschöpft werden. Steht vielmehr bereits vorher fest, dass eine Sanierung aussichtslos ist, kann die Antragspflicht auch unmittelbar nach dem Eintritt der Zahlungsunfähigkeit bestehen[894]. Denn Sanierungsbemühungen sind von dem Schuldner nach der Konzeption der Insolvenzordnung grundsätzlich vor dem Eintritt der Zahlungsunfähigkeit zu entfalten[895]. Dies wird auch deutlich in der Verpflichtung zur Verlustanzeige nach § 92 Abs. 1 AktG, § 49 Abs. 3 GmbHG, § 33 Abs. 3 GenG und zur Einberufung der Haupt- beziehungsweise Gesellschafterversammlung, mit der die allgemeine Verpflichtung der Geschäftsleiter konkretisiert wird, nicht erst bei dem Vorliegen eines Insolvenzgrundes, sondern schon bei wirtschaftlichen Schwierigkeiten rechtzeitig Sanierungsmaßnahmen einzuleiten[896].

---

ohne sich durch die Vorstellung dieser Möglichkeit von seinem Handeln abhalten zu lassen.“ (Hervorhebung durch den Autor).

893 BGH, NZI 2004, 376, 378; BGHZ 180, 98, Rn. 17; BGH, NZI 2013, 133 Rn. 17; BGH, NZI 2016, 636 Rn. 14; *Fischer*, NZI 2008, 588, 593; *Ganter*, WM 2014, 49, 52.

894 BGHZ 75, 96, 111 f. (zu § 92 Abs. 2 AktG a.F. i.V.m. § 283 Nr. 14 AktG); BGH, NZI 2012, 413 Rn. 11 (zu § 64 Abs. 1 GmbHG a.F.); *Bußhardt*, in: Braun, § 15a Rn. 9; *Kleindiek*, in: Heidelberger Kommentar-InsO, § 15a Rn. 12; *Steffek*, in: Kübler/Prütting/Bork, § 15a Rn. 59; *Haas*, in: Baumbach/Hueck, § 64 GmbHG Rn. 163.

895 *Hirte*, in: Uhlenbruck, § 15a Rn. 16.

896 *Hirte*, in: Uhlenbruck, § 15a Rn. 16.

Erkennbar wird die Auffassung des Gesetzgebers zudem in den Voraussetzungen des mit dem ESUG eingeführten sogenannten Schutzschirmverfahrens. Dieses kann nach der Vorschrift des § 270b Abs. 1 Satz 1 InsO nur bei drohender Zahlungsunfähigkeit oder Überschuldung, nicht aber bei bereits eingetretener Zahlungsunfähigkeit beantragt werden. Nur wenn die Zahlungsunfähigkeit noch nicht eingetreten ist, bestehen nach der Ansicht des Gesetzgebers noch ausreichende Sanierungschancen für das schuldnerische Unternehmen[897].

Im Ergebnis spricht also der erste Anschein für einen Gläubigerbenachteiligungsvorsatz des Schuldners, wenn dieser trotz bereits eingetretener Zahlungsunfähigkeit keinen Insolvenzantrag stellt, sondern einzelne Gläubiger noch befriedigt. Beweisrechtlich bedeutet dies, dass mit dem Nachweis der Kenntnis von der objektiven Zahlungsunfähigkeit zu dem Zeitpunkt der Rechtshandlung der Anscheinsbeweis für den Gläubigerbenachteiligungsvorsatz erbracht ist.

Der Anfechtungsgegner ist in diesem Fall auch nicht schutzlos gestellt, sondern hat vielmehr die Möglichkeit, den Gegenbeweis anzutreten, also Tatsachen zu behaupten und zu beweisen, aus denen sich wiederum die ernsthafte Möglichkeit ergibt, dass der Schuldner bei der Vornahme der Rechtshandlung davon ausging, alle Gläubiger befriedigen zu können und damit keinen Benachteiligungsvorsatz hatte.

Hier kann ein ernsthaftes und aussichtsreiches Bemühen des Schuldners um eine Sanierung geeignet sein, Zweifel an seinem Benachteiligungsvorsatz zu begründen[898]. Denn derjenige, der ernsthaft und mit aus seiner Sicht tauglichen Mitteln die Sanierung anstrebt, handelt subjektiv redlich und damit nicht vorsätzlich[899]. Er nimmt den Eintritt der Gläubigerbenachteiligung typischerweise nicht in Kauf, sondern will ihn gerade verhindern[900].

---

897 BR-Drs. 127/11 S. 58; *Kern*, in: Münchener Kommentar-InsO, § 270b Rn. 25; *Undritz*, in: K. Schmidt, § 270b Rn. 3.

898 BGH, NJW-RR 1993, 238, 241 (zu § 31 KO); BGH, NZI 2008, 180 Rn. 18; BGH, NZI 2009, 372 Rn. 17; BGH, NZI 2012, 142 Rn. 11 (m.w.N. aus der Rspr.); BGH, ZIP 2014, 1032 Rn. 40; BAG, ZIP 2014, 37 Rn. 69 ff.; *Fischer*, NZI 2008, 588, 593, *Ganter*, WM 2009, 1441, 1443; *ders.*, ZIP 2015, 1413, 1415 f.; *Henkel*, in: Jaeger, § 133 Rn. 29 ff.; *Ede/Hirte*, in: Uhlenbruck, § 133 Rn. 131; *Huber*, in: Gottwald, § 48 Rn. 18; *Kayser*, in: Münchener Kommentar-InsO, § 133 Rn. 37; *Rogge*, in: Hamburger Kommentar-InsO, § 133 Rn. 17; *Thole*, in: Heidelberger Kommentar-InsO, § 133 Rn. 27.

899 *Ganter*, WM 2009, 1441, 1450; *ders.*, ZIP 2015, 1413, 1416/1418; *Kayser*, in: Münchener Kommentar-InsO, § 133 Rn. 37a; *Nobbe*, in: Festschrift für Kübler, S. 459, 467.

900 *Ganter*, WM 2009, 1441, 1450.

(3) Zwischenergebnis

Im Ergebnis begründet die nachgewiesene und festgestellte Kenntnis des Schuldners von seiner Zahlungsunfähigkeit also einen Anscheinsbeweis für seinen Gläubigerbenachteiligungsvorsatz. Will sich der Anfechtungsgegner hiergegen erfolgreich zur Wehr setzen, hat er den Gegenbeweis zu führen. Im Hinblick auf ernsthafte Sanierungsbemühungen des Schuldners ist diese Verteilung der Beweisführungslast schlüssig. Denn im Stadium objektiver Zahlungsunfähigkeit ist die Chance auf eine nachhaltige Sanierung und vollständige Befriedigung aller Gläubiger gering. Sollte hingegen zu dem Zeitpunkt der Rechtshandlung ein aussichtsreiches Sanierungsvorhaben vorgelegen haben, obwohl der Schuldner bereits zahlungsunfähig war, so muss dem Anfechtungsgegner die Last auferlegt werden, diesen Gegenbeweis zu führen.

(ii) Kenntnis des Schuldners von der drohenden Zahlungsunfähigkeit

Daran anschließend stellt sich die Frage, ob Gleiches im Falle der lediglich drohenden Zahlungsunfähigkeit angenommen werden kann.

(1) Anscheinswirkung der Kenntnis von der drohenden Zahlungsunfähigkeit

Ist der Schuldner lediglich drohend zahlungsunfähig und weiß er um diesen Umstand, ginge es zu weit, allein aufgrund dieses Wissens den Willen zur Gläubigerbenachteiligung bereits im Sinne eines Anscheinsbeweises zu vermuten[901]. In dem Stadium drohender Zahlungsunfähigkeit ist der Schuldner noch zahlungsfähig. Bei der drohenden Zahlungsunfähigkeit im Sinne des § 18 Abs. 1 InsO handelt es sich lediglich um eine prognostizierte Zahlungsunfähigkeit. Letztere tritt zwar voraussichtlich und damit mit einer Wahrscheinlichkeit von mehr als 50%[902] ein.

---

901 *Bork*, ZIP 2014, 797, 808; *ders.*, in: Kübler/Prütting/Bork, § 133 Rn. 48; *Ede/Hirte*, in: Uhlenbruck, § 133 Rn. 95; *Ganter*, WM 2009, 1441, 1443; *ders.*, WM 2014, 49 f.; *ders./Weinland*, in: K. Schmidt, § 133 Rn. 60; *Jungclaus*, KTS 2014, 257, 298; Lütcke, ZInsO 2013, 1984, 1986; *Mock*, ZIP 2014, 445, 452; *Nobbe*, in: Festschrift für Kübler, S. 459, 464; *Schoppmeyer*, ZIP 2009, 600, 607; **a.A.**: *Kayser*, in: Münchener Kommentar-InsO, § 133 Rn. 26; *Thole*, S. 513 f.; *ders.*, ZIP 2015, 2145, 2148.

902 Vgl. nur: OLG München, ZIP 2013, 1123; *Bußhardt*, in: Braun, § 18 Rn. 5; *Humberg*, in: Berliner Kommentar-InsO, § 18 Rn. 14; *Mönning*, in: Nerlich/Römermann, § 18 Rn. 24; *K. Schmidt*, in: K. Schmidt, § 18 Rn. 21; *Schröder*, in: Hamburger Kommentar-InsO, § 18 Rn. 8b; *Mock*, in: K. Schmidt, § 18 Rn. 26; *Burger/Schellenberg*, BB 1995, 261, 265.

Aufgrund der mit einer Prognose verbundenen Unsicherheiten[903] erscheint es in dieser Situation allerdings wahrscheinlicher, dass der Schuldner hofft, die Zahlungsunfähigkeit und damit auch eine Gläubigerbenachteiligung noch abwenden zu können, als dass er ein Scheitern für möglich hält und die damit verbundene Gläubigerbenachteiligung billigend in Kauf nimmt[904].

Selbst wenn im Einzelfall festgestellt werden könnte, dass der Schuldner bei der Vornahme der Rechtshandlung nicht nur seine drohende Zahlungsunfähigkeit gekannt, sondern für den noch ungewissen Fall des Eintritts der Zahlungsunfähigkeit billigend in Kauf genommen hat, dass wegen dieser Rechtshandlung die anderen Gläubiger nicht mehr vollständig befriedigt werden können, könnte ihm kaum ein bedingter Gläubigerbenachteiligungsvorsatz zur Last gelegt werden[905]. Denn solange der Schuldner zahlungsfähig ist, steht es ihm grundsätzlich frei, welchen seiner Gläubiger er bedient[906]. Hiervon geht auch die Gesetzesbegründung zu § 133 Abs. 3 Satz 1 InsO aus[907].

Anhand des § 270b InsO wird zudem deutlich, dass auch der Gesetzgeber von einer Sanierungswahrscheinlichkeit bei lediglich drohender Zahlungsunfähigkeit ausgeht. Zudem besteht bei drohender Zahlungsunfähigkeit weder eine Insolvenzantragspflicht des Schuldners noch ein Insolvenzantragsrecht des Gläubigers.

Die Kenntnis des anderen Teils von dem Gläubigerbenachteiligungsvorsatz des Schuldners wird unter den Voraussetzungen des § 133 Abs. 1 Satz 2 InsO

---

903 Diese Unsicherheiten ergeben sich insbesondere aus dem bis zu zwei Jahre dauernden Prognosezeitraum (siehe hierzu näher *K. Schmidt*, in: K. Schmidt, § 18 Rn. 27).

904 *Bork*, ZIP 2014, 797, 808.

905 *Ganter*, WM 2014, 49, 50.

906 *Kirchhof*, in: Festschrift für Ganter, S. 237, 244 f.; ähnlich: *Ganter/Weinland*, in: K. Schmidt, § 133 Rn. 60; **a.A.**: BGH, NZI 2016, 355 Rn. 19.

907 „Mit dem neuen Absatz 3 Satz 1 soll für die Vorsatzanfechtung von kongruenten Deckungen die Vermutungsregel abgeschwächt werden hinsichtlich der Frage, ob der Anfechtungsgegner Kenntnis vom schuldnerischen Benachteiligungsvorsatz hatte oder nicht. Die gesetzliche Vermutung soll erst eingreifen, wenn der Anfechtungsgegner zur Zeit der Handlung die eingetretene Zahlungsunfähigkeit des Schuldners kannte. Damit soll dem Umstand Rechnung getragen werden, dass bei Gewährung einer kongruenten Deckung eine geschuldete Leistung erbracht wird und dass der Schuldner vor Eintritt der Insolvenz grundsätzlich frei ist zu entscheiden, welche Forderungen er erfüllt. In diesem Fall rechtfertigt die Kenntnis der nur drohenden Zahlungsunfähigkeit daher den Schluss auf den Benachteiligungsvorsatz des Schuldners nicht", Begründung des Regierungsentwurfs, BT-Drs. 18/7054, S. 18; zustimmend: *Brinkmann*, NZG, 2015, 697, 699; *Ganter*, WM 2015, 905, 910.

vermutet. Fraglich ist, ob aufgrund dieser Regelung Gleiches für den Vorsatz des Schuldners gelten muss. Der von dem Bundesgerichtshof[908] mehrfach aus § 133 Abs. 1 Satz 2 InsO gezogene Erst-Recht-Schluss[909], dass in Bezug auf den Schuldner keine strengeren Anforderungen gelten können als für den Gläubiger, ist im Ergebnis nicht zwingend. Zwar wird auch der Schuldner in der Regel wissen, dass seine Zahlungsunfähigkeit droht, wenn der Anfechtungsgegner diese kennt. Denn es dürfte nur wenige Fälle geben, in denen der Anfechtungsgegner die Vermögensverhältnisse des Schuldners besser kennt als dieser selbst[910]. Diese Erkenntnis lässt aber noch keinen zwingenden Schluss auf den Gläubigerbenachteiligungsvorsatz des Schuldners zu[911]. Der Vorsatz lässt sich nicht allein aus der Kenntnis ableiten, da diese nur das Wissen, nicht aber auch das für den Vorsatz erforderliche Wollen beinhaltet[912]. Zudem gibt es keinen Erfahrungssatz, dass der Schuldner vorsätzlich handelt, wenn der Anfechtungsgegner um die drohende Zahlungsunfähigkeit des Schuldners und die gläubigerbenachteiligende Wirkung der Rechtshandlung weiß[913]. Denn die Motivation des Schuldners, mit der er handelt, kann dem Anfechtungsgegner durchaus verborgen bleiben, beispielsweise in Sanierungsfällen, in die der betreffende Gläubiger nicht mit eingebunden ist.

Darüber hinaus ist zu berücksichtigen, dass eine solche Beweiserleichterung für den Benachteiligungsvorsatz des Schuldners im Gesetzgebungsverfahren zur Insolvenzordnung vorgeschlagen und diskutiert, letztendlich aber ausdrücklich verworfen wurde[914]. Dieser in der Gesetzesbegründung zum Ausdruck kommende gesetzgeberische Wille steht auch einer entsprechenden Anwendung der Vermutungsregel des § 133 Abs. 1 Satz 2 InsO auf den Benachteiligungsvorsatz des Schuldners entgegen[915].

---

908 BGHZ 167, 190, 195; BGHZ 174, 314 Rn. 32; BGH, ZIP 2010, 841 Rn. 19; BGH, ZIP 2011, 1416 Rn. 8; dem aber folgend: *Kayser*, in: Münchener Kommentar-InsO, § 133 Rn. 26; *Thole*, KTS 2007, 293, 325.

909 Diesen verteidigend: *Gehrlein*, in: Festschrift für Ganter, S. 169, 180; *Kayser*, ZIP 2014, 1966, 1969.

910 *Bork*, in: Kübler/Prütting/Bork, § 133 Rn. 45.

911 *Henckel*, in Jaeger, § 133 Rn. 53.

912 *Ganter*, WM 2009, 1441, 1443; *ders.*, WM 2014, 49, 50.

913 *Henckel*, in: Jaeger, § 133 Rn. 53.

914 Begründung des Regierungsentwurfs, BT-Drs. 12/2443, S. 265 r. Sp., zu Nr. 25 der Stellungnahme des Bundesrats.

915 *Bork*, in: Kübler/Prütting/Bork, § 133 Rn. 45; *Fischer*, NZI 2008, 588, 592 f.; *Henckel*, in: Jaeger, § 133 Rn. 53; *Kayser*, in: Festschrift für Fischer, S. 267, 281; *Bork*, ZIP 2004, 1684, 1691; so aber das OLG Dresden, ZIP 2003, 1716, 1717.

Schließlich ist die beweisrechtliche Differenzierung zwischen dem Vorsatz des Schuldners und der diesbezüglichen Kenntnis des Anfechtungsgegners sachlich gerechtfertigt. Während der Insolvenzverwalter einen besseren Einblick in die Verhältnisse des Schuldners hat, besitzt er typischerweise einen schlechteren Einblick in die Verhältnisse des Gläubigers[916].

(2) Indizwirkung der Kenntnis von der drohenden Zahlungsunfähigkeit

Daran anschließend stellt sich die Frage, ob der Kenntnis von der drohenden Zahlungsunfähigkeit überhaupt eine Indizwirkung für die Feststellung des Gläubigerbenachteiligungsvorsatzes zukommt.

Dagegen sprechen auch an dieser Stelle die vorstehend vorgebrachten Argumente. Insbesondere die Tatsache, dass der Schuldner bei lediglich drohender Zahlungsunfähigkeit regelmäßig davon ausgehen wird, die Insolvenz noch abwenden zu können und hierfür alles tun wird, spricht gegen die Annahme einer bloßen Indizwirkung.

Die Rechtsprechung sollte der drohenden Zahlungsunfähigkeit deswegen nur dann indizielle Wirkung beimessen, wenn andere Indizien – wie beispielsweise die Inkongruenz – hinzutreten, die im Rahmen einer Gesamtwürdigung auf einen Gläubigerbenachteiligungsvorsatz des Schuldners schließen lassen[917]. Diese Sichtweise entspräche der Rechtsprechung zur Konkursordnung. Damals ging der Bundesgerichtshof noch davon aus, dass bei dem Vorliegen einer kongruenten Deckung selbst das Wissen des Schuldners um die eigene Zahlungsunfähigkeit allein nicht genügt, um auf seinen Benachteiligungsvorsatz schließen zu können[918].

Allein die Kenntnis von einer drohenden Zahlungsunfähigkeit genügt also nach der hier vertretenen Auffassung nicht, um hiervon auf einen Gläubigerbenachteiligungsvorsatz schließen zu können[919].

bb. Kenntnis des anderen Teils

Wie bereits in dem vorstehenden Abschnitt ausgeführt, muss der Anfechtungsgegner nur den Gläubigerbenachteiligungsvorsatz des Schuldners positiv

---

916 *Ganter*, WM 2009, 1441, 1443; *ders.*, WM 2014, 49, 50; *Schoppmeyer*, ZIP 2009, 600, 607.

917 So auch: *Bork*, in: Kübler/Prütting/Bork, § 133 Rn. 48; *ders.*, ZIP 2014, 797, 808; *Ede/Hirte*, in: Uhlenbruck, § 133 Rn. 95; *Ganter*, WM 2014, 49.

918 BGH, NJW 1984, 1893, 1898; BGH, NJW 1991, 2144, 2145.

919 So im Ergebnis auch: *Bork*, in: Kübler/Prütting/Bork, § 133 Rn. 48 f.; *Ganter*, WM 2009, 1441, 1443; *ders.*, WM 2014, 49, 50; *ders./Weinland*, in: K. Schmidt, § 133 Rn. 60; *Henckel*, in: Jaeger, § 133 Rn. 22/52; Schoppmeyer, ZIP 2009, 600, 607.

kennen, einen solchen aber nicht selbst haben[920]. Er muss wissen, dass die Rechtshandlung die Gläubiger benachteiligt und der Schuldner dies weiß und zumindest billigend in Kauf nimmt[921]. Eine grob fahrlässige Unkenntnis genügt nicht, erforderlich ist vielmehr die positive Kenntnis[922]. Diese wird – wie bereits dargestellt – in § 133 Abs. 1 Satz 2 InsO und dem neuen § 133 Abs. 3 Satz 1 InsO widerleglich gesetzlich vermutet.

In seiner Rechtsprechung zu § 133 Abs. 1 Satz 2 InsO hat der Bundesgerichtshof dem Insolvenzverwalter den Nachweis der diese Vermutung begründenden Vermutungsbasis erleichtert. Zum einen lässt er es für den Nachweis der Kenntnis von der drohenden Zahlungsunfähigkeit genügen, wenn der Insolvenzverwalter beweist, dass der Anfechtungsgegner Umstände kennt, die zwingend auf eine drohende Zahlungsunfähigkeit hindeuten[923]. Denn obwohl § 133 Abs. 1 InsO – anders als die §§ 130 Abs. 2, 132 Abs. 3 und § 131 Abs. 2 Satz 1 InsO – diesbezüglich keine entsprechende unwiderlegliche gesetzliche Vermutung aufstellt, hindert dies den Bundesgerichtshof nicht daran, im Rahmen des § 286 ZPO insoweit von einer tatsächlichen Vermutung auszugehen[924]. Von einem Gläubiger, der Umstände kennt, die zwingend auf eine mindestens drohende Zahlungsunfähigkeit schließen lassen, sei deshalb – widerleglich – zu vermuten, dass er auch die drohende Zahlungsunfähigkeit selbst kennt[925]. Ein solcher Umstand liege beispielsweise dann vor, wenn der Schuldner seine Verbindlichkeiten bei dem späteren Anfechtungsgegner über einen längeren Zeitraum hinweg ständig in

920 BGHZ 190, 201 Rn. 28; BGH; NJW 1994, 449, 452 (zu § 31 KO); BGH, ZIP 1997, 513, 515; *Ede/Hirte*, in: Uhlenbruck, § 133 Rn. 25; *Kayser*, in: Münchener Kommentar-InsO, § 133 Rn. 19; *Nerlich*, in: Nerlich/Römermann, § 133 Rn. 39; *Thole*, in: Heidelberger Kommentar-InsO, § 133 Rn. 28; *Ganter*, WM 2009, 1441, 1444; *Thole*, KTS 2007, 293, 309 (m.w.N.).

921 *Ganter/Weinland*, in: K. Schmidt, § 133 Rn. 71; *Ganter*, WM 2009, 1441, 1444.

922 BGHZ 190, 201 Rn. 21; *Henckel*, in: Jaeger, § 133 Rn. 47.

923 BGHZ 155, 75, 85 f.; BGH, NZI 2003, 597, 599; BGH, NZI 2007, 512 Rn. 25; BGH, NZI 2009, 168 Rn. 10; BGH, NZI 2009, 768 Rn. 9; BGH, ZIP 2010, 191 Rn. 26; BGHZ 190, 201 Rn. 32; BGH, ZIP 2012, 735 Rn. 17; BGH, ZIP 2013, 174 Rn. 25; BGH, ZIP 2013, 371 Rn. 28; so auch: *Ganter/Weinland*, in: K. Schmidt, § 133 Rn. 83; *Henckel*, in: Jaeger, § 133 Rn. 51; *Huber*, NZI 2003, 599, 600; *Menn*, ZInsO 2011, 1245; *Rogge/Leptien*, in: Hamburger Kommentar-InsO, § 133 Rn. 28; *Thole*, in: Heidelberger Kommentar-InsO, § 133 Rn. 30; *Schoppmeyer*, ZIP 2009, 600.

924 BGH, NZI 2003, 597, 599.

925 BGH, NZI 2003, 597, 599; BGH, NZI 2005, 690, 692; BGH, NZI 2007, 512 Rn. 25; BGH, NZI 2009, 168 Rn. 10; BGH, NZI 2011, 684 Rn. 32.

beträchtlichem Umfang nicht bezahlt[926]. Zum anderen schließt der Bundesgerichtshof von der Kenntnis der drohenden Zahlungsunfähigkeit auch auf die Kenntnis von der Gläubigerbenachteiligung, wenn der Anfechtungsgegner bei der Vornahme der Rechtshandlung um weitere, ungedeckte Verbindlichkeiten des Schuldners wusste oder mit solchen rechnen musste[927]. Mit weiteren ungedeckten Verbindlichkeiten rechnen müsse ein Gläubiger, wenn er es mit einem gewerblich tätigen Schuldner zu tun hat[928]. Diese Beweiserleichterungen entsprechen im Wesentlichen den Anforderungen, die der Bundesgerichtshof an die Erfüllung der Voraussetzungen der unwiderleglichen gesetzlichen Rechtsvermutungen der §§ 130 Abs. 2, 131 Abs. 2 Satz 1 InsO stellt[929].

Im Hinblick auf § 133 Abs. 3 Satz 1 InsO ist davon auszugehen, dass der Bundesgerichtshof die vorstehenden Grundsätze künftig entsprechend anwenden wird. Für den Nachweis der Kenntnis des Anfechtungsgegners von der Zahlungsunfähigkeit des Schuldners wäre es also ausreichend, wenn der Insolvenzverwalter beweist, dass der Anfechtungsgegner Umstände kennt, die zwingend auf eine Zahlungsunfähigkeit hindeuten.

Im Ergebnis haben der Gesetzgeber und die Rechtsprechung eine mehrstufige Beweiserleichterung geschaffen, um dem Insolvenzverwalter den Nachweis der Kenntnis des Anfechtungsgegners von dem Gläubigerbenachteiligungsvorsatz des Schuldners zu erleichtern. Auf der ersten Stufe steht die gesetzliche Vermutung des § 133 Abs. 1 Satz 2 InsO, auf der zweiten die tatsächliche – in Anlehnung an die §§ 130 Abs. 2, 131 Abs. 2 Satz 1 InsO geschaffene – Vermutung der diese gesetzliche Vermutung begründenden Vermutungsbasis. § 133 Abs. 3 Satz 1 InsO schränkt zwar die erste Stufe ein, hebt die Erleichterungen aber nicht auf.

Auch an dieser Stelle stellt sich die Frage, ob die tatsächliche Vermutung, dass ein Gläubiger, der nachweislich Umstände kennt, die zwingend auf eine (drohende) Zahlungsunfähigkeit schließen lassen, auch die (drohende) Zahlungsunfähigkeit selbst kennt, als Beweis des ersten Anscheins wirkt oder lediglich indizielle Wirkung entfaltet.

---

926 BGHZ 155, 75, 85 f.; BGH, NZI 2005, 690, 692; BGH, NZI 2007, 512 Rn. 24 (m.w.N.); BGH, NZI 2009, 168 Rn. 10; BGH, NZI 2009, 768 Rn. 10.

927 BGH, ZIP 2007, 1511 Rn. 24; BGH, ZIP 2009, 1966 Rn. 10.

928 BGH, ZIP 2009, 573 Rn. 16; BGH, ZIP 2010, 841 Rn. 21; BGH, ZIP 2012, 2355 Rn. 30; BGH, ZIP 2013, 228 Rn. 15.

929 Zu § 130 Abs. 2 InsO: BGHZ 149, 178, 187; BGH, NZI 2011, 589 Rn. 15; BGH, NZI 2013, 140 Rn. 44; zu § 131 Abs. 2 Satz 1 InsO: BGH, NZI 2004, 201, 203 (m.w.N.); BGH, NJW-RR 2004, 1563, 1565; siehe dazu auch: *Thole*, in: Heidelberger Kommentar-InsO, § 130 Rn. 35 ff./§ 131 Rn. 32 ff.

Der Bundesgerichtshof selbst hat – wie bereits ausgeführt[930] – klargestellt, dass es sich bei den im Rahmen der Feststellung des subjektiven Tatbestands der Vorsatzanfechtung zu würdigenden Umständen um mehr oder weniger gewichtige Beweisanzeichen handelt, die eine Gesamtwürdigung nicht entbehrlich machen und nicht schematisch im Sinne einer vom anderen Teil zu widerlegenden Vermutung – also im Sinne eines Anscheinsbeweises – angewandt werden dürfen[931]. Eine nähere Begründung gibt der Bundesgerichtshof in den zitierten Urteilen nicht.

Ginge man von einem Anscheinsbeweis aus, so bedeutete dies, dass der Anfechtungsgegner sich – ebenso wie im Anwendungsbereich der §§ 130 Abs. 2, 131 Abs. 2 Satz 1 InsO – nicht darauf berufen könnte, den aus den festgestellten Umständen eigentlich zwingend folgenden Schluss auf die (drohende) Zahlungsunfähigkeit und die Gläubigerbenachteiligung nicht gezogen zu haben. Dafür, dass dieser zwingende Schluss bei dem Vorliegen bestimmter Umstände aller Erfahrung nach typisch ist und von dem Gläubiger dem ersten Anschein nach auch gezogen wird, spricht Folgendes: Die Feststellung, dass die dem Gläubiger bekannten Umstände zwingend auf die (drohende) Zahlungsunfähigkeit oder die Gläubigerbenachteiligung schließen lassen, erfolgt nicht allein anhand der indiziellen Kraft der einzelnen Tatsachen, sondern hängt auch von der Sachkunde des Gläubigers ab[932]. Denn es geht nicht allein um die Kenntnis bestimmter Tatsachen, die typischerweise den Schluss auf eine (drohende) Zahlungsunfähigkeit und eine Gläubigerbenachteiligung zulassen, sondern auch darum, ob sich der konkrete Gläubiger aufgrund der Kenntnis dieser Umstände der Erkenntnis nicht verschließen konnte, dass der Schuldner drohend zahlungsunfähig ist und die Rechtshandlung die Gläubiger benachteiligt. Entscheidend für die Bewertung des zwingenden Charakters der nachweislich bekannten Umstände ist also, ob der Gläubiger typischerweise einen näheren Einblick in die finanziellen Verhältnisse des Schuldners hatte oder nicht[933]. Bei dieser Gläubigergruppe, die sich meist aus institutionellen Gläubigern wie Sozialversicherungsträgern

930 Siehe hierzu die Ausführungen in diesem Kapitel unter III.1.b.aa.(ii).

931 BGH, Urteil vom 13.08.2009 – Az. IX ZR 159/06; NZI 2009, 768 Rn. 8; dem folgend: BGH, ZIP 2010, 841 Rn. 18; BGH, NZI 2013, 253 Rn. 16/27; BGH, ZIP 2013, 1127 Rn. 24; im Sinne einer widerleglichen Vermutung allerdings wieder: BGH, ZIP 2011, 1523 Rn. 32.

932 *Schoppmeyer*, in: Kübler/Prütting/Bork, § 130 Rn. 117.

933 Vgl. zu § 130 Abs. 2: BGH, ZIP 2003, 410, 412 (Finanzamt); BGH, ZIP 2009, 2306 Rn. 10 (Arbeitnehmer); BGHZ 180, 63 Rn. 22; *Laws*, ZInsO 2009, 1465, 1471; gegen eine Differenzierung: *Wegener*, NZI 2009, 225 f.

und Finanzämtern sowie der Hausbank oder einem Gläubiger mit einer langjährigen Geschäftsbeziehung zu dem Schuldner zusammensetzt, ist der zwingende Schluss schon bei geringerer Tatsachenkenntnis möglich[934]. Wenn aber nachgewiesen ist, dass der Gläubiger aufgrund seiner Stellung und Tatsachenkenntnis aus objektiver Sicht hätte erkennen müssen, dass der Schuldner (drohend) zahlungsunfähig ist und durch die Rechtshandlung – also meist die Zahlung an den Anfechtungsgegner – die übrigen Gläubiger benachteiligt werden, so ist auch typischerweise davon auszugehen, dass der Anfechtungsgegner diesen Schluss auch gezogen und die Leistung des Schuldners mit diesem Bewusstsein empfangen hat.

Im Ergebnis bedeutet dies, dass die nachgewiesene Kenntnis der zwingenden Umstände einen ersten Anschein für die tatsächliche Kenntnis von der (drohenden) Zahlungsunfähigkeit und der Gläubigerbenachteiligung begründet.

Der Anfechtungsgegner hat dann die Möglichkeit, den ersten Anschein zu erschüttern, indem er Tatsachen vorträgt und zur vollen Überzeugung des Gerichts beweist, aus denen sich wiederum die ernsthafte Möglichkeit ergibt, dass er trotz seiner Stellung und Kenntnisse den eigentlich zwingenden Schluss nicht gezogen hat.

Darüber hinaus kann er die Vermutung selbst widerlegen. Die Vermutungswirkung entfällt zum einen, wenn der Anfechtungsgegner auf Grund einer ihm bekannt gewordenen Veränderung der Tatsachengrundlage von einer Beseitigung der (drohenden) Zahlungsunfähigkeit ausgehen durfte[935]. Zum anderen könnte der Anfechtungsgegner konkrete Umstände darlegen und beweisen, die es naheliegend erscheinen lassen, dass ihm der Gläubigerbenachteiligungsvorsatz des Schuldners nicht bekannt war[936].

Ein Indiz, das für eine Unkenntnis des Anfechtungsgegners sprechen könnte, ist die Kongruenz der erlangten Deckung. Dafür spricht die bereits gewonnene Erkenntnis, dass die drohende Zahlungsunfähigkeit im Hinblick auf den Gläubigerbenachteiligungsvorsatz des Schuldners nur dann eine Indizwirkung entfaltet, wenn weitere Indizien – wie die Inkongruenz – hinzutreten. Solange der Schuldner die bestehenden Leistungsbeziehungen vertragsgemäß abwickelt, ist dies für sich genommen auch bei drohender Zahlungsunfähigkeit unverdächtig. Da die Kenntnis des Anfechtungsgegners spiegelbildlich zu dem

934 *Schoppmeyer*, in: Kübler/Prütting/Bork, § 130 Rn. 117a.

935 BGH, NZI 2008, 366 Rn. 15; BGH, NZI 2013, 140 Rn. 39; BGH, NZI 2013, 133 Rn. 34.

936 BGH, ZIP 2007, 1511 Rn. 7/9; *Ganter/Weinland*, in: K. Schmidt, § 133 Rn. 90; *Henckel*, in: Jaeger, § 133 Rn. 51; *Huber*, in: Gottwald, § 48 Rn. 22.

Benachteiligungsvorsatz des Schuldners zu beurteilen ist[937], muss die Kongruenz nicht nur für den fehlenden Gläubigerbenachteiligungsvorsatz des Schuldners, sondern auch für die entsprechende Unkenntnis des Anfechtungsgegners sprechen. Diese Erkenntnis setzt auch der neue § 133 Abs. 3 Satz 1 InsO um. Deswegen rechtfertigt die Kenntnis der nur drohenden Zahlungsunfähigkeit den Schluss auf den Benachteiligungsvorsatz des Schuldners nicht, wenn eine kongruente Deckung vorliegt[938].

cc. Weitere Umstände mit Indizwirkung

Neben der Kenntnis von der (drohenden) Zahlungsunfähigkeit bestehen weitere typische Beweisanzeichen, die sowohl den Benachteiligungsvorsatz als auch die diesbezügliche Kenntnis des Anfechtungsgegners indizieren können[939].

Insbesondere begründet die inkongruente Bevorzugung einzelner Gläubiger nach der herrschenden Auffassung in der Rechtsprechung und der Literatur ein starkes Beweisanzeichen für den subjektiven Tatbestand der Vorsatzanfechtung[940]. Der Grund hierfür sei, dass ein Schuldner nach allgemeiner Erfahrung nicht bereit ist, etwas anderes zu leisten als er tatsächlich schuldet[941]. Tue er dies dennoch, so spreche dies dafür, dass er den Leistungsempfänger begünstigen will[942].

---

937 BGH, ZIP 1998, 248, 253; BGH, NZI 2012, 142 Rn. 16; *Ede/Hirte*, in: Uhlenbruck, § 133 Rn. 63; *Kayser*, in: Münchener Kommentar-InsO, § 133 Rn. 38b; *Thole*, in: Heidelberger Kommentar-InsO, § 133 Rn. 28.

938 Begründung des Regierungsentwurfs, BT-Drs. 18/7054, S. 18.

939 Zahlreiche Beispiele finden sich bei: *Ede/Hirte*, in: Uhlenbruck, § 133 Rn. 83 ff.

940 BGHZ 138, 292, 308; BGH, NJOZ 2002, 769, 771 (zu § 30 KO); BGHZ 157, 242, 250 f. (m.w.N. aus der Lit.); BGH, NZI 2004, 372, 373; BGHZ 173, 129 Rn. 50; BGHZ 180, 98 Rn. 17; BGH, NZI 2010, 439 Rn. 15; BGH, NZI 2012, 142 Rn. 10; BGH, NZI 2013, 140 Rn. 46; *Ede/Hirte*, in: Uhlenbruck, § 133 Rn. 99 f.; *Fischer*, in: Festschrift für Kirchhof, S. 73, 83 f.; *ders.*, NZI 2008, 588, 593; *Gehrlein*, in: Ahrens/Gehrlein/Ringstmeier, § 133 Rn. 16; *Huber*, in: Festschrift für Kirchhof, S. 247, 255; *Kayser*, in: Münchener Kommentar-InsO, § 133 Rn. 29 f.; *Sander*, ZIP 2003, 613, 615; *Schoppmeyer*, ZIP 2009, 600, 606; **a.A.**: *Henckel*, in: Kölner Schrift, 2. Auflage, S. 831, 836 ff.; *Lind*, S. 121 ff.

941 BGH, ZIP 1998, 2008, 2010; *Bork*, in: Kübler/Prütting/Bork, § 133 Rn. 30; *Kayser*, NJW 2014, 422, 425; *ders.*, in: Münchener-Kommentar-InsO, § 133 Rn. 29; *Ganter*, WM 2009, 1441, 1442; *ders./Weinland*, in: K. Schmidt, § 133 Rn. 47.

942 *Ganter*, WM 2009, 1441, 1442; *ders./Weinland*, in: K. Schmidt, § 133 Rn. 47; *Kayser*, NJW 2014, 422, 425; *Kayser*, in: Münchener-Kommentar-InsO, § 133 Rn. 29; *Ganter*, WM 2009, 1441, 1442.

Der Anfechtungsgegner weiß zudem um die Umstände, welche die Inkongruenz und damit den Vorsatz begründen, da ihm der Umfang seiner Ansprüche bekannt ist.

Bereits vor der Reform der Vorsatzanfechtung wurde allerdings die Frage gestellt, ob mit der Ablösung der Konkursordnung und der Einführung des § 131 InsO die Anfechtung inkongruenter Deckungen abschließend geregelt worden ist. Wenn dem so sei könne die Inkongruenz der Rechtshandlung – sofern letztere mehr als drei Monate vor der Insolvenzantragsstellung lag – nicht mehr als starkes Beweisanzeichen und damit als Beweiserleichterung zugunsten des Insolvenzverwalters im Rahmen des § 133 InsO gewertet werden[943].

Der Bundesgerichtshof geht hingegen in ständiger Rechtsprechung davon aus, dass die Inkongruenz auch unter Geltung der Insolvenzordnung eine indizielle Wirkung für das Vorliegen der subjektiven Merkmale der Vorsatzanfechtung haben kann. Auch die Vermutungsregel des § 133 Abs. 1 Satz 2 InsO verdränge diese Indizwirkung nicht[944].

§ 133 Abs. 3 Satz 1 InsO könnte diese Ansicht stützen. Die Neuregelung erschwert dem Insolvenzverwalter zwar nur den Beweis der Kenntnis des Anfechtungsgegners von dem schuldnerischen Gläubigerbenachteiligungsvorsatz. Sie zeigt gleichzeitig aber auch, dass der Gesetzgeber der Inkongruenz bei der Feststellung der subjektiven Tatbestandsmerkmale der Vorsatzanfechtung eine große Bedeutung beimisst. Mit § 133 Abs. 3 Satz 1 InsO möchte er dem Umstand Rechnung tragen, dass bei der Gewährung einer kongruenten Deckung eine geschuldete Leistung erbracht wird und der Schuldner vor dem Eintritt der Insolvenz grundsätzlich frei ist, zu entscheiden, welche Forderungen er erfüllt[945]. Diese Begründung lässt den Schluss zu, dass der Gesetzgeber von einem unvorsätzlichen Handeln des Schuldners ausgeht, solange er zahlungsfähig ist und seine Verbindlichkeiten in der geschuldeten Art und Weise erfüllt. Fehlt es am Vorsatz, bedarf es hinsichtlich der Kenntnis des Anfechtungsgegners auch keiner Beweiserleichterung. So zeigt § 133 Abs. 3 Satz 1 InsO, dass die Inkongruenz ein Umstand ist, der bei der Feststellung der subjektiven Tatbestandsmerkmale des § 133 InsO herangezogen werden kann.

Allerdings sind die Erscheinungsformen der Inkongruenz derart vielfältig, dass die inkongruente Rechtshandlung allein keinen Anscheinsbeweis für Vorsatz und Kenntnis zu begründen vermag[946]. Der oben angesprochene Erfahrungssatz,

943 So: *Henkel*, in: Jaeger, § 133 Rn. 35; *Jacoby*, KTS 2009, 3, 20.

944 BGHZ 157, 242, 251; BGH, ZInsO 2006, 371, 374; BGH, ZIP 2010, 841 Rn. 15.

945 Begründung des Regierungsentwurfs, BT-Drs. 18/7054, S. 18.

946 So auch: *Bork*, in: Kübler/Prütting/Bork, § 133 Rn. 31 (m.w.N.).

dass ein Schuldner nur dann etwas anderes als das Geschuldete zu leisten bereits ist, wenn er seinen Gläubiger begünstigen will, dürfte nur bei erheblicher Inkongruenz Allgemeingültigkeit besitzen.

Deswegen hängt die beweisrechtliche Wirkung von der Art und dem Umfang der Inkongruenz ab[947]. Je schwächer die Inkongruenz ausgeprägt ist, desto mehr tritt sie in ihrer Bedeutung als Beweisanzeichen zurück[948]. In besonderen Konstellationen kann sie ihren Beweiswert sogar vollständig verlieren[949]. Im Ergebnis wirkt die Inkongruenz – wenn überhaupt – nur indiziell, sodass stets eine einzelfallbezogene Würdigung der Gesamtumstände erforderlich ist[950].

Fraglich ist schließlich das Zusammenspiel zwischen der Inkongruenz der Deckung und der Solvenz des Schuldners. Der Schuldner ist im Stadium der Zahlungsfähigkeit grundsätzlich frei, über sein Vermögen zu verfügen. Deswegen kann der Inkongruenz nur dann eine indizielle Bedeutung für den Benachteiligungsvorsatz des Schuldners und die diesbezügliche Kenntnis des Anfechtungsgegners zukommen, wenn zu dem Zeitpunkt der Rechtshandlung zumindest Anlass bestand, an der Liquidität des Schuldners zu zweifeln[951]. Nach der Rechtsprechung des Bundesgerichtshofs müssen diese Zweifel Gegenmaßnahmen gut informierter und durchsetzungskräftiger Gläubiger auslösen, welche in einer späteren Insolvenz die Gleichbehandlung aller Gläubiger durchbrechen. Der auslösende Umstand für die von einer inkongruenten Deckung vermittelte Indizwirkung liege in einer ernsthaften Besorgnis bevorstehender Zahlungskürzungen oder Zahlungsstockungen des Schuldners, weil sich damit

---

947 BGH, ZIP 2004, 1370, 1373 (zu § 3 AnfG); BGH, NZI 2005, 329, 330; BGH, NZI 2009, 171 Rn. 52; *Bork*, in: Kübler/Prütting/Bork, § 133 Rn. 31; *Ganter/Weinland*, in: K. Schmidt, § 133 Rn. 49; *Kayser*, in: Münchener-Kommentar-InsO, § 133 Rn. 31b; *Thole*, in: Heidelberger Kommentar-InsO, § 133 Rn. 26; eine ausführliche Darstellung zu den verschiedenen Arten der Inkongruenz findet sich bei: *Kayser*, NJW 2014, 422, 425 ff.

948 *Bork*, in: Kübler/Prütting/Bork, § 133 Rn. 31; *Ganter/Weinland*, in: K. Schmidt, § 133 Rn. 49.

949 BGHZ 174, 314 Rn. 35 (Ls. 4); siehe für weitere Beispiele auch: *Bork*, in: Kübler/Prütting/Bork, § 133 Rn. 31; *Sander*, ZIP 2003, 613, 615.

950 *Bork*, in: Kübler/Prütting/Bork, § 133 Rn. 31; *Kayser*, in: Münchener Kommentar-InsO, § 133 Rn. 30; *Schoppmeyer*, ZIP 2009, 600, 606.

951 BGHZ 157, 242, 247; BGH, NZI 2008, 556 Rn. 19; BGH, ZIP 2010, 841 Rn. 15; BGH, NZI 2012, 963 Rn. 13; BGH, ZIP 2013, 228 Rn. 46; BGH, ZIP 2013, 2368 Rn. 12; *Bork*, in: Kübler/Prütting/Bork, § 133 Rn. 27; *Kayser*, WM 2014, 422, 425; *Rogge/Leptien*, in: Hamburger Kommentar-InsO, § 133 Rn. 32; *Thole*, in: Heidelberger Kommentar-InsO, § 133 Rn. 32.

die Gefährdung der anderen, nicht in gleicher Weise begünstigten Gläubiger aufdränge[952]. Eine drohende oder gar eingetretene Zahlungsunfähigkeit müsse zu dem Zeitpunkt der Maßnahmen noch nicht vorliegen[953]. In der Praxis ist allerdings davon auszugehen, dass selbst gut informierte Gläubiger nur dann an der künftigen Zahlungsfähigkeit des Schuldners ernsthaft werden zweifeln können, wenn bereits eine drohende Zahlungsunfähigkeit im Sinne des § 18 InsO vorliegt. So war der Schuldner auch in dem vom Bundesgerichtshof entschiedenen Fall im anfechtungsrelevanten Zeitpunkt unstreitig überschuldet und drohend zahlungsunfähig, wovon der Beklagte (Mit-)Gesellschafter Kenntnis hatte.

Handelt der Schuldner demgegenüber in der durch objektive Tatsachen gestützten Überzeugung, alle seine Gläubiger in absehbarer Zeit befriedigen zu können, weil er zu dem Zeitpunkt der Rechtshandlung zweifelsfrei liquide ist, erregt eine abweichende Befriedigung grundsätzlich keinen Verdacht[954].

Neben der inkongruenten Deckung kann schließlich ein besonderes Näheverhältnis des Schuldners zu dem Anfechtungsgegner indizielle Bedeutung im Hinblick auf den subjektiven Tatbestand der Vorsatzanfechtung erlangen[955]. Dies gilt selbst dann, wenn keine unmittelbare Gläubigerbenachteiligung vorliegt, die gemäß § 133 Abs. 2 InsO zur vollen Beweislastumkehr führen würde[956].

dd. Umstände mit entlastender Beweiswirkung

Auf der anderen Seite kommt es genauso wesentlich darauf an, welche Beweisanzeichen geeignet sind, den Beweiswert der belastenden Indizien herabzusetzen[957]. Gelingt es dem Schuldner oder dem Anfechtungsgegner, ein Indiz zu entkräften, so vermag dies allein nicht mehr den Schluss auf den subjektiven Tatbestand der Vorsatzanfechtung zu rechtfertigen.

Beispielsweise ist der bereits erwähnte, ernsthafte Sanierungsversuch[958] geeignet, sowohl die Indizwirkung der Inkongruenz als auch der Kenntnis von der

952 BGH, ZIP 1999, 406, 407; BGH, BGH, ZIP 2013, 2368 Rn. 12.

953 BGH, ZIP 1999, 406, 407; zustimmend: *Thole*, in: Heidelberger Kommentar-InsO, § 133 Rn. 25.

954 *Kayser*, NJW 2014, 422, 425.

955 BGHZ 195, 358 Rn. 7; *Kayser*, in: Münchener Kommentar-InsO, § 133 Rn. 27.

956 *Kayser*, in: Münchener Kommentar-InsO, § 133 Rn. 27.

957 Ausführlich zu den entlastenden Umständen: *Fischer*, NZI 2008, 588, 593; *Ganter*, WM 2014, 49, 50 ff.; *Kayser*, WM 2013, 293, 298 f.; *ders*, NJW 2014, 422, 427 f.

958 BGHZ 210, 249 Rn. 23 ff.; BGH, NZI 2013, 133 Rn. 17; BGH, NZI 2013, 500 Rn. 11; ausführlich zu den Voraussetzungen eines ersthaften Sanierungsversuchs: *Ede/Hirte*,

(drohenden) Zahlungsunfähigkeit zu erschüttern[959]. Nach der ständigen Rechtsprechung des Bundesgerichtshofs liegt ein ernsthafter Sanierungsversuch vor, wenn die angefochtene Rechtshandlung im unmittelbaren Zusammenhang mit einem schlüssigen, von den tatsächlichen Gegebenheiten ausgehenden Sanierungskonzept stand, das mindestens in den Anfängen schon in die Tat umgesetzt war[960] und ernsthafte und begründete Aussicht auf Erfolg hatte[961].

Trifft den Anfechtungsgegner die Darlegungs- und Beweislast dafür, dass er spätere Zahlungen auf der Grundlage eines schlüssigen Sanierungskonzepts erlangt hat[962], sind allerdings nicht dieselben Anforderungen zu stellen, wie sie für den Schuldner oder dessen Geschäftsführer gelten[963]. Der Anfechtungsgegner ist verpflichtet, konkrete Umstände darzulegen und zu beweisen, die es naheliegend erscheinen lassen, dass ihm im Hinblick auf den Sanierungsversuch der Gläubigerbenachteiligungsvorsatz des Schuldners unbekannt geblieben war[964]. Um diesen Anforderungen gerecht zu werden, muss sich der Anfechtungsgegner zumindest einen Überblick über die tatsächlichen Grundlagen des Sanierungskonzepts verschaffen und nachvollziehen, wie hierdurch eine Gesamtbereinigung der Verbindlichkeiten erzielt und die unter Umständen fehlende Profitabilität des schuldnerischen Unternehmens wiederhergestellt werden soll[965]. Denn nur

---

in: Uhlenbruck, § 133 Rn. 128 ff.; *Ganter*, ZIP 2015, 1413, 1414 ff.; *ders.*, in: K. Schmidt, § 133 Rn. 52; *Thole*, ZIP 2015, 2145, 2148 ff.

959 BGHZ 180, 98 Rn. 17 (zur Inkongruenz); BGH, NZI 2012, 142 Rn. 11 (zur Inkongruenz); BGH. NZI 2013, 133 Rn. 17 (zur Inkongruenz und Kenntnis drohender Zahlungsunfähigkeit); BGH, NZI 2013, 500 Rn. 11 (zur Inkongruenz und Kenntnis drohender Zahlungsunfähigkeit); BGH, NZI 2014, 650 Rn. 40 (zur Kenntnis der Zahlungsunfähigkeit); BGHZ 202, 59 Rn. 43 (zur Inkongruenz und Kenntnis der Zahlungsunfähigkeit).

960 Kritisch zu diesem Aspekt: *Ede/Hirte*, in: Uhlenbruck, § 133 Rn. 138; *Ganter*, ZIP 2015, 1413, 1416; *Nobbe*, in: Festschrift für Kübler, S. 459, 467; *Thole*, ZIP 2013, 2081, 2087.

961 BGH, ZIP 1984, 572, 580; BGH, WM 1993, 270, 273; BGH, ZIP 1998, 248, 251; BGH, NZI 2009, 171 Rn. 52; BGH, NZI 2012, 142 Rn. 11; BGH. NZI 2013, 133 Rn. 17; BGH, NZI 2013, 500 Rn. 11; BGH, NZI 2014, 650 Rn. 40.

962 Beispielsweise wenn die Vermutung des § 133 Abs. 1 Satz 2 InsO (oder auch des neuen § 133 Abs. 3 Satz 1 InsO) greift (zu § 133 Abs. 1 Satz 2 InsO: BGH, ZIP 2014, 1032 Rn. 40; BGHZ 210, 249 Rn. 23).

963 BGH, ZIP 2007, 1511 Rn. 9; BGHZ 210, 249 Rn. 24.

964 BGH, ZIP 2007, 1511 Rn. 9; BGHZ 210, 249 Rn. 24.

965 BGH, ZIP 2007, 1511 Rn. 9; BGHZ 210, 249 Rn. 25 ff.; *Thole*, ZIP 2017, 401, 407.

dann kann der Anfechtungsgegner von einem schlüssigen Sanierungskonzept ausgehen, das den Gläubigerbenachteiligungsvorsatz des Schuldners ausschließt.

Auch eine bargeschäftsähnliche Lage war bisher geeignet, die Indizwirkung der Kenntnis von der (drohenden) Zahlungsunfähigkeit zu erschüttern[966]. Zwar ergibt sich aus § 142 InsO, dass auch Bargeschäfte nach § 133 InsO anfechtbar sind[967]. Hier ging es jedoch nicht um den von § 142 InsO ausgeschlossenen Fall, sondern vielmehr um die Frage, ob ein von § 133 Abs. 1 Satz 1 InsO gefordertes subjektives Tatbestandsmerkmal überhaupt vorliegt[968]. In den Fällen einer bargeschäftsähnlichen Lage ist es naheliegend, dass der Schuldner die Leistung nur wegen des im unmittelbaren Gegenzug erhaltenen, gleichwertigen Vermögensvorteils erbracht hat und ihm nicht bewusst war, dass dadurch eine mittelbare Gläubigerbenachteiligung eintreten würde[969].

Nach der bisherigen Rechtsprechung des Bundesgerichtshofs galt dies insbesondere für solche Bargeschäfte, die für die Fortführung des schuldnerischen Geschäftsbetriebs notwendig sind und daher den Gläubigern im Allgemeinen nützen[970]. Allerdings schränkte der Bundesgerichtshof die entlastende Wirkung des Bargeschäfts im Jahr 2015[971] wieder für den Fall ein, dass der Schuldner erkennt, dass die Fortführung seines Geschäftsbetriebs unrentabel und damit für die Gläubiger ohne Nutzen ist. Diese Entscheidung führte zu einer erheblichen Entwertung des Einwands der bargeschäftsähnlichen Lage[972]. Denn viele anfechtungsrelevante Restrukturierungssachverhalte spielen sich zu einem Zeitpunkt ab, in dem der schuldnerische Geschäftsbetrieb bereits Verluste erwirtschaftet. Scheitert der Sanierungsversuch, realisiert sich das Anfechtungsrisiko. Ist die

---

966 BGH, NZI 2009, 723 Rn. 2; BGH, NZI 2014, 762 Rn. 21 f.; BGH, NZI 2015, 320 Rn. 22; BAGE 146, 64 Rn. 70

967 *Ganter*, WM 2009, 1441, 1444; *ders./Weinland*, K. Schmidt, § 142 Rn. 12; *Henckel*, in: Jaeger, § 142 Rn. 41.

968 *Fischer*, NZI 2008, 588, 594; *Ganter*, WM 2009, 1441, 1444.

969 BAGE 146, 64 Rn. 69; *Bork*, in: Kübler/Prütting/Bork, § 133 Rn. 42; *Ede/Hirte*, in: Uhlenbruck, § 133 Rn. 142; *Fischer*, NZI 2008, 588, 593 f.; *Ganter*, WM 2009, 1441, 1444/1450; *ders.*, WM 2014, 49, 51; *ders./Weinland*, in: K. Schmidt, § 133 Rn. 67; *Jacoby*, KTS 2009, 3, 21; *Kayser*, in: Festschrift für Fischer, S. 267, 279; *ders.*, WM 2013, 293, 298; *ders.*, NJW 2014, 422, 427; *Schoppmeyer*, ZIP 2009, 600, 604/609.

970 BGH, NJW 1997, 1551, 1553; BGH, Beschluss vom 24.09.2009 - IX ZR 178/07 = BeckRS 2009, 27542 Rn. 4; BGH, NZI 2009, 723 Rn. 2; BGH, ZInsO 2014, 496 Rn. 3; BGHZ 202, 59 Rn. 44; BGH, NZI 2014, 762 Rn. 29; so auch: BAGE 146, 64 Rn. 69, BAGE 147, 172 Rn. 85.

971 BGH, NZI 2015, 320 ff.

972 *Foerste*, ZInsO 2015, 832, 833; *Hiebert*, ZInsO 2015, 621, 623.

Restrukturierung hingegen erfolgreich, stellt sich die Frage nach der Anfechtbarkeit überhaupt nicht. Aus der Entscheidung des Bundesgerichtshofs geht auch nicht hervor, ab welchem Zeitpunkt der Schuldner in Restrukturierungsfällen davon ausgehen muss, dass sein Geschäftsbetrieb „dauerhaft" defizitär arbeitet.

Das „Gesetz zur Verbesserung der Rechtssicherheit bei Anfechtungen nach der Insolvenzordnung und nach dem Anfechtungsgesetz" hat das vorstehende Urteil zum Anlass genommen[973], das Bargeschäft selbst zu privilegieren. Nach dem neuen § 142 Abs. 1 InsO ist ein Bargeschäft nur noch dann anfechtbar, wenn die Voraussetzungen der Vorsatzanfechtung vorlagen und der Anfechtungsgegner wusste, dass der Schuldner unlauter handelte. Durch die Neuregelung erfährt der unbestimmte Rechtsbegriff der Unlauterkeit eine Wiederbelebung. Dieser ist dem Insolvenzrecht nicht unbekannt[974]. Er geht auf die ständige Rechtsprechung des Bundesgerichtshofs zu § 31 KO zurück. Unter Geltung der Konkursordnung bejahte der Bundesgerichtshof eine Benachteiligungsabsicht des Schuldners bei kongruenten Deckungsgeschäften nur dann, wenn ein unlauteres Zusammenwirken zwischen Schuldner und Gläubiger vorlag[975]. Obwohl § 133 Abs. 1 InsO in der derzeitigen Fassung im Wesentlichen der Regelung des § 31 Nr. 1 KO entspricht und die Ersetzung des Begriffs der absichtlichen durch eine vorsätzliche Benachteiligung keine inhaltliche Änderung bedeutete[976], gab der Bundesgerichtshof im Jahr 2003[977] das Merkmal der Unlauterkeit im Zusammenhang mit der Vorsatzanfechtung von kongruenten Deckungen auf.

Nach der Gesetzesbegründung liegt ein unlauteres Handeln bei einer gezielten Gläubigerbenachteiligung vor. Danach benachteiligt der Schuldner seine Gläubiger zielgerichtet, wenn es ihm in erster Linie darauf ankommt, durch die Befriedigung des Leistungsempfängers die anderen Gläubiger zu schädigen[978]. Die Kenntnis von der eigenen Zahlungsunfähigkeit genügt ausdrücklich nicht mehr. Als Beispiele für ein unlauteres Handeln nennt der Regierungsentwurf die Vermögensverschleuderung und -entziehung[979].

---

973 Begründung des Regierungsentwurfs, BT-Drs. 18/7054, S. 19.

974 Für eine Wiedereinführung bereits: *Foerste*, NZI 2006, 6, 8 f.

975 BGHZ 12, 232, 238; BGH, NJW 1991, 2144, 2145; BGHZ 121, 179, 185; dazu auch: *Kayser*, in: Münchener Kommentar-InsO, 3. Auflage, 2013, § 133 Rn. 13b.

976 Vgl. amtl. Begr. zum Entwurf der InsO, BT-Drucks. 12/2443, S. 160; *Kayser*, in: Münchener Kommentar-InsO, 3. Auflage, 2013, § 133 Rn. 2; *Thole*, in: Heidelberger Kommentar-InsO, § 133 Rn. 1.

977 BGH, Urteil vom 17.07.2003 – Az. IX ZR 272/02; NZI 2003, 597 ff.

978 Begründung des Regierungsentwurfs, BT-Drs. 18/7054, S. 19.

979 Begründung des Regierungsentwurfs, BT-Drs. 18/7054, S. 19.

Fraglich ist, ob vor dem Hintergrund der bisherigen Rechtsprechung des Bundesgerichtshofs die Voraussetzungen des Bargeschäfts normativ künftig einzuschränken sind. Nach der Auffassung von *Thole* könnten Gegenleistungen, die für die Gläubiger keinen – in einem noch näher zu definierenden Sinne – Nutzen haben, als ungleichwertig eingestuft werden, sodass schon die Voraussetzungen eines Bargeschäfts nicht vorliegen[980].

Aufgrund der Tatsache, dass Bargeschäfte nun weitgehend anfechtungsfest sind, ist der Streit um die Reichweite der Privilegierung zwar vorbestimmt[981]. Falsch wäre es allerdings, die Gleichwertigkeit der Gegenleistung an die Voraussetzung zu knüpfen, dass sie der Gläubigergesamtheit einen fortwährenden Nutzen bringt, der über den ihr inne wohnenden objektiven Wert zum Zeitpunkt des Leistungsaustauschs hinausgeht. Denn dann läge ein Bargeschäft im Ergebnis nur dann vor, wenn gleichzeitig die Voraussetzungen eines schlüssigen Sanierungskonzepts gegeben sind. Diese Auslegung widerspricht dem ausdrücklichen Willen des Gesetzgebers. Es soll gerade nicht darauf ankommen, ob die in das Vermögen des Schuldners gelangende Gegenleistung den Gläubigern auf längere Sicht einen konkreten Nutzen verspricht. Vielmehr sollen bargeschäftliche Austausche grundsätzlich privilegiert werden[982]. Das Merkmal des ernsthaften Sanierungsversuchs hat zudem keinen Eingang in das Reformgesetz gefunden[983]. Eine normative Einschränkung des Bargeschäfts kommt damit nicht in Betracht.

Die Privilegierung des Bargeschäfts ist nicht nur vor dem Hintergrund der unpräzisen Rechtsprechung des Bundesgerichtshofs, sondern auch aus systematischer Sicht zu begrüßen. Die Zusammenschau der §§ 130, 142 InsO und die Gesetzesbegründung zur Insolvenzordnung zeigen, dass der Schuldner selbst bei objektiv vorliegender Zahlungsunfähigkeit und diesbezüglicher Kenntnis des Anfechtungsgegners zum Erhalt von Sanierungschancen über das Bargeschäft noch am Geschäftsleben soll teilnehmen können[984]. Zudem gibt die weitgehende Privilegierung des Bargeschäfts dem Anfechtungsgegner, der oft keine weitgehenden

---

980 *Thole*, ZIP 2017, 401, 408.

981 Auch wegen der unbestimmten Definition der Unmittelbarkeit in dem neuen § 142 Abs. 2 InsO.

982 Begründung des Regierungsentwurfs, BT-Drs. 18/7054, S. 19.

983 So noch der Referentenentwurf, der den Vorsatz des Schuldners auf „unangemessene“ Benachteiligungen der Gläubiger einschränken wollte, die im Falle eines ernsthaften Sanierungsversuchs nicht vorgelegen hätte, abgedruckt in: Beilage zu ZIP 12/2015 v. 20.03.2015, S. 1.

984 Vgl. amtl. Begr. zum Entwurf der InsO, BT-Drucks. 12/2443, S. 157/167; *Foerste*, ZInsO 2013, 897, 900; *Lütcke*, ZInsO 2013, 1984, 1991.

Einblicke in die wirtschaftlichen Verhältnisse des Schuldners hat, Rechtssicherheit. Ist er redlich und hält er sich an die objektiven Vorgaben des § 142 InsO, so kann ihm subjektiv über § 133 InsO kein Vorwurf mehr gemacht werden.

Aufgrund der Neuregelung des § 142 InsO wird das Gegenindiz der bargeschäftsähnlichen Lage damit bei der Feststellung des subjektiven Tatbestandsmerkmals gemäß § 133 InsO künftig keine Rolle mehr spielen. Wenn der Schuldner unlauter handelt und der Anfechtungsgegner die Unlauterkeit kannte, sind auch der Gläubigerbenachteiligungsvorsatz des Schuldners und die diesbezügliche Kenntnis des Anfechtungsgegners zu bejahen. Ausgeschlossen wäre die Vorsatzanfechtung in diesem Fall nur dann, wenn gleichzeitig ein schlüssiges Sanierungskonzept vorlag, was abwegig erscheint, wenn der Schuldner sein Vermögen verschleudert oder verschiebt.

Auch die unterhalb des Bargeschäfts stehende, kongruente Deckung kann ein Indiz für das Fehlen des Gläubigerbenachteiligungsvorsatzes darstellen[985]. Denn auch im Falle einer kongruenten Deckung erschöpft sich der Wille des Schuldners in erster Linie darin, seinen Verbindlichkeiten gerecht zu werden, ohne sich über die Benachteiligung anderer Gläubiger Gedanken zu machen[986]. Allerdings kann durch das Hinzutreten weiterer Umstände, die zusammen mit der Kongruenz im Wege einer Gesamtwürdigung gemäß § 286 ZPO abzuwägen sind, der Gläubigerbenachteiligungsvorsatz trotzdem bejaht werden. Auf dieser Grundlage vertritt auch der Bundesgerichtshof die Ansicht, dass bei kongruenter Deckung an die Darlegung und den Beweis des Gläubigerbenachteiligungsvorsatzes erhöhte Anforderungen zu stellen sind[987]. Diese angeblich erhöhten Anforderungen werden in der Praxis von den Instanzgerichten und auch dem Bundesgerichtshof allerdings oft nicht gestellt[988].

Schließlich ist eine Entlastung des Anfechtungsgegners notwendig, wenn der Schuldner bezüglich der gläubigerbenachteiligenden Wirkung seiner Rechtshandlung einem Rechtsirrtum unterlegen war. Der Begriff der Gläubigerbenachteiligung ist rechtlich komplex und daher in Einzelpunkten umstritten[989].

---

985 *Bork*, in: Kübler/Prütting/Bork, § 133 Rn. 42; *Kayser*, in: Münchener Kommentar-InsO, § 133 Rn. 30; *Kirchhof*, in: Festschrift für Fischer, S. 285, 295; *Thole*, in: Heidelberger Kommentar-InsO, § 133 Rn. 20; die Vorsatzanfechtung kongruenter Deckungen ausschließen wollen: *Foerste*, NZI 2006, 6, 7 f.; *Jensen*, Grundfragen, S. 259 ff./266 f.; *Schoppmeyer*, ZIP 2009, 600, 605.

986 *Kayser*, in: Münchener Kommentar-InsO, § 133 Rn. 30.

987 BGH, NZI 2005, 692, 693; BGH, ZIP 2007, 1511 Rn. 19; BGH, NZI 2008, 231 Rn. 9.

988 Ebenso: *Ganter/Weinland*, in: K. Schmidt, § 133 Rn. 54.

989 *Fischer*, NZI 2008, 588, 594.

Handelt es sich um einen Sachverhalt, bei dem bereits die Beantwortung der Frage nach der objektiven Gläubigerbenachteiligung Schwierigkeiten bereitet, so kann schon zweifelhaft sein, ob der zahlungsunfähige Schuldner die Gläubigerbenachteiligung überhaupt bemerkt hat[990].

c. *Zwischenergebnis*

Im Ergebnis hat die vorstehende Analyse gezeigt, dass die zur Feststellung der subjektiven Tatbestandsmerkmale geeigneten objektiven Beweisanzeichen überwiegend den Beweiswert von Indizien haben. Deswegen ist der Tatrichter grundsätzlich verpflichtet, alle vorgetragenen und belegten Indizien in einer Gesamtschau zu würdigen und daraus den Schluss auf das Vorliegen oder Nichtvorliegen des subjektiven Merkmals zu ziehen. Lediglich wenn der Schuldner in Kenntnis seiner bereits eingetretenen Zahlungsunfähigkeit leistet, handelt er dem ersten Anschein nach auch vorsätzlich. Der Gegenbeweis ist möglich, sofern es sich um eine Rechtshandlung im Zusammenhang mit ernsthaften Sanierungsbemühungen handelt. Darüber hinaus erweitert der Bundesgerichtshof die Beweislastregel des § 133 Abs. 1 Satz 2 InsO um eine Anscheinsvermutung, sofern dem Anfechtungsgegner Umstände bekannt sind, die zwingend auf eine drohende Zahlungsunfähigkeit und Gläubigerbenachteiligung schließen lassen. Im Hinblick auf § 133 Abs. 3 Satz 1 InsO ist davon auszugehen, dass er diese Grundsätze künftig entsprechend anwenden wird.

2. Behauptung nur vermuteter Tatsachen

Im Gegensatz zu den tatsächlichen Vermutungen betrifft die Behauptung nur vermuteter Tatsachen die der Beweislast vorgeschaltete (abstrakte) Behauptungs- beziehungsweise Darlegungslast.

Wie bereits ausgeführt[991], betrifft die Darlegungslast die Frage, welche konkreten Tatsachenbehauptungen eine Partei aufstellen muss, um die abstrakten Voraussetzungen einer begehrten Rechtsfolge zu erhalten[992]. Oftmals befindet sich eine Partei in der vermeintlich ungünstigen prozessualen Situation, die für sie günstige Norm nur auf vermutete Tatsachenbehauptungen stützen zu können.

990 *Fischer*, NZI 2008, 588, 594; *Ganter*, WM 2009, 1441, 1444, *Schoppmeyer*, ZIP 2009, 600, 608 f.

991 Siehe hierzu auch die Ausführungen in diesem Kapitel unter I.3.a.

992 *Prütting*, in: Münchener Kommentar-ZPO, § 286 Rn. 134.

Die Ursache hierfür kann darin liegen, dass die Partei die Tatsachen nicht aus eigener Wahrnehmung kennt[993].

Auch der Insolvenzverwalter befindet sich nicht selten in dieser Situation. Er weiß zwar, dass bei dem Schuldner Vermögen abgeflossen ist, kennt aber die diesbezüglichen Einzelheiten nicht. Zu dem Zeitpunkt des Vermögensabflusses war er noch nicht bestellt, der Schuldner selbst kann oder möchte aber die entsprechenden Einzelheiten nicht offenbaren. Deswegen stellt sich die Frage, ob es zulässig ist, wenn der Insolvenzverwalter die Anfechtungsklage lediglich auf vermutete Tatsachen stützt und beispielsweise behauptet, dass der Anfechtungsgegner für eine Zahlung des Schuldners keine Gegenleistung erbracht hat.

Die prozessuale Wahrheitspflicht aus § 138 Abs. 1 ZPO verbietet die Behauptung nur vermuteter Tatsachen grundsätzlich nicht[994]. Allerdings sagt dies noch nichts darüber aus, ob der vermutete Tatsachenvortrag die Anforderungen an eine schlüssige Klage erfüllt.

Eine Klage ist schlüssig, wenn die von dem Kläger vorgetragenen Tatsachen den geltend gemachten Anspruch nach materiellem Recht ergeben[995]. Auch nur vermutete Tatsachen können die Anspruchsvoraussetzungen erfüllen. Der Kläger ist nicht verpflichtet, Anhaltspunkte für die Wahrscheinlichkeit dieser Tatsachen vorzutragen[996]. Das Gericht muss lediglich in der Lage sein, aufgrund des tatsächlichen Vorbringens der Partei zu entscheiden, ob die gesetzlichen Voraussetzungen für das Bestehen des geltend gemachten Rechts vorliegen[997]. Nach der Rechtsprechung des Bundesgerichtshofs genügt es, wenn der Beweisführer für die zu beweisenden Tatsachen greifbare Anhaltspunkte anführt, die nicht rein willkürlich angegeben werden[998]. Willkür liege dann vor, wenn jeglicher

---

993 *Kiethe*, MDR 2003, 1325.

994 BGH, NJW 1991, 2707, 2709; BGH, NJW 1995, 2111, 2112; BGH, NJW-RR 2002, 1419 (Ls. 1); *Seiler*, in: Thomas/Putzo, § 138 Rn. 4; *Stadler*, in: Musielak/Voit, § 138 Rn. 6; *Fritsche*, in: Münchener Kommentar-ZPO, § 138 Rn. 9.

995 BGH, NJW-RR 1995, 722 (Ls. 1); BGH, NJW-RR 1998, 712, 713; BGH, NJW-RR 2001, 887; BGH, NJW-RR 2003, 69, 70; BGH, VersR 2011, 1384 Rn. 6 (m.w.N.); BGH, NJW-RR 2014, 456 Rn. 12); *Greger*, in: Zöller: Vorbem. § 253 Rn. 23; *v. Selle*, in: Beck'scher Online-Kommentar-ZPO, § 138 Rn. 10; *Reichold*, in: Thomas/Putzo, Vorbem. § 253 Rn. 38.

996 BGHZ 33, 63, 66; BGH, NJW-RR 1991, 888.

997 BGH, WM 1979, 650, 651; BGH, NJW 1984, 2888, 2889.

998 BGH, NJW-RR 1991, 888, 891; BGH, NJW 1995, 2111, 2112; BGH, NJW-RR 2000, 273, 275; BGH, NJW-RR 2015, 829 Rn. 10; *v. Selle*, in: Beck'scher Online-Kommentar-ZPO, § 138 Rn. 32; kritisch dazu: *Fritsche*, in: Münchener Kommentar-ZPO, § 138 Rn. 8 ff.

Anhaltspunkt für die vorgetragene Tatsache fehlt, diese also „ins Blaue hinein" aufgestellt wird[999]. In diesem Fall ist der entsprechende Beweisantrag unzulässig und damit nicht Beweis zu erheben[1000]. Zu berücksichtigen sei in diesem Zusammenhang allerdings, ob sich die Geschehnisse, die Gegenstand des Parteivortrags sind, im Wahrnehmungsbereich der Partei abgespielt haben[1001].

Zusammengefasst bedeutet dies, dass eine Partei grundsätzlich auch bloß vermutete Tatsachen behaupten und unter Beweis stellen darf, insbesondere dann, wenn sie diesbezüglich kein eigenes Wissen besitzt und nicht erlangen kann. Deswegen hat der Bundesgerichtshof für den Anfechtungsprozess des Insolvenzverwalters die Behauptung nur vermuteter Tatsachen ausdrücklich für zulässig erklärt[1002]. Um dem Einwand des unzulässigen Ausforschungsbeweises vorzubeugen, sollte der Insolvenzverwalter die Vermutung – also in dem oben genannten Beispiel die Vermutung einer fehlenden Gegenleistung – offen legen und im Hinblick auf die von dem Bundesgerichtshof aufgestellten Grundsätze unter Beweisantritt die eigene Unkenntnis von den behaupteten Vorgängen sowie die fehlende Möglichkeit, sich diese zu verschaffen, darlegen sowie greifbare Anhaltspunkte für die bloß vermuteten Tatsachen vortragen[1003].

Bei genauerer Betrachtung lassen diese Voraussetzungen bestimmte Parallelen zu dem bereits untersuchten[1004], ebenfalls richterrechtlich entwickelten, allgemeinen Auskunftsanspruch aus Treu und Glauben erkennen. Für einen diesbezüglichen Auskunftsanspruch muss der Insolvenzverwalter nach der hier vertretenen Auffassung ebenfalls gewisse Anhaltspunkte vortragen sowie beweisen – und zwar für das Bestehen der gesetzlichen Sonderverbindung, konkret das Rückgewährschuldverhältnis aus § 143 InsO. Dort begründen die Anhaltspunkte für die Sonderverbindung den Anspruch auf Auskunft, hier die Anhaltspunkte für die bloß vermuteten Tatsachen die Beweiserleichterung. Sowohl im Rahmen der Subsidiarität des allgemeinen Auskunftsanspruchs als auch bei der zulässigen Behauptung nur vermuteter Tatsachen hat der Insolvenzverwalter vorzutragen

---

999 BGH, NJW 1986, 246, 247; BGH, NJW-RR 1991, 888, 891; BGH, NJW 1991, 2707, 2709; BGH, NJW 1992, 3106; BGH, NJW 2012, 2427 Rn. 40; *Baumgärtel*, MDR 1995, 987, *Kiethe*, MDR 2003, 781, 784; *Saenger*, in: Saenger, § 284 Rn. 47.

1000 BGH, NJW 1958, 1491, 1492; BGH, NJW 1984, 2888, 2889; BGH, NJW-RR 1991, 888, 890 f.; *Baumgärtel*, MDR 1995, 987; *Foerste*, in: Musielak/Voit, § 284 Rn. 17.

1001 BGH, NJW-RR 2000, 272, 275 (m.w.N.).

1002 BGH, NZI 2002, 486 (Ls. 1); dazu ausführlich *Huber*, in: Festschrift für Gerhardt, S. 379 ff.; *ders.*, in: Gottwald, § 51 Rn. 34 f.

1003 *Huber*, in: Festschrift für Gerhardt, S. 379, 390.

1004 Siehe hierzu auch die Ausführungen im 2. Kapitel unter I.2.a.

und zu beweisen, dass er sich die Auskünfte, beziehungsweise die Kenntnis von den entscheidungserheblichen Tatsachen, nicht anderweitig verschaffen konnte, also der Schuldner als Auskunftsquelle unergiebig oder faktisch nicht erreichbar ist. Diese Parallele zwischen einem materiellen Auskunftsanspruch und einer prozessualen Beweiserleichterung verdeutlicht, dass bei richtiger Auslegung und Anwendung dieser „Hilfsmittel" durchaus ein stimmiges und in sich geschlossenes System von Mitteln zur Schließung und Überwindung von Sachverhaltslücken der beweisbelasteten Partei – hier des Insolvenzverwalters – existiert. Nicht übersehen werden darf dabei allerdings, dass dieses System selbst an enge Voraussetzungen gebunden ist, die wiederum der Insolvenzverwalter darzulegen und zu beweisen hat und die teilweise zu Lücke führen.

3. Sekundäre Beweislast

Ähnlich verhält es sich mit den Voraussetzungen der so genannten sekundären Behauptungslast. Sie dient ebenfalls als Beweiserleichterung für die eigentlich primär behauptungs- und beweisbelastete Partei. Nach der ständigen Rechtsprechung des Bundesgerichtshofs obliegt der nicht beweisbelasteten Partei eine gesteigerte Substantiierungslast, wenn die an sich beweisbelastete Partei außerhalb des für sie erheblichen Geschehensablaufs steht und deshalb die maßgebenden Tatsachen im Einzelnen nicht kennt, dem Gegner diese hingegen bekannt sind und ihm nähere Angaben zugemutet werden können[1005].

Beschränkt sich der Gegner in diesen Fällen auf das grundsätzlich ausreichende, einfache Bestreiten, so tritt die Wirkung des § 138 Abs. 3 ZPO ein[1006] und das Vorbringen des Klägers gilt als zugestanden. Voraussetzung für die Anwendung der Grundsätze der sekundären Behauptungslast ist, dass der Kläger hinreichend objektive Anhaltspunkte für einen Sachverhalt erbracht hat, der einen Anspruch gegen den Beklagten begründet[1007].

1005 BGH, NJW 1961, 826, 828; BGH, NJW 1974, 1822 f.; BGHZ 86, 23, 29; BGHZ 100, 190, 196; BGH, NJW 1999, 714, 715; BGH, NJW-RR 2002, 1309, 1310; BGHZ 163, 209, 214; BGH, NJW 2009, 2894 Rn. 23; *Greger*, in: Zöller, § 138 Rn. 8b; *Katzenmeier*, JZ 2002, 533, 535; *Kiethe*, MDR 2003, 781, 783; *Meyke*, NJW 2000, 2230; 2232; *Prütting*, in: Münchener Kommentar-ZPO, § 286 Rn. 103; *Reichold*, in: Thomas/Putzo, Vorbem. § 284 Rn. 18.

1006 BGH, NJW 1986, 3193, 3194; BGH, NJW 1996, 315, 316 f.; *Greger*, in: Zöller, § 138 Rn. 8b; *Katzenmeier*, JZ 2002, 533, 535; *Prütting*, in: Münchener Kommentar-ZPO, § 286 Rn. 103; *Saenger*, in: Saenger, § 286 Rn. 93.

1007 *Kiethe*, MDR 2003, 781, 783.

Auch diese richterrechtliche Beweiserleichterung kann sich der Insolvenzverwalter gegenüber dem Anfechtungsgegner zunutze machen, sofern er Anhaltspunkte für den Anfechtungsanspruch hat. Hier gelten die gleichen Grundsätze wie im Rahmen der zulässigen Behauptung nur vermuteter Tatsachen. Der Insolvenzverwalter steht außerhalb des entscheidungserheblichen Ablaufs der anfechtbaren Rechtshandlung; ganz im Gegensatz zu dem jeweiligen Anfechtungsgegner, dem das substantiierte Bestreiten im Hinblick auf den Grundsatz der Gläubigergleichbehandlung auch zumutbar sein dürfte.

4. Herabsetzung der abstrakten Behauptungslast (Darlegungslast)

Die richterrechtliche Herabsetzung der abstrakten Behauptungs- beziehungsweise Darlegungslast stellt eine Vorstufe zu einer Beweiserleichterung dar. Die Darlegungslast regelt die Frage, welche konkreten Behauptungen eine Partei aufstellen muss, um die abstrakten Tatbestandsvoraussetzungen einer begehrten Rechtsfolge zu erhalten[1008]. Eine Erleichterung der abstrakten Behauptungslast bedeutet, dass die tatsächlichen Anforderungen an die Darlegung der materiellen Tatbestandsvoraussetzungen abgeschwächt werden.

Eine solche Beweiserleichterung findet sich im Zusammenhang mit dem Nachweis der Zahlungsunfähigkeit im Anfechtungsprozess. Viele Tatbestände der Insolvenzanfechtung setzen die Zahlungsunfähigkeit des Schuldners zu dem Zeitpunkt der angefochtenen Rechtshandlung voraus. Deswegen ist der Nachweis des Eintritts der schuldnerischen Zahlungsunfähigkeit für den Insolvenzverwalter von elementarer Bedeutung. Hier hat der Bundesgerichtshof eine Erleichterung der abstrakten Behauptungslast geschaffen, die dem Insolvenzverwalter hilft, die Zahlungsunfähigkeit des Schuldners im Anfechtungsprozess überhaupt erst schlüssig darlegen zu können.

In einer Grundsatzentscheidung aus dem Jahr 2005[1009] hat der Bundesgerichtshof die gesetzliche Definition des § 17 Abs. 2 Satz 1 InsO konkretisiert. Aus den Leitsätzen des Urteils ergibt sich, dass ein Schuldner zahlungsunfähig ist, wenn er seine am Stichtag fälligen Zahlungspflichten nicht binnen spätestens drei Wochen zumindest zu neunzig Prozent erfüllen kann, sofern nicht ausnahmsweise mit an Sicherheit grenzender Wahrscheinlichkeit zu erwarten ist, dass die Liquiditätslücke demnächst vollständig oder fast vollständig beseitigt

---

1008 *Prütting*, in: Münchener Kommentar-ZPO, § 286 Rn. 134; *Saenger*, in: Saenger, § 286 Rn. 84.

1009 BGH, Urteil vom 24.05.2005 – Az. IX ZR 123/04; BGHZ 163, 134 ff.

werden wird und den Gläubigern ein Zuwarten nach den besonderen Umständen des Einzelfalls zuzumuten ist[1010].

Beträgt die innerhalb von drei Wochen nicht zu beseitigende Liquiditätslücke weniger als zehn Prozent, so liege Zahlungsunfähigkeit nur vor, wenn bereits absehbar ist, dass die Lücke demnächst mehr als zehn Prozent erreichen wird[1011].

Um diesen Grundsätzen entsprechend die Liquidität des Schuldners feststellen zu können, hat der Insolvenzverwalter grundsätzlich eine so genannte stichtagsbezogene Liquiditätsbilanz aufzustellen, in der die gerade vorhandenen und kurzfristig verfügbaren liquiden Mittel des Schuldners in Relation zu den zum maßgeblichen Zeitpunkt fälligen und eingeforderten Verbindlichkeiten gesetzt werden[1012]. Ergibt diese Gegenüberstellung von verfügbaren Aktiva und fälligen Passiva eine Unterdeckung, muss in einem zweiten Schritt die genaue Höhe dieser Unterdeckung ermittelt werden[1013].

Sowohl die Aufstellung der stichtagsbezogenen Liquiditätsbilanz als auch die Ermittlung der Höhe der Unterdeckung setzen allerdings voraus, dass die Geschäfts- und Buchhaltungsunterlagen derart vollständig sind, dass es dem Insolvenzverwalter zu dem jeweils konkreten Stichtag möglich ist, die Aktiv- und Passivseite der Liquiditätsbilanz aufzustellen[1014]. An dieser Stelle taucht erneut das Problem auf, dass der Schuldner im Vorfeld der Insolvenz die Buchführung oftmals vernachlässigt oder gänzlich einstellt.

Wohl auch unter Berücksichtigung dieser Problematik hat der Bundesgerichtshof in einer weiteren Grundsatzentscheidung aus dem Jahr 2006[1015] eine Erleichterung zur Darlegung[1016] der Zahlungsunfähigkeit des Schuldners im Anfechtungsprozess geschaffen. Die Aufstellung einer Liquiditätsbilanz sei nur im

---

1010 BGHZ 163, 134 f. (Ls. 1 und 3); bestätigt durch: BGH, NZI 2007, 36 Rn. 27; siehe auch: *Bußhardt*, in: Braun, § 17 Rn. 8 ff.; *Huber*, in: Gottwald, § 47 Rn. 9; *Leithaus*, in: Andres/Leithaus, § 17 Rn. 2; *Mock*, in: Uhlenbruck, § 17 Rn. 19 ff.

1011 BGHZ 163, 134 (Ls. 2); BGH, NZI 2007, 36 Rn. 27.

1012 BGHZ 163, 134, 138; BGHZ 173, 286, 296; BGH, NZI 2012, 663 Rn. 8; *Bußhardt*, in: Braun, § 17 Rn. 12; *Eilenberger*, in: Münchener Kommentar-InsO, § 17 Rn. 14 ff.; *Fischer*, in: Festschrift für Ganter, S. 153, 161; *Harz*, ZInsO 2001, 193, 196; *Rüntz*, in: Heidelberger Kommentar-InsO, § 17 Rn. 24; *K. Schmidt*, in: K. Schmidt, § 17 Rn. 34.

1013 *Krüger/Wigand*, ZInsO 2011, 314, 316.

1014 *Krüger/Wigand*, ZInsO 2011, 314, 317 f.

1015 BGH, Urteil vom 12.10.2006 – Az. IX ZR 228/03; NZI 2007, 36 ff.; dies bestätigend: BGH, NZI 2013, 932 Rn. 7; BGH, NZI 2015, 369 Rn. 15.

1016 So auch: *Ampferl/Kilper*, in: Beck/Depré, § 2 Rn. 86; **a.A.**: *Heinze*, DZWiR 2007, 118, 119 (Anm. zu BGH, Urteil vom 12.10.2006 – Az. IX ZR 228/03) und *Krüger/Wigand*, ZInsO 2011, 314, 318, die beide von einer „Vermutung" sprechen.

Rahmen einer Prognoseentscheidung, wie etwa bei der Entscheidung, ob das Insolvenzverfahren zu eröffnen ist, erforderlich[1017]. Im Übrigen könne auch anderweitig festgestellt werden, dass der Schuldner im Zeitpunkt der angefochtenen Rechtshandlung einen wesentlichen Teil seiner fälligen Verbindlichkeiten nicht bezahlen konnte[1018]. Hätten im fraglichen Zeitpunkt fällige Verbindlichkeiten bestanden, die bis zur Verfahrenseröffnung nicht mehr beglichen worden sind, sei regelmäßig von der Zahlungsunfähigkeit zu diesem Zeitpunkt auszugehen[1019]. Ob dies der Fall ist, kann der Insolvenzverwalter anhand der zur Insolvenztabelle angemeldeten Forderungen darlegen[1020]. Denn aus einer ordnungsgemäßen Forderungsanmeldung ergibt sich sowohl der Forderungsgrund als auch die Fälligkeit. Bezüglich der Darlegung der einzelnen Forderungen in der Klageschrift lässt es der Bundesgerichtshof sogar genügen, wenn der Insolvenzverwalter die Insolvenzforderungen nebst Beifügung von Rechnungskopien in geordneter Reihenfolge auflistet, sofern daraus die notwendigen Informationen über das Entstehen und die Fälligkeit der jeweiligen Forderung ersichtlich sind[1021]. Damit ist es dem Insolvenzverwalter möglich, die Zahlungsunfähigkeit des Schuldners im Anfechtungsprozess allein anhand der Forderungsanmeldungen schlüssig darzulegen. Einer aufwendigen Auswertung von zumeist bruchstückhaften Buchhaltungs- und Geschäftsunterlagen des Schuldners bedarf es somit nicht. Dies bedeutet im Ergebnis eine erhebliche Erleichterung der Behauptungs- beziehungsweise Darlegungslast des Insolvenzverwalters im Hinblick auf das bedeutsame Tatbestandsmerkmal der Zahlungsunfähigkeit.

Die vorstehende Rechtsprechung ist zu hinterfragen. Selbst aus mehreren offenen Forderungen, die bereits zu dem anfechtungsrelevanten Zeitpunkt bestanden und bis zur Eröffnung des Insolvenzverfahrens nicht mehr beglichen wurden, kann nicht zweifelsfrei auf die Zahlungsunfähigkeit des Schuldners zu diesem Zeitpunkt geschlossen werden. Vielmehr müssten diese einzelnen Forderungen ins Verhältnis zu den offenen Gesamtforderungen des Schuldners gesetzt werden, um ihre – eigentlich auch vom Bundesgerichtshof geforderte – Wesentlichkeit[1022] zu dem anfechtungsrelevanten Zeitpunkt beurteilen zu können. Deswegen

---

1017 BGH, NZI 2007, 36 Rn. 28.

1018 BGH, NZI 2007, 36 Rn. 28.

1019 BGH, NZI 2007, 36 Rn. 28.

1020 *Ampferl/Kilper*, in: Beck/Depré, § 2 Rn. 88; *Hölzle*, ZIP 2006, 101, 104.

1021 BGH, NZI 2007, 722 Rn. 5 (auch der BGH spricht hier von den Anforderungen an die Darlegungslast).

1022 Im Sinne der von dem Bundesgerichtshof für die ex-ante Prüfung der Zahlungsunfähigkeit aufgestellten neunzig Prozent-Schwelle.

sollte die Rechtsprechung konsequenter den Nachweis einfordern, dass die offenen Forderungen verhältnismäßig wesentlich waren oder die Anforderungen an den Nachweis der Zahlungsunfähigkeit generell – durch Vorlage einer Liquiditätsbilanz – erhöhen. Dies wäre auch im Sinne der durch die Reform der Insolvenzanfechtung bezweckten Einschränkung der Vorsatzanfechtung.

IV. Ergebnis

Der Gesetzgeber hat sowohl widerlegliche als auch unwiderlegliche Vermutungen normiert, um dem Insolvenzverwalter den Beweis bestimmter Anfechtungstatsachen trotz bestehender Sachverhaltslücken zu ermöglichen. Die Beweiserleichterungen verfolgen das Ziel, das Instrument der Insolvenzanfechtung gegenüber der Konkursanfechtung effektiver auszugestalten. Insbesondere die Darlegung und der Nachweis der im Rahmen der Insolvenzanfechtung zahlreich vorhandenen subjektiven Tatbestandsmerkmale werden durch Vermutungen erleichtert.

Eine beweisrechtliche Besonderheit stellen die Vermutungen in den §§ 130 Abs. 2, 131 Abs. 2 Satz 1 InsO dar. Es handelt sich beweisrechtlich um eine unwiderlegliche Rechtsfolgenvermutung und damit ein Novum. Eine besonders weitreichende Beweiserleichterung besteht im Hinblick auf dem Schuldner nahestehende Personen im Sinne des § 138 InsO. Diesen gegenüber wird per se vermutet, dass sie die Zahlungsunfähigkeit, den Eröffnungsantrag oder die Gläubigerbenachteiligung zum Zeitpunkt der Rechtshandlung kannten. Beruft sich die nahestehende Person auf eine diesbezügliche Unkenntnis, so muss sie das Gegenteil beweisen, also den Hauptbeweis für ihre Unkenntnis erbringen.

In Ergänzung zu den gesetzlichen Beweiserleichterungen gewährt auch die Rechtsprechung dem Insolvenzverwalter zahlreiche Beweiserleichterungen, um das gesetzgeberische Ziel der Effektivierung der Insolvenzanfechtung zu unterstützen. Insbesondere im Rahmen der Vorsatzanfechtung hat der Bundesgerichtshof die Anforderungen an den Nachweis der subjektiven Tatbestandsmerkmale sehr stark herabgesetzt, sodass die Literatur teilweise von einer systemwidrigen Erweiterung des Tatbestandes spricht. Zu begrüßen ist deswegen das Reformgesetz zur Insolvenzanfechtung, mit dem der Gesetzgeber insbesondere die Einschränkung der Vorsatzanfechtung bezweckt. Unabhängig davon sollte die Verwendung der von der Rechtsprechung geschaffenen Figur der tatsächlichen Vermutung aufgrund ihrer ungeklärten beweisrechtlichen Folgen grundsätzlich unterbleiben. Die betreffenden Fallgruppen sind vielmehr über die Begriffe Anscheins- und Indizienbeweis zu lösen.

Darüber hinaus erachtet es der Bundesgerichtshof für zulässig, wenn der Insolvenzverwalter in der Anfechtungsklage Tatsachen lediglich vermutet. Der Insolvenzverwalter muss allerdings greifbare Anhaltspunkte für die aufgestellten Vermutungen vortragen und darlegen, dass er keine eigene Kenntnis von den behaupteten Vorgängen hat und sich diese auch nicht verschaffen konnte. Diese Voraussetzungen erinnern stark an den allgemeinen vorbereitenden Auskunftsanspruch aus Treu und Glauben.

Der Bundesgerichtshof hat mit dem vorprozessualen materiellen Auskunftsanspruch und den prozessualen Beweiserleichterungen also ein stimmiges (aber durchaus lückenhaftes) System geschaffen, um der sich in Informationsnot befindlichen darlegungs- und beweisbelasteten Partei – hier dem Insolvenzverwalter – ein Stück weit zu helfen. Insgesamt bleibt festzuhalten, dass die Beweiserleichterungen kein Mittel sind, um Sachverhaltslücken zu schließen. Sie helfen dem Insolvenzverwalter vielmehr dabei, Anfechtungsansprüche trotz bestehender Sachverhaltslücken zu substantiieren und gerichtlich durchzusetzen.

5. Kapitel: Normierung eines vorbereitenden Auskunftsanspruchs

Das fünfte und letzte Kapitel beschäftigt sich auf der Grundlage der in den vorangegangenen Kapiteln gewonnenen Erkenntnisse mit der Frage, ob die Normierung eines vorbereitenden Auskunftsanspruchs gegen potentielle Anfechtungsgegner erforderlich und gerechtfertigt ist, und wenn ja, wie ein solcher Anspruch auszugestalten wäre.

I. Regelungsbedarf

Ein Regelungsbedarf besteht grundsätzlich nur dann, wenn die bestehenden Mittel nicht genügen, um die einleitend beschriebenen Sachverhaltslücken hinreichend zu schließen und zu überwinden.

Die in den voranstehenden Kapiteln dargestellten Mittel sind überwiegend indirekt ausgestaltet. Nicht der Anfechtungsgegner selbst, sondern der Schuldner, seine Organe, Angestellten und Unterlagen sind die vorrangigen Informations- und Auskunftsquellen.

Ohne einen materiellen Anknüpfungspunkt ist der Anfechtungsgegner dem Insolvenzverwalter gegenüber nicht selbst zur Auskunft verpflichtet. Materielle Auskunftsansprüche bestehen wiederum nur vereinzelt. Der Auskunftsanspruch aus Treu und Glauben ist zwar direkt ausgestaltet, besteht aber nach der ständigen Rechtsprechung des Bundesgerichtshofes nicht im Verhältnis zwischen Insolvenzverwalter und Anfechtungsgegner.

Lediglich die Informationsfreiheitsrechte bestehen direkt und voraussetzungslos. Sie beruhen allerdings auf der besonderen Stellung der Anspruchsverpflichteten und der grundsätzlichen Entscheidung des jeweiligen Gesetzgebers für eine in allen Belangen transparente öffentliche Verwaltung.

Der indirekte Charakter der Mittel wird schließlich durch die zugunsten des Insolvenzverwalters bestehenden Beweiserleichterungen unterstrichen. Diese dienen zwar der Überwindung von Sachverhaltslücken, indem sie dem Insolvenzverwalter die Durchsetzung von Anfechtungsansprüchen ermöglichen, obwohl er bestimmte Tatbestandsmerkmale nicht voll darlegen und beweisen kann. Sie helfen aber nicht dabei, Anfechtungssachverhalte zu ermitteln oder Sachverhaltslücken zu schließen.

Diese indirekte Ausgestaltung ist grundsätzlich konsequent. Der Anfechtungsgegner ist im Gegensatz zu dem Schuldner und seinen Organen kein

Verfahrensbeteiligter. Die Indirektheit wird nur an den Stellen durchbrochen, an denen besondere Rechtsfertigungsgründe vorliegen. Beispielsweise sind die Organe des Schuldners aufgrund ihrer Verfahrensstellung für die Erreichung der Verfahrensziele vollumfänglich mitverantwortlich und damit auch zur Selbstbelastung verpflichtet. Ein weiteres Beispiel sind die erwähnten Informationsfreiheitsgesetze, die das gesetzgeberische Ziel einer transparenten Verwaltung verfolgen. Von diesem Transparenzgedanken sind die Kontrolle der Verwaltung und damit auch die Aufdeckung von Anfechtungssachverhalten gedeckt. Dem Gesetzgeber steht es grundsätzlich frei, materiell-rechtliche Auskunftsansprüche zu schaffen, die eine umfassende und voraussetzungslose Auskunftspflicht normieren.

Die Indirektheit der Aufklärungsmittel ist zugleich aber auch ihre Schwäche. Sie führt dazu, dass die Mittel oft nicht genügen, um die Sachverhaltslücken gegenüber den Anfechtungsgegnern zu schließen oder zu überwinden. Die Effizienz der Informationsgewinnung und Auskunftserteilung hängt im Wesentlichen von der Zuverlässigkeit der Verfahrenssubjekte ab, die oftmals die Insolvenz selbst verursacht haben und dem Insolvenzverwalter einen ungeordneten Geschäftsbetrieb übergeben. Die Geschäftsunterlagen des Schuldners sind natürlich nur dann ergiebig, sofern diese überhaupt und vollständig vorhanden sind. Darüber hinaus versuchen Schuldner, anfechtungsrelevante Sachverhalte, an denen sie mitgewirkt und von denen sie unter Umständen selbst profitiert haben, zu verschleiern und zu leugnen. Eben diese Unterlagen bekommt der Insolvenzverwalter mit Sicherheit nicht zu Gesicht.

Vor diesem Hintergrund sind auch die persönlichen Auskunftspflichten der schuldnerischen Organe zu bewerten. Hat beispielsweise ein Geschäftsführer noch vor der Antragstellung, aber bereits im Stadium der materiellen Insolvenz Vermögen anfechtbar verschoben, so wird seine Motivation äußerst gering sein, dem Insolvenzverwalter diese Sachverhalte selbst mitzuteilen. Denn für diese Vermögensverschiebungen haftet der Geschäftsführer der Insolvenzmasse persönlich. Schließlich haben die meisten Angestellten aufgrund ihrer Position im Unternehmen überhaupt keine Kenntnis von anfechtungsrelevanten Tatsachen.

Deswegen nützen dem Insolvenzverwalter die zahlreichen Informations- und Auskunftsquellen oft nichts. Sind diese unergiebig, so helfen auch keine Beweiserleichterungen, sondern allein vorbereitende Auskunftsansprüche.

Im Ergebnis besteht damit ein Regelungsbedarf für einen vorbereitenden Auskunftsanspruch gegen potentielle Anfechtungsgegner, der das indirekt ausgestaltete System der Aufklärungsmittel ergänzt und damit hilft, weiterhin bestehende Informationslücken effektiv zu schließen.

II. Rechtfertigender Ansatz

Daran anknüpfend wird im Folgenden untersucht, ob sich für die Normierung eines vorbereitenden Auskunftsanspruchs ein Ansatz findet, der die Ergänzung des indirekt ausgestalteten Aufklärungssystems durch einen direkten Anspruch rechtfertigt. Die teilweise bestehende Ineffizienz dieses Systems und die damit verbundene Informationsnot des Insolvenzverwalters können allein keinen hinreichenden Rechtfertigungsgrund bilden, um sich direkt an den vermeintlichen Anspruchsgegner wenden und diesen ausfragen zu können.

1. Verwirklichung des Grundsatzes der Gläubigergleichbehandlung

Als rechtfertigender Ansatz kommt der in der Einleitung und im Gang der Untersuchung mehrfach erwähnte Grundsatz der Gläubigergleichbehandlung in Betracht.

Dieser stellt das beherrschende Prinzip des Insolvenzverfahrens dar[1023]. Er ergibt sich mittelbar aus der Präambel[1024] in § 1 InsO[1025]. Danach dient das Insolvenzverfahren dazu, die Gläubiger eines Schuldners gemeinschaftlich zu befriedigen, indem das gesamte Vermögen des Schuldners verwertet und der Erlös verteilt wird. Eine gemeinschaftliche bedeutet fast immer auch eine nur teilweise Befriedigung, da das in einem Insolvenzverfahren zu verwertende Vermögen des Schuldners naturgemäß nicht mehr zur vollständigen Befriedigung aller Gläubiger genügt[1026]. Die einzelnen Forderungen werden lediglich quotal erfüllt[1027]. Da die Quote für alle Gläubiger gleich hoch ist, führt dies zu einer gleichmäßigen Befriedigung und damit zu einer Gleichbehandlung der Gläubiger[1028]. Ausnahmen von diesem Grundsatz bestehen nur dort, wo eine Differenzierung zwischen den Gläubigern zugleich ein Gebot des grundgesetzlich verankerten

---

1023 *Baur/Stürner*, Rn. 5.36; *Pape*, in: Pape/Uhlenbruck/Voigt-Salus, Kap. 12 Rn. 10; *Prütting*, in: Kölner Schrift, 3. Auflage, S. 19 Rn. 61; *Stürner*, in: Münchener Kommentar-InsO, Einl. Rn. 1; *Windel*, Jura 2002, 230, 231.

1024 *Becker*, in: Nerlich/Römermann, § 1 Rn. 1.

1025 Ähnlich: *Sternal*, in: Heidelberger Kommentar-InsO, § 1 Rn. 3; **a.A.**: *Henckel*, in: Jaeger, § 1 Rn. 6 (die gleichmäßige Befriedigung werde nicht in § 1 InsO, sondern in § 38 InsO mit der Abschaffung der Vorrechte angesprochen).

1026 *Ganter/Lohmann*, in: Münchener Kommentar-InsO, § 1 Rn. 52.

1027 Dies wird auch in § 39 Abs. 1 InsO deutlich („nach dem Verhältnis ihrer Beträge").

1028 Nach *Foerste*, § 1 Rn. 8, ist die quotale Befriedigung die „Leitidee des Insolvenzrechts".

Gleichheitssatzes ist[1029]. Mit den Worten von *Stürner*[1030] ausgedrückt: „Man muss Gleiches gleich und Ungleiches ungleich behandeln".

Die Geltung des Gleichbehandlungsgrundsatzes im Insolvenzverfahren beruht auf der Entscheidung des Gesetzgebers, dass der im Recht der Einzelzwangsvollstreckung herrschende Prioritätsgrundsatz spätestens mit der Eröffnung des Insolvenzverfahrens endet. Anders ausgedrückt wird mit der Einleitung des Insolvenzverfahrens der Wettlauf der einzelnen Vollstreckungsgläubiger durch staatlichen Eingriff abgebrochen und für die Dauer des Insolvenzverfahrens unterbunden. Der Zugriff einzelner Gläubiger auf bestimmte Vermögensgegenstände des Schuldners im Wege der Einzelvollstreckung wird durch den Zugriff der Gesamtheit der Insolvenzgläubiger im Wege der Gesamtvollstreckung auf das komplette Vermögen des Schuldners ersetzt. Aus diesem Vermögen, der Insolvenzmasse, werden die Insolvenzgläubiger durch die Ausschüttung ihres prozentualen Anteils am Verwertungserlös gleichmäßig befriedigt.

Der Übergang von dem einzelzwangsvollstreckungsrechtlichen Prioritäts- zum insolvenzrechtlichen Gleichbehandlungsgrundsatz ist aus verfassungsrechtlichen Gründen zwingend.

Den Ausgangspunkt bildet die Überlegung, dass ein Gläubiger in einem Rechtsstaat seine gegen den Schuldner gerichteten Forderungen nicht im Wege der Selbsthilfe, sondern nur mittels eines hoheitlichen Verfahrens zwangsweise durchsetzen darf[1031]. Da diese Forderungen dem Schutzbereich des Art. 14 Abs. 1 GG unterfallen[1032], hat der Gläubiger mangels eigener Zwangsbefugnisse einen verfassungsunmittelbaren Anspruch gegen den Staat auf die Rechtsverwirklichung durch Zwangsvollstreckung[1033]. Aus der Perspektive des einzelnen Gläubigers betrachtet verwirklichen die Einzelzwangsvollstreckung und das dort geltende Prioritätsprinzip sein verfassungsrechtlich garantiertes Eigentumsrecht am effektivsten[1034].

Sobald aber das Vermögen des Schuldners nicht mehr ausreicht, um alle Gläubiger zu befriedigen und die Befriedigung Einzelner auch von der oft zufälligen

1029 Baur/Stürner, Rdn. 5.37; *Pape*, in: Pape/Uhlenbruck/Voigt-Salus, Kap. 12 Rn. 10.
1030 *Stürner*, in: Münchener Kommentar-InsO, Einl. Rn. 62; *Bauer/Stürner*, Rn. 5.37.
1031 *Baur/Stürner/Bruns*, Rn. 1.1; *Werres*, S. 22.
1032 BVerfGE 42, 263, 292 f.; BVerfGE 45, 142, 179; BVerfGE 68, 193, 222.
1033 *Adam*, DZWiR 2009, 441, 442; *Baur/Stürner/Bruns*, Rn. 7.1; *Gaul*, in: Gaul/Schilken/Becker-Eberhard, § 3 III 4; *Schlosser*, ZZP 97 (1984), 120, 127; *Stürner*, in: Münchener Kommentar-InsO, Einl. Rn. 77; *Werres*, S. 22.
1034 *Werres*, S. 23.

Wirkung des Prioritätsprinzips bestimmt wird[1035], ist nicht nur der allgemeine Gleichheitssatz[1036], sondern auch das Eigentumsrecht derjenigen Gläubiger betroffen, deren Forderungen aufgrund ihres „Nachrangs" nicht mehr befriedigt werden[1037]. Hielte der Gesetzgeber in dieser Situation an dem Prioritätsprinzip der Einzelzwangsvollstreckung fest, so wäre für Letztere das Recht auf zwangsweise Durchsetzung ihrer Forderungen kaum mehr gewährleistet[1038]. Das Recht des Einzelnen machte das Recht Vieler auf effektive Rechtsverwirklichung unmöglich. Deswegen verlangen sowohl Art. 3 Abs. 1 GG als auch Art. 14 Abs. 1 GG – sobald das Vermögen des Schuldners nicht mehr zur Befriedigung aller Gläubiger ausreicht – nach einer Möglichkeit, von dem einzelzwangsvollstreckungsrechtlichen Prioritätsprinzip zu der gesamtvollstreckungsrechtlichen Gläubigergleichbehandlung übergehen zu können, um im Ergebnis einen angemessenen Ausgleich zwischen den kollidierenden Grundrechtspositionen herzustellen[1039].

Diesen Übergang gewährleistet der Staat wiederum gleichmäßig für alle Gläubiger durch den Rechtsbehelf des Insolvenzantrags. Durch das aufeinander abgestimmte System aus Einzel- und Gesamtvollstreckung erfüllt der Staat bei dem Eintritt der Unzulänglichkeit des schuldnerischen Vermögens also den gegen ihn gerichteten Anspruch aller Gläubiger auf Rechtsverwirklichung durch Zwangsvollstreckung im Wege praktischer Konkordanz und damit in verfassungskonformer Weise[1040]. Ein Vollstreckungssystem, das nur den Rechtsschutz des Einzelnen im Blick hätte und die Gesamtheit der Gläubiger außer Acht ließe, wäre hingegen verfassungswidrig[1041].

Im Ergebnis lässt sich festhalten, dass der Grundsatz der Gläubigergleichbehandlung verfassungsrechtlich garantiert ist. Als Grundsatz mit Verfassungsrang kann dieser eine hinreichende Grundlage bilden, um die Normierung eines

---

1035 *Baur/Stürner*, 6.2; *Schlosser*, ZZP 97 (1984), 120, 123.

1036 *Adam*, DZWiR 2009, 441, 442; *Baur/Stürner/Bruns*, 7.35; *Baur/Stürner*, 6.2 (unter Rückgriff auf Art. 3 Abs. 1 GG und das Sozialstaatsprinzip); *Gaul*, ZZP 112 (1999), 135, 156 f.; *Schlosser*, ZZP 97 (1984), 120, 123.

1037 *Werres*, S. 24; *Adam*, DZWiR 2009, 441, 442.

1038 Ähnlich: *Lepa*, S. 194; *Werres*, S. 24; *Adam*, DZWiR 2009, 441, 442.

1039 *Adam*, DZWiR 2009, 441, 442 (zusätzlich zu Art. 3 Abs. 1 GG und Art. 14 Abs. 1 GG unter Rückgriff auf das Rechtsstaatsprinzip aus Art. 20 Abs. 3 GG); *Baur/Stürner/Bruns*, Rn. 7.36; *Baur/Stürner*, 6.2 (beide unter Rückgriff auf Art. 3 Abs. 1 GG und das Sozialstaatsprinzip); *Gaul*, ZZP 112 (1999), 135, 156 f.; *Schlosser*, ZZP 97 (1984), 121, 123 (beide nur unter Rückgriff auf Art. 3 Abs. 1 GG); *Werres*, 23 f. (nur unter Rückgriff auf Art. 14 Abs. 1 GG).

1040 *Werres*, S. 24.

1041 *Baur/Stürner/Bruns*, Rn. 7.36.

vorbereitenden Auskunftsanspruchs gegenüber potentiellen Anfechtungsgegnern zu rechtfertigen.

2. Entschärfung des Problems der Massearmut

Darüber hinaus würde eine umfassendere Aufdeckung von Insolvenzanfechtungssachverhalten zu einer teilweisen Entschärfung der von dem Gesetzgeber nicht ausreichend gelösten Problematik der masselosen Insolvenz[1042] beitragen. Wird das Insolvenzverfahren mangels Masse eingestellt, so ist der Insolvenzverwalter zu einer Verwertung von Massegegenständen gemäß § 207 Abs. 3 Satz 2 InsO nicht mehr verpflichtet. Im Falle der Insolvenz einer juristischen Person schließt sich ein gesellschaftsrechtliches Abwicklungsverfahren an, in dem die Gleichbehandlung der Gläubiger nicht mehr gewährleistet ist, weil das Restvermögen wieder dem Einzelzugriff der Gläubiger offensteht[1043]. Eine Einstellung mangels Masse gemäß § 207 Abs. 1 Satz 1 InsO wäre weniger wahrscheinlich, wenn der Insolvenzverwalter mehr anfechtungsrelevante Sachverhalte ermitteln und für die Masse durchsetzen könnte.

III. Kein Verstoß gegen allgemeine prozessuale Grundsätze oder individuelle Rechte

Trotz des Regelungsbedarfs und des Vorliegens eines rechtfertigenden Ansatzes könnten der Normierung des Auskunftsanspruchs allgemeine prozessuale Grundsätze oder individuelle Rechte entgegenstehen.

1. Ausforschungsverbot

Gegen die Gewährung eines Auskunftsanspruchs zur Vorbereitung einer Insolvenzanfechtungsklage könnte sprechen, dass die Auskunft dazu dient, den Anfechtungsgegner mangels eigener Informationen auszuforschen.

Die Rechtsprechung verwendet den Begriff unzulässiger Ausforschung oftmals im Zusammenhang mit Beweisanträgen. Ein Ausforschungsbeweis ziele darauf ab, erst aufgrund der Beweisaufnahme die zur Konkretisierung des Parteivorbringens benötigten eigentlich beweiserheblichen Tatsachen in Erfahrung zu bringen, die sodann behauptet, unter Beweis gestellt und damit zur Grundlage

---

1042 Ausführlich zu der Problematik: *Schmidt*, in: Kölner Schrift, 2. Auflage, S. 1199, 1216 f.

1043 *Uhlenbruck*, ZIP 1996, 1641, 1647 ff.; *Hirte*, in: Uhlenbruck, § 11 Rn. 113.

neuen Vortrags gemacht werden sollen[1044]. Ein solcher Beweisermittlungsantrag ist unzulässig[1045].

Vorliegend geht es allerdings nicht um die Beurteilung der Zulässigkeit von Beweisanträgen, sondern um die Frage, ob der Normierung eines vorbereitenden Auskunftsanspruchs das „Ausforschungsverbot" entgegengehalten werden kann. Ein solcher Einwand könnte wiederum nur dann durchgreifen, wenn hinter diesem Begriff nicht nur die Bezeichnung einer beweisrechtlichen Problematik, sondern ein allgemeingültiges Prinzip stünde.

Hinter dem Ausforschungsverbot steht der grundsätzliche Gedanke, dass allein die Partei, die einen Anspruch erhebt oder abwehrt, dafür zuständig ist, diejenigen Tatsachen zu ermitteln, substantiiert vorzutragen und unter Beweis zu stellen, die anspruchsbegründend oder anspruchsvernichtend wirken. Diese Regel findet sich in dem von dem Bundesgerichtshof aufgestellten Grundsatz wieder, dass niemand gehalten ist, seinem Gegner Material für dessen Prozesssieg zu verschaffen, über das er nicht von sich aus verfügt[1046]. Unter Berufung auf diesen Grundsatz lehnt die Rechtsprechung nicht nur umfassende prozessuale Aufklärungspflichten der nicht beweisbelasteten Partei ab[1047], sondern schränkt auch bestehende materielle Auskunftsansprüche ein[1048].

Fraglich ist aber, ob sich aus dem prozessualen und materiellen Recht überhaupt ein derart allgemein und umfassend wirkender Grundsatz herleiten lässt.

Dafür könnte sprechen, dass die Zivilprozessordnung einer Heranziehung des Gegners eher zurückhaltend gegenübersteht[1049]. Seine Vernehmung als Partei ist gemäß § 445 ZPO als subsidiäres Beweismittel ausgestaltet, das nur in Betracht kommt, wenn alle anderen Beweismittel ausgeschöpft sind und das Gericht nicht bereits vom Gegenteil der behaupteten Tatsache überzeugt ist.

Allerdings zeigt diese Vorschrift gleichzeitig auch, dass selbst der Gegner als Beweismittel zur Verfügung steht[1050]. Weigert er sich ohne triftigen Grund, von dem Prozessgericht vernehmen zu lassen, so gereicht ihm dies regelmäßig zum

---

1044 BGH, NJW 1972, 249, 250; BGH, NJW-RR 1991, 888, 890 f.

1045 *Prütting*, in: Münchener Kommentar-ZPO, § 284 Rn. 79.

1046 BGH, NJW 1958, 1491, 1492; BGH, WM 1963, 864; BGH, NJW 1964, 1414; BGH, ZZP 104 (1991), 203, 205.

1047 BGH, ZZP 104 (1991), 203, 205.

1048 Zu § 810 BGB: BGHZ 109, 260, 267; BGH, ZIP 2014, 1472 Rn. 24; zu dem allgemeinen Auskunftsanspruch aus Treu und Glauben gemäß § 242 BGB: BGHZ 61, 180, 185; BGH, NJW 1979, 1832, 183.

1049 *Osterloh-Konrad*, S. 106.

1050 *Osterloh-Konrad*, S. 106.

Nachteil[1051]. Die Subsidiarität dieses Beweismittels lässt sich zudem umgehen. Es steht jeder Partei frei, andere Beweismittel anzubieten, auszuschöpfen und damit die subsidiäre Stellung der Parteivernehmung de facto auszuschalten[1052].

Darüber hinaus sind die doch als umfassend zu bezeichnenden Pflichten und Beschränkungen aus § 138 ZPO zu beachten. Diese können ebenfalls dazu führen, dass eine Partei – ohne materiell dazu verpflichtet zu sein – Tatsachen vortragen muss, die für den Gegner günstig sind[1053].

Trotz des im Zivilprozess grundsätzlich geltenden Beibringungsgrundsatzes kann das Gericht zudem gemäß § 142 Abs. 1 Satz 1 ZPO von Amts wegen anordnen, dass eine Partei oder ein Dritter die in ihrem oder seinem Besitz befindlichen Urkunden und sonstigen Unterlagen, auf die sich eine Partei bezogen hat, vorlegt. Diese Möglichkeit besteht, ohne dass der Besitzer materiell zur Vorlage verpflichtet sein muss[1054].

Schließlich sei aus dem Bereich der zwangsvollstreckungsrechtlichen Vorschriften noch auf die Regelungen über die Abgabe der eidesstattlichen Versicherung hingewiesen (§§ 802c ff. ZPO). Vor dem Hintergrund der in diesem Zusammenhang umfassenden Offenbarungspflichten des Schuldners stellt *Schlosser*[1055] die Gültigkeit des Grundsatzes, dass niemand gezwungen sei, dem Gegner die Waffen für seinen Verfahrenssieg zu verschaffen, zu Recht infrage.

Gegen das Bestehen eines Ausforschungsverbots im Sinne eines allgemeingültigen Grundsatzes spricht auch das materielle Recht. Gerade dort sind eine Vielzahl vorbereitender Auskunftsansprüche geregelt, die es einem potentiellen Anspruchsinhaber in Fällen, in denen ein typisches Informationsungleichgewicht zwischen den Parteien besteht, erlauben, von dem Anspruchsgegner Auskunft über die anspruchsbegründenden Tatsachen zu verlangen[1056].

Selbst der das Strafrecht prägende Grundsatz „nemo contra se edere tenetur“ steht einer Inanspruchnahme des Anfechtungsgegners auf Auskunft nicht entgegen. Der Schutz gegen Selbstbezichtigung beschränkt sich zwar nicht auf den Strafprozess[1057], lässt sich aber nicht eins zu eins auf das Zivilprozessrecht

---

1051 OLG Düsseldorf, WM 1981, 369, 370; BGH NJW 1991, 2500, 2501; *Schreiber*, in: Münchener Kommentar-ZPO, § 446 Rn. 3; *Schlosser*, JZ 1991, 599, 604.

1052 *Schreiber*, in: Münchener Kommentar-ZPO, § 445 Rn. 7.

1053 *Stürner*, ZZP 104 (1991), 208, 213; *Osterloh-Konrad*, S. 106.

1054 *Osterloh-Konrad*, S. 106.

1055 *Schlosser*, JZ 1991, 599.

1056 *Osterloh-Konrad*, S. 107.

1057 BVerfGE 56, 39, 44.

übertragen[1058]. Im Strafprozess geht es um die Verfolgung des staatlichen Strafinteresses, im Zivilprozess um die Erforschung der materiellen Wahrheit im Streit der Parteien um einen Anspruch. Die Straffreiheit schädigt niemanden unmittelbar[1059], das falsche Zivilurteil den Unterlegenen schon. In dem speziellen Fall der Insolvenzanfechtungsklage schadet ein nicht der Wahrheit entsprechendes Urteil zudem nicht nur einer einzelnen Person, sondern der Gläubigergesamtheit, in deren Befriedigungsinteresse der Insolvenzverwalter den Rückgewähranspruch der Insolvenzmasse einzuklagen versucht.

Da es sich bei den dargestellten prozessualen und materiellen Auskunftspflichten des Gegners nicht um einzelne Regelungen mit Ausnahmecharakter handelt, besitzt der von dem Bundesgerichtshof aufgestellte Grundsatz, dass niemand gehalten sei, seinem Gegner Material für dessen Prozesssieg zu verschaffen, über das er nicht von sich aus verfügt, keine Allgemeingültigkeit. Damit besteht im Ergebnis aber auch kein allgemeines Ausforschungsverbot, das der Normierung eines vorbereitenden Auskunftsanspruchs gegen potentielle Anfechtungsgegner entgegenstehen könnte.

2. Beibringungsgrundsatz

Eine Auskunftspflicht des Anfechtungsgegners könnte aber gegen den zivilprozessualen Beibringungsgrundsatz verstoßen[1060]. Wie bereits im ersten Kapitel[1061] angedeutet, verneint der Bundesgerichtshof unter anderem auch unter Verweis auf diesen Grundsatz eine allgemeine prozessuale Auskunftspflicht der Parteien[1062].

Der Beibringungsgrundsatz beinhaltet, dass allein die Parteien den streitgegenständlichen Sachverhalt in den Prozess einbringen, über seine Feststellungsbedürftigkeit entscheiden und seine Aufklärung betreiben, sodass das Gericht nicht vorgetragene Tatsachen außer Acht lassen muss und ihm regelmäßig eine Beweisermittlung von Amts wegen untersagt ist[1063]. Das Gegenstück zu dem Beibringungsgrundsatz ist der Untersuchungs- beziehungsweise Amtsermittlungsgrundsatz, der das Gericht zur Sachverhaltsermittlung verpflichtet[1064].

1058 *Stürner*, S. 184 ff.; *Osterloh-Konrad*, S. 107.

1059 *Stürner*, S. 59.

1060 Allgemein dazu: *Arens*, ZZP 96 (1983), 1, 18 ff.; *Leipold*, in: Stein/Jonas, § 138 Rn. 26.

1061 Siehe hierzu die Ausführungen im 1. Kapitel unter I.

1062 BGH, NJW 1990, 3151.

1063 *Leipold*, JZ 1982, 441; Rosenberg/Schwab/Gottwald, § 77 Rn. 7; *Weyers*, in: Dogmatik und Methode, S. 193, 194.

1064 *Weyers*, in: Dogmatik und Methode, S. 193, 194.

Der Beibringungsgrundsatz beruht auf dem Gedanken, dass jede Partei im eigenen Interesse die für sie günstigen Tatsachen des entscheidungserheblichen Sachverhalts im Prozess vorbringt, sodass der Vortrag beider Parteien in der Gesamtschau ein zutreffendes Bild von dem tatsächlichen Geschehen vermittelt[1065].

Mit der Geltendmachung eines vorbereitenden Auskunftsanspruchs beabsichtigt eine Partei, für sie günstige Tatsachen zu ermitteln, um diese anschließend in den Prozess einzubringen[1066]. Die Ermittlung erfolgt zwar unter Inanspruchnahme des Gegners, nicht aber durch das Gericht[1067]. Deswegen bedeutet die Normierung eines vorbereitenden Auskunftsanspruchs auch keine Aufweichung des Beibringungsgrundsatzes in Richtung einer Amtsermittlung. Vielmehr bestätigt die Existenz vorbereitender materieller Auskunftsansprüche den Beibringungsgrundsatz[1068]. Denn ohne Auskunftsansprüche würde der Gedanke, dass sich aus dem wechselseitigen Parteivortrag ein zutreffendes Bild des tatsächlichen Geschehens ergibt, in den Fällen versagen, in denen es der darlegungspflichtigen Partei unmöglich ist, ohne Inanspruchnahme des Gegners die für sie günstigen Tatsachen selbst zu ermitteln[1069]. Besteht in diesem Fall ein Auskunftsanspruch, so gewährleistet dieser die Verwirklichung des Beibringungsgrundsatzes, indem er es der sich in Informationsnot befindenden Partei ermöglicht, für sie günstige Tatsachen in den Prozess einzuführen[1070]. Für den Urkundenbeweis verwirklicht § 422 ZPO eben dieses Modell, indem die Vorschrift die prozessuale Vorlagepflicht an materielle Ansprüche knüpft[1071].

Im Hinblick auf die Rechtsprechung des Bundesgerichtshofs ist schließlich anzumerken, dass es vorliegend nicht um die Einführung einer allgemeinen prozessualen Auskunftspflicht der Parteien, sondern eines speziellen, materiellen Auskunftsanspruchs gegenüber potentiellen Anfechtungsgegnern geht. Dieser soll nicht voraussetzungslos, sondern nur unter bestimmten, die Rechte des Anfechtungsgegners wahrenden Voraussetzungen gewährt werden.

Damit steht auch der Beibringungsgrundsatz der Normierung einer materiellen Auskunftspflicht des Anfechtungsgegners im Ergebnis nicht entgegen.

1065 Rosenberg/Schwab/Gottwald, § 77 Rn. 3.

1066 *Osterloh-Konrad*, S. 111 f.

1067 *Osterloh-Konrad*, S. 112.

1068 *Osterloh-Konrad*, S. 112.

1069 *Weyers*, in: Dogmatik und Methode, S. 193, 204; *Mutschler*, FamRZ 1976, 219, 221.

1070 *Osterloh-Konrad*, S. 112.

1071 *Osterloh-Konrad*, S. 112.

3. Verschiebung der Beweislast

Die Normierung eines vorbereitenden Auskunftsanspruchs gegen potentielle Anfechtungsgegner könnte schließlich zu einer unzulässigen Verschiebung der Beweislastverteilung zwischen dem Insolvenzverwalter und dem Anfechtungsgegner führen.

Wie bereits ausgeführt[1072], regelt die objektive Beweislast vorrangig die Frage, welche Partei das Risiko trägt, dass ungeklärt bleibt, ob ein entscheidungserhebliches Tatbestandsmerkmal vorliegt oder nicht[1073]. Nach der entsprechenden Grundregel trägt der Anspruchsteller das Beweislastrisiko für die rechtsbegründenden und rechtserhaltenden, der Anspruchsgegner für die rechtshindernden, rechtsvernichtenden und rechtshemmenden Tatbestandsmerkmale[1074].

Die Einführung eines vorbereitenden Auskunftsanspruchs gegen den Anfechtungsgegner würde grundsätzlich nicht in diese Risikoverteilung eingreifen. Der Insolvenzverwalter wäre auch weiterhin verpflichtet, alle Tatsachen vorzutragen, die seinen Anspruch aus § 143 Abs. 1 InsO rechtfertigen. Das Risiko, dass die dem Anfechtungsprozess vorgelagerte Inanspruchnahme des Anfechtungsgegners auf Auskunft unergiebig bleibt und damit bestimmte Tatbestandsmerkmale nicht bewiesen werden können, würde auch weiterhin der Insolvenzverwalter tragen. Die Ermittlung der anspruchsbegründenden Tatsachen steht also nicht im unmittelbaren Zusammenhang mit der Beweislastverteilung[1075].

Allerdings ist zuzugeben, dass ein vorbereitender Auskunftsanspruch das bestehende Beweislastrisiko des Insolvenzverwalters zumindest insoweit verringern würde, als die erfolgreiche Ermittlung der anspruchsbegründenden Tatsachen im Falle ihres tatsächlichen Bestehens wahrscheinlicher werden würde. Ein vorbereitender Auskunftsanspruch hätte also keinen Einfluss auf den Bestand der Regel, sondern lediglich auf das Risiko, dass die Regel zulasten des Insolvenzverwalters Anwendung findet. Diese Risikominimierung ist aufgrund der oben beschriebenen Rechtfertigungskraft des Gläubigergleichbehandlungsgrundsatzes gerechtfertigt.

1072 Siehe hierzu die Ausführungen im 4. Kapitel unter I.1.

1073 *Laumen*, NJW 2002, 3739, 3741; *Prütting*, in: Münchener Kommentar-ZPO, § 286 Rn. 100.

1074 BGH, NJW 1983, 2944; BGH, NJW 1986, 2426, 2427; BGHZ 113, 222, 224 f.; BGH, NJW 1995, 49, 50; *Prütting*, in: Münchener Kommentar-ZPO, § 286 Rn. 111; *Schmidt*, JuS 2003, 1007, 1011.

1075 *Zerhusen*, S. 43; *Lesser*, S. 35; *Osterloh-Konrad*, S. 115.

4. Recht des Anfechtungsgegners auf informationelle Selbstbestimmung

Unabhängig von allgemeinen prozessualen Grundsätzen stellt sich auf der Ebene individueller Betroffenheit die Frage, ob ein vorbereitender Auskunftsanspruch das Recht des Anfechtungsgegners auf informationelle Selbstbestimmung hinreichend beachten würde.

Fraglich ist, ob die Norm den Grundrechten des Anspruchsgegners überhaupt Beachtung schenken müsste. Sie würde einen privatrechtlichen Auskunftsanspruch des Insolvenzverwalters gegenüber dem Anfechtungsgegner regeln, der auf dem ordentlichen Rechtsweg durchzusetzen wäre.

Auch der Privatrechtsgesetzgeber ist Verpflichtungsadressat der Grundrechte[1076]. Dafür spricht bereits der Wortlaut des Art. 1 Abs. 3 GG. Denn danach binden „die nachfolgenden Grundrechte Gesetzgebung, vollziehende Gewalt und Rechtsprechung als unmittelbar geltendes Recht". Unter den Begriff der *Gesetzgebung* fällt auch die privatrechtliche[1077]. Dies bedeutet, dass auch der Privatrechtsgesetzgeber die Grundrechte aller Beteiligten in einer dem Verhältnismäßigkeitsgrundsatz genügenden Weise berücksichtigen muss[1078].

Wie bereits im ersten Kapitel ausgeführt[1079], gewährt das Recht auf informationelle Selbstbestimmung dem Einzelnen die Befugnis, grundsätzlich selbst zu entscheiden, wann und innerhalb welcher Grenzen er persönliche Sachverhalte offenbart[1080]. Dies gilt auch dann, wenn es um Umstände geht, aus denen ein anderer für sich selbst Ansprüche herleiten könnte[1081].

Fraglich ist, ob sich auf dieses Recht nur natürliche oder auch eine juristische Person als Anfechtungsgegner berufen könnten[1082].

Das Bundesverfassungsgericht hat entschieden, dass der aus dem allgemeinen Persönlichkeitsrecht folgende Schutz vor einem Zwang zur Selbstbezichtigung nicht für juristische Personen gilt[1083]. Diese Entscheidung bezieht sich allerdings nur auf strafbare Handlungen. Nach der Argumentation des Bundesverfassungsgerichts

---

1076 BVerfGE 42, 143, 148; *Dreier*, in: Dreier, Art. 1 GG Rn. 54; *Hillgruber*, in: Beck'scher Online-Kommentar-GG, Art. 1 GG Rn. 73; *Jarass*, in: Jarass/Pieroth, Art. 1 GG Rn. 49.

1077 *Canaris*, Grundrechte und Privatrecht, S. 11.

1078 BVerfGE 30, 173, 197.

1079 Siehe hierzu ausführlich die Ausführungen im 1. Kapitel unter III.1.

1080 BVerfGE 65, 1, 43.

1081 So auch *Leipold*, in: Stein/Jonas, § 138 Rn. 30.

1082 Hierzu näher: *Jarass*, in: Jarass/Pieroth, Art. 2 Rn. 51 f.

1083 BVerfGE 95, 220, 242.

könne bei juristischen Personen keine zu natürlichen Personen vergleichbare Zwangslage entstehen. Juristische Personen bildeten ihren Willen nur durch Organe und unterlägen im Hinblick auf Straftaten oder Ordnungswidrigkeiten nur einer eingeschränkten Verantwortlichkeit[1084]. Begehe ein Organwalter unter Verletzung von Pflichten der juristischen Person eine solche Tat, so sei allein er Täter. Gegen die juristische Person könne lediglich eine Geldbuße festgesetzt werden, die aber weder einen Schuldvorwurf noch eine ethische Missbilligung enthält, sondern einen Ausgleich für die aus der Tat gezogenen Vorteile schaffen soll[1085].

Gegen eine Übertragbarkeit dieser Argumentation auf zivilrechtliche Ansprüche spricht, dass der Anspruchsgegner im Allgemeinen und der Anfechtungsgegner im Speziellen die juristische Person ist. Nicht das Organ, sondern die juristische Person ist zur Rückgewähr verpflichtet, sofern sie durch die anfechtbare Rechtshandlung etwas mit gläubigerbenachteiligender Wirkung aus dem Vermögen des Schuldners erlangt hat. Damit könnte sich auch ein Anfechtungsgegner in Gestalt einer juristischen Person auf das Recht auf informationelle Selbstbestimmung berufen.

Ein vorbereitender Auskunftsanspruch würde in dieses Recht eingreifen. Allerdings wäre der Eingriff an dieser Stelle durch den insolvenzrechtlichen Gläubigergleichbehandlungsgrundsatz gerechtfertigt. Letzterer ist ebenfalls verfassungsrechtlich garantiert und wird im eröffneten Insolvenzverfahren für die Zeit vor der Eröffnung des Insolvenzverfahrens rückwirkend durchgesetzt[1086].

Deswegen ist im Hinblick auf die Normierung eines vorbereitenden Auskunftsanspruchs sicherzustellen, dass zumindest eine gewisse Wahrscheinlichkeit für die Verwirklichung des Gläubigergleichbehandlungsgrundsatzes besteht. Denn nur dann, wenn durch die Auskunft anfechtungsrelevante Sachverhalte aufgedeckt werden, führt dies tatsächlich zu einer gleichmäßigeren Gläubigerbefriedigung. Sofern dies gewährleistet ist, steht auch das Recht auf informationelle Selbstbestimmung des Anfechtungsgegners der Normierung eines vorbereitenden Auskunftsanspruchs nicht entgegen.

5. Zwischenergebnis

Die vorstehende Untersuchung hat gezeigt, dass der Normierung eines vorbereitenden Auskunftsanspruchs gegen potentielle Anfechtungsgegner weder

1084 BVerfGE 95, 220, 242.
1085 BVerfGE 95, 220, 242.
1086 Siehe hierzu ausführlich die Ausführungen in diesem Kapitel unter II.1.

allgemeine prozessuale Grundsätze noch individuelle Rechte des potentiellen Anfechtungsgegners entgegenstehen.

IV. Regelungscharakter und -standort

Bevor die einzelnen Tatbestandsvoraussetzungen entwickelt werden, sind Charakter und Standort der Norm zu bestimmen.

1. Regelungscharakter

Der vorbereitende Auskunftsanspruch könnte verfahrensrechtlich oder materiell ausgestaltet werden.

Gegen eine verfahrensrechtliche Ausgestaltung spricht bereits der Vorrang des materiellen Rechts[1087]. Auskunftsansprüche sind grundsätzlich eher dem materiellen als dem Verfahrensrecht zuzuordnen[1088]. Zwar sieht gerade die Insolvenzordnung in den §§ 97, 101 InsO verfahrensrechtliche Auskunftspflichten vor. Wie die Untersuchungen in dem ersten Kapitel der Arbeit gezeigt haben[1089], handelt es sich bei diesen Vorschriften aber um nicht analogiefähige Spezialvorschriften, die eine, an die Verfahrensbeteiligung des jeweils Verpflichteten anknüpfende, voraussetzungslose Auskunfts- und Mitwirkungspflicht regeln. Der vorbereitende Auskunftsanspruch gegen potentielle Anfechtungsgegner soll hingegen nicht nur gegenüber Verfahrensbeteiligten bestehen, sondern einen weiten Kreis potentieller Anfechtungsgegner zur Auskunft verpflichten.

Über die tatbestandliche Ausgestaltung kann zudem sichergestellt werden, dass die Rechte des Anspruchsgegners hinreichend gewahrt werden und dass das indirekte Aufklärungssystem nicht vollständig durchbrochen wird. Denn die Norm, die als vorbereitender materieller Auskunftsanspruch speziell auf die Verfolgung der in den §§ 129 ff. InsO geregelten Anfechtungsvoraussetzungen gerichtet ist, muss sich in das System einfügen, das die verfahrensrechtlich geprägten Auskunftspflichten vorgeben. Folglich spricht alles für einen materiellen Normcharakter.

2. Regelungsstandort

Daran anknüpfend ist der richtige Standort für den Auskunftsanspruch im dritten Abschnitt des dritten Teils der Insolvenzordnung zu suchen. Da die Auskunft

1087 *Koch*, Mitwirkungsverantwortung im Zivilprozess, S. 179.
1088 BGH, NJW 1990, 3151; *Leipold*, in: Stein/Jonas, § 138 Rn. 27.
1089 Siehe hierzu die Ausführungen im 1. Kapitel unter II.

der Vorbereitung des insolvenzanfechtungsrechtlichen Rückgewähranspruchs dient und alle Anfechtungstatbestände betreffen kann, sollte der Auskunftstatbestand im Anschluss an die Anspruchsgrundlage des § 143 InsO platziert werden. Damit wäre auch der für die Anfechtung zuständige Sachwalter anspruchsberechtigt, da für ihn gemäß § 280 InsO die Vorschriften der §§ 129 bis 147 InsO gelten.

V. Anspruchsvoraussetzungen und -umfang

Die Entwicklung der Anspruchsvoraussetzungen und des Anspruchsumfangs der Norm orientiert sich ebenfalls an den im Gang der Untersuchung gewonnenen Ergebnissen.

1. Anspruchsvoraussetzungen

Wie bereits oben angedeutet, ist auf eine hinreichend wahrscheinliche Verwirklichung des Gläubigergleichbehandlungsgrundsatzes zu achten. Wird der Anfechtungsgegner zu Unrecht auf Auskunft in Anspruch genommen, so bedeutet dies gleichzeitig auch, dass der Grundsatz der Gläubigergleichbehandlung nicht verwirklicht wird. In diesem Fall fehlt es dem Auskunftsanspruch an einer Rechtfertigungsgrundlage. Andererseits muss der Auskunftsanspruch dem Insolvenzverwalter einen informationellen Mehrwert verschaffen. Er muss über die indirekten Informations- und Auskunftsquellen, den allgemeinen Auskunftsanspruch aus Treu und Glauben sowie die Beweiserleichterungen hinausgehen, um im Hinblick auf die Verwirklichung des Gläubigergleichbehandlungsgrundsatzes eine Daseinsberechtigung zu besitzen.

a. Etwas nach Eintritt der materiellen Insolvenz erlangt

Die Lösung besteht darin, zu fordern, dass der Auskunftsgegner nach dem Übergang von dem Prioritäts- zum Gläubigergleichbehandlungsgrundsatz noch etwas aus dem Vermögen des Schuldners erlangt hat[1090]. Denn dann besteht auch ein erster Anhaltspunkt dafür, dass diese Vermögensverschiebung dem Grundsatz der Gläubigergleichbehandlung widerspricht und auf der Grundlage der Anfechtungsvorschriften keinen Bestand hat.

1090 Ähnlich im Zusammenhang mit dem allgemeinen Auskunftsanspruch aus § 242 BGB: *Münzel/Goraj*, InsVZ 2010, 209, 212, die (wie bereits im 2. Kapitel unter I.2.a.aa.(v) erläutert) von der „insolvenzrechtlichen Sonderverbindung der Gläubigerstellung in der Krise" sprechen.

Der Grundsatz der Gläubigergleichbehandlung greift dann ein, wenn ein Insolvenzgrund vorliegt. Mit dem Eintritt der Zahlungsunfähigkeit oder der Überschuldung soll die Gesamtvollstreckung im Sinne der gemeinschaftlichen Verwirklichung der Vermögenshaftung des Schuldners eingeleitet und das Vermögen des Schuldners nicht mehr dem Zugriff des Einzelnen, sondern dem der Gläubigergesamtheit unterliegen[1091]. Damit wird der Bogen geschlagen zu der bereits getroffenen Feststellung, dass der Staat im Falle einer Insolvenz durch das System aus Einzel- und Gesamtvollstreckung den gegen ihn gerichteten Anspruch aller Gläubiger auf Rechtsverwirklichung durch Zwangsvollstreckung erfüllt. Denn ab dem Zeitpunkt der materiellen Insolvenz steht fest, dass der Schuldner nicht mehr alle Gläubiger wird voll befriedigen können und jede erfolgreiche Einzelzwangsvollstreckung einer gleichmäßigen Befriedigung aller Gläubiger zuwider liefe. Folglich greift ab dem Eintritt der Zahlungsunfähigkeit oder Überschuldung des Schuldners auch der Grundsatz der gleichmäßigen Gläubigerbefriedigung ein[1092].

Daran anschließend stellt sich die Frage, ob es genügen würde, wenn der Anfechtungsgegner von dem Schuldner etwas im Stadium der lediglich drohenden Zahlungsunfähigkeit erlangt hätte.

Dagegen spricht zunächst, dass der Schuldner in diesem Stadium noch in der Lage ist, seine fälligen Verbindlichkeiten zu bedienen und Maßnahmen zu ergreifen, um die bevorstehende materielle Insolvenz abzuwenden. Da das Tatbestandsmerkmal der positiven Fortführungsprognose seit dem Erlass des Finanzmarktstabilisierungsgesetzes bei der Überschuldungsprüfung wieder eine zentrale Rolle spielt, haben sich die drohende Zahlungsunfähigkeit und die Überschuldung zwar sehr stark angenähert[1093]. So ist der Schuldner im Falle der Überschuldung fast zwangsläufig auch drohend zahlungsunfähig. Der für die vorliegende Untersuchung entscheidende Unterschied ist aber, dass der drohend zahlungsunfähige Schuldner nicht zwingend überschuldet sein muss[1094].

Zudem gibt die drohende Zahlungsunfähigkeit allein dem Schuldner das Recht zur Antragstellung. Der Insolvenzgrund verfolgt nicht das Ziel, den Rechtsmittelanspruch der Gläubiger zu verwirklichen, sondern vielmehr eine frühzeitige Insolvenzantragstellung, um Sanierungschancen zu verbessern[1095].

1091 Begründung des Regierungsentwurfs, BT-Drs. 12/2443, S. 83 r. Sp./108 r. Sp.

1092 *Ganter*, WM 2009, 1441, 1443; *Jacoby*, KTS 2009, 3, 20 f.; *Schoppmeyer*, NZI 2005, 185, 186.

1093 *Mock*, in: Uhlenbruck, § 18 Rn. 13.

1094 *K. Schmidt*, in: K. Schmidt, § 18 Rn. 7.

1095 BT-Drs. 12/2443 S. 114 r. Sp.

Vor diesem Hintergrund erklärt sich auch der Wortlaut des § 15a Abs. 1 Satz 1 InsO. Die Insolvenzantragspflicht besteht sofort, die dreiwöchige Frist ist keine Wartefrist, sondern eine letzte Möglichkeit, Erfolg versprechende Gegenmaßnahmen zu ergreifen[1096]. Damit korrespondierend bestehen für Leitungsorgane von Kapitalgesellschaften und Personengesellschaften ohne eine natürliche Person als persönlich haftendem Gesellschafter umfassende Haftungspflichten[1097], sofern Zahlungen nach Eintritt der Zahlungsunfähigkeit oder Überschuldung geleistet werden und diese nicht mit der Sorgfalt eines ordentlichen Geschäftsmannes vereinbar sind. Der Zweck dieser Haftung liegt nicht nur in der Masseerhaltung, sondern ebenso in der Gläubigergleichbehandlung[1098].

Im Ergebnis reicht es also nicht aus, wenn der potentielle Anfechtungsgegner etwas im Stadium der drohenden Zahlungsunfähigkeit des Schuldners erlangt hat, um den Anspruch zu begründen. Der Anwendungsbereich eines vorbereitenden Auskunftsanspruchs hat sich vielmehr an dem Geltungsbereich des Gläubigergleichbehandlungsgrundsatzes zu orientieren – der materiellen Insolvenz des Schuldners. Der Insolvenzverwalter hat nachzuweisen, dass der Schuldner zu einem bestimmten Zeitpunkt zahlungsunfähig oder überschuldet war. Der potentielle Anfechtungsgegner ist dann für den Zeitraum bis zur Eröffnung des Insolvenzverfahrens auskunftspflichtig.

b. Durch gläubigerbenachteiligende Rechtshandlung

Jede Anfechtung setzt gemäß § 129 InsO den Tatbestand einer gläubigerbenachteiligenden Rechtshandlung voraus[1099]. Vor diesem Hintergrund stellt sich die Frage, ob auch der Auskunftsanspruch diese Voraussetzungen aufnehmen sollte. Dagegen spricht, dass dieser gerade auf die Ermittlung der Voraussetzungen eines Anfechtungstatbestandes gerichtet ist. Anhand der gewonnenen Auskünfte soll der Insolvenzverwalter beurteilen können, ob der potentielle Anfechtungsgegner

---

1096 *Steffek*, in: Kübler/Prütting/Bork, § 15a Rn. 59.

1097 Aus §§ 92 Abs. 2 Satz 1, 93 Abs. 2 Satz 1 AktG, § 64 Satz 1 GmbHG, §§ 130a Abs. 1 Satz 1, Abs. 2 Satz 1, 161 Abs. 2, 177a Satz 1 HGB sowie § 99 Satz 1, 34 Abs. 2 Satz 1 GenG.

1098 Für § 92 AktG: *Dauner-Lieb*, in: Henssler/Strohn, § 92 AktG Rn. 2 (m.w.N.); *Fleischer*, in: Münchener Kommentar-AktG, § 92 AktG Rn. 18.; *Schulze-Osterloh*, in: Festschrift für Bezzenberger, S. 415, 423; für § 64 GmbHG: BGHZ 143, 184, 186; BGHZ 146, 264, 275; BGH, ZIP 2003, 1005, 1006; BGH, NJW 2008, 2504 Rn. 10; *Müller*, in: Münchener Kommentar-GmbHG, § 64 GmbHG Rn. 1; *Schulze-Osterloh*, in: Festschrift für Bezzenberger, S. 415, 423.

1099 *K. Schmidt*, in: K. Schmidt, § 129 Rn. 25/45.

etwas durch anfechtbare Rechtshandlung erlangt hat und dadurch überhaupt eine Gläubigerbenachteiligung eingetreten ist.

c. Nachweis der materiellen Insolvenz

Ebenso wie im Rahmen einer Anfechtungsklage stellt sich auch bei der Durchsetzung eines vorbereitenden Auskunftsanspruchs die Frage, wie der Nachweis der materiellen Insolvenz geführt werden kann. Will der Insolvenzverwalter den potentiellen Anfechtungsgegner auf Auskunft in Anspruch nehmen, so trägt er die Darlegungs- und Beweislast für den Zeitpunkt des Eintritts der materiellen Insolvenz und damit für den Auskunftszeitraum.

aa. Nachweis der Überschuldung

Der Nachweis der Überschuldung glückt dann, wenn der Insolvenzverwalter eine rechnerische Überschuldung im Sinne des § 19 Abs. 2 Satz 1 InsO nachweisen kann. Die Vorschrift normiert einen einheitlichen Begriff der Überschuldung, der auch im Rahmen des zu normierenden Auskunftsanspruchs Platz greift. Die Darlegung erfolgt grundsätzlich anhand einer Überschuldungsbilanz, die zu Liquidationswerten aufzustellen ist[1100].

Diese Überschuldungsbilanz ist zwar keine Handelsbilanz im Sinne der §§ 246 ff. HGB[1101]. Allerdings kann nach der Rechtsprechung des Bundesgerichtshofs in einem Zivilprozess eine in der Handelsbilanz ausgewiesene bilanzielle Überschuldung ein Indiz für das Vorliegen einer rechnerischen Überschuldung darstellen. Legt der Anspruchsteller für seine Behauptung, die Gesellschaft sei überschuldet gewesen, nur eine Handelsbilanz vor, aus der sich ein nicht durch Eigenkapital gedeckter Fehlbetrag ergibt, so habe er jedenfalls die Ansätze dieser Bilanz darauf zu überprüfen und zu erläutern, ob und gegebenenfalls in welchem Umfang stille Reserven oder sonstige aus ihr nicht ersichtliche Vermögenswerte vorhanden sind[1102]. Ist der Anspruchsteller diesen Anforderungen nachgekommen, sei es Sache des beklagten Geschäftsführers, im Rahmen seiner sekundären Darlegungslast im Einzelnen vorzutragen, welche stillen Reserven

1100 BGH, NZI 2011, 452 Rn. 33; BGH, ZInsO 2012, 732 Rn. 5; *Schröder*, in: Hamburger Kommentar-InsO, § 19 Rn. 54.

1101 *Rüntz*, in: Heidelberger Kommentar-InsO, § 19 Rn. 12; *Mock*, in: Uhlenbruck, § 19 Rn. 17.

1102 BGHZ 146, 264, 268; BGH, ZIP 2009, 860 Rn. 10; BGH, ZIP 2009, 1220 Rn. 9; BGH, NZI 2011, 452 Rn. 33; BGH, ZInsO 2012, 732 Rn. 5; **a.A.**: *Mock*, in: Uhlenbruck, § 19 Rn. 17.

oder sonstigen für eine Überschuldungsbilanz maßgeblichen Werte in der Handelsbilanz nicht abgebildet sind[1103].

Fraglich ist, ob diese Indizwirkung auch in einem Auskunftsprozess gegen einen potentiellen Anfechtungsgegner zur Anwendung gelangen kann. Die vorstehend zitierten Entscheidungen des Bundesgerichtshofs sind alle zu der Haftung eines Geschäftsführers gemäß § 64 GmbHG gegenüber der Insolvenzmasse ergangen. Sofern der Anfechtungsgegner ebenfalls ein schuldnerisches Organ oder ein entsprechend informierter Insider ist, spricht nichts dagegen, die Beweiserleichterung auch im Rahmen eines Auskunftsprozesses zu gewähren. Handelt es sich bei dem potentiellen Anfechtungsgegner hingegen um einen Dritten, der keinerlei Informationen bezüglich der Vermögenswerte des Schuldners besitzt und dem deswegen ein Vortrag zu den einzelnen Positionen einer Handelsbilanz unmöglich sein dürfte, so käme der Handelsbilanz nicht nur eine indizielle, sondern vielmehr eine anspruchsbegründende Bedeutung zu. Vor diesem Hintergrund sollte die Beweiserleichterung mit Ausnahme der beschriebenen Anwendungsfälle nicht zur Anwendung kommen.

Eine vergleichbare Problemlage ergibt sich bezüglich des Tatbestandsmerkmals der Fortführungsprognose im Sinne des § 19 Abs. 2 Satz 1 InsO. In Haftungsprozessen gemäß § 64 GmbHG geht der Bundesgerichtshof davon aus, dass die Geschäftsführung die Umstände darzulegen und notfalls zu beweisen hat, aus denen sich eine günstige Prognose für den fraglichen Zeitraum ergibt[1104].

Auch an dieser Stelle ist die Informationslage des in Anspruch genommenen Geschäftsführungsorgans grundsätzlich nicht mit der eines potentiellen – außerhalb des schuldnerischen Geschäftsbetriebs stehenden – Anfechtungsgegners vergleichbar. Deswegen muss der Insolvenzverwalter gegenüber Anfechtungsgegnern, bei denen es sich im Hinblick auf den Geschäftsbetrieb des Schuldners nicht um Insider handelt, substantiiert darlegen und beweisen, dass keine positive Fortführungsprognose bestand.

bb. Nachweis der Zahlungsunfähigkeit

Im Hinblick auf den Nachweis der Zahlungsunfähigkeit könnten dem Insolvenzverwalter auch im Rahmen eines vorbereitenden Auskunftsanspruchs die gesetzliche Vermutung des § 17 Abs. 2 Satz 2 InsO sowie die in diesem

---

1103 BGH, ZIP 2009, 860 Rn. 10; BGH, ZIP 2009, 1220 Rn. 9; BGH, NZI 2011, 452 Rn. 33.

1104 BGH, ZIP 2010, 2400 Rn. 11; BGH, ZIP 2006, 2171 (für vor dem 18.10.2008 abgeschlossene Sachverhalte).

Zusammenhang bestehenden richterrechtlichen Beweiserleichterungen an die Seite gestellt werden[1105].

Für eine Anwendung der gesetzlichen Vermutungsregel spricht, dass die Vorschrift nach ständiger Rechtsprechung und herrschender Meinung im gesamten Insolvenzrecht, auch für die Regelungen der Insolvenzanfechtung gilt[1106]. Es ist kein Grund ersichtlich, warum diese Beweiserleichterung nur bei der Durchsetzung, nicht aber auch bei der Vorbereitung eines Anfechtungsanspruchs gelten sollte.

Sofern keine Zahlungseinstellung vorliegt, kann der Nachweis der Zahlungsunfähigkeit über die Erstellung einer Liquiditätsbilanz erfolgen. Nach der bereits erwähnten Rechtsprechung des Bundesgerichtshofs ist eine solche dann nicht zwingend erforderlich, wenn für die Feststellung der Zahlungsunfähigkeit keine Prognose, wie beispielsweise bei der Frage, ob ein Insolvenzgrund vorliegt oder nicht, erstellt werden muss[1107].

Ebenso wie die Prüfung eines Anfechtungstatbestands würde auch die Geltendmachung eines vorbereitenden Auskunftsanspruchs gegen einen potentiellen Anfechtungsgegner nach Eintritt der materiellen Insolvenz erfolgen, sodass auch an dieser Stelle eine Prognose nicht erforderlich wäre.

Im Ergebnis kann der Insolvenzverwalter damit alle zur Darlegung der Zahlungsunfähigkeit bestehenden Beweiserleichterungen nutzen, um die Tatbestandsvoraussetzungen des vorbereitenden Auskunftsanspruchs schlüssig darzulegen und zu beweisen.

2. Anspruchsumfang

Um das Informationsbedürfnis des Insolvenzverwalters hinreichend zu befriedigen, sind von dem Anspruchsumfang alle wesentlichen Umstände erfasst, die für die Darlegung der Anfechtungsvoraussetzungen von Relevanz sind. Das bedeutet, dass der potentielle Anfechtungsgegner die Umstände darzulegen hat, unter denen er ab dem Zeitpunkt der materiellen Insolvenz etwas aus dem Vermögen des Schuldners erlangt hat. Insoweit unterscheidet sich der vorbereitende

---

1105 Siehe hierzu auch die Ausführungen im 4. Kapitel unter II.2.a und III.4.

1106 BGHZ 163, 134, 137; BGH, NZI 2006, 591, 592; BGH, NZI 2011, 589 Rn. 10; BGH, NZI 2013, 888 Rn. 17; BGH, ZIP 2016, 2423 Rn. 16; *Ede/Hirte*, in: Uhlenbruck, § 130 Rn. 106; *Eilenberger*, in: Münchener Kommentar-InsO, § 17 Rn. 32; *Rogge/Leptien*, Hamburger Kommentar-InsO, § 130 Rn. 55a f.; *Thole*, in: Heidelberger Kommentar-InsO, § 130 Rn. 24.

1107 BGHZ 163, 134, 140; BGH, NZI 2007, 36 Rn. 28.

Auskunftsanspruch gegen potentielle Anfechtungsgegner von dem allgemeinen vorbereitenden Auskunftsanspruch aus Treu und Glauben. Letzterer verpflichtet den zur Auskunft Verpflichteten grundsätzlich nur dazu, mitzuteilen, ob er etwas erlangt hat, nicht aber unter welchen Umständen[1108]. Von Interesse sind für den Insolvenzverwalter aber insbesondere, in welcher Art und Weise und zu welcher Zeit der Anspruchsgegner etwas erlangt hat, um beispielsweise eine Deckungshandlung als kongruent oder inkongruent einordnen zu können. Bedeutend sind zudem Informationen über Indizien, die Rückschlüsse auf eine Kenntnis des Anfechtungsgegners von einer etwaigen (drohenden) Zahlungsunfähigkeit des Schuldners zu dem Zeitpunkt der angefochtenen Rechtshandlung zulassen. Deswegen muss der potentielle Anfechtungsgegner auch Auskunft auf die Frage hin erteilen, ob er den Schuldner beispielsweise angemahnt oder unter Druck gesetzt hat.

VI. Subsidiarität

Der Auskunftsanspruch muss sich schließlich in die Systematik der Insolvenzordnung einordnen. Wie auch der Bundesgerichtshof mehrfach festgestellt hat, stehen dem Insolvenzverwalter vorrangig der Schuldner und seine Organe zur Verfügung, um diesem alle das Verfahren betreffenden Auskünfte zu geben. Allerdings ist im Gang der Untersuchung deutlich geworden, dass der Schuldner – sei es aus Eigeninteresse oder wegen Unerreichbarkeit – oftmals als Auskunftsquelle unergiebig ist.

Deswegen sollte dem Anfechtungsgegner zumindest ein Auskunftsverweigerungsrecht zugestanden werden, bis der Insolvenzverwalter nachweislich den Schuldner und seine Organe auf Auskunft in Anspruch genommen und deren Auskunftspflicht unter Umständen mit Hilfe des Insolvenzgerichts durchgesetzt hat. Erst wenn der Insolvenzverwalter diese indirekten Auskunftsquellen ausgeschöpft hat, kann er den potentiellen Anfechtungsgegner direkt auf Auskunft in Anspruch nehmen. Als Nachweis für die Erschöpfung der Auskunftsquellen könnte beispielsweise die eidesstattliche Versicherung gemäß § 98 Abs. 1 InsO dienen.

VII. Anwendbarkeit im Eröffnungsverfahren

Die Frage nach dem zeitlichen Anwendungsbereich des vorbereitenden Auskunftsanspruchs stellt sich nicht nur auf Tatbestands-, sondern auch auf Verfahrensebene. Die Ermittlung von Anfechtungssachverhalten spielt bereits im

---

1108 Siehe hierzu die Ausführungen im 2. Kapitel unter I.2.a.ee.

Eröffnungsverfahren bei der Beantwortung der Frage eine Rolle, ob die Kosten des Verfahrens gedeckt sind und damit das Verfahren überhaupt erst eröffnet werden kann. Daran anknüpfend könnte erwogen werden, den Auskunftsanspruch bereits dem vorläufigen Insolvenzverwalter zu gewähren.

Der Grundsatz der Gläubigergleichbehandlung entfaltet im Eröffnungsverfahren aber lediglich eine Vorwirkung für das spätere Insolvenzverfahren[1109]. Damit korrespondierend steht das Anfechtungsrecht ausschließlich dem endgültigen Insolvenzverwalter zu[1110]. Vielmehr ist es dem Insolvenzverwalter sogar möglich, Handlungen des vorläufigen Insolvenzverwalters anzufechten[1111]. Vor diesem Hintergrund wäre eine Auskunftspflicht im Eröffnungsverfahren unverhältnismäßig. Die Auskunftspflicht würde in die Rechte der potentiellen Anfechtungsgegner eingreifen, ohne dass feststünde, ob sich der Eingriff tatsächlich durch eine spätere Verfahrenseröffnung und das dann geltende Verfahrensziel der Gläubigergleichbehandlung rechtfertigen ließe.

VIII. Regelungsvorschlag

Unter Zugrundelegung der vorstehenden Überlegungen ergibt sich folgender Regelungsvorschlag:

> **§ 143a InsO Auskunftsanspruch**
> Jeder, der nach dem Eintritt der Zahlungsunfähigkeit oder der Überschuldung des Schuldners und vor der Eröffnung des Insolvenzverfahrens etwas aus dem Vermögen des Schuldners erlangt hat, ist verpflichtet, dem Insolvenzverwalter Auskunft über alle im Zusammenhang mit dem Erlangten stehenden Umstände zu geben. Der gemäß Satz 1 zur Auskunft Verpflichtete kann die Auskunft verweigern, solange nicht der Insolvenzverwalter den Schuldner und seine Organe ohne Erfolg nach §§ 97, 98, 101 Abs. 1 auf Auskunft in Anspruch genommen hat.

1109 *Kirchhof*, in: Münchener Kommentar-InsO, Vorbem. §§ 129 bis 147 Rn. 1.

1110 BGH, NJW 1995, 2783, 2784 (zum Recht der KO); *Ede/Hirte*, in: Uhlenbruck, § 143 Rn. 11; *Henckel*, in: Jaeger, § 129 Rn. 277; *Kayser*, in: Münchener Kommentar-InsO, § 129 Rn. 193.

1111 BGHZ 154, 190, 194; BGHZ 161, 315, 318; BGH, NZI 2010, 17 Rn. 11; BGH, NZI 2013, 298 Rn. 16; *Ede/Hirte*, in: Uhlenbruck, § 143 Rn. 11; *Rogge/Leptien*, in: Hamburger Kommentar-InsO, § 129 Rn. 20.

Literaturverzeichnis

Adam, Roman F.: Insolvenzrecht und Grundgesetz, DZWIR 2009, 441–450

Ahrens, Hans-Jürgen: Der Beweis im Zivilprozess, Köln 2015

Ahrens, Martin: Reform der Vorsatzanfechtung nach dem Gesetzesentwurf der Bundesregierung, ZRP 2016, 5–9

Ahrens, Martin/Gehrlein, Markus/Ringstmeier, Andreas: Fachanwaltskommentar Insolvenzrecht, 3. Auflage, Köln 2017
(zit.: *Bearbeiter*, in: Ahrens/Gehrlein/Ringstmeier)

Ampferl, Hubert: Der „starke" vorläufige Insolvenzverwalter in der Unternehmensinsolvenz, Köln 2002

Andres, Dirk/Leithaus, Rolf: Insolvenzordnung (InsO); Kommentar, 3. Auflage, München 2014
(zit.: *Bearbeiter*, in: Andres/Leithaus)

Arens, Peter: Zur Aufklärungspflicht der nicht beweisbelasteten Partei im Zivilprozeß, ZZP 96 (1983), 1–24

Baumbach, Adolf/Hueck, Alfred: GmbHG, 21. Auflage, München 2017
(zit.: *Bearbeiter*, in: Baumbach/Hueck)

Baumbach, Adolf/Lauterbach, Wolfgang/Albers, Jan/Hartmann, Peter: Zivilprozessordnung, 75. Auflage, München 2017

Baumgärtel, Gottfried: Zwei wichtige Entscheidungen zu Ausforschungsbeweis und „Behauptung ins Blaue hinein", MDR 1995, 987

Baumgärtel, Gottfried: Beweislastpraxis im Privatrecht, Köln 1996

Baur, Fritz/Stürner, Rolf: Zwangsvollstreckungs-, Konkurs- und Vergleichsrecht, Band 2, 12. Auflage, Heidelberg 1990

Baur, Fritz/Stürner, Rolf/Bruns, Alexander: Zwangsvollstreckungsrecht, 13. Auflage, Heidelberg 2006

Beck, Rainer: Auskunftsanspruch des Insolvenzverwalters gegenüber der Finanzverwaltung, ZIP 2006, 2009–2015

Beck, Siegfried/Depré, Peter: Praxis der Insolvenz, Ein Handbuch für die Beteiligten und ihre Berater, 3. Auflage, München 2017
(zit.: *Bearbeiter*, in: Beck/Depré)

Beckemper, Katharina: Das neue Informationsfreiheitsgesetz des Bundes, LKV 2006, 300–302

Beckhaus, Gerrit Marian: Die Bewältigung von Informationsdefiziten bei der Sachverhaltsaufklärung – die Enforcement-Richtlinie als Ausgangspunkt für die Einführung einer allgemeinen Informationsleistungspflicht in das deutsche Zivilrecht, Tübingen 2010

Beck'scher Online-Kommentar-BGB: Beck'scher Online-Kommentar BGB, 43. Edition, München, Stand: Februar 2017
(zit.: *Bearbeiter*, in: Beck'scher Online-Kommentar-BGB)

Beck'scher Online-Kommentar-GG: Beck'scher Online-Kommentar Grundgesetz, 34. Edition, München, Stand: August 2017
(zit.: *Bearbeiter*, in: Beck'scher Online-Kommentar-GG)

Beck'scher Online-Kommentar-VwVfG: Beck'scher Online-Kommentar VwVfG, 36. Edition, München, Stand: April 2017
(zit.: *Bearbeiter*, in: Beck'scher Online-Kommentar VwVfG)

Beck'scher Online-Kommentar-ZPO: Beck'scher Online-Kommentar ZPO, 26. Edition, München, Stand: September 2017
(zit.: *Bearbeiter*, in: Beck'scher Online-Kommentar-ZPO)

Beermann, Albert/Gosch, Dietmar: Abgabenordnung Finanzgerichtsordnung, mit Nebengesetzen | EuGH-Verfahrensrecht, Kommentar, Loseblatt, 133. Ergänzungslieferung, Bonn, Stand: September 2017,
Band 1, §§ 1–106 AO
Band 4, §§ 399–415 AO, §§ 1–92 FGO
(zit.: *Bearbeiter*, in: Beermann/Gosch)

Berliner Kommentar-InsO: Berliner Kommentar Insolvenzrecht, Loseblatt, 61. Ergänzungslieferung, Köln, Stand: Juni 2017
Band 1, §§ 1–79 InsO
Band 2, §§ 80–359 InsO
(zit.: *Bearbeiter*, in: Berliner Kommentar-InsO)

Berner, Hans-Joachim: Die Debatte zur Reform des Insolvenzanfechtungsrechts seit 2013 – Kritikpunkte, Reformvorschläge, Gesetzesentwürfe, ZInsO 2015, 2457–2473

Bettermann, Karl August: Vom Rechtsschutz und Rechtsweg des Bürgers gegen Rundfunk-Rufmord, Bemerkungen zu BGHZ 66, 182 = NJW 1976, 1198, NJW 1977, 513–519

Biehl, Kristof: Insider im Insolvenzverfahren, Herne 2000

Birkenfeld, Wolfram/Daumke, Michael: Das neue außergerichtliche Rechtsbehelfsverfahren, 2. Auflage, Köln 1996

Bitter, Georg/Rauhut, Tilman: Grundzüge zivilrechtlicher Methodik – Schlüssel zu einer gelungenen Fallbearbeitung, JuS 2009, 289–298

Blank, Michael J. W.: „Über allen Gipfeln ist Ruh …“, Der Verwaltungsrechtsweg bei Auskunftsansprüchen des Insolvenzverwalters gegen das Finanzamt auf der Grundlage der Landesinformationsfreiheitsgesetze (IFG-Länder), ZInsO 2013, 663–666

Blank, Michael J.W./Blank, Mischa: Der Auskunftsanspruch des Insolvenzverwalters nach IFG bei fiskalischem Handeln der Behörde zur Vorbereitung einer insolvenzrechtlichen Anfechtung, ZInsO 2009, 1881–1886

Bluhm, Alexander: Der Ausschluss juristischer Personen vom Insolvenzverwalteramt: Ein Verstoß gegen Verfassungs- und Europarecht, Eine kritische Auseinandersetzung mit BGH, Beschluss vom 19.09.2013 - Az. IX AR (VZ) 1/12, ZIP 2013, 2070, ZIP 2014, 555–563

Bode, Christoph: Der Auskunftsanspruch des (vorläufigen) Insolvenzverwalters gegenüber der Bank des Schuldners, Oldenburg 2006

Bork, Reinhard: Die Renaissance des § 133 InsO, ZIP 2004, 1684–1693

Bork, Reinhard: Kann der (vorläufige) Insolvenzverwalter auf das Anfechtungsrecht verzichten?, ZIP 2006, 589–598

Bork, Reinhard: Grundtendenzen des Insolvenzanfechtungsrechts, ZIP 2008, 1041–1049

Bork, Reinhard: Allgemeiner Teil des Bürgerlichen Gesetzbuchs, 3. Auflage, Tübingen 2011

Bork, Reinhard: Anfechtung als Kernstück der Gläubigergleichbehandlung, ZIP 2014, 797–810

Brand, Christian: Der Insolvenzverwalter als Amtsträger und Täter der §§ 331, 332 StGB, DZWIR 2008, 318–327

Braun, Eberhard: InsO, Insolvenzordnung, Kommentar, 7. Auflage, München 2017
(zit.: *Bearbeiter*, in: Braun)

Bräutigam, Axel/Tanz, Matthias: Einzelprobleme des neuen Insolvenzanfechtungsrechts, ZIP 1998, 717–725

Brinkmann, Moritz: Der Referentenentwurf zur Reform des Insolvenzanfechtungsrechts, Neuer Wein in alten Schläuchen?, NZG 2015, 697–704

Brinkmann, Moritz/Jacoby, Florian/Thole, Christoph: Überprüfung des Insolvenzanfechtungsrechts durch Bundesregierung ergibt: Es fehlt an Fiskusprivilegien, ZIP 2015, 2001–2002

Bruns, Jan/Hartz, Nikolaus von: Herausgabe von Unterlagen: Durchsetzung des Anspruchs gegen den Steuerberater im einstweiligen Verfügungsverfahren, DStR 2011, 330–335

Bruns, Rudolf: Zivilprozessrecht, eine systematische Darstellung, 2. Auflage, München 1979

Burger, Anton/Schellberg, Bernhard: Die Auslösetatbestände im neuen Insolvenzrecht, BB 1995, 261–266

Bydlinski, Franz: Grundzüge der juristischen Methodenlehre, 2. Auflage, Wien 2011

Canaris, Claus-Wilhelm: Die Feststellung von Lücken im Gesetz – eine methodologische Studie über Voraussetzungen und Grenzen der richterlichen Rechtsfortbildung praeter legem, Berlin 1964

Canaris, Claus-Wilhelm: Die Feststellung von Lücken im Gesetz, 2. Auflage, Berlin 1983

Canaris, Claus-Wilhelm: Grundrechte und Privatrecht, Berlin 1998

Canaris, Claus-Wilhelm: Grundrechte und Privatrecht – eine Zwischenbilanz, Berlin 1999

Cranshaw, Friedrich L.: Anm. zu VG Hamburg, Urteil vom 23. April 2009 – 19 K 4199/07, Anspruch auf Auskunft nach dem Informationsfreiheitsgesetz zur Durchsetzung der Insolvenzanfechtung, jurisPR-InsR 17/2009 Anm. 4

Dahl, Michael: Auskunfts- und Mitwirkungspflichten im Eröffnungsverfahren, NJW-Spezial 2011, 405–406

Dauernheim, Jörg/Behler, Oliver/Heutz, Wilhelm: Der Auskunftsanspruch des Insolvenzverwalters gegen Sozialversicherungsträger zur Vorbereitung einer Anfechtung im Zeitalter des IFG – Alter Krieg mit neuen Waffen, Zugleich Besprechung OVG Münster, Beschluss vom 28.07.2008 – Az. 8 A 1548/07, ZIP 2008, 2296–2301

Dauner-Lieb, Barbara/Langen, Werner: Nomos Kommentar, BGB Schuldrecht,
Band 2/1, §§ 241–610 BGB, 3. Auflage, Bonn 2016
Band 2/2, §§ 611–853 BGB, 3. Auflage, Bonn 2016
(zit.: *Bearbeiter*, in: Dauner-Lieb/Langen)

Dißars, Ulf-Christian: Das Recht auf Akteneinsicht der Beteiligten im Steuerrecht, NJW 1997, 481–486

Dißars, Ulf-Christian: Akteneinsicht im steuerlichen Verwaltungsverfahren, DStR 2005, 137–141

Dogmatik und Methode: Dogmatik und Methode, Josef Esser zum 65. Geburtstag, Kronberg 1975
(zit.: *Bearbeiter*, in: Dogmatik und Methode)

Dreier, Horst: Grundgesetz Kommentar
Band 1, Präambel, Artikel 1–19 GG, 3. Auflage, Tübingen 2013
Band 2, Artikel 20–82 GG, 3. Auflage, Tübingen 2015
(zit.: *Bearbeiter*, in: Dreier)

Eckhoff, Rolf: Rechtsanwendungsgleichheit im Steuerrecht – Die Verantwortung des Gesetzgebers für einen gleichmäßigen Vollzug des Einkommensteuerrechts, Köln, 1999

Eisolt, Dirk: Auskunftsklagen des Insolvenzverwalters gegen das Finanzamt, Ein aktueller Zwischenstand zur Frage der Zulässigkeit des Finanzrechtsweges, DStR 2012, 930–936

Engelhardt, Timo: Die gerichtliche Entscheidung nach §§ 21 ff. InsO und ihre Auswirkungen auf die vermögensrechtliche Stellung des Insolvenzschuldners, Berlin, 2002

Erman, Walter: Bürgerliches Gesetzbuch, Handkommentar, Band 1, §§ 1–761 BGB, AGG, 15. Auflage, Köln 2017
(zit.: *Bearbeiter*, in: Erman)

Eyermann, Erich: Verwaltungsgerichtsordnung Kommentar, 14. Auflage, München 2014
(zit.: *Bearbeiter*, in: Eyermann)

Fawzy, Oliver/Köchling, Marcel: Die Reform der Vorsatzanfechtung, oder: die größte Baustelle des Insolvenzrechts?, ZInsO 2014, 1073–1083

Fellner, Michael: Zur Regelung des Verwaltungsverfahrens in den Ländern, VerwArch 48 (1957), 95–111

Festgabe für Kronstein: Das Unternehmen in der Rechtsordnung: Festgabe für Heinrich Kronstein aus Anlaß seines 70. Geburtstages am 12. September 1967, Karlsruhe 1967
(zit.: *Bearbeiter*, in: Festgabe für Kronstein)

Festschrift für Bezzenberger: Festschrift für Gerold Bezzenberger zum 70. Geburtstag am 13. März 2000, Berlin 2000
(zit.: *Bearbeiter*, in: Festschrift für Bezzenberger)

Festschrift für Brandner: Festschrift für Hans Erich Brandner zum 70. Geburtstag, Köln 1996
(zit.: *Bearbeiter*, in: Festschrift für Brandner)

Festschrift für Fischer: Haftung und Insolvenz: Festschrift für Gero Fischer zum 65. Geburtstag, München 2008
(zit.: *Bearbeiter*, in: Festschrift für Fischer)

Festschrift für Ganter: Sanierung, Insolvenz, Berufsrecht der Rechtsanwälte und Notare, Festschrift für Hans Gerhard Ganter zum 65. Geburtstag, München 2010
(zit.: *Bearbeiter*, in: Festschrift für Ganter)

Festschrift für Gerhardt: Festschrift für Walter Gerhardt, Köln 2004
(zit.: *Bearbeiter*, in: Festschrift für Gerhardt)

Festschrift für Kirchhof: Die Leitgedanken des Rechts in der Diskussion, Symposion aus Anlass des 70. Geburtstages von Paul Kirchhof, Heidelberg 2013
(zit.: *Bearbeiter*, in: Festschrift für Kirchhof)

Festschrift für Kübler: Festschrift für Bruno M. Kübler zum 70. Geburtstag, München 2015
(zit.: *Bearbeiter*, in: Festschrift für Kübler)

Festschrift für Lent: Festschrift für Friedrich Lent zum 75. Geburtstag, München 1957
(zit.: *Bearbeiter*, in: Festschrift für Lent)

Festschrift für Merz: Festschrift für Franz Merz zum 65. Geburtstag am 3. Februar 1992, Köln 1992
(zit.: *Bearbeiter*, in: Festschrift für Merz)

Festschrift für Schwab: Festschrift für Karl Heinz Schwab zum 70. Geburtstag, München 1990
(zit.: *Bearbeiter*, in: Festschrift für Schwab)

Festschrift für Uhlenbruck: Insolvenzrecht in Wissenschaft und Praxis: Festschrift für Wilhelm Uhlenbruck zum 70. Geburtstag, Köln 2000
(zit.: *Bearbeiter*, in: Festschrift für Uhlenbruck)

Festschrift für Wellensiek: Festschrift für Jobst Wellensiek zum 80. Geburtstag, München 2011
(zit.: *Bearbeiter*, in: Festschrift für Wellensiek zum 80. Geburtstag)

Fischer, Gero: Gläubigerbenachteiligungsvorsatz bei kongruenter Deckung, NZI 2008, 588–594

FK-InsO: FK-InsO, Frankfurter Kommentar zur Insolvenzordnung, 8. Auflage, Köln 2015
(zit.: *Bearbeiter*, in: FK-InsO)

Flöther, Lucas F.: Anm. zu BVerfG, Beschluss vom 12.01.2016 – Az. BvR 3102/13, Zur Verfassungsmäßigkeit der Regelung des § 56 Abs. 1 S. 1 InsO, EWiR 2016, 145–146

Fluck, Jürgen/Merenyi, Stefanie: Zugang zu behördlichen Informationen, Die Rechtsprechung zu den Umweltinformationsgesetzen und den Informationsfreiheitsgesetzen des Bundes und der Länder 2003–2005, VerwArch 2006, 381–408

Fluck, Jürgen/Theuer, Andreas: Informationsfreiheitsrecht mit Umweltinformations- und Verbraucherinformationsrecht, Loseblatt, 35. Ergänzungslieferung, Heidelberg, Stand: 2017
(zit.: *Bearbeiter*, in: Fluck/Theuer)

Foerste, Ulrich: Grenzen der Vorsatzanfechtung bei kongruenter Deckung, NZI 2006, 6–10

Foerste, Ulrich: Die Ausdehnung der Vorsatzanfechtung – ein rechtsstaatliches Problem, ZInsO 2013, 897–902

Foerste, Ulrich: Insolvenzrecht, 6. Auflage, München 2014

Foerste, Ulrich: Zwischenruf: Künftig Selektion der Bargeschäfte, ZInsO 2015, 832–833

Franßen, Gregor: Informationsfreiheit im Amtshaftungsprozess?, NWVBl 2003, 252–256

Franßen, Gregor/Seidel, Sabine: Informationsfreiheitsgesetz Nordrhein-Westfalen, Praxiskommentar, Berlin 2007
(zit.: *Bearbeiter*, in: Franßen/Seidel)

Frege, Michael C./Keller, Ulrich/Riedel, Ernst: Insolvenzrecht, 8. Auflage, München 2015

Fridgen, Alexander: Anm. zu BGH, Urteil vom 19.09.2013 – Az. IX AR (VZ) 1/12, Juristische Person durch Ausschluss vom Insolvenzverwalteramt nicht in Grundrechten verletzt, GWR 2013, 473

Friedersen, Gerd-Harald/Lindemann, Nils: IFG-SH, Informationsfreiheitsgesetz für das Land Schleswig-Holstein, Kommentar, Wiesbaden 2000
(zit.: *Bearbeiter*, in: Friedersen/Lindemann)

Frind, Frank: Anm. zu BGH, Urteil vom 17.01.2008 – Az. IX ZR 41/07, Zur Duldungspflicht von Mitbewohnern bei Durchsuchung der Wohnräume des Schuldners im Insolvenzeröffnungsverfahren, EWiR 2008, 351–352

Frind, Frank: Das „zahnlose“ Insolvenzgericht?, Rechtsprechung und Realität der insolvenzgerichtlichen Ermittlungs- und Zwangsmittel – eine Bestandsaufnahme, NZI 2010, 749–757

Frind, Frank: Der Aufgabenkreis des vorläufigen Sachwalters in der Eigenverwaltung, NZI 2014, 937–942

Frind, Frank: Etappensieg bei der Ablehnung der Bestellbarkeit von „juristischen Personen“?, NZI 2016, 156–158

Frind, Frank: „Hasta la vista babe“ – zur Verwalterlistung ausländischer juristischer Personen im Lichte der Entscheidung des BVerfG vom 12.01.2016 – Diaspora beim AG Mannheim?, ZInsO 2016, 672–677

Ganter, Hans Gerhard: Vorsatzanfechtung nach fehlgeschlagener Sanierung, WM 2009, 1441–1452

Ganter, Hans Gerhard: Weiterentwicklung der Rechtsprechung zu § 133 InsO, WM 2014, 49–54

Ganter, Hans Gerhard: Der Referentenentwurf vom 11.3.2015 zur „Anfechtungsrechtsreform“, – Gesetz zur Verbesserung der Rechtssicherheit bei

Anfechtungen nach der Insolvenzordnung und nach dem Anfechtungsgesetz –, WM 2015, 905–910

Ganter, Hans Gerhard: „Sanierungsberaters Kunst – oft umsunst?“, Zugleich Besprechung LG Frankfurt a.M. vom 07.05.2015 – Az. 2–32 O 102/13, ZIP 2015, 1358 – Q-Cells, ZIP 2015, 1413–1418

Gaul, Hans Friedhelm/Schilken, Eberhard/Becker-Eberhard, Ekkehard: Zwangsvollstreckungsrecht, 12. Auflage, München 2010(zit.: *Bearbeiter*, in: Gaul/Schilken/Becker-Eberhard)

Gaul, Hans Friedhelm: Rechtsverwirklichung durch Zwangsvollstreckung aus rechtsgrundsätzlicher und rechtsdogmatischer Sicht, ZZP 112 (1999), 135–184

Gehrlein, Markus: Zulassung von Gesellschaften als Insolvenzverwalter kraft Dienstleistungsrichtlinie?, NJW 2013, 3756–3758

Gehrlein, Markus: Leitung einer juristischen Person durch juristische Person?, NZG 2016, 566–568

Gerhardt, Walter: Zur Reform des Insolvenzrechts – das Anfechtungsrecht im Konkurs, ZIP 1985, 582–592

Gernhuber, Joachim: Handbuch des Schuldrechts (Band 8) – Das Schuldverhältnis – Begründung und Änderung, Pflichten und Strukturen, Drittwirkungen, Tübingen 1989

Gogger, Martin: Insolvenzgläubiger-Handbuch, Optimale Rechtsdurchsetzung bei Insolvenz des Schuldners, 3. Auflage, München 2011

Gottwald, Peter: Anfechtung einer inkorrekten Entscheidung – Umfang der prozessualen Aufklärungspflicht – Vorlegung von Urkunden; zugleich Anm. zu BGH, Urteil vom 20.06.1977 – Az. II ZR 30/77, ZZP 92 (1979), 364–369

Gottwald, Peter: Grundprobleme der Beweislastverteilung, Jura 1980, 225–236

Gottwald, Peter: Insolvenzrechts-Handbuch, 5. Auflage, München 2015(zit.: *Bearbeiter*, in: Gottwald)

Gräber, Fritz: Finanzgerichtsordnung mit Nebengesetzen Kommentar, 8. Auflage, München 2015
(zit.: *Bearbeiter*, in: Gräber)

Graf-Schlicker, Marie Luise: InsO, Kommentar, 4. Auflage, München 2014
(zit.: *Bearbeiter*, in: Graf-Schlicker)

Greger, Reinhard: Vom „Kampf ums Recht“ zum Zivilprozeß der Zukunft, JZ 1997, 1077–1083

Grundmann, Karina: Erweiterter Informationszugang gegenüber den Finanzbehörden durch die Informationsfreiheitsgesetze?, Die Gesetze bieten dem Steuerpflichtigen kaum eine Verbesserung, AO-StB 2004, 130–133

Grundmann, Karina: Das Recht auf Akteneinsicht im Besteuerungsverfahren, Frankfurt 2009

Gundlach, Ulf/Flöther, Lucas F.: Neue Auskunftsansprüche des Insolvenzverwalters gegen bestimmte Anfechtungsgegner, NZI 2009, 719–721

Gundlach, Ulf/Frenzel, Volkhard/Schmidt, Nikolaus: Zur Postsperre des § 99 InsO, ZInsO 2001, 979–984

Gundlach, Ulf/Frenzel, Volkhard/Schmidt, Nikolaus: Der Auskunftsanspruch des Insolvenzverwalters gegen den Anfechtungsgegner, DStR 2002, 1910–1912

Gusy, Christoph: Der Vorrang des Gesetzes, JuS 1983, 189–194

Gusy, Christoph: Informationszugangsfreiheit – Öffentlichkeitsarbeit – Transparenz, JZ 2014, 171–179

Hacker, Maximilian: Verabschiedung des Gesetzes zur Reform des Anfechtungsrechts, NZI 2017, 148–150

Hacker, Maximilian: Das Gesetz zur Reform des Insolvenzanfechtungsrechts ist gestartet!, WPg 2017, 732–736

Haarmeyer, Hans/Wutzke, Wolfgang/Förster, Karsten: Handbuch der vorläufigen Insolvenzverwaltung, 1. Auflage, München 2011

Haeffs, Julia Aya: Der Auskunftsanspruch im Zivilrecht, Zur Kodifikation des allgemeinen Auskunftsanspruchs aus Treu und Glauben (§ 242 BGB), Düsseldorf 2010

Hamburger Kommentar-InsO: Hamburger Kommentar zum Insolvenzrecht, 6. Auflage, Köln 2017

(zit: *Bearbeiter*, in: Hamburger Kommentar-InsO)

Handbuch der Beweislast: Handbuch der Beweislast, Grundlagen, 3. Auflage, Köln 2016

(zit: *Bearbeiter*, in: Handbuch der Beweislast)

Handbuch des Staatsrechts: Handbuch des Staatsrechts der Bundesrepublik Deutschland,
Band VI Freiheitsrechte, 2. Auflage, Heidelberg 2001
(zit.: *Bearbeiter*, in: Handbuch des Staatsrechts)

Harz, Michael: Kriterien der Zahlungsunfähigkeit und der Überschuldung unter Berücksichtigung der Änderungen nach dem neuen Insolvenzrecht, ZInsO 2001, 193–202

Häsemeyer, Ludwig: Insolvenzrecht, 4. Auflage, Köln 2007

Hauck, Karl/Noftz, Wolfgang: Sozialgesetzbuch SGB X, Kommentar, Loseblatt, München, Stand: Dezember 2016

Band 1/1: Verwaltungsverfahren, Texte, Kommentierung §§ 1–66 SGB X, (zit.: *Bearbeiter*, in: Hauck/Noftz)

Haurand, Günter/Möhring, Susanne/Stollmann, Frank: Praxis der Kommunalverwaltung, Loseblatt, Band A 16 NW, Wiesbaden, Stand: Oktober 2014

Heidel, Thomas/Hüßtege, Rainer/Mansel, Heinz-Peter/Noack, Ulrich: Nomos Kommentar, BGB Allgemeiner Teil
Band 1, §§ 1–240 BGB; EGBGB, Verordnungen Rom I und II, 3. Auflage, Baden-Baden 2016
(zit.: *Bearbeiter*, in: Heidel/Hüßtege/Mansel/Noack)

Heidelberger Kommentar-InsO: Heidelberger Kommentar, Insolvenzordnung, 8. Auflage, Heidelberg 2016
(zit.: *Bearbeiter*, in: Heidelberger Kommentar-InsO)

Heidelberger Kommentar-VwGO: Heidelberger Kommentar, Verwaltungsgerichtsordnung, 6. Auflage, Heidelberg 2015
(zit.: *Bearbeiter*, in: Heidelberger Kommentar-VwGO)

Heinze, Harald: Anm. zu BGH, Urteil vom 12.10.2006 – Az. IX ZR 228/03, Zur Feststellung und zum Nachweis der Zahlungsunfähigkeit im Rahmen der Insolvenzanfechtung, DZWIR 2007, 118–119

Heißenberg, Lutz: Offenbarungszwang der Finanzverwaltung und Akteneinsicht im Verwaltungsverfahren, KÖSDI 2000, Nr 2, 12310–12319

Henckel, Wolfram: Die Gläubigeranfechtung – ein taugliches Mittel zur Beseitigung von Verkürzungen der Konkursmasse?, ZIP 1982, 391–399

Henssler, Martin: Die Rechts- und Pflichtenstellung des GmbH-Geschäftsführers nach Einführung der Insolvenzordnung, ZInsO 1999, 121–127

Henssler, Martin/Strohn, Lutz: Gesellschaftsrecht, 3. Auflage, München 2016
(zit.: *Bearbeiter*, in: Henssler/Strohn)

Hess, Harald: Insolvenzrecht, Großkommentar in zwei Bänden
Band 1, §§ 1–128 InsO, 2. Auflage, Heidelberg 2013
Band 2, § 129–359 InsO, Anhang, 2. Auflage, Heidelberg 2013

Hess, Harald/Kropshofer, Birger: Kommentar zur Konkursordnung, 3. Auflage, Neuwied 1989

Hiebert, Olaf: Anm. zu BGH, Urteil vom 12.02.2015 – Az. IX ZR 180/12, ZInsO 2015, 628, Insolvenzanfechtung nach § 133 Abs. 1 InsO – zur bargeschäftsähnlichen Lage als Beweisanzeichen sowie dem verlängerten und erweiterten Eigentumsvorbehalt, ZInsO 2015, 621–624

Hirtz, Bernd: Der Nachweis der Wiederholungsgefahr bei Unterlassungsansprüchen oder: Was vermögen Erfahrungssätze bei der Beweiswürdigung?, MDR 1988, 182–186

Höfling, Wolfram: Juristische Personen als Insolvenzverwalter?, ZIP 2015, 1568–1576

Hohnel, Andreas: Selbstbelastungsfreiheit in der Insolvenz, NZI 2005, 152–154

Holzer, Johannes/Kleine-Cosack, Michael/Prütting, Hanns: Die Bestellung des Insolvenzverwalters: dogmatische Grundlagen, verfassungsrechtliche Defizite und rechtspolitische Vorschläge, Köln 2001

Hölzle, Gerrit: Zahlungsunfähigkeit – Nachweis und Kenntnis im Anfechtungsprozess, Zugleich Besprechung der Urteile des BGH vom 24.05.2005 – Az. IX ZR 123/04, ZIP 2005, 1426 und des OLG Köln vom 29.09.2004 – Az. 2 U 1/04, ZIP 2005, 222, ZIP 2006, 101–107

Höpfner, Alexander: Aktuelle Rechtsprechung zur Bestellung juristischer Personen zum Insolvenzverwalter, BB 2016, 1035–1036

Huber, Michael: Unlauteres Zusammenwirken mit Gläubiger keine Voraussetzung des Gläubigerbenachteiligungsvorsatzes, NZI 2003, 599–600

Huber, Michael: Indiztatsachen und ihre Beweiskraft im insolvenzrechtlichen Anfechtungsprozess, ZInsO 2012, 53–58

Huber, Michael: Regierungsentwurf eines Gesetzes zur Verbesserung der Rechtssicherheit bei Anfechtungen nach der Insolvenzordnung und dem Anfechtungsgesetz, ZInsO 2015, 2297–2304

Hubert, Herwart: Das Bankgeheimnis in der Insolvenz des Kunden, ZInsO 2001, 289–299

Hübschmann, Walter/Hepp, Ernst/Spitaler, Armin: Abgabenordnung/Finanzgerichtsordnung – Kommentar, Loseblatt, 244. Ergänzungslieferung, Köln, Stand: September 2017
Band 2, §§ 4–32 AO
Band 3, §§ 33–68 AO
Band 4, §§ 69–110 AO
(zit.: *Bearbeiter*, in: Hübschmann/Hepp/Spitaler)

Irmen, Helmut/Werres, Stefan: Die Zwangsmaßnahmen des vorläufigen Insolvenzverwalters und der verfassungsrechtliche Schutz der räumlichen Privatsphäre, NZI 2001, 579–584

Jacoby, Florian: Die Anfechtbarkeit von Deckungen durch Zwangsvollstreckung und auf Grund von Zwangsvollstreckungsdruck, KTS 2005, 371–401

Jacoby, Florian: Zur Bedeutung des § 133 InsO im System der Insolvenzanfechtungsgründe, KTS 2009, 3–25

Jaeger, Ernst: Insolvenzordnung
Band 1, §§ 1–55 InsO, 1. Auflage, Berlin 2004
Band 2, §§ 56–102 InsO, 1. Auflage, Berlin 2007

Band 4, §§ 129–147 InsO, 1. Auflage, Berlin 2008
(zit.: *Bearbeiter*, in: Jaeger)

Janca, Marcus: Der Auskunftsanspruch des Insolvenzverwalters gegen den Gerichtsvollzieher im Rahmen der Insolvenzanfechtung, NZI 2003, 188–189

Jarass, Hans D./Pieroth, Bodo: Grundgesetz für die Bundesrepublik Deutschland, Kommentar, 14. Auflage, München 2016
(zit.: *Bearbeiter*, in: Jarass/Pieroth)

Jastrow, Serge-Daniel/Schlatmann, Arne: Informationsfreiheitsgesetz, IFG, Kommentar, Heidelberg 2006

Jauernig, Othmar: Bürgerliches Gesetzbuch, Kommentar, 16. Auflage, München 2015
(zit.: *Bearbeiter*, in: Jauernig)

Jensen, Thore: Grundfragen des Rechts der Gläubiger- und Insolvenzanfechtung, Unter besonderer Berücksichtigung der Anfechtbarkeit von Unterlassungen, Tübingen 2008

Jungclaus, Martin: Die Bestrafung des wachsamen Gläubigers – Eine Studie zur Überdehnung des in § 130 InsO gewährten Vertrauensschutzes – zugleich ein Beitrag zur Debatte um die richtige Justierung des Verhältnisses von § 130 und § 133 I InsO –, KTS 2014, 257–306 jurisPK-BGB:

juris PraxisKommentar, BGB
Band 2, §§ 241–853 BGB, 8. Auflage, Saarbrücken 2017
(zit.: *Bearbeiter*, in: jurisPK-BGB)

K. Schmidt: Insolvenzordnung, Kommentar, InsO mit EuInsVO, 19. Auflage 2016
(zit.: *Bearbeiter*, in: K. Schmidt)

Kasseler Kommentar-SGB X: Kasseler Kommentar zum Sozialversicherungsrecht, Loseblatt, 95. Ergänzungslieferung, München, Stand: Juli 2017
(zit.: *Bearbeiter*, in: Kasseler Kommentar-SGB X)

Katzenmeier, Christian: Aufklärungs-/Mitwirkungspflicht der nicht beweisbelasteten Partei im Zivilprozess, JZ 2002, 533–538

Kayser, Godehard: Die Entkräftung der die Insolvenzanfechtung begründenden Vermutungen und Indizien, WM 2013, 293–301

Kayser, Godehard: Vorsatzanfechtung im Spannungsverhältnis von Gläubigergleichbehandlung und Sanierungschancen, NJW 2014, 422–428

Kayser, Godehard: Schlaglicht Insolvenzanfechtung – notwendige Korrekturen bei der Anfechtung kongruenter Leistungen?, ZIP 2014, 1966–1970

Kiethe, Kurt: Auskunft und sekundäre Behauptungslast – Anspruchsdurchsetzung bei ungeklärten Sachverhalten, MDR 2003, 781–784

Kiethe, Kurt: Zulässigkeit von Beweisantritten bei Behauptungen auf Grundlage einer zivilrechtlichen Vermutungsbasis, MDR 2003, 1325–1329

Kilger, Joachim/Schmidt, Karsten: Insolvenzgesetze, KO, VglO, GesO, 17. Auflage, München 1997

Kindl, Johann/Meller-Hannich, Caroline/Wolf, Hans-Joachim: Zwangsvollstreckung, ZPO, ZVG, Nebengesetze, europäische Regelungen, Kosten, Handkommentar, 3. Auflage, Baden-Baden 2016
(zit.: *Bearbeiter*, in: Kindl/Meller-Hannich/Wolf)

Kindler, Peter/Bitzer, Fabian: Die Reform der Insolvenzanfechtung, NZI 2017, 369–377

Klein, Franz: Abgabenordnung, Kommentar, 13. Auflage, München 2016
(zit.: *Bearbeiter*, in: Klein)

Kleine-Cosack, Michael: Europarechts- und verfassungswidriger Ausschluss juristischer Personen von der Insolvenzverwaltung, NZI 2011, 791–798

Kluth, Thomas: Die Rechtsstellung des Insolvenzverwalters oder die Insolvenz der Verwaltertheorien, NZI 2000, 351–356

Knack, Hans J./Henneke, Hans-Günter: VwVfG, Verwaltungsverfahrensgesetz, Kommentar, 10. Auflage, Köln 2014
(zit.: *Bearbeiter*, in: Knack/Henneke)

Koch, Frank: Die Sequestration im Konkurseröffnungsverfahren, Göttingen 1982

Koch, Raphael: Mitwirkungsverantwortung im Zivilprozess – Ein Beitrag zum Verhältnis von Parteiherrschaft und Richtermacht, zur Wechselwirkung von materiellem Recht und Prozessrecht sowie zur Risikoverteilung und Effizienz im Zivilprozess, Tübingen 2013

Koenig, Ulrich: Abgabenordnung, 3. Auflage, München 2014
(zit.: *Bearbeiter*, in: Koenig)

Köhler, Helmut: Der Schadensersatz-, Bereicherungs- und Auskunftsanspruch im Wettbewerbsrecht, NJW 1992, 1477–1482

Koller, Ingo: Zur Aufklärung über die Schadensentstehung im Straßentransportrecht, VersR 1990, 553–560

Kölner Schrift: Kölner Schrift zur Insolvenzordnung: das neue Insolvenzrecht in der Praxis,

2. Auflage, Herne/Berlin 2000

3. Auflage, Münster 2009
(zit.: *Bearbeiter*, in: Kölner Schrift)

Kopp, Ferdinand O./Ramsauer, Ulrich: Verwaltungsverfahrensgesetz Kommentar, 17. Auflage, München 2017
(zit.: *Bearbeiter*, in: Kopp/Ramsauer)

Kopp, Friedrich O./Schenke, Wolf-Rüdiger: Verwaltungsgerichtsordnung Kommentar, 23. Auflage, München 2017
(zit.: *Bearbeiter*, in: Kopp/Schenke)

Korn, Juhani M.V.: Akteneinsicht und Informationsfreiheit im Steuerrecht, – Voraussetzungsloser Zugang zu Steuerakten über das Informationsfreiheitsrecht? –, DÖV 2012, 232–239

Kreikebohm, Ralf: SGB IV, Sozialgesetzbuch, gemeinsame Vorschriften für die Sozialversicherung, Kommentar, 2. Auflage, München 2014
(zit.: *Bearbeiter*, in: Kreikebohm)

Krüger, Thomas/Wigand, Martin: Die Zahlungsunfähigkeit im Anfechtungs- und Haftungsprozess, ZInsO 2011, 314–320

Kübler, Bruno M./Prütting, Hanns/Bork, Reinhard: InsO – Kommentar zur Insolvenzordnung, Loseblatt, 71. Ergänzungslieferung, Köln, Stand: April 2017
Band 1: §§ 1–70 InsO
Band 2: §§ 80–147 InsO
Band 3: §§ 148–285 InsO
(zit.: *Bearbeiter*, in: Kübler/Prütting/Bork)

Kugelmann, Dieter: Das Informationsfreiheitsgesetz des Bundes, NJW 2005, 3609–3613

Kühling, Jürgen: Erosion demokratischer Öffentlichkeit?, DVBl 2008, 1098–1106

Kuhn, Georg/Uhlenbruck, Wilhelm: Konkursordnung Kommentar, 11. Auflage, München 1994

Larenz, Karl: Methodenlehre der Rechtswissenschaft, 6. Auflage, Berlin 1991

Laubinger, Hans-Werner: Grundrechtsschutz durch Gestaltung des Verwaltungsverfahrens, VerwArch 73 (1982), 60–85

Laumen, Hans-Willi: Die „Beweiserleichterung bis zur Beweislastumkehr" – Ein beweisrechtliches Phänomen, NJW 2002, 3739–3746

Laws, Jutta: Ist die Schicksalsfrage des Insolvenzverfahrens tatsächlich justiziabel?, ZInsO 2006, 847–850

Laws, Ralf: Die insolvenzrechtliche Anfechtung von Lohnzahlungen, ZInsO 2009, 1465–1475

Leipold, Dieter: Beweislastregeln und gesetzliche Vermutungen insbesondere bei Verweisungen zwischen verschiedenen Rechtsgebieten, München 1966

Leipold, Dieter: Zivilprozeßrecht und Ideologie – am Beispiel der Verhandlungsmaxime –, JZ 1981, 441–448

Leipold, Dieter: Beweismaß und Beweislast im Zivilprozess, Berlin 1985

Lepa, Brita: Insolvenzordnung und Verfassungsrecht, Berlin 2002

Lesser, Kurt: Der Auskunftsanspruch im unlauteren Wettbewerb, Berlin 1928

Liedtke, Stefan: Freier Zugang zu den Informationen der Finanzbehörden, NWVBl 2006, 286–290

Lind, Thorsten Patric: Zur Auslegung von § 133 InsO, insbesondere im System der Anfechtungstatbestände, Berlin 2006

Lippross, Otto-Gerd/Seibel, Wolfgang: Basiskommentar Steuerrecht, Loseblatt, 103. Ergänzungslieferung, Köln, Stand: August 2017
Band 1, AO, AStG
Band 4, §§ 49–99 FGO, GewStG, GrEStG, InvZulG, KraftStG
(zit.: *Bearbeiter*, in: Lippross/Seibel)

Lohkemper, Wolfgang: Die Zwangsvollstreckung während der Sequestration und in einem vorläufigen Insolvenzverfahren, ZIP 1995, 1641–1650

Looschelders, Dirk/Roth, Wolfgang: Juristische Methodik im Prozess der Rechtsanwendung – zugleich ein Beitrag zu den verfassungsrechtlichen Grundlagen von Gesetzesauslegung und Rechtsfortbildung, Berlin 1996

Loose, Matthias: Anm. zu FG Düsseldorf, Urteil vom 14.05.2008 - Az. 4 K 242/07 AO, EFG 2009, 639

Lorenz, Stephan: Eigentümer-Besitzer-Verhältnis als auskunftspflichtbegründendes Rechtsverhältnis?, NJW 1994, 173–174

Lorenz, Stephan: Auskunftsansprüche im Bürgerlichen Recht, JuS 1995, 569–575

Loschelder, Friedrich: Die Mitteilung der Besteuerungsunterlagen im Einspruchsverfahren – Ein berechtigter Blick in die Karten des Finanzamts, AO-StB 2003, 126–128

Lüderitz, Alexander: Ausforschungsverbot und Auskunftsanspruch bei Verfolgung privater Rechte, Tübingen 1966

Lüke, Gerhard: Der Informationsanspruch im Zivilrecht, JuS 1986, 2–7

Lütcke, Niklas: Vorsatzanfechtung – Andeutung einer Kurskorrektur durch den BGH?, ZInsO 2013, 1984–1992

Marotzke, Wolfgang: Marktkonformität und Gläubigergleichbehandlung in der vorläufigen Insolvenzverwaltung (Teil 2), ZInsO 2004, 178–187

Marotzke, Wolfgang: Die Anfechtbarkeit von Vollstreckungsmaßnahmen wegen Benachteiligung konkurrierender Gläubiger, ZInsO 2006, 7–11

Marotzke, Wolfgang: Vertrauensschutz kontra Gesamtgläubigerinteresse – Gedanken zu Auslegung und Reform des Insolvenzanfechtungsrechts, ZInsO 2014, 417–447

Martini, Mario: Das allgemeine Persönlichkeitsrecht im Spiegel der jüngeren Rechtsprechung des Bundesverfassungsgerichts, JA 2009, 839–845

Maunz, Theodor/Dürig, Günter: Grundgesetz Kommentar, Loseblatt, 80. Ergänzungslieferung, München, Stand: Juni 2017
Band 1, Die Grundrechte (Art. 1-Art. 19 GG)
Band 2, Der Bund und die Länder (Art. 20-Art. 37 GG),
Band 9, Die Rechtsprechung (Art. 92-Art. 104 GG),
(zit.: *Bearbeiter*, in: Maunz/Dürig)

Maurer, Hartmut/Waldhoff, Christian: Allgemeines Verwaltungsrecht, 19. Auflage, München 2017

Menn, Florian: Der Nachweis der Kenntnis des Anfechtungsgegners vom Gläubigerbenachteiligungsvorsatz des Schuldners durch den Insolvenzverwalter – ein hoffnungsloses Unterfangen?, ZInsO 2011, 1245–1248

Meyer-Ladewig, Jens/Keller, Wolfgang/Leitherer, Stephan: Sozialgerichtsgesetz Kommentar, 12. Auflage, München 2017
(zit.: *Bearbeiter*, in: Meyer-Ladewig/Keller/Leitherer)

Meyke, Rolf: Plausibilitätskontrolle und Beweis, NJW 2000, 2230–2235

Mock, Sebastian: Die Vergütung des vorinsolvenzlichen Sanierungsberaters, ZIP 2014, 445–454

Möllers, Thomas M. J./Wenninger, Thomas: Informationsansprüche gegen die BaFin im Lichte des neuen Informationsfreiheitsgesetzes (IFG), ZHR 170 (2006), 455–473

Münchener Kommentar-AktG: Münchener Kommentar zum Aktiengesetz,

Band 2: §§ 76–117 AktG, MitbestG, DrittelbG, 4. Auflage, München 2014
(zit.: *Bearbeiter*, in: Münchener Kommentar-AktG)

Münchener Kommentar-BGB: Münchener Kommentar zum Bürgerlichen Gesetzbuch

Band 2: §§ 241–432 BGB, Schuldrecht, Allgemeiner Teil, 7. Auflage, München 2016

Band 5/2: §§ 651a–704 BGB, Schuldrecht, Besonderer Teil III/2, 7. Auflage, München 2017
(zit.: *Bearbeiter*, in: Münchener Kommentar-BGB)

Münchener Kommentar-GmbHG: Münchener Kommentar zum Gesetz betreffend die Gesellschaften mit beschränkter Haftung (GmbHG)

Band 3: §§ 53–85 GmbHG, 2. Auflage, München 2016
(zit.: *Bearbeiter*, in: Münchener Kommentar-GmbHG)

Münchener Kommentar-InsO: Münchener Kommentar zur Insolvenzordnung,

Band 1: §§ 1–79 InsO, Insolvenzrechtliche Vergütungsverordnung (InsVV), 3. Auflage, München 2013
Band 2: §§ 80–216 InsO, 3. Auflage, München 2013
Band 3: §§ 217–359 InsO, Art. 103a–110 EGInsO, Konzerninsolvenzrecht, Insolvenzsteuerrecht, 3. Auflage, München 2014
(zit.: *Bearbeiter*, in: Münchener Kommentar-InsO)

Münchener Kommentar-ZPO: Münchener Kommentar zur Zivilprozessordnung,
Band 1, §§ 1–354 ZPO, 5. Auflage, München 2016
Band 2, §§ 355–1024 ZPO, 5. Auflage, München 2016
(zit.: *Bearbeiter*, in: Münchener Kommentar-ZPO)

Münzel, Stephan/Böhm, Gideon: Postsperre für eMail?, ZInsO 1998, 363–368

Münzel, Stephan/Goraj, Dagmar: Der Auskunftsanspruch des Insolvenzverwalters, InsVZ 2010, 209–215

Musielak, Hans-Joachim: Die Grundlagen der Beweislast im Zivilprozess, Berlin 1975

Musielak, Hans-Joachim/Voit, Wolfgang: ZPO, Zivilprozessordnung, 13. Auflage, München 2016
(zit.: *Bearbeiter*, in: Musielak/Voit)

Mutschler, Dietrich: Der unterhaltsrechtliche Auskunftsanspruch - Grundlage und Bedeutung, FamRZ 1976, 219–222

Nerlich, Jörg/Kreplin, Georg: Münchener Anwaltshandbuch Insolvenz und Sanierung, +2. Auflage, München 2012
(zit.: *Bearbeiter*, in: Nerlich/Kreplin)

Nerlich, Jörg/Römermann, Volker: Insolvenzordnung Kommentar, Loseblatt, 32. Ergänzungslieferung, München, Stand: April 2017
(zit.: *Bearbeiter*, in: Nerlich/Römermann)

Nitschke, Andreas: Auskunftsersuchen des Insolvenzverwalters und Informationsfreiheit, DÖV 2014, 1049–1054

Noack (Vorname unbekannt): Der vollstreckungsrechtliche Sequester als verwaltender Treuhänder, KTS 1957, 73–76

Nöcker, Gregor: Klartextauszug an den Insolvenzverwalter, Streitigkeiten im Grenzbereich von Steuer-, Zivil-, Insolvenz- und Informationsfreiheitsrecht, AO-StB 2010, 44–47

Nordmann, Christine: Das Informationsfreiheitsgesetz Schleswig-Holstein, RDV 2001, 71–84

Obermüller, Manfred: Insolvenzrecht in der Bankpraxis, 9. Auflage, Köln 2016
(zit.: *Bearbeiter*, in: Obermüller)

Osterloh-Konrad, Christine: Der allgemeine vorbereitende Informationsanspruch: zivilrechtliche Auskunfts- und Rechenschaftsansprüche und ihre Funktion im Zivilprozess, München 2007

Palandt, Otto: Bürgerliches Gesetzbuch, 76. Auflage, München 2017
(zit.: *Bearbeiter*, in: Palandt)

Pape, Gerhard: Konkursverwalter mit beschränkter Haftung?, ZIP 1993, 737–743

Pape, Gerhard: Anm. zu BVerfG, Beschluss vom 12.01.2016 – Az. 1 BvR 3102/13, Insolvenzverwalter mit beschränkter Haftung Ade, ZInsO 2016, 428–432

Pape, Gerhard/Uhlenbruck, Wilhelm/Voigt-Salus, Joachim: Insolvenzrecht, 2. Auflage, München 2010
(zit.: *Bearbeiter*, in: Pape/Uhlenbruck/Voigt-Salus)

Partsch, Christoph/Schurig, Wiebke: Das Informationsfreiheitsgesetz von Nordrhein-Westfalen – ein weiterer Schritt aus dem Entwicklungsrückstand Deutschlands, DÖV 2003, 482–488

Paulus, Christoph G.: Die Gläubigeranfechtung nach AnfG § 3, EWiR 2000, 947–948

Paulus, Christoph G.: Anm. zu BGH, Beschluss vom 19.09.2013 – Az. IX AR (VZ) 1/12, Zur Frage der Verfassungsmäßigkeit der Beschränkung des Amts des Insolvenzverwalters auf natürliche Personen, JZ 2014, 628–630

Paulus, Christoph G./Allgayer, Peter: Erwerb durch Zwangsvollstreckung als inkongruente Deckung?, ZInsO 2001, 241–243

Piekenbrock, Andreas: Anm. zu BGH, Beschluss vom 19.09.2013 – Az. IX AR(VZ) 1/12, LMK 2013, 353032

Piekenbrock, Andreas/Bluhm, Alexander: Anm. zu BVerfG, Beschluss vom 12.01.2016 – Az. 1 BvR 3102/13, Zur Zulässigkeit des Ausschlusses juristischer Personen vom Amt des Insolvenzverwalters, NJW 2016, 935

Pohlmann, Ulrich: Befugnisse und Funktionen des vorläufigen Insolvenzverwalters, Köln 1998

Polenz, Sven: Der Auskunftsanspruch des Steuerpflichtigen gegenüber den Finanzbehörden, NJW 2009, 1921–1926

Preuß, Nicola: Zivilrechtspflege durch externe Funktionsträger, – das Justizverfassungsrecht der Notare und Verwalter, Tübingen 2005

Preuß, Nicola: Reform der Insolvenzverwalterauswahl – verfassungs- und europarechtliche Rahmenbedingungen und justizorganisatorische Regelungsziele, ZIP 2011, 933–941

Priebe, Klaus: Anm. zu BVerwG, Beschluss vom 14.05.2012 – Az. 7 B 53/11, Zum Informationsanspruch des Insolvenzverwalters gegenüber dem Finanzamt, EWiR 2012, 527–528

Prütting, Hanns: Gegenwartsprobleme der Beweislast – eine Untersuchung moderner Beweislasttheorien und ihrer Anwendung insbesondere im Arbeitsrecht, München, 1983

Prütting, Hanns: Beweiserleichterungen für den Geschädigten – Möglichkeiten und Grenzen, Karlsruher Forum 1989, Sonderheft VersR 1990, 3–16

Prütting, Hanns/Gehrlein, Markus: ZPO, Kommentar, 9. Auflage, München 2017(zit.: *Bearbeiter*, in: Prütting/Gehrlein)

Pump, Hermann: Das Informationsfreiheitsgesetz und seine Bedeutung für die Finanzbehörden, DStZ 2003, 535–539

Raabe, Marius/Helle-Meyer, Niels: Informationsfreiheit und Verwaltungsverfahren, Zum Verhältnis neuer und klassischer Informationsrechte gegenüber der Verwaltung, NVwZ 2004, 641–647

Raebel, Bernd: Gläubigergleichbehandlung und Drittzahlungen im Anfechtungsrecht, Zugleich ein Beitrag zum richtigen Verständnis der objektiven Gläubigerbenachteiligung und der Vorsatzanfechtung nach der Insolvenzordnung, KTS 2015, 285–313

Redeker, Martin/v. Oertzen, Hans-Joachim: Verwaltungsgerichtsordnung Kommentar, 16. Auflage, Stuttgart, 2014(zit.: *Bearbeiter*, in: Redeker/v. Oertzen)

Reinhart, Oliver: Das gläserne Amt, Das Informationsfreiheitsgesetz als Jedermannrecht auf Akteneinsicht, DÖV 2007, 18–24

Römermann, Volker: Die Zukunft der Insolvenzverwalterbestellung, ZInsO 2004, 937–943

Römermann, Volker: Zulässigkeit der Insolvenzverwalter-GmbH: Gute Argumente, schlechte Argumente – Besprechung von BGH, Beschluss vom 19.09.2013 – Az. IX AR (VZ) 1/12 –, GmbHR 2013, 1249–1258

Römermann, Volker: Zum Berufsbild des Insolvenzverwalters und zum Ausschluss juristischer Personen von der Bestellung zum Insolvenzverwalter, ZIP 2016, 328–331

Rosenberg, Leo/Schwab, Karl Heinz/Gottwald, Peter: Zivilprozessrecht, 17. Auflage, München 2010

Rösler, Patrick/Werner, Stefan: Erhebliche Neuerungen im zivilen Bankrecht: Umsetzung von Verbraucherkredit- und Zahlungsdiensterichtlinie, BKR 2009, 1–10

Rossi, Matthias: Informationsfreiheitsgesetz Handkommentar, 1. Auflage, Baden-Baden 2006

Rossi, Matthias: Das Informationsfreiheitsrecht in der gerichtlichen Praxis, DVBl 2010, 554–563

Rößler, Gerhard: Anm. zu FG Saarbrücken, Urteil vom 04.11.1994 – Az. 1 K 151/94, Zur Einsicht in die Steuerakten des Finanzamts, DStZ 1995, 349–350

Roth, David: Aktuelle Rechtsprechung zum Auskunftsrecht, DStR 2008, 434–440

Rüthers, Bernd/Fischer, Christian/Birk, Axel: Rechtstheorie mit juristischer Methodenlehre, 9. Auflage, München 2016

Sachs, Michael: GG, Grundgesetz, Kommentar, 7. Auflage, München 2014
(zit.: *Bearbeiter*, in: Sachs)

Saenger, Ingo: ZPO, Handkommentar, 7. Auflage, Baden-Baden 2017
(zit.: *Bearbeiter*, in: Saenger)

Sander, Volker: Die Beweiswirkung von Zahlungen zur Abwendung der Einzelzwangsvollstreckung im subjektiven Tatbestand der Insolvenzanfechtung nach § 133 Abs. 1 InsO, Zugleich Besprechung OLG Stuttgart, Urteil vom 13.11.2002 - Az. 3 U 19/02, ZIP 2002, 2264–2269, ZIP 2003, 613–616

Schaake, Simon: Informationsansprüche des Insolvenzverwalters gegenüber der Finanzverwaltung, Köln 2014

Scherzberg, Arno: Grundfragen des verwaltungsrechtlichen Vertrages, JuS 1992, 205–215

Schick, Walter: Der Konkursverwalter – berufsrechtliche und steuerrechtliche Aspekte, NJW 1991, 1328–1332

Schimansky, Herbert/Bunte, Hermann-Josef/Lwowski, Jürgen: Bankrechts-Handbuch, 5. Auflage, München 2017
(zit.: *Bearbeiter*, in: Schimansky/Bunte/Lwowski)

Schlosser, Peter: Vollstreckungsrechtliches Prioritätsprinzip und verfassungsrechtlicher Gleichheitssatz, ZZP 97 (1984), 121–138

Schlosser, Peter: Die lange deutsche Reise in die prozessuale Moderne, Zugleich eine Besprechung des Urteils des BGH vom 11.06.1990, JZ 1991, 599–608

Schlosser, Peter: EMRK und Waffengleichheit im Zivilprozeß, NJW 1995, 1404–1406

Schmalz, Dieter: Methodenlehre für das juristische Studium, 3. Auflage, Baden-Baden 1992

Schmidt, Eike: Die Beweislast in Zivilsachen – Funktionen und Verteilungsregeln, JuS 2003, 1007–1013

Schmidt-Liebig, Axel: Zum Recht auf Akteneinsicht beim Finanzamt (Anm. zur Anm. Rößlers zum Urteil des FG Saarbrücken vom 04.11.1994, DStZ 1995, 349), DStZ 1995, 558–559

Schmittmann, Jens M.: Auskunftsansprüche des Insolvenzverwalters gegen die Finanzverwaltung anhand der aktuellen Rechtsprechung, ZInsO 2010, 1469–1472

Schmittmann, Jens M.: Anm. zu VG Freiburg, Urteil v. 21.09.2011 - 1 K 734/10, Zum Rechtsweg bei IFG-Ansprüchen und der Auskunftspflicht von Sozialversicherungsträgern gegenüber dem Insolvenzverwalter, NZI 2011, 827

Schmittmann, Jens M.: Anm. zu OVG Münster, Urteil vom 15.06.2011 - Az. 8 A 1150/10, NZI 2011, 919–920

Schmittmann, Jens M.: Ansprüche des Insolvenzverwalters gegen die Finanzverwaltung aus dem Informationsfreiheitsrecht, NZI 2012, 633–638

Schmittmann, Jens M./Böing, Britta: Die Auskunft, der Rechtsweg und das Geheimnis – neue Erkenntnisse zu Auskunftsansprüchen gegenüber Sozialversicherungsträgern und Finanzverwaltung, InsbürO 2010, 15–18

Schmittmann, Jens M./Kupka, Natascha: Auskunftsansprüche des Insolvenzverwalters gegen potentielle Anfechtungsgegner unter besonderer Berücksichtigung von Auskunftsansprüchen nach dem Informationsfreiheitsgesetz gegen Sozialversicherungsträger, InsbürO 2009, 83–89

Schmittmann, Jens M./Kupka, Natascha: Auskunftsansprüche gegen Sozialversicherungsträger nach dem Informationsfreiheitsgesetz und unzutreffende Rechtsmittelbelehrung, NZI 2009, 367–368

Schmitz, Heribert/Jastrow, Serge-Daniel: Das Informationsfreiheitsgesetz des Bundes, NVwZ 2005, 984–995

Schneider, Egon: Der Anscheinsbeweis grober Fahrlässigkeit, MDR 1971, 535–538

Schoch, Friedrich: Heilung unterbliebener Anhörung im Verwaltungsverfahren durch Widerspruchsverfahren?, NVwZ 1983, 249–257

Schoch, Friedrich: Das verwaltungsbehördliche Ermessen, Jura 2004, 462–469

Schoch, Friedrich: Aktuelle Fragen des Informationsfreiheitsrechts, NJW 2009, 2987–2994

Schoch, Friedrich: Das Informationsfreiheitsrecht in der gerichtlichen Praxis, VBlBW 2010, 333–342

Schoch, Friedrich: Informationsfreiheitsgesetz Kommentar, 2. Auflage, München 2016

Schoch, Friedrich/Schneider, Jens-Peter/Bier, Wolfgang: Verwaltungsgerichtsordnung: VwGO, Kommentar, Loseblatt, 32. Ergänzungslieferung, München, Stand: Oktober 2016
Band 1, §§ 1–80b VwGO
(zit.: *Bearbeiter*, in: Schoch/Schneider/Bier)

Scholz, Franz: GmbHG, Band 3: §§ 53–85 GmbHG, 11. Auflage, Köln 2015 (zit.: *Bearbeiter*, in: Scholz)

Schoppmeyer, Heinrich: Besondere und allgemeine Insolvenzanfechtung am Beispiel der Anfechtung von Zwangsvollstreckungen, NZI 2005, 185–194

Schoppmeyer, Heinrich: § 133 Abs. 1 InsO versus §§ 130, 131 InsO – Ist die Deckungsanfechtung nur ein Unterfall der Vorsatzanfechtung?, ZIP 2009, 600–609

Schulze, Reiner: Bürgerliches Gesetzbuch, Handkommentar, 9. Auflage, Baden-Baden 2017
(zit.: *Bearbeiter*, in: Schulze)

Seagon, Christopher: Anmerkung zu BGH, Beschluss vom 24.09.2009 – Az. IX ZB 38/08, Richterliche Ermächtigung zur Wohnungsdurchsuchung, LMK 2009, 294314

Sellmann, Christian/Augsberg, Steffen: Chancen und Risiken des Bundesinformationsfreiheitsgesetzes – Eine Gebrauchsanleitung für (private) Unternehmen, WM 2006, 2293–2301

Siemon, Klaus: Eine juristische Person kann keine Leitfigur in einer Sanierung sein!, INDat-Report, 02/2015, 26–28

Simitis, Spiros: Bundesdatenschutzgesetz Kommentar, 8. Auflage, Baden-Baden 2014
(zit.: *Bearbeiter*, in: Simitis)

Sodan, Helge/Ziekow, Jan: Verwaltungsgerichtsordnung Großkommentar, 4. Auflage, Baden-Baden 2014
(zit.: *Bearbeiter*, in: Sodan/Ziekow)

Soergel, Theodor: Kommentar zum Bürgerlichen Gesetzbuch
Band 3/2 (Schuldrecht 1/2), §§ 243–304 BGB, 13. Auflage, Stuttgart 2014
(zit.: *Bearbeiter*, in: Soergel)

Sokol, Bettina: Informationsfreiheit im Bund: Ein zögerlicher erster Schritt, Ein kritischer Blick auf das neue Informationsfreiheitsgesetz, CR 2005, 835–840

Statistisches Bundesamt: Pressemitteilung vom 17. Mai 2017 – 162/17, abrufbar unter: http://www.destatis.de

Staudinger, Julius von: Kommentar zum Bürgerlichen Gesetzbuch mit Einführungsgesetz und Nebengesetzen, Buch 2, Recht der Schuldverhältnisse
§§ 241–243, Einleitung zum Schuldrecht, Treu und Glauben, Berlin 2015
§§ 255–304, Leistungsstörungsrecht 1, Berlin 2014
§§ 397–432, Erlass, Abtretung, Schuldübernahme, Mehrheit von Schuldnern und Gläubigern, Berlin 2012
§§ 675c–676c, Zahlungsdiensterecht, Berlin 2012
(zit.: *Bearbeiter*, in: Staudinger)

Steibach, Robert/Hochheim, Danny: Das Informationsfreiheitsgesetz des Bundes unter besonderer Berücksichtigung der Auswirkungen im Organisationsbereich des Sozialrechts, NZS 2006, 517–525

Stein, Friedrich/Jonas, Martin: Kommentar zur Zivilprozessordnung,
Band 2, §§ 78–147, 23. Auflage, Tübingen 2016
Band 3, §§ 128–252, 22. Auflage, Tübingen 2005
Band 4, §§ 253–327, 22. Auflage, Tübingen 2008
Band 5, §§ 328–510c, 23. Auflage, Tübingen 2015
(zit.: *Bearbeiter*, in: Stein/Jonas)

Stelkens, Paul/Bonk, Joachim/Sachs, Michael: VwVfG, Verwaltungsverfahrensgesetz, Kommentar, 8. Auflage, München 2014
(zit.: *Bearbeiter*, in: Stelkens/Bonk/Sachs)

Stobbe, Michael: Die Durchsetzung gesellschaftsrechtlicher Ansprüche der GmbH in Insolvenz und masseloser Liquidation, Köln 2001

Stöcker, Ernst Erhard: Verfassungswidriges Versagen der Akteneinsicht, Durchsetzen eines wesentlichen Elements des rechtlichen Gehörs, AO-StB 2002, 161–166

Stollmann, Frank: Das Informationsfreiheitsgesetz NRW (IFG NRW), NWVBl 2002, 216–222

Stürner, Rolf: Die Aufklärungspflicht der Parteien des Zivilprozesses, Tübingen 1976

Stürner, Rolf: Anm. zu BGH, Urteil vom 04.07.1975 - Az. I ZR 115/73, Zu den Voraussetzungen des materiell-rechtlichen Auskunftsanspruchs gegenüber einem potentiellen Prozeßgegner und gegenüber einem Dritten, JZ 1976, 320–323

Stürner, Rolf: Parteipflichten bei der Sachverhaltsaufklärung im Zivilprozeß, ZZP 98 (1985), 237–256

Stürner, Rolf: Anm. zu BGH, Urteil vom 11.06.1990 - Az. II ZR 159/89, ZZP 104 (1991), 208–217

Tetzlaff, Christian: Anm. zu BFH, Beschluss vom 15.09.2010 - Az. II B 4/10, Akteneinsichtsrecht des Insolvenzverwalters im Besteuerungsverfahren, jurisPR-InsR 25/2010 Anm. 4

Thole, Christoph: Die Vorsatzanfechtung als Instrument des Gläubiger-schutzes, - Bestandsaufnahme und Entwicklungsperspektiven nach „Inspire Art", KTS 2007, 293–335

Thole, Christoph: Gläubigerschutz durch Insolvenzrecht, Tübingen 2010

Thole, Christoph: Die Kritik an der Ausdehnung der Vorsatzanfechtung auf dem Prüfstand, ZIP 2013, 2081–2088

Thole, Christoph: Die Vorsatzanfechtung von Beraterhonoraren für Sanierungskonzepte, Zugleich Besprechung LG Frankfurt a.M., Urteil vom 07.05.2015 – Az. 2–32 O 102/13, ZIP 2015, 1358 – Q-Cells, ZIP 2015, 2145–2155

Thole, Christoph: Das Reformgesetz zur Insolvenzanfechtung, ZIP 2017, 401–410

Thomas, Heinz/Putzo, Hans: Zivilprozessordnung, Kommentar, 38. Auflage, München 2017
(zit.: *Bearbeiter*, in: Thomas/Putzo)

Tipke, Klaus/Kruse, Heinrich Wilhelm: Kommentar zur AO und FGO (ohne Steuerstrafrecht), Loseblatt, 149. Ergänzungslieferung, Köln, Stand: Juli 2017
Band 1, §§ 1–154 AO
Band 2, §§ 155–415 AO, FVG, VwZG
Band 3, §§ 1–184 FGO, Verfassungsrechtsschutz, Europarechtsschutz
(zit.: *Bearbeiter*, in: Tipke/Kruse)

Tipke, Klaus/Lang, Joachim: Steuerrecht, 22. Auflage, Köln 2015
(zit. *Bearbeiter*, in: Tipke/Lang)

Uhländer, Christoph: Steuerliche Mitwirkungspflichten des Insolvenzverwalters, „Lohnt" sich die Abgabe von ausstehenden Steuererklärungen?, AO-StB 2003, 279–280

Uhlenbruck, Wilhelm: Probleme der Sequestration nach § 106 KO, KTS 1982, 201–214

Uhlenbruck, Wilhelm: Die juristische Person als Insolvenzverwalter nach dem Entwurf einer Insolvenzordnung (InsO), AnwBl 1993, 453–458

Uhlenbruck, Wilhelm: Die Durchsetzung von Gläubigeransprüchen gegen eine vermögenslose GmbH und deren Organe nach geltendem und neuem Insolvenzrecht, ZIP 1996, 1641–1651

Uhlenbruck, Wilhelm: Auskunfts- und Mitwirkungspflichten des Schuldners und seiner organschaftlichen Vertreter nach der Konkursordnung, Vergleichsordnung, Gesamtvollstreckungsordnung sowie Insolvenzordnung, KTS 1997, 371–391

Uhlenbruck, Wilhelm: Insolvenzordnung, Kommentar, 14. Auflage, München 2015
(zit.: *Bearbeiter*, in: Uhlenbruck)

v. Mangoldt, Hermann/Klein, Friedrich/Starck, Christian: GG, Kommentar zum Grundgesetz,
Band 2, Art. 20–82 Kommentar, 6. Auflage, München 2010
(zit.: *Bearbeiter*, in: v. Mangoldt/Klein/Starck

v. Münch, Ingo/Kunig, Philip: Grundgesetz Kommentar,
Band 1, Präambel Art. 1–69, 6. Auflage, München 2012
(zit.: *Bearbeiter*, in: v. Münch/Kunig)

v. Wulffen, Matthias/Schütze, Bernd: SGB X, Sozialverwaltungsverfahren und Sozialdatenschutz, Kommentar, 8. Auflage, München 2014
(zit.: *Bearbeiter*, in: v. Wulffen/Schütze)

Vallender, Heinz: Die Auskunftspflicht der Organe juristischer Personen im Konkurseröffnungsverfahren, ZIP 1996, 529–534

Voßkuhle, Andreas: Grundwissen – Öffentliches Recht: Der Grundsatz der Verhältnismäßigkeit, JuS 2007, 429–431

Walter, Gerhard: Der Anwendungsbereich des Anscheinsbeweises, ZZP 90 (1977), 270–284

Walter, Gerhard: Anm. zu BGH, Urteil vom 09.11.1977 - Az. IV ZR 160/76, Der Anscheinsbeweis als Instrument zur Korrektur tatrichterlicher Feststellungen und als eine Form zur Reduzierung des Beweismaßes, JZ 1978, 112–115

Waterstraat, Daniel: Informationspflichten der nicht risikobelasteten Partei im Zivilprozess, ZZP 118 (2005), 459–484

Weber, Dennis: Das Zurückbehaltungs- und Leistungsverweigerungsrecht des Steuerberaters nach Mandatsbeendigung, DStR 2011, 2168

Weber, Ralph: Entwicklung und Ausdehnung von § 242 BGB zum „königlichen Paragraphen", JuS 1992, 631–636

Wegener, Burghard: Anfechtung und Lohnzahlungen, NZI 2009, 225–226

Weiland, Stefan: Wi(e)der die Privilegierung der öffentlich-rechtlichen Gläubiger, Eine zusammenfassende Betrachtung jüngster insolvenzrechtlicher Gesetzgebungsvorhaben sowie höchstfinanzgerichtlicher Rechtsprechung und deren Auswirkungen auf den Grundsatz der Gläubigergleichbehandlung, DZWIR 2011, 224–233

Weiss, Eberhard: Zur Durchsetzung von Einkommensteueransprüchen im Konkurs (II), FR 1992, 255–261

Wellensiek, Jobst: Die Fachanwaltschaft für Insolvenzrecht, NZI 1999, 169–172

Wendt, Philipp: Abschied vom Amtsgeheimnis, Das Informationsfreiheitsgesetz des Bundes, AnwBl 2005, 702–704

Werres, Stefan: Grundrechtsschutz in der Insolvenz, Berlin 2005

Wieczorek, Bernhard/Schütze, Rolf A.: ZPO, Band 4 §§ 253–299a, 4. Auflage, Berlin 2013
(zit.: *Bearbeiter*, in: Wieczorek/Schütze)

Windel, Peter A.: Der insolvenzrechtliche Gleichbehandlungsgrundsatz und seine Auswirkungen auf die Abwicklung schwebender Austauschverträge, Jura 2002, 230–235

Windel, Peter A.: Modelle der Unternehmensfortführung im Insolvenzeröffnungsverfahren, ZIP 2009, 101–110

Winkler von Mohrenfels, Peter: Abgeleitete Informationsleistungspflichten im deutschen Zivilrecht, Berlin 1986

Winterfeld, Jörn W.: Anm. zu OVG Schleswig, Urteil vom 06.12.2012 – Az. 4 LB 11/12, Zur Frage des Informationszugangs zu Akten der Finanzverwaltung, NVwZ 2013, 815–816

Zenker, Wolfgang: Reform der Insolvenzanfechtung – Rechts- und Planungssicherheit für den Geschäftsverkehr?, NZI 2015, 1006–1010.

Zerhusen, Heinrich: Die Rechenschaftspflicht im Bürgerlichen Gesetzbuche, Münster 1908

Zöller, Richard: ZPO, Zivilprozessordnung, 31. Auflage, Köln 2016 (zit.: *Bearbeiter*, in: Zöller)

Schriften zum Zivilverfahrensrecht und Insolvenzrecht

Herausgegebenvon Martin Ahrens

Band 1 Christoph Renger: Wege zur Restschuldbefreiung nach dem Insolvency Act 1986. Mit Bezügen zum deutschen Recht und unter Berücksichtigung anerkennungsrechtlicher Probleme nach der EuInsVO. 2012.

Band 2 Alexander Dietzel: Der Pfändungsschutz der privaten Altersvorsorge nach den §§ 851c und 851d ZPO. 2014.

Band 3 Gabriele Janlewing: Familienrechtliche Ansprüche gegen den Selbständigen in der Insolvenz. 2014.

Band 4 Sven Schulze: Die Beweislastregel des § 22 AGG. 2014.

Band 5 Steffen Gotter: Die selbstständige Tätigkeit im Insolvenzverfahren und die Negativerklärung gemäß § 35 II 1 InsO. 2015.

Band 6 Markus Johannes Huber: Die Anfechtung vertraglich vereinbarter Aufrechnungen innerhalb und außerhalb der Insolvenz. 2016.

Band 7 Christoph Buchholz: Personenversicherungen in der Insolvenz des Versicherungsnehmers. Schwerpunkt Lebensversicherung. 2016.

Band 8 Hanno Koerfer: Gewerbe- und Berufsrecht im Spannungsfeld zum Insolvenzverfahren. 2016.

Band 9 Viviane Körner: Die kalte Zwangsverwaltung. Freihändige Verwaltung massezugehöriger Grundstücke durch den Insolvenzverwalter aufgrund einer Verwertungsvereinbarung mit absonderungsberechtigten Gläubigern. 2017.

Band 10 Maximilian Christoph Hacker: Mittel des Insolvenzverwalters zur Ermittlung und Substantiierung von Anfechtungssachverhalten. 2018.

Band 11 Justus Kortleben: Der Gläubiger im Insolvenzverfahren. 2018.

www.peterlang.com

www.ingramcontent.com/pod-product-compliance
Ingram Content Group UK Ltd.
Pitfield, Milton Keynes, MK11 3LW, UK
UKHW021841290926
8980IPUK00005B/588

9 783631 746417